高等职业教育
电子商务类专业
新形态一体化教材

电子商务网店运营推广

贺红燕 主编
张钊 王云 许文敬 王爱芹 白洁 牛晓惠 刘秀艳 副主编

清华大学出版社
北京

内容简介

本书是职业教育国家在线精品课程电子商务网店运营推广配套教材。全书包括十个项目，从网店规划开始，详细介绍了网店开设、商品管理、网店装修、SEO优化、SEM推广、信息流推广、新媒体营销、客户服务与物流管理、网店数据分析等内容，既有理论知识讲解，又有真实案例剖析和实训项目操作，更是极具特色地加入了电子商务法律、法规相关知识，尽可能多维度地为网店运营者解决运营推广方面的疑惑。本书建有丰富的数字教学资源，包括微课、视频、动画、图片、案例、测试等，本书精选其中优质资源做成二维码在书中进行了关联标注，方便教师教学与学生学习。

本书为高等职业教育电子商务类专业教材，适合初学者从不同角度对电子商务网店运营推广进行全面认识，也可供已经拥有自己的网店并想提高营销水平、扩大经营规模的卖家阅读。

图书在版编目（CIP）数据

电子商务网店运营推广 / 贺红燕主编. -- 北京 : 清华大学出版社，2024. 7. --（高等职业教育电子商务类专业新形态一体化教材）. -- ISBN 978-7-302-66534-2

Ⅰ. F713.365.2

中国国家版本馆CIP数据核字第2024P54V63号

责任编辑：左卫霞
封面设计：傅瑞学
责任校对：刘　静
责任印制：宋　林

出版发行：清华大学出版社
网　　址：https://www.tup.com.cn，https://www.wqxuetang.com
地　　址：北京清华大学学研大厦A座　　**邮　　编**：100084
社 总 机：010-83470000　　**邮　　购**：010-62786544
投稿与读者服务：010-62776969，c-service@tup.tsinghua.edu.cn
质量反馈：010-62772015，zhiliang@tup.tsinghua.edu.cn
课件下载：https://www.tup.com.cn，010-83470410
印 装 者：三河市人民印务有限公司
经　　销：全国新华书店
开　　本：185mm×260mm　　**印　　张**：19.25　　**字　　数**：492千字
版　　次：2024年8月第1版　　**印　　次**：2024年8月第1次印刷
定　　价：59.00元

产品编号：101746-01

FOREWORD

前言

党的二十大报告提出："高质量发展是全面建设社会主义现代化国家的首要任务。""加快发展数字经济，促进数字经济和实体经济深度融合。"我国已迈上了全面建设社会主义现代化国家的新征程，电子商务行业也进入了高质量发展的新阶段。

本书参照《网店运营推广职业技能等级标准》，通过行业及企业调研，以网店运营推广工作过程为主线，以强化职业技能为目标，遵循"岗课赛证"一体化原则，将企业真实业务、职业认证、技能大赛的能力要求及崇信守法等为引领的思政元素相融合，构建基于能力本位的内容结构。

"国无德不兴，人无德不立"，党的二十大报告提出"用社会主义核心价值观铸魂育人"。对于新商科专业的学生而言，电子商务知识的学习要体现诚实守信的核心思想。本书坚持正确的思想导向，树立正确的价值观，将"立德树人"思想融入一言一句、一案一技中。

本书主要特色如下。

1. 数字化教学改革，德技并修

本书体现专业升级和数字化改造要求，推动教学模式深度变革。书中二维码资源以职业教育国家在线精品课程电子商务网店运营推广为基础，扫描下页下方二维码即可在线学习该课程，动画及微课资源激发学生探究知识的积极性，智能化虚拟仿真实训任务助力学生反复锤炼操作技能，做到"育训结合"，适合开展线上线下混合教学；创新"点、线、面、网"层次递进的课程思政模式，思政资源与专业资源穿插排布，极具特色地融入电子商务法律、法规相关知识，做到"德技并修"。

2. "岗课赛证"融合，校企共建

本书凸显高职教育特色，坚持产教融合，以网店运营推广岗位群核心岗位工作过程为主线，将"岗""课""赛""证"深度融合。本书由企业专家与高职教师共同完成，企业专家提供案例、参与实训项目开发，高职教师执笔完成各个学习项目编写，充分体现校企"双元"合作开发。本书以工学结合、任务驱动、项目教学的模式进行编写，基于能力本位的内容结构助力学生"毕业即能上岗，上岗即能操作"。

3. 法商领域交叉融合，复合育才

本书积推进电子商务高质量发展，践行"法律＋"专业建设思路，采取"理论＋实践"双模架构，将电商领域法律常识和法律案例融入网店运营推广知识和能力体系之中，助力学生成为具有良好法治精神和职业素养的网店运营推广人才。

4. 项目资源丰富，育训结合

本书顺应1＋X证书制度要求，通过行业及企业调研，以网店运营推广专员岗位群核心岗位职责为主线，设计了十个项目：网店规划、网店开设、商品管理、网店装修、SEO优化、SEM推广、信息流推广、新媒体营销、客户服务与物流管理、网店数据分析。每个项目由三维目标、案例引入、理论知识、商法同行、法制新思想、前沿在线、知识巩固与提升、项目实训等模块组成。其中，“案例引入”精准切题，启迪思维；“商法同行”高度凝练，润物无声；“法制新思想”取材真实，发人深省；“前沿在线”洞悉趋势，开阔视野；“项目实训”虚实结合，锤炼技能。本书集“教、学、做、考”于一体，实现“做中学，学中做”，“学练动”结合增强学习趣味性，潜移默化中提升学生理论知识储备及实战技能。

本书由河北政法职业学院贺红燕担任主编，张钊、王云、许文敬、王爱芹、白洁、牛晓惠、刘秀艳担任副主编，河北省电子商务协会执行副会长、河北掌云网络科技有限公司创始人刘志强参与编写，贺红燕主持全书的编写工作。本书特邀全国电子商务职业教育教学指导委员会副秘书长、国家“双高计划”高水平电子商务专业群负责人吴洪贵教授审稿。

本书在编写过程中，查阅了大量已出版的相关著作、教材及网络资料，并引入了其中的观点和案例，在此向这些著作者表示感谢！本书还得到了北京鸿科经纬科技有限公司等企业以及相关院校的精心指导和大力支持，在此向各位专家表示衷心感谢！

由于网店运营推广理论及实践内容时效性强，加之编者水平有限，书中难免存在不足之处，恳请广大读者批评指正。

本书编写组
2024年2月

职业教育国家在线精品课程
电子商务网店运营推广

CONTENTS

目 录

谋定后动，运筹帷幄的制胜法宝——网店规划

电子商务的普及给予了年轻人更多的工作机会，全职或兼职开网店成为越来越多年轻人的全新选择。在正式开设网店之前，卖家首先需要对如何运营网店有清晰的规划，了解网店运营的流程和模式，明确行业市场潜力、洞察客户需求、分析竞争态势，进而对网店的风格、产品进行定位，确定自己所服务的目标人群。只有做好这些规划，卖家才能有明确的方向，稳步开展网店运营推广工作。

知识目标

- 了解网店运营的概念和流程。
- 了解网店运营的模式。
- 了解市场分析的原理。
- 掌握网店定位的方法。

动画：大学生创业三人行

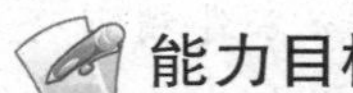

能力目标

- 能够区分网店运营不同模式的适用场景。
- 能够对市场进行合理的分析。
- 能够对网店进行准确的定位。

素养目标

- 培养创新意识与创新精神。
- 增强民族自信心和自豪感。
- 工欲善其事，必先利其器，做好市场分析，做足前期准备。
- 培养敏锐洞察力，了解消费者需求，做正确的事。

思维导图

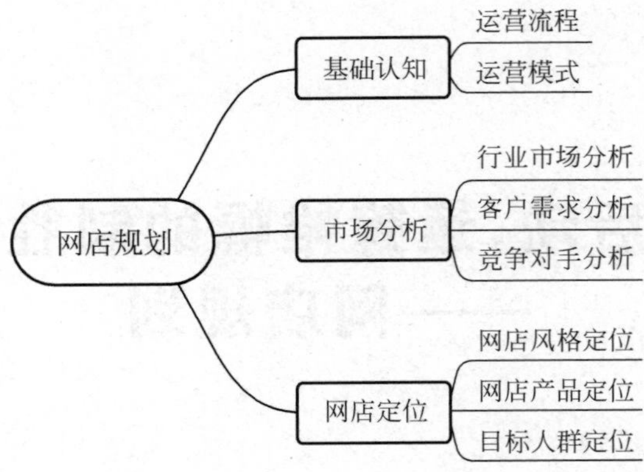

任务一 基础认知

案例引入

湖北深山"淘宝村"的脱贫致富路

湖北十堰市郧西县涧池乡下营村,"勤奋+诚实+沟通=成功"的巨大标语,醒目挂在电商服务中心大楼外。2019 年,下营村有 139 户近 700 人从事电子商务活动,开设网店 500 余家,全村销售额突破 2 亿元。

地处鄂西北秦巴山区深处的郧西县,是全国 14 个集中连片特困地区贫困县,也是国家新阶段扶贫开发工作重点县、全省 9 个深度贫困县之一,建档立卡初期,贫困发生率为 32.7%。下营村地处偏僻,交通不便,一度是全县重点贫困村之一。

下营村迈上电商之路始于 2008 年,当地个别村民通过开淘宝店,将十堰绿松石外销到全国各地。2014 年,下营村网络销售绿松石突破 3000 万元,网店达 66 家,被称为"湖北淘宝第一村"。2015 年,郧西县被确定为全国电子商务进农村综合示范县。

当地不断强化农村电商网络基础设施建设和农村电商人员培训,加快推进电子商务进农村示范工程、农村电商物流配送、地方农特产品品牌培育和网络销售、地方农特产品质量溯源体系建设等,全县电商应用与发展走上"快车道",成为当地农业增效、农民增收、产业扶贫新途径。

一直以来,"淘宝村"的主营产品为绿松石。但是,绿松石资源毕竟有限。郧西是典型的农业大县,富有特色的种植业和养殖业,为下营村电商发展提供了新路径。他们打造农产品网售联盟,采取"农户散养加工,电商统一销售"的模式,将当地土鸡、土猪肉、马头羊、茶叶、蜂蜜、红薯粉等农特产品销往全国各地。2019 年,"淘宝村"2 亿元电商收入中,农特产品销售额占比 30%以上,带动贫困户 62 户 245 人,人均年增收 3000 元以上。2017 年,下营村整村脱贫出列。

2021 年,下营村启动美丽乡村建设,就势造景、就地取材,曾经的猪圈变成金牛广场,以前的臭水塘成为荷塘,泥巴路改造成石板巷。为保护绿水青山,当地已禁止私人开采绿松石矿。村里连续 3 年举办"七夕荷塘音乐节""莲藕美食文化节""旅游年货节"等旅游文化活动,吸引游客超过 130 余万人次,旅游收入达到 6600 多万元。

“淘宝村”仍在发展,通过创建电商创业园、淘宝协会、电子商务培训基地等平台,不断延伸产业链条,村子形成了“以电商产业为主导,乡村旅游为辅助,创业孵化为补充”的发展模式。

资料来源:https://cnews.chinadaily.com.cn/a/202011/27/WS5fc08e03a3101e7ce9732064.html.

案例分析:党的二十大报告提出:“坚持高水平对外开放,加快构建以国内大循环为主体、国内国际双循环相互促进的新发展格局。”电商经济已成为连接企业生产端和居民消费端、畅通国内国际双循环的重要力量。下营村之所以能够整村脱贫出列,除得益于各级政府的重点帮扶、村干部的率先垂范之外,更是与家家户户用于尝试开设并运营网店,钻研店铺开设和运营之道,实现网销商品迭代更新密不可分。可以说,下营村多数农户已经将运营网店作为谋生致富的重要手段。

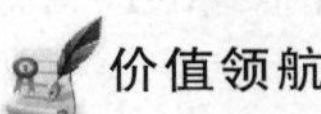

价值领航

(1)培养创新意识与创新精神。

(2)增强民族自信心和自豪感。

一、运营流程

网店运营推广是一种基于互联网大发展背景的新型销售方式,是指卖家利用互联网建立一个虚拟的网上店铺,并通过该店铺向买家出售商品。在网上店铺中,买家无法直接接触商品,只能通过卖家发布的商品描述、商品图片及其他买家的评价等途径了解商品。买家下单并支付货款后,卖家通过邮寄等方式将商品寄给买家。

一般来说,卖家可以通过在电子商务平台上自助注册店铺的形式开设网店,然后完成商品的销售。网店运营的基本流程如图 1-1 所示。

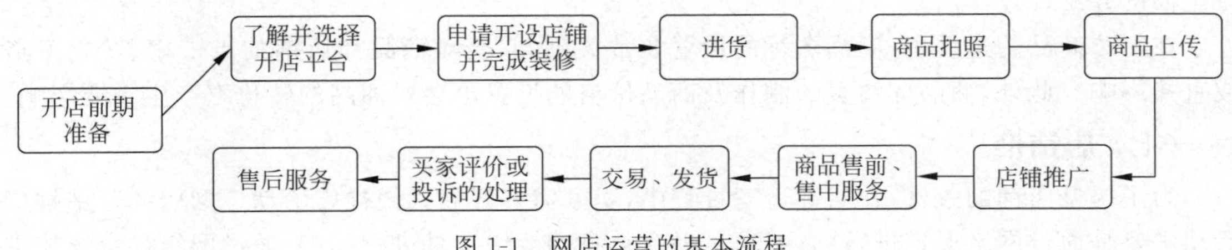

图 1-1　网店运营的基本流程

课堂讨论:以下流程是否适用于所有的电商平台店铺?

(一)开店前期准备

1. 准备开店所必需的硬件设备和软件设备

硬件设备主要包括计算机、网络、固定电话或手机、数码相机等。对规模较大的全职卖家来说,其硬件设备还包括办公场所、传真机和打印机。软件设备主要包括开通网银、申请电子邮箱、安装图片处理软件(如 Photoshop、光影魔术手、美图秀秀)等。

微课:网店运营流程

2. 对网店运营进行科学、合理的规划

卖家要开展市场分析,根据调查分析结果选择并确定适合自己在网上销售的商品,然后选择合适的供货商,以保证自己有充足的货源。此外,卖家还要选择并确定合适的物流公司,以保证商品配送的快速、准确。

（二）了解并选择开店平台

卖家可以通过自主创建独立网站和在电子商务平台上自助注册店铺的形式开设网店。大多数卖家选择在淘宝网、天猫商城、京东商城、唯品会等大型电子商务平台上注册开店，所以需要对各个平台的入驻要求有所了解，并提前准备好注册店铺需要的相关资料。

（三）申请开设店铺并完成装修

卖家在电子商务平台成功申请开设店铺后，即可拥有自己的网店，然后需要对店铺进行装修和管理，包括设置店铺名称、选择商品类目、设置店铺招牌、管理商品图片、设置商品导航、物流管理、网店运营岗位管理等。其中，设置店铺名称和选择商品类目是比较关键的环节。为店铺起一个响亮的名字可以加深买家对店铺的印象，而商品类目的选择会影响日后店铺的运营效果。

（四）进货

对进货来说，控制成本和保证商品品质是关键。要想做好这两点，卖家需要选择较好的进货渠道，并与供应商建立良好的供应合作关系。

（五）商品拍照

网上购物过程中，由于买家无法直接接触商品，因此可能会对商品存在某些顾虑。为了打消买家对商品的疑虑，卖家需要向买家展示真实、清晰的商品图片。商品图片必须是商品实拍，且要保证图片清晰，否则容易产生售后问题。

（六）商品上传

卖家需要在网店中添加每件商品的详细信息，包括商品的名称、数量、图片、价格、规格、产地、所在地、性质、外观、交易方式、交易时限等，并且要设置详细、精美的商品详情页，对商品进行全面的介绍。

在上传商品的过程中，商品名称的设置非常关键，它会对商品和店铺的点击率、转化率造成直接影响。此外，商品详情页的制作及商品价格的设置也会对商品的转化率产生重要影响。

（七）店铺推广

为了提升店铺的人气，在店铺运营过程中，卖家需要开展营销推广活动。网店的营销推广活动主要是通过网络渠道进行的，如通过平台自身的营销工具进行推广，通过网络社交媒体进行推广等。

（八）商品售前、售中服务

买家在浏览商品和店铺时，会与卖家进行一些必要的沟通，此时卖家要能及时、妥善、耐心地回复买家提出的各种问题，为买家提供高品质的客户服务。

（九）交易、发货

当买家确认购买并完成支付后，卖家要在自己设定的时间内完成商品的寄送，包括通知快递公司揽件、完成发货、更新物流信息等。

物流的快慢也是买家购物时非常关心的问题。在产生订单后，卖家应当尽快发货，及时更新物流信息，选择正规的快递公司，保证商品能够快速、安全地送到买家手中。

（十）买家评价或投诉的处理

当交易完成后，买卖双方需要对对方做出评价。买家对卖家做出的评价是影响网店运营表现的重要因素，同时还会影响其他买家的购买行为。如果遇到买家给予差评或投诉，卖家要

尽快联系买家，帮助其解决问题。如果遭受恶意差评，卖家可以向电子商务平台进行投诉，以减少自己的损失。

（十一）售后服务

售后服务包括退换货服务、商品使用指导和商品售后保障等。完善、周到的售后服务是网店保持经久不衰的重要筹码，它能为网店吸引更多的回头客，扩大店铺的影响力。

商法同行　根据《网络交易监督管理办法》第八条规定，网络交易经营者不得违反法律、法规、国务院决定的规定，从事无证无照经营。除《中华人民共和国电子商务法》第十条规定的不需要进行登记的情形外，网络交易经营者应当依法办理市场主体登记。

个人通过网络从事保洁、洗涤、缝纫、理发、搬家、配制钥匙、管道疏通、家电家具修理修配等依法无须取得许可的便民劳务活动，依照《中华人民共和国电子商务法》第十条的规定不需要进行登记。

个人从事网络交易活动，年交易额累计不超过10万元的，依照《中华人民共和国电子商务法》第十条的规定不需要进行登记。同一经营者在同一平台或者不同平台开设多家网店的，各网店交易额合并计算。

个人从事的零星小额交易须依法取得行政许可的，应当依法办理市场主体登记。

资料来源：https://www.gov.cn/gongbao/content/2021/content_5602020.htm?eqid=93fda63a000.

二、运营模式

在开设网店之前，卖家要想清楚是全职开网店，还是兼职开网店；是在电子商务平台上自助式开网店，还是自己创建一个独立的网站；是自己进货，还是采取网络代销的形式代理销售其他商家的商品。

（一）全职开网店与兼职开网店

卖家可以选择全职开网店，也可以选择兼职开网店，不同的方式具有不同的特点。

1. 全职开网店

全职开网店相当于投资创业，这种经营方式的特点是卖家将全部精力都放在网店的经营上，将网上开店作为自己的全部工作，将网店的收入作为个人收入的主要来源。全职开网店的经营重点与难点在于网店的推广，需要有一套符合自己的宣传和营销战术。

2. 兼职开网店

兼职开网店是指卖家将网店生意作为自己的一项副业进行经营，其主要人群为业余时间比较充裕的大学生及利用职场之便的办公人员。他们开网店是为了增加一定的收入来源，但并不以此作为全部收入来源。

课堂讨论：你支持大学生兼职开网店吗？

兼职开网店具备全职开网店的所有特点，而且经营成本较低，所要承担的风险也相对较小。此外，由于兼职开网店利用的是业余时间，所以经营者在时间的安排上比较自由，不会影响正常的工作和学习，是一种比较自由的经营方式。

（二）自助式开店与创建独立网站

网上开店的方式主要有两种：一种是自助式开店，即在电子商务平台上开设店铺；另一种是创建独立网站。

1. 自助式开店

自助式开店是指在淘宝网、天猫商城、京东商城等电子商务平台上申请注册店铺。这种开店方式类似于在商场租赁柜台销售商品。电子商务平台会为卖家提供自助申请开店服务,符合要求的卖家可以简单、快捷地在电子商务平台上创建自己的店铺。各个电子商务平台都拥有一定的用户基础,而且具有系统的营销推广、数据统计、物流体系,所以在电子商务平台上自助式开店,卖家可以借助这些平台自身带有的人气和完善的店铺服务体系,在一定程度上降低开店的难度。因此,在电子商务平台上自助式开店成为一种主流的开店方式。

2. 创建独立网站

创建独立网站是指卖家根据自身的情况,自己设计或委托专业人士制作独立的网站来销售商品。由于自助式开店依附于第三方电子商务平台,店铺会受到电子商务平台模板的限制,而独立网站不依附于其他电子商务网站,拥有独立的域名,卖家可以按照自己的想法自主设计网站,更好地体现自己独特的设计风格。创建独立网站一般需要完成以下几个步骤:购买服务器,选择域名和空间,设计页面,开发程序,推广网站,管理与维护网站等。与自助式开店相比,创建独立网站更加困难,最好由一个运作团队维护网站的正常运行。

此外,由于独立网站是新创建的,缺少用户基础,因此不太容易获得买家的信任。同时,由于独立网站不依附于其他电子商务网站,虽然不需要缴纳店铺保证金,但是独立网站后期的推广与维护往往需要花费更多的资金。

(三)自己进货与网络代销

对于网店货品的来源,卖家既可以选择自己进货,也可以选择网络代销。自己进货和网络代销分别具有自己的优点和缺点。

1. 自己进货

自己进货就是自己寻找货源并进货,这种方式的优点主要表现在以下三个方面。

(1) 卖家可以控制商品成本,即在保证商品质量的前提下,可以寻找价格较低的商品,进而增加自己销售的利润。

(2) 卖家可以准确地掌握实际的库存量,保证有货可售。

(3) 卖家可以自己掌握发货时间,保证商品能够被快速地送达买家。

与网络代销相比,自己进货存在一定的缺点,表现在以下三个方面。

(1) 卖家需要投入一定的资金进行囤货,如果销量不佳,容易造成商品积压。

(2) 卖家需要掌握一定的进货、发货流程,这会涉及仓储、物流等问题。

(3) 卖家耗费的时间与精力较多,需要自己寻找货源、拍摄商品图片、上传商品等。

2. 网络代销

网络代销是指卖家在网上展示供货商提供的图片、商品介绍等资料,买家下单付款后,卖家再让供货商发货。

链接:如何做好网络代销

网络代销的优点主要体现以下三个方面。

(1) 卖家没有进货风险,不用囤货,可以做到零库存。

(2) 供货商可以一件代发,省去卖家发货的麻烦。

(3) 卖家有了订单再向上家下单,省去了自己拍摄商品图片、处理图片等麻烦。

采取网络代销的模式开网店,最关键的是找到信誉有保障的代销货源提供商,也就是所谓

的“上家”，因为供货商的商品质量、发货速度、服务质量会直接影响自己网店的销量和信誉。

由于商品是直接从上家发到买家手中的，卖家其实没有见过商品实物，可能不能准确地了解商品的情况，这就很容易导致售后问题。此外，采取网络代销的模式，卖家难以控制商品的实际库存情况，可能会出现缺货的情况，而且难以控制发货的时间和速度。

商法同行 根据我国的相关法律、法规，没有明确规定以网络代销无货源的方式开设网店是否合法。尽管无货源开店在法律上没有明确规定，但仍然需要遵守一些基本的法律要求。例如，卖家需要按照实际情况提供准确的商品信息、价格和售后服务等，不得进行虚假宣传或欺骗行为。此外，卖家还需要保护消费者的权益，如履行退换货政策、提供真实的联系方式等。

任务二 市场分析

“00后”淘宝开店，成就一份自己的事业

2021年，刚入读义乌某职业技术学院创业班的雷同学，向家里要了3000元，在学校的支持下开了淘宝店，主营幼教产品，包括教具、玩具等，由学校的项目组承担货源、仓库和打包发货。

创业初期是很艰难的，项目组人手不够，雷同学只能和几个学长一起住在仓库，每天早上七八点醒来就开始打包，一直打包到凌晨，草草找块地方打地铺睡觉。第一年，雷同学的利润总共才1万元。

第二年，在经历了3月和9月的教育产品旺季后，依靠自然流量积累，雷同学的店铺做出了几款爆品，一年的交易额达到60多万元。赚了钱，雷同学的胆子也逐渐变大，开始大量投入推广成本，给店铺引流。

“3000块钱在线下租一个月店面可能都不够，但在淘宝却能撬动一份自己的事业。”雷同学感慨，年轻人在淘宝创业的最大优势就是启动成本低。现在，他的淘宝店铺每月交易额在8万～10万元。

相比雷同学3000元的启动资金，黄同学几乎是零成本创业。

由于父母也在做生意，黄同学自小家境就不错，但父母考虑到他还在读大学，所以零花钱控制得十分严格。为了赚点零花钱，黄同学找到姐姐商量，想开个淘宝店，顺便锻炼一下商业头脑。

因为没有多少启动资金，黄同学希望成本越低越好。2021年3月，淘宝开放免费开店，连1000元的押金都不需要，黄同学一头就扎了进去。决定做潮流饰品后，他又去1688上找能够一件代发的工厂货源，进货压力也大大减轻。

黄同学一边上课，一边做选款、上新、客服等，姐姐在工作之余，也会帮黄同学运营店铺，母亲有时也会帮忙打包发货，一个小商业体就这么运行起来。

2022年天猫“双11”店铺爆发增长后，赚到第一桶金的黄同学，逐渐摸索到一些押中爆款的逻辑。例如，他会提前测款，在一款首饰有走红趋势但其他店铺还未上新时，快速去1688上找工厂闪电定制，利用效率来捕捉爆款。

黄同学父母做的是传统的实体生意，认为进货就是要亲自跑工厂、看实体货源，再决定是否批量进货。去1688上用极低价格找工厂一件代发、闪电定制，在他们看来有些不可思议。

原本只是想赚点零花钱，没想到店铺越做越好，黄同学现在一年净收入就达到20多万元。一些过去只把他的生意当作“小孩子过家家”的长辈，也来向他讨教如何做线上生意。母亲也开始筹备淘宝店，想把线下服装店拓展到线上。

资料来源：https://business.sohu.com/a/605617180_208299.

案例分析：雷同学和黄同学只是淘宝百万“00后”创业者中的一员。根据国家统计局数据，2000—2004年，每年出生人口平均在1600万左右，照此计算，已成年的“00后”大概8000万。而淘宝的数据显示，2022年平台上“00后”创业者已接近100万，这意味着，每80个年满18岁的“00后”，就有1个在淘宝创业。他们当中，有的因为兴趣而创业；也有特种兵在退伍后选择“入淘”，回到了“战斗”的状态；有的从什么都不懂的“小白”，自己摸索成为头部商家；还有的则是“创二代”，帮家里的生意触网运营，翻倍增长。

价值领航 工欲善其事，必先利其器，做好市场分析，做足前期准备。

一、行业市场分析

行业市场分析是指卖家为了实现销售目的，通过科学的方法，对行业市场的规模、结构、周期及消费者进行经济分析的行为。

微课：行业市场分析

（一）行业市场分析要点

1. 分析目的

市场分析必须要围绕销售这一目的，只有这样才能让市场分析有的放矢、更加高效。这就要求卖家在进行市场分析之前构建好分析模型，然后根据分析模型进行数据采集。

课堂讨论：市场分析如果偏离了销售目的会出现什么结果？

2. 分析方法

市场分析需要借助系统、科学的数据统计分析方法，在采集数据时要注意数据来源的准确性。

（二）行业市场分析内容

一般针对网店，可以从以下几个方面展开市场分析。

1. 分析市场规模的大小及其变化

市场规模的大小决定了行业的天花板，一切商业行为都有一定的目标，而制定目标的第一步是了解市场规模的大小。同时，因为市场的发展是动态的，所以必须实时地监控市场的变化。

2. 分析品类的发展方向

品类的发展方向受三个方面的影响。

(1) 消费者的需求。在进行市场分析时，会发现随着行业的发展，消费者的需求会发生结构性的变化，有的需求会增长，有的需求会衰退。

(2) 电商平台的引导。电商平台在发展时，会基于市场竞争的考虑，或者是从规范市场的角度出发，对部分品类进行引导，这时可能会造成某些类目的需求出现增长。

(3) 商家的商业竞争。商家为了利润及长远的发展，可能会重点投资某些类目，特别是某些依赖新品研发的品类，新品往往会加速整个行业的发展。

3. 寻找行业发展的周期规律

行业发展具有一定的周期性，有的是围绕季节而变化，如服装类目；有的是围绕节日在变化，如一些儿童用品；还有的则是在大促销中变化非常大，所以卖家需要对行业的发展周期进行分析，这有利于卖家安排全年的经营计划及营销节奏。

二、客户需求分析

一般情况下，在进行市场规划和商品规划的细分市场中，商家可以从多个维度、不同权重来分析市场的需求，进而确保商品的精准化营销。

通常，主要以马斯洛需求层次理论作为用户需求分析的理论指导，它是行为科学的理论之一。该理论将人类的需求分为五个层次，分别是生理需求、安全需求、归属需求、尊重需求和自我实现。

视野拓展

马斯洛需求层次理论

美国心理学家亚伯拉罕·马斯洛(Abraham H. Maslow)从人类动机的角度提出需求层次理论，该理论强调人的动机是由人的需求决定的，而且人在每一个时期，都会有一种需求占主导地位，而其他需求处于从属地位。人的需求分成生理需求、安全需求、归属需求、尊重需求和自我实现五个层次。需求是由低到高逐级形成并得到满足的，如图 1-2 所示。

图 1-2　马斯洛提出的五个需求层次

链接：马斯洛需求层次理论

资料来源：https://wiki.mbalib.com/wiki/Maslow%27s_Hierarchy_of_Needs.

课堂讨论：试用马斯洛需求层次理论分析自己处于哪个需求层次？

怎样才能明确用户的需求呢？发现用户需求的方式主要有以下几种。

1. 问卷调查

问卷调查作为常见的调查方法，主要通过制定一系列详细、严密的问卷，要求被调查者进行回答，以此帮助调查者收集资料。随着互联网的普及，借助互联网来发放及回收网络调查问卷已经越来越普遍。主要的在线问卷调查平台包括腾讯问卷、问卷星等。

2. 深度访谈

深度访谈是指由专业访谈人士发起的，在某一较长的时间内和被调查者针对某一个话题展开的一对一谈话。由于访谈的深度、细节和丰富程度是其他方法无法企及的，所以深度访谈能够获取高质量的数据。在营销领域，深度访谈常常被用于了解个人是如何认识品牌及选购商品的等。

3. 百度数据分析工具

百度数据分析工具主要是指百度指数和百度关键词分析工具。之所以提到这两类工具，是因为大多数网民遇到问题时都会习惯性地使用百度搜索答案，而这些需求都被百度记录了下来。百度指数是以海量网民的行为数据为基础的数据分析平台，通过这个工具可以研究关键词搜索趋势，洞察网民兴趣和需求、监测舆情动向、定位受众特征等。使用百度关键词分析工具能看出网民对哪些关键词的查询次数多，对哪些长尾关键词感兴趣。

4. 电商分析工具

电商分析工具主要是指以淘宝生意参谋为代表的电商平台分析工具。生意参谋作为阿里巴巴商家端口统一数据商品平台，其提供的市场行情模块具有五大功能，即市场监控、供给洞察、搜索洞察、客群洞察、机会洞察。借助平台提供的数据，网店运营者能够很快地找到用户的需求点，尽快地实现引流变现。

5. 爬虫工具

如果要单独地了解某细分领域的用户需求，网店运营者还可以使用爬虫工具，如八爪鱼采集器、火车头采集器等。网店运营者使用这些工具能够抓取指定网页指定栏目中的内容，并且导出内容。

商法同行 进行问卷调查时要注意保护被调查者隐私，否则违反民法典的规定。《中华人民共和国民法典》相关规定如下。

第一千零三十二条 自然人享有隐私权。任何组织或者个人不得以刺探、侵扰、泄露、公开等方式侵害他人的隐私权。

隐私是自然人的私人生活安宁和不愿为他人知晓的私密空间、私密活动、私密信息。

第一千零三十四条 自然人的个人信息受法律保护。

个人信息是以电子或者其他方式记录的能够单独或者与其他信息结合识别特定自然人的各种信息，包括自然人的姓名、出生日期、身份证件号码、生物识别信息、住址、电话号码、电子邮箱、健康信息、行踪信息等。

个人信息中的私密信息，适用有关隐私权的规定；没有规定的，适用有关个人信息保护的规定。

资料来源：https://www.gov.cn/xinwen/2020-06/01/content_5516649.htm.

三、竞争对手分析

竞争对手分析是战略分析的内容之一，是指对竞争网店或品牌的现状和未来进行分析，包括识别现有的直接竞争者和潜在竞争者，收集与竞争者相关的数据并建立数据库，对竞争者的战略意图和各层面的战略进行分析，识别竞争者的优势和劣势，洞察竞争者在未来可能采用的战略和为应对竞争做出的反应。通过对竞争网店和品牌的分析，可以找到品牌、产品、服务或营销的切入点，有重点地进行差异化营销。

课堂讨论：如何识别潜在竞争者？

（一）竞店分析

商家可以使用电商平台后台数据分析模块进行竞店对比，图 1-3 所示为淘宝网生意参谋的“竞争”板块下的“竞店分析”模块。

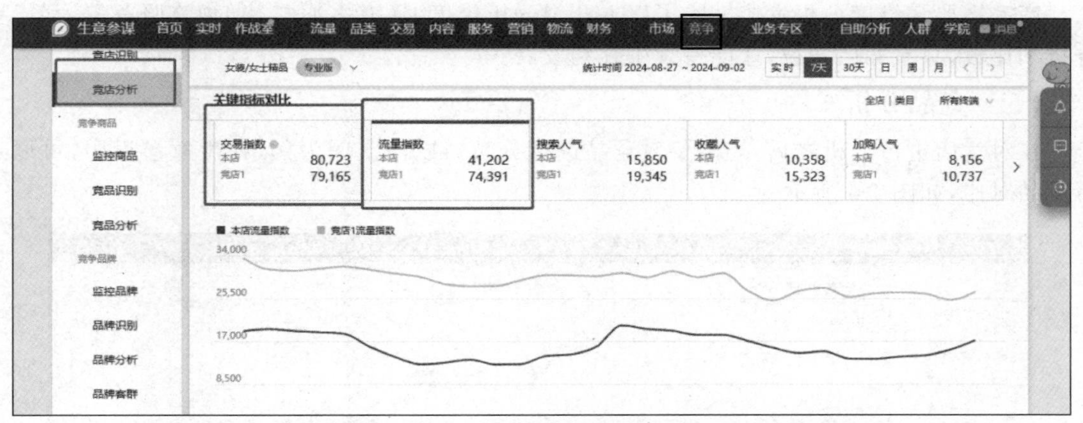

图 1-3 淘宝网生意参谋“竞店分析”模块

在竞店分析中，系统会根据商家的情况自动匹配商家的竞店清单。商家可以对竞店进行分析，并思考如何对自己的网店进行优化。商家可以从以下几个方面进行竞店分析。

1. 从竞店整体情况分析

分析竞店的基本情况，包括网店地址、入驻时间、类目数、商品数、收藏数、客单价、每日销量等；分析竞店每天做的活动、每天的销量与销售额等。通过对比，找出自己网店的不足之处并进行全面优化。

2. 从商品信息分析

从价格、包邮、优惠方面进行对比，同时对商品细节进行全面分析对比，如商品 SKU（存货单位）的款式和颜色等。通过初步分析，找出网店之间销量和流量存在差距的原因，发现自己网店的优势和不足，并考虑怎样进行改进。

3. 从详情页分析

详情页是影响商品转化率的重要因素。如果流量高但转化率低，一般是商品详情页的设计有问题。商家可将自己网店的详情页和竞店的详情页进行对比，然后进行优化。在对比时，可以关注竞店近期是否有详情页活动海报，对商品的展示是否恰到好处，对买家痛点的描述是否简单明了，更重要的是通过对比找到竞店详情页中值得学习的地方。

4. 从推广活动分析

在电商平台上，借助各类营销软件可以对竞店的推广活动进行全面的分析。以淘宝客为例，商家可以从竞店的营销计划佣金入手，对其 30 天的推广量级、30 天支付的佣金进行观察，通过月推广支出推算出淘宝客为竞店带来的销售额，并将自己网店中的热销单品相应的淘宝客佣金及月推广件数和竞店进行对比，并做出相应调整，制订淘宝客推广计划，吸引淘宝客对自己的网店进行推广。

5. 从评论分析

竞店的评论是了解网店类似目标人群需求点比较好的途径。先通过评论了解买家的需求，再分析自己的网店哪些做得不好、哪些做得不错且可以继续保持。在检查自己网店的评论时，可以看出客户对商品的款式、质量是否认可，在进行优化操作的时候，特别是在编辑商品详情页描述的时候，就可以将改进之处添加进去。

商家需要多维度分析竞店。除了以上几个分析维度，还有客服接待、物流服务等，都需要分析和比较，只有知己知彼，才能持续生存和发展。

（二）竞品分析

在对竞店进行分析之后，还需要对竞品进行分析。以淘宝网为例，在生意参谋中，可以进行竞品对比，如图 1-4 所示。

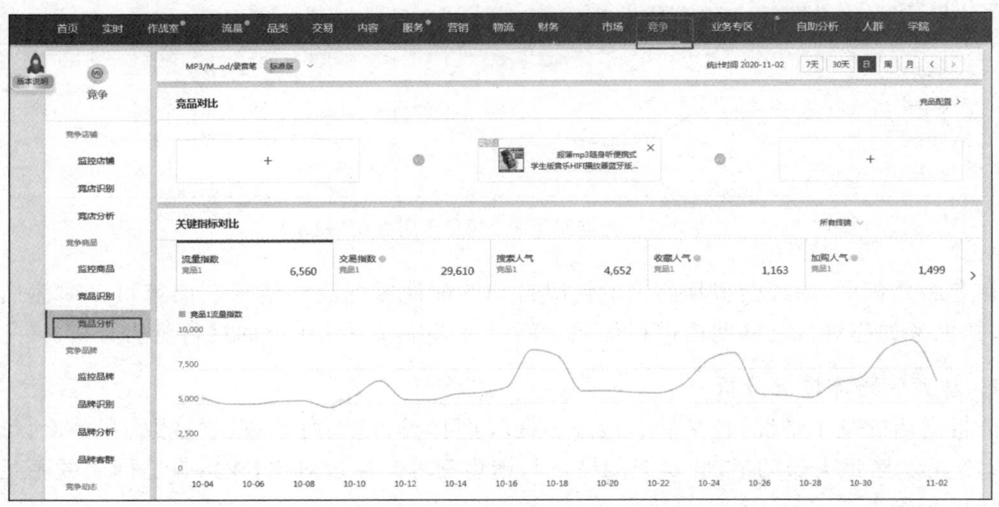

图 1-4　淘宝网生意参谋“竞品分析”模块

在竞品分析中，可以看到竞品的流量来源，分析竞品的流量来源，一方面，有助于商家制订自己的流量目标和流量计划；另一方面，可以通过竞争对手的布局情况，找到竞品在推广上的优势和劣势，结合自身优势，找到最适合的引流方式和渠道。

商法同行　学习竞店详情页的时候需要避免形成抄袭，具有抄袭情形的，可能被权利人诉至人民法院，要求承担相应的民事侵权责任。

《中华人民共和国著作权法》第五十二条规定：

有下列侵权行为的，应当根据情况，承担停止侵害、消除影响、赔礼道歉、赔偿损失等民事责任。

（一）未经著作权人许可，发表其作品的。

（二）未经合作作者许可，将与他人合作创作的作品当作自己单独创作的作品发表的。

（三）没有参加创作，为谋取个人名利，在他人作品上署名的。

（四）歪曲、篡改他人作品的。

（五）剽窃他人作品的。

（六）未经著作权人许可，以展览、摄制视听作品的方法使用作品，或者以改编、翻译、注释等方式使用作品的，本法另有规定的除外。

（七）使用他人作品，应当支付报酬而未支付的。

（八）～（十一）略。

资料来源：https://www.gov.cn/guoqing/2021-10/29/content_5647633.htm?eqid=90f411940002cf200000000664642755.

任务三　网 店 定 位

花西子的网店定位之道

花西子于2017年成立于杭州。从创立初期开始，花西子就确立了自己的品牌基调：以传统文化为依托，以“东方彩妆，以花养妆”为理念，以“扬东方之美，铸百年国妆”为愿景，从而走向彩妆养肤之道。

1. 花西子的网店风格

实际上，在刚开始开展网店运营时，花西子的网店风格并不够独特，未能很好地将国风元素与彩妆联系起来，直到2019年融入传统的国风元素，将黛青色、孔雀图腾作为品牌形象代表后，才为人所知晓。

依据品牌定位而定制的网店风格视觉体系，让花西子脱颖而出，成为不少国货彩妆品牌模仿的典范。另外，花西子邀请了符合品牌定位且受年轻人喜爱的艺人作为代言人，从而吸引了一大批热爱国风的年轻人。

2. 花西子的人群定位

花西子能够受到年轻人的喜爱，除了国风元素，还得益于其精准的人群定位。“东方彩妆，以花养妆”不仅是花西子的品牌理念，也是其品牌定位。“东方彩妆”暗示花西子的彩妆是为东方国家的人群量身定做的，精准地实现人群定位。同时，花西子为了更好地体现“东方彩妆”的定位，展现商品的普适性，设置了“体验官”模式，邀请消费者试用商品，并根据反馈结果不断调整商品，让商品更贴合东方女性的皮肤和妆容特点。

“以花养妆”不仅暗示着使用花西子商品可以让妆容如花般美丽，也体现了商品成分的安全、天然、健康等特点。另外，“养妆”二字还顺应了当下年轻人追求彩妆护肤的潮流，使得大量年轻人关注花西子，购买花西子的商品。

花西子依据国家地区、消费者审美和习惯细分人群，让品牌独树一帜，其他品牌也难以复制花西子的品牌定位，从而让花西子在国货美妆品牌中崭露头角。

3. 花西子的商品定价

花西子的商品主要分为3档不同的价位：50～100元、100～200元、200元及以上。其中，50～100元档的商品的定价主要为69元（如首乌眉粉笔）、79元（如松烟纤长睫毛膏）以及89元（如极细砍刀眉粉笔）；100～200元档的商品的定价主要为129元（如雕花口红）、199元（如翡翠气垫）；200元及以上的商品的定价主要为219元（如同心锁口红）、229元（如持妆粉底液），礼盒以及彩妆套装会高于300元。

但是，随着品牌的升级，花西子的商品价格也在上升。为了让消费者接受价格的上升，花西子采用了两种方式：一种方式是出新品，把新品的价格设定得高于之前推出的商品，如2020年上新的百年朝凤浮雕彩妆盘和蚕丝蜜粉饼的价格高于之前商品的价格，从而拉高了客单价，逐步提高新推出商品的定价；另一种方式是商品升级，通过改良商品外观或调整商品的成分，从而合理地提高商品价格，如2021年花西子对空气蜜粉的外观进行了升级，不仅更改了蜜粉盒的颜色和材质，还添加了镜子，升级后，商品价格也从原本的149元提高到169元。

资料来源：https://zhuanlan.zhihu.com/p/567699629.

案例分析：作为具有国风特色的新锐品牌，花西子在短短的几年时间里迅速崛起，成为备受年轻人喜爱的、具有代表性的国货美妆品牌，这离不开花西子对网店的精心运营。其明确的、个性的、带有中国风元素的网店风格，吸引了一大批热爱国风的年轻人，而其价格定位也正迎合了年轻群体的购买能力。

价值领航 时代在进步，消费者需求已经从单纯购物提升至优质购物体验，要有敏锐洞察力，紧跟消费者需求，做正确的事。

一、网店风格定位

网店风格定位通常体现在网店的具体装修风格上，商家可以根据平台的个性化推荐机制以及竞争对手的情况来确定网店风格。

微课：网店风格定位

（一）根据平台个性化推荐机制定位

近年来，为适应市场的发展，各个电商平台纷纷推出了个性化推荐机制，鼓励商家打造个性化网店，突显网店的特色和风格。由此可见，平台乐于推荐风格定位清晰、个性独特的网店。因此，如果一家网店在定位上更符合平台要求，就有机会获得更多的推荐流量。平台往往会提供各式各样的网店模板，商家根据操作指引开通了网店后，可在装修网店时，直接选择与自身网店风格定位相符的模板。

课堂讨论：使用网店模板有哪些好处？有哪些弊端？

为了让网店风格更具个性化，商家还可以在模板的基础上进行延伸。

1. 小领域、精耕耘

细化模板项目，精确到某一细分垂直领域，直接标明商品的单一属性。例如，女装网店风格可以直接定位为小个子女装（图 1-5）、文艺复古女装等。在一个小领域内精耕细作，只服务某一类细分人群，用心研究并全方位满足其个性化需求，可以使消费者产生归属感，增强黏性，提高回购率和满意度。

2. 个性化、重原创

精确到细分垂直领域后，商家可以在模板的基础上，根据自己的想法对网店进行个性化设计。例如，在模板上添加自己喜欢的元素，设计店内页面中的图片、文本、视频等，打造独有的网店风格。图 1-6 所示为定位成个性休闲食品的网店。

图 1-5 某小个子女装网店首页

图 1-6 某个性休闲食品网店首页

（二）根据竞争对手的情况定位

分析竞争对手的运营情况有助于商家快速了解市场需求、做好风格定位。商家可以在平台中搜索同行业的、与拟定网店风格相似或一致的网店，观察这类网店的装修风格，包括网店的首页、详情页，以及商品主图等的风格。图 1-7 所示为两家有竞争关系的网店，两者的装修风格有明显的区别。

图 1-7　两家竞争网店首页对比图

二、网店产品定位

随着人们生活水平的提高，消费者已经从单纯满足购物需要转变为满足享受购物体验的需要。网店销售的产品及附属品、赠品，以及包装和服务都会影响消费者的购物体验。因此，在为产品定位的时候，最有效的方法是实现差异化。由于产品的规格不同，产品定位的方式也不同。以下将从标品和非标品的维度阐述产品定位的方法。

1. 标品定位的方法

标品是无差异或差异小的产品，如电视机、手机，原则上各个商家的货都是一样的。对于标品而言，产品本身是同质化的。例如，华为手机有 Mate 40、Mate 50、Mate 60 等型号，每个型号下又分为 128GB、256GB、512GB 等不同的存储版本。标品价格透明，利润空间较小。标品具有特殊性，产品规模化生产，所有的原材料成本、生产成本差异较小，附加值不高，导致相同规格的成品价格差异不大。例如，手机、洗衣机、电视机等商品的价格竞争很激烈，商家利润空间有限。

由于标品大部分为规格化和标准化产品，因此商家在为标品定位的时候，可以通过赠品及服务，包括售后、快递、上门安装等增值服务，来实现网店定位差异化。图 1-8 所示为某网店提供的多种免费和付费的增值服务。

图 1-8 某网店增值服务

2. 非标品定位的方法

非标品是指无法统一标准及规格、差异性较大的产品，如连衣裙、农特产品、服务类产品等，每个商家的产品都是不同的，独一无二的。对于非标品而言，产品本身容易形成差异化，因此企业的资金实力并没有那么重要，只要能提高差异化的价值，对特定小部分人群进行精准定位，就可以避开大部分竞争对手，谋得属于自己的市场。例如，在女装、女鞋行业，产品的款式相同，但是因为做工质量不同，价格也会有差异。非标品可以通过款式、创意、服务等为产品创造不同的附加值。经营非标品时，中小商家可以发挥才智、创意，创作一些个性化、差异化的东西。标品对经营者的实力要求较高，非标品更适合中小商家销售。

动画：非标品的运营思路

课堂讨论：列举日常购买的商品哪些是标品，哪些是非标品。

商法同行 和非标品相比，标品容易侵权。所以商家在销售标品时需要注意防止发生侵权行为。

三、目标人群定位

目标人群就是会购买网店商品的人群，网店应寻找目标人群，并做标记，形成消费者画像。目标人群定位是为了寻找目标市场及消费者群体，能帮助网店有目的地挑选货源，更精准地定位消费者。

（一）定位角度

一般网店可以从消费属性和消费行为两个方面定位目标人群。

1. 消费属性

（1）人口特征：年龄、性别、国籍、所在地等。

（2）社会特征：收入、职业、家庭特征、生活方式等。

（3）个性特征：冲动、保守、积极、沉稳、热情、冷静等。

（4）文化特征：受教育水平、民族文化、亚文化、爱好等。

2. 消费行为

（1）角色：信息提供者、购买决策者、购买执行者、决策参与者、使用者、评价者等。

课堂讨论：回忆自己最近三次的购物行为，列举其中发挥作用的各种角色。

（2）因素：使用时机、使用意图、使用频率、品牌黏性、用户体验等。例如，某车企对一款 30 万元的轿车的消费者画像大致包括：男性；30 岁以上；城市人口；年薪 30 万元以上；拥有稳定的家庭和事业；个性沉稳冷静；既是商品的主要使用者，也是购买决策者；经常开车，有强烈的汽车品牌意识和相关品牌知识。

（二）定位方法

以下从三个方面介绍目标人群的定位方法。

1. 价格定位

（1）低客单价。网店的商品价格采用低价位，这样引流速度比较快，转化率也会比较高，大众接受程度高。新开的网店可以利用低客单价进行引流。

（2）高客单价。销售一些高端品牌商品、专卖店商品的网店可以采用高客单价，但这对商品质量、网店装修等会有更高的要求，也更容易吸引那些对商品有着高要求的消费者进店浏览、下单。

（3）统一价。人们经常会在街边看到全场9.9元、全场19.9元、全场29.9元这样的实体商店，网店也可以采用统一价的定位方式，这样价格比较单一，消费者人群会比较精准，但商品种类设置方面会有很大的局限性。

2. 年龄定位

（1）18～24岁。这类消费者基本是学生，或者是刚刚踏入社会的年轻人。他们的经济来源一般都是家庭，所以消费能力有限。他们对商品品质不会有太高要求，考虑更多的是款式和价位。

（2）25～35岁。这类消费者基本已经进入职场，有一定的经济能力和消费能力，在商品的品质方面会有更高的要求。因此，针对这个年龄段的消费者，网店在选款的时候可以挑选一些品质、价格稍高的商品。

（3）35岁以上。这类消费者有经济基础，但是在消费的时候会更多考虑商品的性价比，而且在选择商品的时候基本上都会货比三家。因此，针对这个年龄段的消费者，网店要多做前期的市场调查和分析，选择有优势的货源。

3. 身份定位

（1）学生。以服装为例，学生更看重衣服的款式是否新潮，价格是否合适，而且他们的年龄和经验也决定了在购买商品时更多会关注第一感觉。因此，网店在选品的时候，要重点满足学生对款式的追求，这样才能提高转化率。

（2）上班族。已经参加工作的消费者基本都有一定的消费能力，而且他们对商品品质有一定的要求，所以网店在挑选货源的时候可以选择品质好、偏向成熟稳重风格、价格稍高的商品。

（3）宝妈。宝妈并不一定是全职在家带宝宝的女性，也有可能是上班族，她们会关注一些婴幼儿用品。她们尤其要求商品安全、细节到位，最大限度地关爱婴幼儿。除了婴幼儿用品，一些家居用品、生活用品也是她们关注的，由于去实体店购物不是特别方便，所以她们更倾向于网购。

商法同行　将目标客群选定为宝妈人群的网店在销售乳制品时要格外谨慎。《国产婴幼儿配方乳粉提升行动方案》指出，不得在大众传播媒介或者公共场所发布声称全部或部分替代母乳的婴儿乳制品广告，不得对0～12个月龄婴儿食用的婴儿配方乳制品进行广告宣传。

资料来源：https://www.gov.cn/xinwen/2019-06/03/content_5397128.htm.

法制新思想

近几年，明星或网红被曝直播售假的案例并不少见。

2022年全国知识产权宣传周期间，公安部曾公布“打击侵犯知识产权犯罪十起典型案例”，其中之一就是山东菏泽警方侦破的特大制售假冒知名品牌服装案。警方查明，犯罪嫌疑人先后招募8名粉丝较多的网红，让他们直播带货。警方查获造假窝点时，已有400余万单假冒服装销往全国各地，交易金额达数亿元。

明星或网红直播带货不仅为商品带来可观销量，自己也能从中赚取高额收益。他们用知名度和影响力为商品“背书”，使得消费者出于信任下单。一旦商品质量有问题，消费者能向他们追责吗？

《消费者权益保护法》规定，消费者通过网络电商购买商品或接受服务，如果合法权益受到损害，可以向商品销售者或服务提供者，也就是卖家或商家要求赔偿。由于是网购，买家可能不知道真实卖家是谁，所以他们可以要求电商平台透露相关信息。倘若电商平台不能提供商家的真实名称、地址和有效联系方式，消费者也可以向电商平台要求赔偿。2021年5月实施的《网络直播营销管理办法（试行）》规定，直播营销人员发布的直播内容构成商业广告的，应履行广告代言人的责任和义务。

因此，无论是明星还是网红，一旦接受卖家委托为其带货，他们的身份就成了法律意义上的“广告代言人”。

那么，直播带货要承担哪些责任和义务呢？根据广告法规定，直播带货的商品有假，由广告主也就是雇用明星、网红带货的商家承担民事责任。如果明星、网红无法提供广告主的真实名称、地址和有效联系方式，消费者可以要求他们先行赔偿。另外，如果发布的虚假广告关系到消费者的生命健康并造成消费者损害的，或明知、应知广告是虚假的，明星、网红应当与广告主承担连带赔偿责任。

资料来源：https://m.gmw.cn/2022-11/14/content_1303194816.htm.

前沿在线

近年来，电商盈利模式呈现百家争鸣态势。

(1) 平台型模式。平台型模式提供给个人或者企业进行开店交易的平台，通过佣金、服务费、广告费、增值服务等盈利。以淘宝为例，其生态系统下繁衍了各种各样的电商公司。移动互联网时代崛起的微店、有赞、萌店等移动电商平台，提供了打入朋友圈做微商的工具，微店、有赞主要是交易平台，流量来源于卖家在朋友圈的宣传，也就是个人信用的透支；萌店主要是通过低价拼团的促销手段进行裂变式引流，本质上也是交易平台。

(2) 垂直型模式。垂直型模式主要是经营单一类目，垂直电商有一个很重要的特性就是销售的商品都是自营，这类公司一般是获得了某些品牌的代理权或者经销权，通过赚取差价盈利，如主做鞋的优购、做服装的有货、做酒类的酒仙网等。移动互联网时代更是有一大批做垂直电商的App如雨后春笋般出现，如顺丰优选、网易严选等。

(3) 混合型模式。垂直电商发展到一定程度必然会遇到瓶颈，突破瓶颈的有效方式就是类目扩张，如一开始主做3C数码的京东，主做化妆品的聚美、乐蜂，主做图书的亚马逊、当当，现在它们都已经发展成为电商平台，这些平台的特点就是自营＋店铺，自营原来的优势类目，通过扩大市场份额，争取更多的议价能力，赚取供应商销售差价；引入更多类目的品牌商入驻开店，通过佣金、服务费、广告费等获取收益。

(4) 闪购型模式。闪购网站本质上也属于平台，但区别很大，闪购平台没有店铺，以品牌为单位做限时抢购。如唯品会，聚划算，这类促销主要核心竞争力就是限时、限量、最低价。

(5) 导购型模式。导购型模式主要做流量分发，盈利模式主要是赚取交易佣金，像一些9块9包邮、白菜价、返利网一类的导购网站，主要是靠淘宝客佣金盈利，大型的淘宝客盈利相当可观，还有一些优惠券分发平台，也是淘宝客性质。大型的导购网站还会结合CPC、CPM的形式。最早的美丽说和蘑菇街就是社会化导购网站，也是当时做得最好的导购网站，现在已经转型为电商平台，有按照展现或者点击收费的广告位。

(6) 买手型模式。买手指的是掌握潮流信息、时尚流行趋势，能够帮助消费者购买到全球各地的商品，或者是拥有一批拥趸者，能够掌握一定的订单。淘宝全球购、洋码头扫货都是这种模式，通过全球各地的时尚买手，搜罗时尚单品提供给消费者。

(7) 内容型模式。通过基于OGC、PGC或者是UGC的模式产生内容盈利，小红书就是一个典型的例子，小红书的用户在App上晒海淘购物清单，小红书通过数据分析挖掘爆款，自己采购进行关联销售。再比如什么值得买，也是基于海淘优惠信息的整合，本质上来讲，也是属于导购。

(8) 服务型模式。服务型模式主要指的是在电商平台上提供电商配套服务的公司，如代运营，通过帮助品牌商运营线上店铺收取服务费盈利，代运营一般会提供店铺装修、设计、摄影、客服、仓储、培训等系列服务。

资料来源：https://mbd.baidu.com/newspage/data/dtlandingsuper?nid=dt_3541003384352801115.

项目小结

本项目首先介绍了网店运营的基本概念、标准运营流程和常见的运营模式；然后从行业市场分析、客户需求分析、竞争对手分析三个层面详细介绍了市场分析的方法；最后为保证网店运营的成功启动，需明确网店风格定位、网店产品定位和目标人群定位。

知识巩固与提升

一、单项选择题

1. 在卖家网店运营的流程中，第一步是(　　)。

A. 了解并选择开店平台　　B. 开店前期准备

C. 进货　　D. 商品拍照

2. (　　)相当于投资创业，这种经营方式是将网上开店作为自己的全部工作。

A. 全职开网店　　B. 自助式开店　　C. 兼职开网店　　D. 创建独立网站

3. (　　)是指卖家在网上展示供货商提供的图片、商品介绍等资料，买家下单付款后，卖家再让供货商发货。

A. 网络代销　　B. 自己进货　　C. 自助式开店　　D. 兼职开网店

4. 市场分析必须围绕(　　)这一目的。

A. 定价　　B. 产品　　C. 销售　　D. 目标客户

5. (　　)通过制定一系列详细、严密的问卷，要求被调查者回答，以此帮助调查者收集资料。

A. 深度访谈　　B. 问卷调查

C. 百度数据分析工具　　　　　　D. 电商分析工具

6. 商家可以根据平台的(　　)以及竞争对手的情况来确定网店风格。

A. 竞品分析　　B. 分析工具　　C. 爬虫工具　　D. 个性化推荐机制

7. (　　)是无差异或差异小的产品。

A. 非标品　　B. 无差异产品　　C. 标品　　D. 差异化产品

8. 网店的商品价格采用(　　),这样引流速度比较快,转化率也会比较高,大众接受程度高。

A. 高客单价　　B. 低客单价　　C. 统一价　　D. 招徕定价

二、多项选择题

1. 客户需求分析的方法有(　　)。

A. 深度访谈　　　　　　B. 问卷调查

C. 百度数据分析工具　　D. 电商分析工具

E. 爬虫工具

2. 竞争对手分析包括(　　)。

A. 价格分析　　B. 竞店分析　　C. 竞品分析　　D. 定位分析

3. 以下商品属于非标品的是(　　)。

A. 连衣裙　　B. 农特产品　　C. 电视机　　D. 手机

4. 一般网店定位目标人群时所采用的消费属性包括(　　)。

A. 人口特征　　B. 社会特征　　C. 个性特征　　D. 文化特征

5. 目标人群的定位方法包括(　　)。

A. 性别定位　　B. 价格定位　　C. 年龄定位　　D. 身份定位

6. 以下商品属于标品的是(　　)。

A. 笔记本电脑　　B. 鞋　　C. 服务类　　D. 空调

三、简答题

1. 网店运营流程包括哪几个步骤?
2. 自己进货和网络代销的优缺点有哪些?
3. 网店可以从哪几个方面展开行业市场分析?
4. 商家可以从哪几个方面进行竞店分析?

四、案例分析题

淘宝自创品牌,成就大生意

梁同学是一名大四学生,他在淘宝商城上开设品牌男装旗舰店不到两年,如今店铺已经冲到三皇冠,好评率达99.01%。

梁同学注册了自己的男装品牌,通过专门的服装设计师对服装版型、纹样等进行设计,交由代工厂商生产后,利用网络渠道销售。这种模式的优势是产品独特、成本低。在服装设计上,梁同学不是采取原创的形式,而是通过收集淘宝最热卖的几十款男装版型,再以招标的形式发包给设计师供设计时参考;在生产上,梁同学通过直接向制衣厂家发订单的形式批量拿货。和大品牌相比,梁同学的店铺拥有更好的灵活性。店铺每周还会进行至少两次专题促销,通过限时抢购的方式对店内产品进行打折,吸引人气。

梁同学分享了他们选择网络热销的“5+3+1”模式。所谓“5+3+1”,即先推广5种款式的服装，然后根据最后的消费数据，选取3个相对比较好的款式，再根据市场反应，选择最火的一款产品进行再设计，重点加推。梁同学提醒广大创业者，经常参加淘宝各种促销活动，如聚划算活动、行业营销活动，使用网店营销工具，如优惠券、裂变优惠券、权益中心、单品宝、赠品等，既可以使货品冲量，又可以迅速提高本店的搜索排名，是一种最快捷有效的推广方式。

问题：

(1) 自创品牌产品与销售别的厂家的产品有什么区别？

(2) 怎样自创品牌并寻找代工厂？

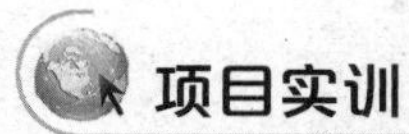

项目实训

对自创网店进行规划

一、实训目标

在掌握网店规划相关知识基础上，为自己所开设的网店进行规划。通过实操加深对网店规划方法的认识和理解，进而提升实战技能。

二、实训要求

(1) 根据自己的实际状况，选定适合自己的运营模式。

(2) 选定网店所服务的行业市场，进行市场分析。

(3) 对网店的风格、产品和目标人群进行定位。

三、实训分析

根据自己的兴趣爱好、行业发展趋势，结合自身实际情况，三人一组设立一家网店，明确运营模式，找准目标市场，做好网店的风格、产品和目标人群定位。

四、实训步骤

(1) 三人一组自由组队。

(2) 根据团队的实际状况，选定适合自己的运营模式。

(3) 选定所服务的行业市场，进行市场分析。

(4) 对网店的风格、产品和目标人群进行定位。

(5) 制作展示PPT，进行小组展示交流。

项目二

乘风破浪，经营起航的坚实基础
——网店开设

在了解了网店运营的基本概念并对市场环境进行初步分析的基础上，针对自身具体状况，明确开设店铺的定位与目标。在完成以上准备工作之后，接下来就需要借助具体平台，开设网店。现今社会，对于各类商品已经不能仅局限于单一化的渠道销售，在大环境影响下，越来越多的商家倾向于利用线上线下多渠道来扩大市场，提升品牌影响力。与此同时，对于网店的开设、运营等环节的规范化要求也越来越高。本项目主要介绍网店开通与信息管理相关知识，通过学习使读者掌握网店开设具体流程，并遵循平台要求的行为准则，遵守行业道德规范。

知识目标

- 熟悉主流的电子商务平台。
- 掌握开设网店的具体流程和方法。
- 掌握设置网店的各项内容要求。
- 了解平台开设网店的违规行为及处罚方式。

能力目标

- 能够区分常用的电子商务平台并进行合理选用。
- 能够在淘宝网开设淘宝网店。
- 能够熟练在千牛卖家中心进行网店基本信息设置和管理。

素养目标

- 培养和锻炼思辨能力。
- 增强与时俱进、紧跟时代发展的理论品格。
- 培养遵纪守法、遵守行业道德规范的良好品质。
- 强化诚信为本、实事求是的道德品质。
- 贯彻党的二十大报告鲜明提出的“自信自强、守正创新，踔厉奋发、勇毅前行”的精神品质。
- 贯彻新发展理念是新时代我国发展壮大的必由之路。

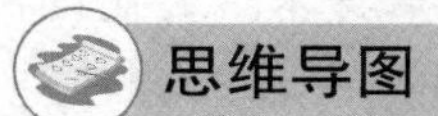

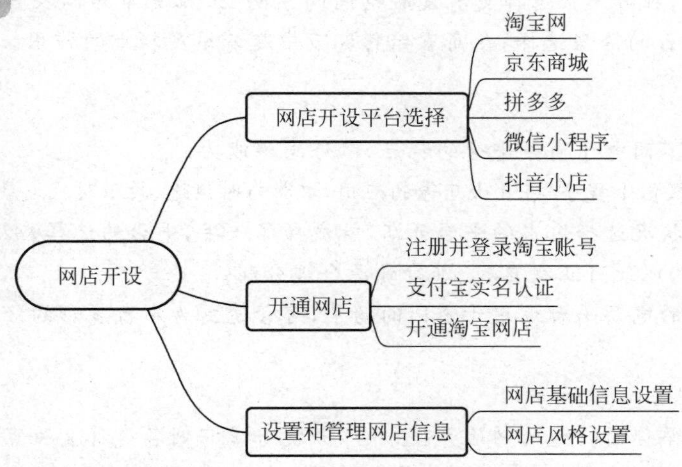

任务一　网店开设平台选择

首开店 1 天卖 8 万美元！这个 Shopee 商家有秘诀

当许多人感慨经济形势不容乐观，竞争压力越来越大时，深耕钟表行业十多年的深圳通创科技有限公司（简称通创科技）却选择出海远行，凭借敏锐的洞察力和超强的执行力，在多元化的全球市场中找到新的增长引擎，迎来一次又一次“爆单”。自 2019 年入驻 Shopee 以来，通创科技从马来西亚站切入，后又陆续开通了 Shopee 所有站点，而巴西站店铺则是从 2021 年开始运营的。短短几年时间，东南亚、拉美这两大新兴市场已然成为通创科技全球业务增长的亮点。

绕开竞争激烈的欧美市场，东南亚、拉美是跨境电商企业的首要选择。对于通创科技这样一家集研发、制造和销售为一体，同时在中、高、低端三个层次都展开业务的商家而言，这样的机会自然不容错过。无论是针对东南亚消费者偏好物美价廉、款式简约的产品需求，还是针对拉美消费者偏好有设计感、款式新颖、颜色特别的产品需求，通创科技都能找到自己的市场空间。同时在这两大新兴市场处于头部地位的电商平台 Shopee（2022 年东南亚购物类 App 月活增速第一、巴西购物类 App 月活增速第一），则成了通创科技的重点布局对象。Shopee 在东南亚市场知名度高、用户量庞大、口碑也很好，并且在拉美市场迅速崛起，用户体验也做得很好。以 2022 年 Shopee“双 11”大促为例，通创科技之所以能实现爆单，首要因素是“吃”到了 Shopee 平台本身高流量的红利；其次，通创科技不只针对产品进行营销，而且通过“多动销”、非单一爆款的方式来打造店铺。

对于通创科技而言，在全球市场的布局当中，以欧美网购成熟站点作为基础的同时，积极探索新兴市场机会，无疑是加速品牌出海的重要举措。深入洞察新兴市场的消费需求、借助平台资源为打造品牌蓄力，在提供优质产品的前提下，持续优化购物体验、通过多样化营销手段传递品牌价值。

资料来源：https://baijiahao.baidu.com/s?id=1762851491440911261&wfr=spider&for=pc.

案例分析：通创科技之所以能在全球竞争局势如此激烈的环境中，仍能取得不俗的成绩，与其能够审时度势，独辟蹊径选择更有发展空间的东南亚、拉美市场以及 Shopee 这一头部平台有很大关联。平台的恰当选择，在商家销售环节中起着举足轻重的作用。

价值领航

（1）对比分析不同电子商务平台的特点，锻炼思辨能力。

（2）介绍说明微信小程序、抖音小店等的应用，培养与时俱进、紧跟时代发展的意识和思想。

（3）根据现实状况选择恰当的平台开店，就成功了一半，平台的选择应从自身条件及外部环境等多方面考虑，以此可正视自我、进行资源合理分配。

（4）不同类型的电商平台适用于不同的场景，可营造更为丰富多彩的经济态势。

一、淘宝网

课堂讨论：列举你所知道的网店开设平台，并说一说它们各有什么特点。

动画：开网店的平台选择

淘宝网是亚太地区较大的综合网络零售商圈，由阿里巴巴集团在 2003 年 5 月创立，是中国深受欢迎的网购零售平台，具有覆盖范围广、商品种类齐、经营影响大、准入门槛低等特点。淘宝网以其鲜明的中国特色——免费注册，招揽众多用户，使人气激增，迅速开拓中国 C2C 市场，在该领域占据重要一席。

在网络交易环节中，淘宝网的信用评价系统使买卖双方获得一定的信用保障；支付宝服务技术平台的推出应用，同时解决了买卖双方的交易顾虑，买家不再担心先付钱而得不到所购买的产品或实际收到商品是与卖家所宣传的不一致的劣质产品，卖家也可消除对于先发货而得不到钱的担忧；实名认证机制，是诚信安全方面建设的关键一环，买卖双方要想在淘宝网中完成交易，双方必须进行所要求的身份认证，这一系列举措均保障了网络交易活动的顺利开展。图 2-1 所示为淘宝网 PC 端首页展示。

图 2-1 淘宝网 PC 端首页

商法同行 实名认证机制，既是网络交易活动顺利开展的重要保障，也是党的二十大报告所强调的推动形成良好网络生态环境的具体体现。

近年来，受国家相关法律、法规及互联网时代的多重影响，淘宝网在发生着改变，平台交易规则也正在向着规范化逐步迈进，经营的范围和侧重点也有了新的突破。《中华人民共和国电子商务法》促使网络交易平台加强对经营者的监管，防止假冒伪劣、虚假宣传等行为，使得淘宝网更为注重商品的质量、所宣传内容的真实性和经营资质的规范性。淘宝网在现有的业务框架内，经营的内容正在努力将电商板块尽可能地向扁平化和轻量化方向迁移，短视频平台的内容电商化也给淘宝网带来新的冲击。因此，淘宝网在直播、私域、内容化、本地零售和价格竞争力等方面均肩负着新的使命。

视野拓展

《中华人民共和国电子商务法》为平台经营者建章立制

《中华人民共和国电子商务法》的发布和实施，进一步约束和规范了电子商务活动。《中华人民共和国电子商务法》为平台经营者建章立制，对平台的法律地位、权利、义务与责任做出了详尽规定。电子商务平台作为一种较为新型的市场主体，不仅起到为他人独立进行交易活动的网络经营场所的作用，还需规范平台的网络交易行为，对平台内的经营者进行信用评价，解决平台内交易所发生的各类纠纷问题等。《中华人民共和国电子商务法》针对平台经营者在电子商务活动中的地位和发挥的作用，规定了一系列具体的法律义务，例如，强调平台内经营者主体身份的管理义务、信息保存和报送义务、维护平台安全稳定义务和安全保障义务等。《中华人民共和国电子商务法》重视平台经营者与平台内经营者之间所存在的结构性的差别，规定了一系列的制度，来限制平台经营者不滥用其影响力，侵害平台内经营者的经营自主权，并且保护消费者的合法权益。

总体而言，《中华人民共和国电子商务法》通过大量明确具体的法律规范，针对电子商务平台经营者这种新型的市场主体，确立了一系列的要求。这些针对平台经营者的法律规则从中国电子商务发展的实际出发，具有鲜明的问题导向，实事求是地回应了现实生活中围绕平台经营者产生的各种问题，是中国电子商务能够获得长远的可持续发展的最坚实的法律保障，也是切实进行全面依法治国，推进法治中国建设的具体表现。

资料来源：http://www.npc.gov.cn/zgrdw/npc/lfzt/rlyw/2018-08/31/content_2060827.htm.

二、京东商城

京东是我国的综合网络零售商代表，是我国电子商务领域受消费者欢迎和具有影响力的电子商务网站之一，销售范围包括家电、数码通信、计算机、家居百货、服装服饰、母婴、图书、食品、在线旅游等12大类数万个品牌百万种优质商品，能够满足买家的多样化需求。京东以“产品、价格、服务”为其核心，致力于为消费者提供优质的商品和优惠的价格。

京东对商品的质量进行严格把控，旨在保证消费者购买商品的可靠性和安全性；多种类型的支付方式和配送服务相结合，也使得网络购物更为便捷，提高用户体验；京东平台还提供了安全的交易环境，保障了买家的个人信息和交易安全。图2-2所示为京东商城PC端首页。

图 2-2　京东商城 PC 端首页

商法同行　京东注重合作共赢，在发展上秉承着先人后企、以人为本的理念，在诚信的基础上建立与用户、供应商、投资方等多方合作者之间最为融洽的合作关系。

三、拼多多

拼多多是我国移动互联网的电子商务平台的代表产品，成立于 2015 年 9 月，是专注于 C2M 拼团购物的第三方社交电商平台。与淘宝网、京东商城相比，拼多多除具有核心的电商功能外，更加强了一定的社交属性。其独创的拼团模式即用户通过发起和亲朋好友的拼团，可以以更低的价格，拼团购买优质商品，是基于人脉社交的裂变传播，具有强大的传播性和感染力。相较于传统电子商务平台，拼多多的低门槛是一大优势，开店操作简单快捷，准入要求较低，主打低价商品，对推广及运营的依赖程度不高，只要有一定的价格优势，就能够有较好的展现机会。拼多多主张凝聚更多人的力量，用更低的价格买到更好的商品，在体会购物的实惠和乐趣的同时，也通过沟通分享互助的方式，形成了独特的新型社交电商思维。图 2-3 所示为拼多多移动端首页。

商法同行　拼多多的低准入门槛，虽然是其影响力快速扩大的有力帮手，但也是阻碍进一步平台升级的“拦路虎”。低门槛可能带来假冒伪劣、虚假宣传等一系列问题，而诚信才是平台能够长远发展的重要保障。

四、微信小程序

微信是现阶段我国国民进行社交通信的重要工具，拥有庞大的用户群体，微信小程序作为微信的典型创新应用成果，也逐步在各行各业构建起成熟的生态体系。随着移动互联网的普及和用户消费习惯的改变，微信小程序的电商化应用也就成为电商行业进一步发展的必然趋势。微信小程序是依托于微信生态圈的轻量级应用工具，具有方便快捷、无须下载、移动端适配度高、成本低、操作简便等优势。

微信小程序与微信公众号类似，都有自己专属的页面，通过微信小程序页面，可以实现展示、下单、客服、支付、查询等增值服务，是一个快捷高效的购物通道。通过微信小程序，电商平台能够精准推送店铺及品牌活动，直接呈现在消费者的移动终端，进而可提升用户转化率、增强用户体验、加强用户黏性。众多电商平台均在微信小程序上线了自身的轻应用版本，例如，京东购物、当当购物、孩子王商城、唯品会特卖、咸鱼二手精选等，如图 2-4 所示。

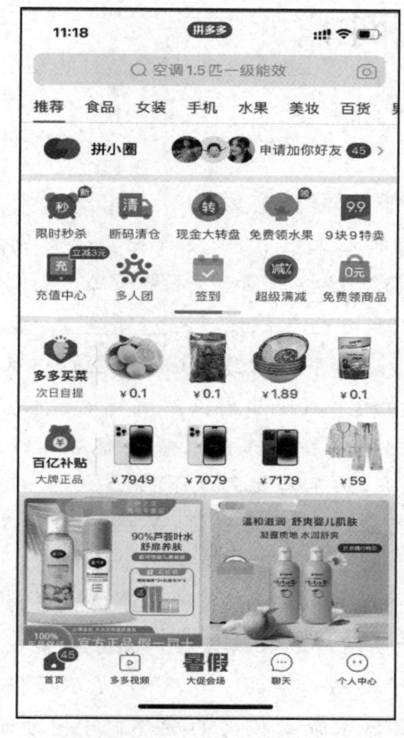

图 2-3　拼多多移动端首页

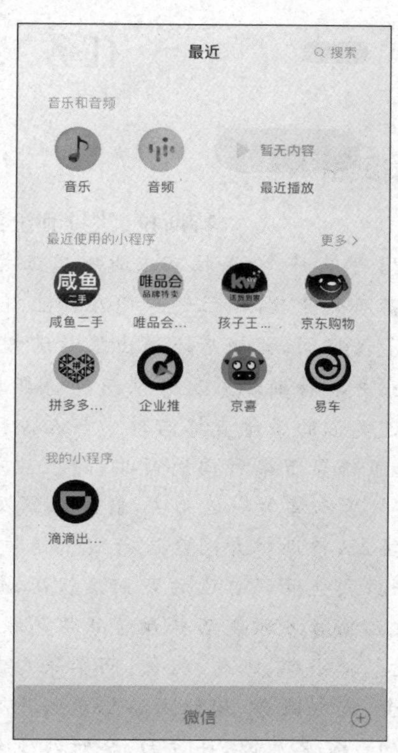

图 2-4　微信小程序的电商应用

课堂讨论：你所使用过的购物微信小程序还有哪些？

五、抖音小店

微课：抖店入驻

随着社交电商的迅速兴起，内容化电商趋势逐步突显，抖音小店作为一种新型的电商模式也越来越受到大众的关注，是短视频平台的电商化延伸。抖音小店是抖音电商为商家提供的专有销售工具，是抖音电商的一站式平台，可以帮助商家实现内容的变现、提升流量价值、提供线上电商店铺各类问题的解决方案，并且完成商品展示、商品交易、店铺管理、售前和售后服务、第三方服务市场合作等全链路的生意经营活动，来帮助商家实现长效经营和高效交易。用户可以在抖音短视频平台、今日头条、西瓜视频、抖音火山版等多渠道进行内容的获取，下单后可以直接转化成为品牌方账号粉丝，形成完整的流量转化闭环。

抖音小店的运营模式独特，它以内容、社交和电商为核心进行有机融合，聚合了平台与视频号、直播带货、社区等多项业务，由此构建全方位的抖音直播带货生态圈。同传统电子商务平台相对比，流量和用户始终是抖音电商运维的中心。与抖音平台的强关联性，促使抖音小店更为注重内容的多样性和用户的个性化需求，短视频、直播带货、社群活动等多种营销方式，更可增强用户黏性。通过大数据技术和人工智能的深入应用，抖音电商能够更为准确地抓取用户的需求偏好，并进行精准推送和营销。

商法同行 习近平总书记强调要永葆与时俱进的理论品格，微信小程序和抖音小店的广泛应用，是顺应时代发展的必然结果。

任务二 开通网店

案例引入

特斯拉、法拉利纷纷开网店，啥都卖，就是不卖车

2023 年 2 月，特斯拉京东旗舰店正式官宣开业，宣称已上线 22 个类目、200 多款商品。为了庆祝新店开业，特斯拉还专门在开业当晚安排了一场直播推广活动，讲解带货了 18 件周边商品。活动期间，旗舰店还送出限量满赠礼品，以及 201 元充电桩优惠券。事实上，京东旗舰店的开业并非特斯拉首次开网店。特斯拉天猫旗舰店此前早已上线，且在 2022 年"双 11"期间也做过类似的带货直播活动。令人惊讶的是，特斯拉线上旗舰店内虽然有充电产品、优选配件、精选服饰等百余种周边商品，却独独不卖车。对此，特斯拉京东及天猫旗舰店客服人员均表示："网店以售卖周边为主，暂无试驾及现车销售服务，购车需要到线下门店。"

事实上，特斯拉开网店进行线上销售并不是汽车行业开网店的先河，早在 2022 年"双 11"前夕，法拉利也开了自己的天猫旗舰店，赶在 10 月 24 日晚上 8 点开启预售，首次驶入电商平台，开设天猫官方旗舰店并开售品牌高级时装与配饰。除此以外，已上线官方旗舰店的新势力车企，还包括小鹏、零跑、极氪、问界等。新势力车企开设网店进行销售的商品主要集中在试驾和交定金、充电服务、周边商品售卖这几个方面，而对于其核心商品——汽车，是不提供线上销售服务的。究其原因，一方面，会对线下销售渠道价格体系带来极大的破坏；另一方面，作为大件消费品，汽车很难利用电商特有的"冲动消费"心理提高销售量。

从根本上来看，车企进行电商销售的出发点是进行宣传和营销，即通过提供服务和销售周边商品来强化在用户中的知名度和影响力。

资料来源：https://www.sohu.com/a/642056199_118802.

案例分析：车企的核心商品是汽车，虽然对汽车进行线上销售还存在很大的阻碍，但是仍能通过开通网店的形式，进行企业和品牌的宣传营销，以此来弥补线下宣传的不足。由此说明，开通网店不仅适用于各类快消品，对于价格高昂、周转频率低的商品同样也有可取之处，对于商家来说也可以提供新的思路和方向。

价值领航

(1) 根据网店定位调查的基础，遵照平台规则按指示开设网店，从整体上进行布局，强化系统性思维。

(2) 支付宝实名认证机制，可最大限度地保证交易安全，也是营造网络安全环境的重要方式。

(3) 网店风格的确定，需追求个性化、独特化、原创化，打造独有风格，精细耕耘。

(4) 违规开店，不仅会受到平台处罚，更严重者将受到法律制裁。

通过之前的知识讲解，对于几个主流电子商务平台已有了初步认知，不同的平台在开店流程、入驻条件、资质要求、商品类目侧重、店铺类型、辅助工具、资费标准等方面均有不同，但是核心思路和主营业务范围大致相同。本任务以淘宝网为例，具体讲解网店开设的具体方法和步骤。

一、注册并登录淘宝账号

无论是借助淘宝网进行商品销售或是作为买家购买商品，都必须具备一定的身份，即注册账号成为淘宝网会员，只有会员才能够享受平台提供的各项便利和服务。注册淘宝账号的具体操作步骤如下。

微课：淘宝网开店规范

（1）打开淘宝网首页(https://www.taobao.com/)，单击左上角“免费注册”按钮，如图 2-5 所示。

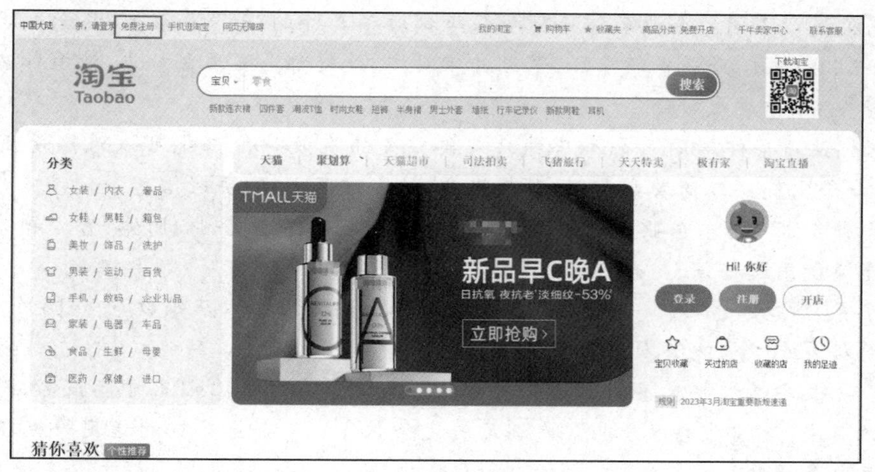

图 2-5　淘宝网“免费注册”按钮

（2）打开“用户注册”页面，在该页面输入所需注册账号的手机号码，并单击“获取验证码”按钮，将所收到的验证码输入对应文本框中，勾选“已阅读并同意以下协议淘宝平台服务协议、隐私权政策、法律声明、支付宝及客户端服务协议”复选框，单击“注册”按钮，如图 2-6 所示。需要注意的是，淘宝平台开设网店有两种选择：一是个人店铺；二是企业店铺。

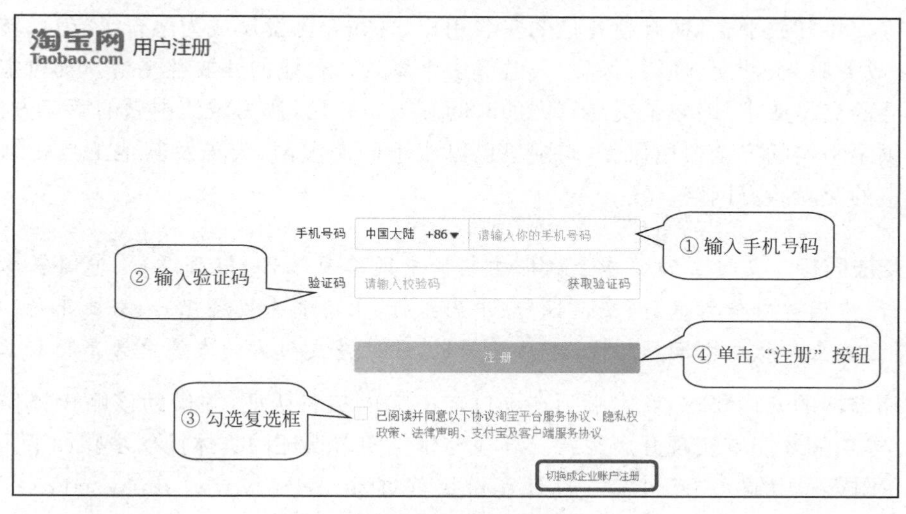

图 2-6　淘宝网“用户注册”页面

视野拓展

淘宝网的个人店铺与企业店铺

个人店铺是淘宝网中基础的店铺类型，是指由个人身份所开设，没有企业法人营业执照，也没有其他团队和员工，通过支付宝个人认证所开设的店铺。企业店铺是指有企业法人营业执照和税务登记证，用企业身份所开设并通过企业支付宝认证的店铺。与个人店铺相比，企业店铺可以享受更多的功能和服务，如店铺装修、淘宝信用保障、增值税发票等。此外，企业店铺可以发布更多的商品，也可以招聘团队来管理店铺。

个人店铺与企业店铺的区别主要体现在以下几个方面。

(1) 图标显示不同。企业店铺具有个人店铺所不具备的"企"字标志，无论是店外还是店内，店铺标头、详情页，或是购物车，已买到的宝贝中，处处都会显现该标志，使消费者一目了然知道这个是企业，信誉度较高。

(2) 店铺注册条件不同。个人店铺只需要公民的有效身份证就可以对注册商店进行认证，而企业店铺需提供工商营业执照、对公账户、社会信用代码、法人信息等。

(3) 店铺名称不同。企业店铺的名称可以是5个词：公司、企业、团体、官方和分销。而个人店铺不能够使用这些词。

(4) 所享受的权利不同。企业店铺奖励的子账号数量比个人店铺数量多18个，橱窗推荐位比个体商店多10个，能够发布的宝贝数量也很多。

(5) 活动报名等级要求不同。个人店铺的等级必须在2颗心以上才能报名，而且不能有违规的情况产生，店铺动态评分也需要满足一定条件等；而企业店铺的信用等级在0以上就可以参与直通车活动。

通过以上提示完成信息的填充输入，即提示注册成功。手机验证通过后，可添加关联电子邮箱并设置用户名和密码，此后也可通过用户名和密码进行账户的登录。

二、支付宝实名认证

支付宝是由阿里巴巴旗下蚂蚁科技集团股份有限公司所开发的业务，成立于2004年，是国内第三方支付开放平台，拥有超5亿的实名用户，现如今已发展成为融合了支付、转账、数字生活服务、政务服务、社交、理财、保险、公益等多个场景与行业的开放性平台。支付宝的应用，降低了社会的交易成本，缩减了交易双方的时间和人力费用，作为诚信中立的第三方机构为网络交易提供了坚实的安全信用保障，与阿里巴巴旗下的淘宝网、天猫及其他工具相结合，共同搭建了完整的交易结算网络。

商法同行 支付宝的合作金融机构包括中国工商银行、招商银行、中国农业银行、中国建设银行、中国邮政储蓄银行、交通银行、中国银行、上海浦东发展银行、兴业银行、华夏银行等，正是与这些金融机构之间通力合作、协同并进，才使得支付宝的发展更为平稳和长远。

根据淘宝网的开店要求，商家必须在支付宝中完成实名认证，并借助该账户提供的支付、转账、提款等功能才能够实现开店经营。开通支付宝实名认证的具体操作步骤如下。

(1) 在浏览器中输入"支付宝"，打开支付宝首页(https://www.alipay.com/)，单击"我是个人用户"按钮，如图2-7所示。

(2) 在支付宝"个人"页面,单击"立即注册"按钮,如图 2-8 所示。

图 2-7　支付宝首页

图 2-8　支付宝"立即注册"按钮

(3) 图 2-9 所示为支付宝用户"注册"页面,在该页面可以选择使用支付宝 App 注册或是计算机端注册,并且需要确定为个人账户或是企业账户。个人账户与企业账户所需要的注册条件及资质要求不同,能够享受到的服务和功能也有区分,本步骤以个人账户为例进行说明。

图 2-9　支付宝"注册"页面

在弹出的"服务协议、隐私权政策及开户意愿确认"页面,单击"同意"按钮。

(4) 通过提示,依次输入所需注册的手机号、收到的验证码,单击"下一步"按钮,如图 2-10 所示。

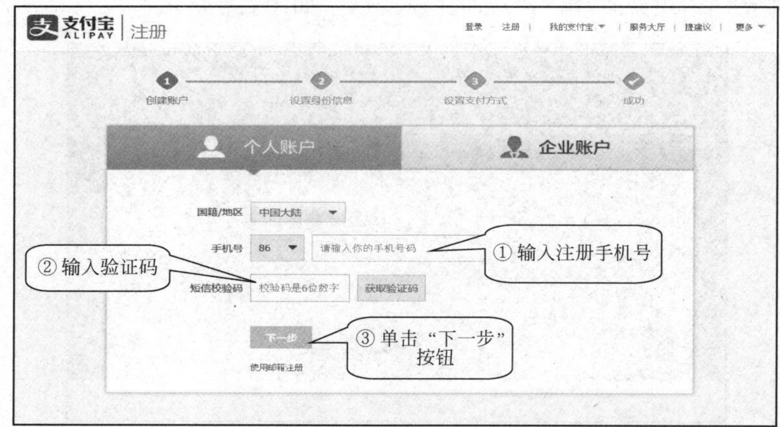

图 2-10 支付宝注册“创建账户”页面

(5) 在“设置身份信息”部分,需依次设置支付宝的登录密码、支付密码及真实的身份信息,单击“确定”按钮。图 2-11 所示为“设置身份信息”页面需输入的内容。

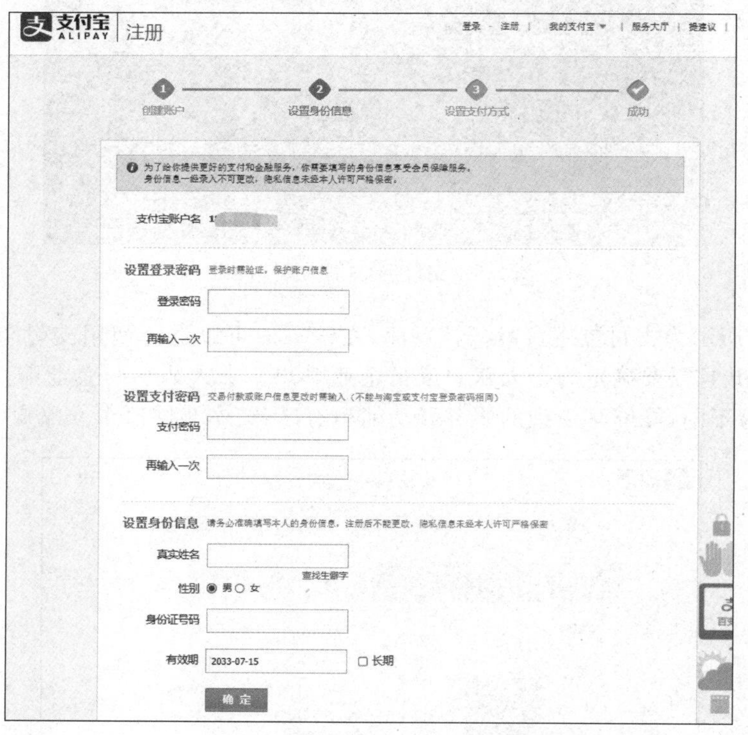

图 2-11 支付宝注册“设置身份信息”页面

(6) 如图 2-12 所示,需输入个人名下的正常激活使用的银行卡号,单击“同意协议并确定”按钮,即可完成支付宝账号的注册。

商法同行 完成支付宝的实名认证环节,必须填写真实的身份信息和银行卡号,这既是落实网络实名制的要求,也是对个人财产进行保护的重要举措,进而建立安全稳定的社会信用体系。

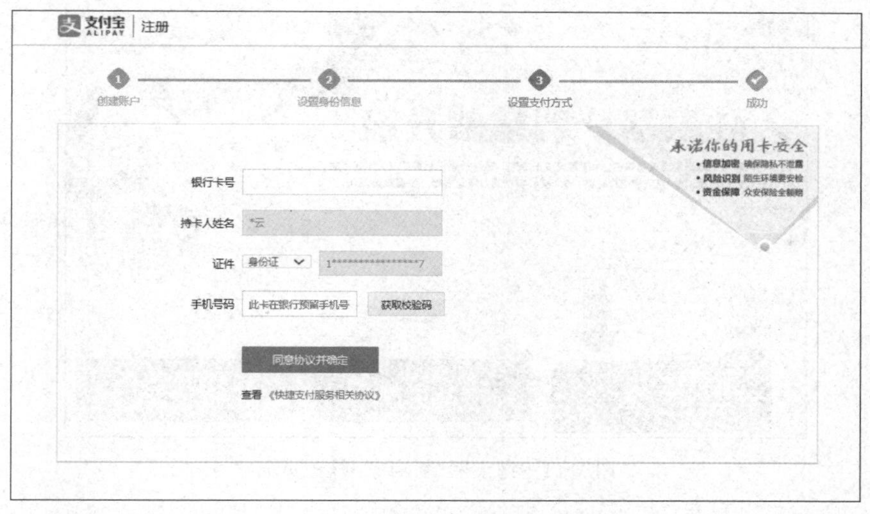

图 2-12　支付宝注册“设置支付方式”页面

三、开通淘宝网店

注册了淘宝账户并完成支付宝的实名认证后，即可申请开通淘宝网店。以下以淘宝网的个人店铺为例，讲解开通淘宝网店的具体流程步骤。

动画：京东商家入驻流程

（1）打开淘宝网首页，单击页面右上角的“免费开店”按钮，如图 2-13 所示。

图 2-13　淘宝网首页“免费开店”按钮

（2）进入淘宝网“新商家开店”页面，如图 2-14 所示。在该页面中可以选择具体的开店身份类型，包括普通商家、达人商家、品牌商家，并且在该页面还可以查阅学习详细的开店指南和资质材料要求，以便于顺利完成网店的开设。以下以个人店铺为例进行讲解，因此选择非达人和品牌商的普通商家。

（3）普通商家又进一步分为个人商家、个体工商户商家、企业商家这三类不同的店铺主体类型，根据自身店铺的现实状况和定位分析进行具体选择。图 2-15 所示为不同的店铺主体类型分类，选定后单击“去开店”按钮。

图 2-14　淘宝网“新商家开店”页面

图 2-15　淘宝网“店铺主体类型”分类

（4）不同店铺主体在开店时需填充的资料信息也有一定差别，总体上来说不可或缺的是店铺名称、手机号码、勾选协议，手机验证通过后，单击“0 元开店”按钮。图 2-16 所示为个人开店、个体工商户开店和企业开店需输入的信息内容。

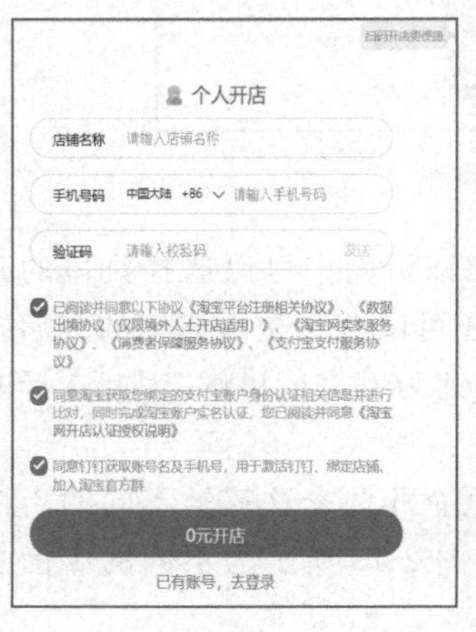

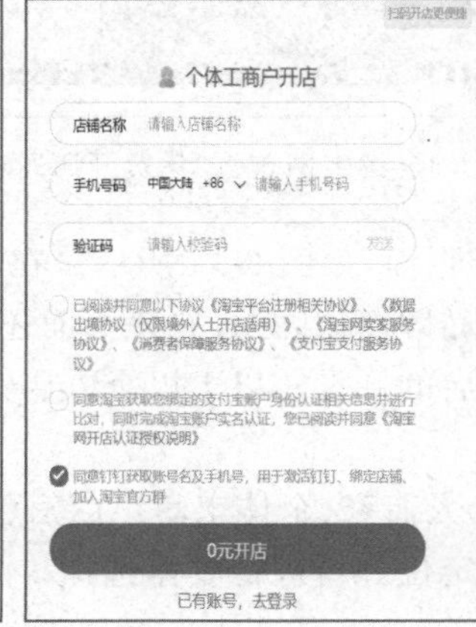

图 2-16　不同店铺主体开店需输入的内容

通过以上步骤，淘宝店铺的基本信息已经设置完成，但要想成功开店，还需要进行支付宝认证、登记主体信息、实人认证等环节。图 2-17 所示为千牛卖家工作台进行开店认证的具体步骤。

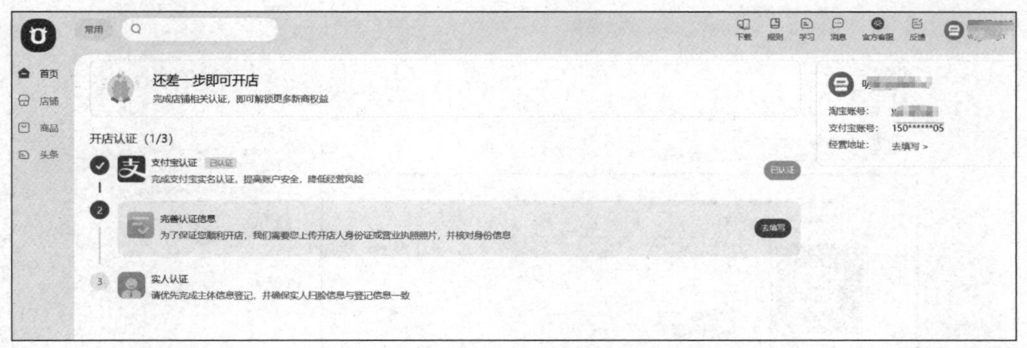

图 2-17　千牛卖家工作台进行开店认证

在之前任务中，已经对支付宝的认证过程进行了详细说明，此处显示已认证通过。

（5）图 2-18 所示为“完善认证信息”部分，是对店铺主体信息的详细补充，需上传个人证件信息、经营地址、经营人身份信息等。输入完成，单击“确认提交”按钮，即可完成店铺主体信息认证。

图 2-18　店铺主体信息认证

（6）“实人认证”是对店铺经营者身份的进一步确认，需借助淘宝/千牛 App 扫码进入人脸识别系统来完成，以保证店铺的可信性和安全性。图 2-19 展示的是“实人认证”模块。

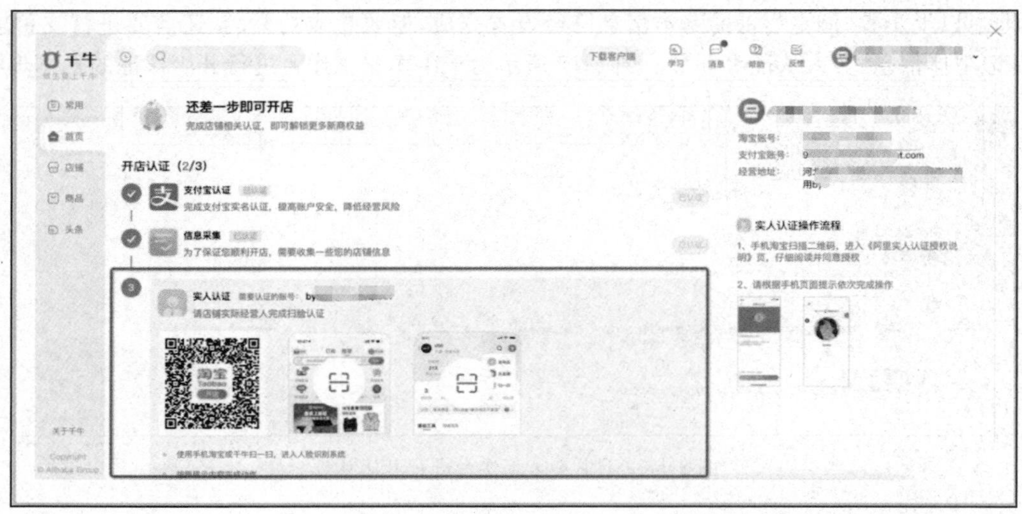

图 2-19 “实人认证”模块

通过以上开店账号的输入、店铺类型的选择、店铺主体信息填充、开店认证等环节，完成了商家创业档案的建立，即成功完成了店铺的开通。

商法同行 诚信是社会主义核心价值观的重要范畴，党的二十大报告提出：“弘扬诚信文化，健全诚信建设长效机制”。开设网店时，店铺信息的填写应实事求是，以诚信为本。

任务三 设置和管理网店信息

千牛公布趋势品类上新工具，利关淘宝商家

千牛卖家工作台面向新商家上线“品类机会”新功能，专为淘宝中小商家提供趋势商品孵化计划。品类机会功能于 2023 年 2 月上线测试，面向部分商家开放，商家可通过千牛计算机端工作台，进入“商机发现—品类机会”参与趋势商品的孵化计划。趋势商品在完成平台设置的运营任务，且达到一定要求后可以获得专属的搜索流量和加权。此次千牛卖家工作台重点针对中小商家打造的趋势商品孵化产品，目的是让新商家在了解行业趋势的同时，获得专属的商品运营指导和流量扶持，从而快速掌握经营方向和动力。截至 2023 年 3 月，所有商家均可通过千牛计算机端工作台、生意参谋计算机端及无线版新商简版工作台 3 个入口查看平台推荐的品类机会，并提报趋势商品。提报趋势商品后，平台管理员会对趋势机会在淘宝移动端进行投放，包括但不限制于搜索结果页、猜你喜欢等场景，趋势商品提报审核通过将进入趋势机会底池，有机会获得流量曝光。

品类机会工具的应用，可大大缩短上新趋势新品到爆款的时间。该工具出现之前，店铺上新往往采用的方式是依靠不断开直通车测款进行店铺爆款商品的筛选。品类机会工具相当于替商家省略了逐步测款的过程，商家可以在后台查看趋势机会的商品需求指数和曝光指数，结合数据反馈的结果进行产品的开发和上新设置。

资料来源：https://baijiahao.baidu.com/s?id=1760424154213922136&wfr=spider&for=pc.

案例分析：千牛卖家工作台作为阿里巴巴旗下的一款综合性智能化的电商管理工具，为淘宝卖家提供了一系列营销、运营、客户管理、数据分析、订单管理等全方位服务，帮助商家提升店铺的销售额和顾客满意度。此次千牛趋势品类上新工具的发布和应用，进一步弥补了中小企业在网店经营中所缺乏的趋势洞察力，帮助其提升企业竞争力。

价值领航

（1）管理网店信息可以使用多种工具来进行，需根据店铺自身特质，选择最恰当的工具和最适宜的方法，从而达到事半功倍的效果。

（2）店铺名称的设置应遵循一定的行业规则标准，禁止使用限制性词，以免弄虚作假，诱导消费者。

在上个任务中，已经完成了网店的开通，本任务依托淘宝网中常用的一站式店铺经营管理工具——千牛卖家工作台，来进行店铺的相关信息的完善补充。

一、网店基础信息设置

千牛卖家工作台作为淘宝网店的重要经营工具，可以使店铺管理更为高效、智能和简洁，节省时间和人力成本。使用千牛卖家工作台进行网店基础信息设置的操作步骤如下。

微课：网店运营常用工具

登录淘宝网首页，单击页面右上角的“千牛卖家中心”按钮，如图 2-20 所示，进入千牛卖家工作台页面，或是提前下载千牛工作台客户端，在“店铺管理”栏下，找到“店铺信息”并单击。图 2-21 所示为“店铺信息”页面，在该页面可以管理店铺名称、上传店铺标志、修改联系地址等基础店铺信息。

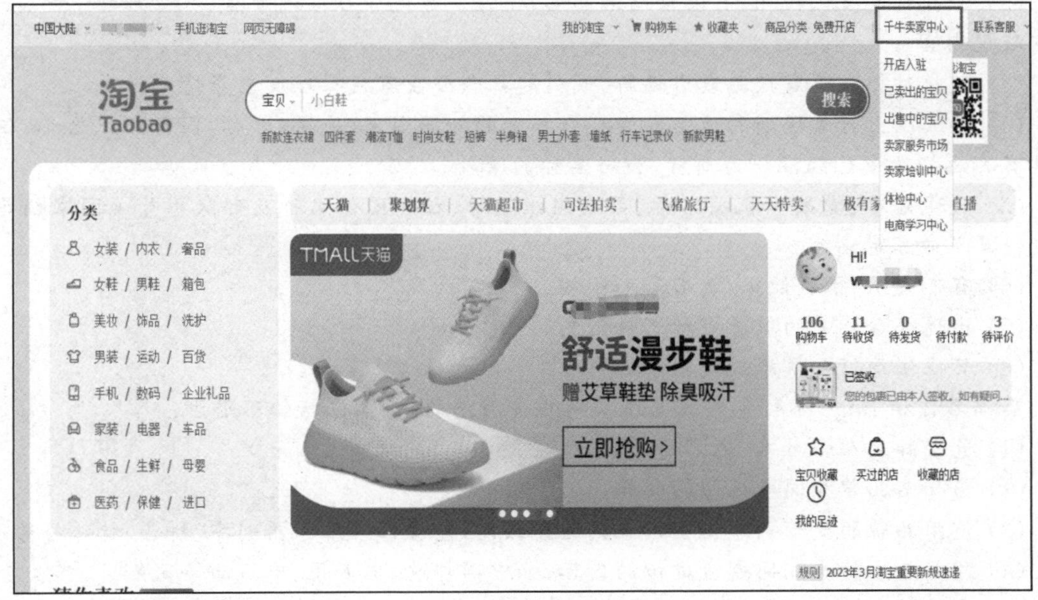

图 2-20　淘宝首页“千牛卖家中心”按钮

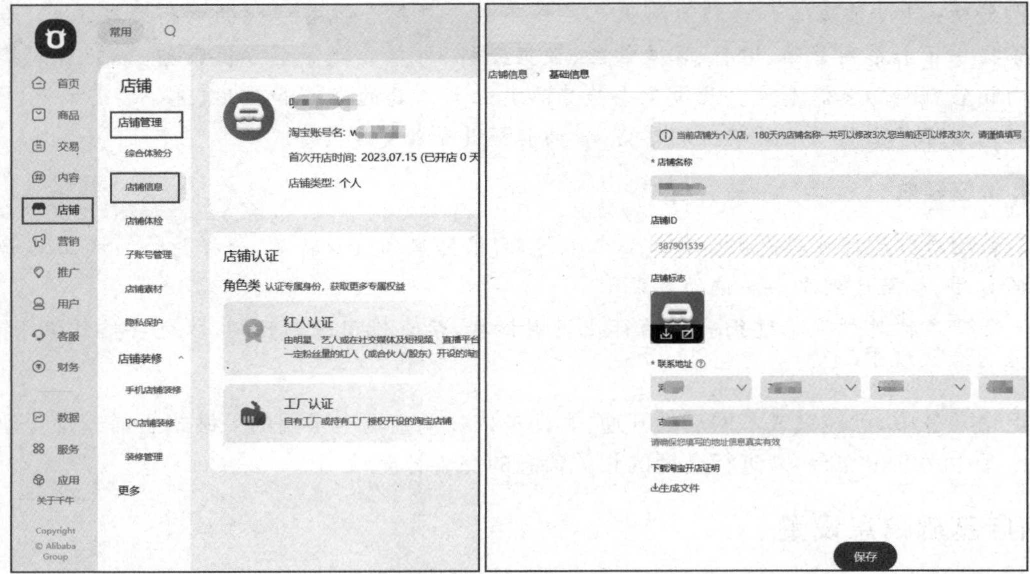

图 2-21　千牛卖家工作台“店铺信息”页面

视野拓展

抖音电商店铺命名和 Logo 规范

店铺名称和 Logo 不得包含违法和消极影响信息，包含但不限于：

动画：店铺起名技巧

(1) 有损于国家、社会公共利益，或有损民族尊严。

(2) 含有封建文化糟粕、有消极政治影响、违背少数民族习俗或带有民族歧视内容。

(3) 可能对公众造成欺骗或者误解，或引起社会公众不良心理反应等情况。

(4) 县级以上行政区划的地名或者公众知晓的外国国家(地区)名称/国际组织名称，但地名具有其他含义或已经注册为商标、公司名称的除外。

(5) 政党名称、党政军机关名称、群众组织名称、社会团体名称及部队番号或国家领导人及老一辈革命家的名字。

(6) 有不文明/格调低级/庸俗等不雅词。

(7) 出现平台相关的敏感或标志性信息。

(8) 其他法律行政法规规定禁止的内容。

店铺名称和 Logo 不得包含容易造成消费者混淆的信息，包括但不限于：

(1) 包含知名人士姓名、地名的品牌。

(2) 与知名品牌相同或近似的品牌。

(3) 使用品牌的变形词或衍生词来描述商品的，包含但不限于错别字、拼音、特殊符号等。

(4) 同第三方标志相同或者近似的内容，如中国邮政、中石化、中石油等。

(5) 未经抖音平台或集团授权、许可使用的名称、标识或其他信息。例如，包含“抖音官方”“抖音自营”及近似含义词；“安心购”“带货分”“信用分”等代表抖音特殊含义的词或意思表示；抖音集团及旗下其他公司的名称或标识。

(6) 使用促销相关名称，与特定资质或活动相关的特定含义的词。如满减、折扣、打折、满赠等。

(7) 使用除经营范围之外的其他品类名称，如商家经营类目不包含药品或医疗器械，店铺名称为×××医疗健康专营店、×××大药房。

(8) 使用《中华人民共和国广告法》禁止情形的名称。

(9) 其他违反法律、法规或平台禁止使用的信息。

资料来源：https://school.jinritemai.com/doudian/web/article/aHM6kwjHK99E?from=shop_default.

二、网店风格设置

在千牛卖家工作台，可以对店铺的整体风格进行设置。图 2-22 所示为“店铺装修”模块，在此部分可以实现手机端网店和 PC 端网店的装修设置和管理。

图 2-22　千牛卖家工作台“店铺装修”页面

课堂讨论：列举你喜欢的具有特点的网店页面？并说一说喜欢的原因。

单击“手机店铺装修”按钮，可对系统默认首页进行重新装修，也可新建页面，如图 2-23 所示的“手机店铺装修”页面。PC 端店铺装修的方式与手机端类似。

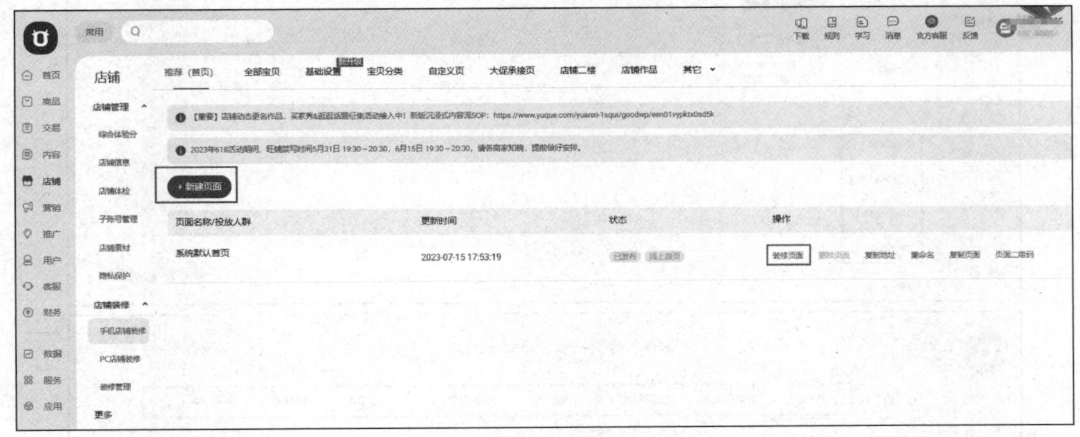

图 2-23　“手机店铺装修”页面

单击“页面装修”按钮，进入店铺页面实际装修工作台，如图 2-24 所示，在此部分可进行网店的整体模块布局、风格设定、模块名称、图片上传、模块意图、智能展现设置等。详细的网店装修技巧和要点，将在后续的项目四中进行具体讲解。设置完成后，单击“发布”按钮，即可在前台预览所设计的店铺页面。

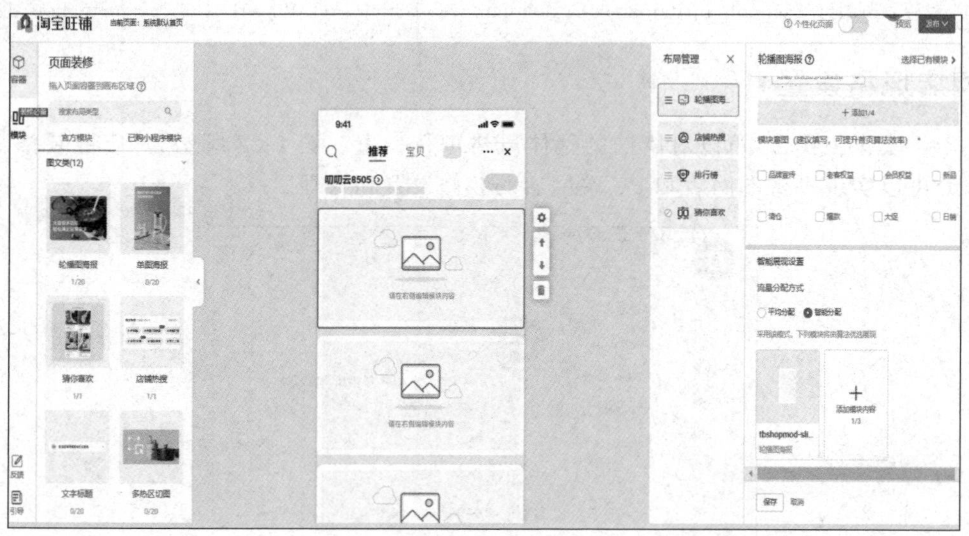

图 2-24 “页面装修”操作台

除店铺的首页以外，在千牛卖家工作台“店铺装修”模块，还可以对店铺的商品宝贝、宝贝详情页、基础设置、宝贝分类、自定义页、大促承接页、店铺二楼、店铺作品、店铺印象等进行装修设计。图 2-25 所示为“店铺装修”模块可以实现的具体功能。

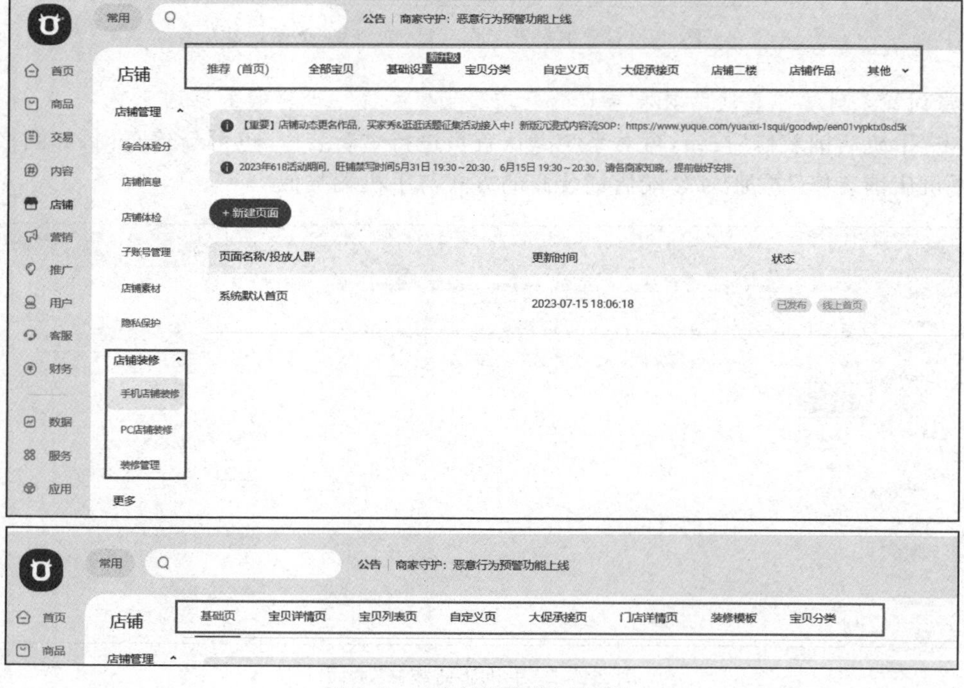

图 2-25 “店铺装修”功能模块

商法同行 网店风格的设计，应该与本店铺经营的商品、所面对的客户群体需求相一致，并且应保有自己的特色，因此应养成创新思维、坚持创新意识、增强自主创新能力。

法制新思想

2023 年 3 月，亚马逊、eBay、Wish 等多个电商平台发案，而导致 1417 个店铺遭到起诉冻结的，竟然是两个不起眼的词——Secret Xpress Control 和 Scrape-A-Round。

Secret Xpress Control 是一款睫毛膏的名称，是 Frugality Inc. 的主打产品，汉语为"秘密随心控制"，该词在 2020 年 2 月已注册成商标名称，卖家应避免在 listing 上使用该商标，包括五点描述、详情页、产品图片、产品包装等均不可出现，否则将面临商标侵权风险。该品牌方发案两次，第一次就冻结 626 家涉案店铺，两次发案所涉及的店铺总数竟然高达 995 家。

Scrape-A-Round 是指一款简易便携的汽车刮冰器，译为"圆形刮板 A"。品牌方不仅注册了商标，还注册了专利，但本次案件主要针对商标侵权及版权侵权，案件现已开始 TRO 冻结。品牌方早在 3 月 14 日就已起诉侵权案，隐藏了一个多月后才曝光，已有 422 家店铺被起诉冻结。

通过此次事件，可以看出商标侵权案对于维护经济社会的稳定具有重大现实意义。商标侵权案的办理能够有效维护商标企业的合法权益，规范市场秩序、促进公平竞争，并且能够规范商业参与者的言行，保护消费者的合法权益。

资料来源：https://www.163.com/dy/article/I4HERLU00552DZD9.html.

前沿在线

新零售(New Retailing)是指个人、企业以互联网为依托，通过运用大数据、人工智能等先进技术手段，并结合心理学知识的应用，对商品的生产、流通与销售过程进行升级改造，进而重塑业态结构与生态圈，并对线上服务、线下体验及现代物流进行深度融合的零售新模式。新零售可概括为"线上＋线下＋物流"，其核心是以消费者为中心的会员、支付、库存、服务等各方面数据的全面打通、构建全新的有机生态圈。

新零售的目的是满足消费者的多元需求，通过投入建设门店、电商、社群、私域等多套营销系统，打通线上线下，覆盖消费者所有触点，挖掘消费者潜在价值，降低获客成本的基础上提升服务品质，最终提高客单价、复购率和留存度。新零售的独特优势是"重构人货场"，打破时间和空间的限制，消费者可以在任何渠道、任何时间、任何地点、任何支付方式、任何取货方式购买任何商品。"新零售"模式打破了线上和线下之前的各自封闭状态，线上线下得以相互融合、取长补短且相互依赖，线上更多履行交易与支付的职能，线下通常作为筛选与体验的平台，高效物流则将线上线下相连接并与其共同作用形成商业闭环。

资料来源：http://tech.efang.tv/tech/2023/0613/225991.html.

项目小结

本项目首先对常用的电子商务开店平台进行详细介绍、对比分析，包括各自的特点、适用条件、营业资质说明、开店规范要求等信息，从而帮助读者能够更清晰地根据自身状况进行恰当的平台选择。其次，以淘宝网为例，说明具体的网店开设过程，包括账号注册登录、支付宝实名认证、网店开通等步骤。最后，依托千牛卖家工作台，说明具体的网店信息管理的内容和方法。

知识巩固与提升

一、单项选择题

1. 支付宝登录密码是用户打开支付宝个人账户的钥匙,符合要求的支付宝登录密码设置格式是(　　)。

A. 5A6C　　B. 7a 158A　　C. 5826147964　　D. Hell75_35

2. 下列选项中不可作为店标格式的是(　　)。

A. GIF　　B. PSD　　C. JPG　　D. PNG

3. 下列选项中法律明确规定禁止在网上销售的商品是(　　)。

A. 医疗器械　　B. 股票　　C. 偷窃品　　D. 武器弹药

4. 淘宝平台开设店铺的第一步是(　　)。

A. 注册淘宝会员名　　B. 登录淘宝会员名

C. 选择店铺主体类型　　D. 设置店铺名称

5. (　　)适用于自有或独占品牌有商标注册证的企业。

A. 普通商家　　B. 达人商家　　C. 品牌商家　　D. 企业商家

6. 新开设的淘宝网店(　　)内未上架商品,店铺会被关闭。

A. 3 周　　B. 4 周　　C. 5 周　　D. 6 周

二、多项选择题

1. 下列选项中属于淘宝网的在线支付工具的是(　　)。

A. 财付通　　B. 支付宝　　C. 银行卡支付　　D. 微信支付

2. 使用淘宝网开店,可以选择的店铺主体类型有(　　)。

A. 个人商家　　B. 个体工商户商家

C. 企业商家　　D. 达人商家

3. 常用的电子商务开店平台有(　　)。

A. 淘宝网　　B. 京东商城　　C. 抖音小店　　D. 拼多多

4. 抖音小店的特点是(　　)。

A. 擅长内容变现,提升流量价值　　B. 开店门槛低

C. 商品品质要求高　　D. 轻量级应用,方便快捷

5. 支付宝的功能领域包括(　　)。

A. 支付、转账　　B. 数字生活服务、政务服务

C. 社交、理财　　D. 保险、公益

6. 对支付宝个人账户进行实名认证需要准备的资料有(　　)。

A. 个人身份证　　B. 已开通并正常使用的银行卡

C. 手机号码　　D. 经营许可证

三、简答题

1. 微信小程序电商化应用的特点有哪些?

2. 淘宝网店基础信息设置的内容包括哪些?

3. 简述淘宝网开通网店的具体流程。

四、案例分析题

2022 年 4 月，市场监督管理局执法人员在监督检查中发现黄某个人开设网店未在店铺首页显著位置公示其注册信息或者该信息的链接标识，经调查核实，黄某自经营网店以来销售总金额为 7 万余元，根据《网络交易监督管理办法》规定，个人从事网络交易活动，年交易额累计不超过 10 万元的，不需要进行登记同时仍需在首页显著位置如实公示无须登记的自我声明以及实际经营地址、联系方式等信息。黄某的上述行为违反了《中华人民共和国电子商务法》第十五条的相关规定，市场监督管理局根据《中华人民共和国电子商务法》第七十六条的规定对黄某予以罚款 2000 元的行政处罚。

问题：

(1) 企业开通网店需要遵循的相关法律规章制度有哪些？

(2) 结合本案例说明电子商务从业经营者办理从业资质的现实意义是什么？

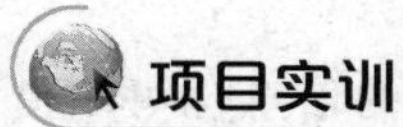

项目实训

使用淘宝网开设网店

一、实训目标

在掌握了淘宝网的开店规则后，进行店铺设计规划，开通属于自己的淘宝店铺。

二、实训要求

(1) 根据网店定位分析和市场环境状况，进行合理的店铺规划和设计。

(2) 借助淘宝网，按照平台要求开通网店、完成身份认证。

三、实训分析

根据平台要求，提前准备开店所需的证件资料、经营许可证、银行卡账号等。注册登录淘宝账号、开设淘宝网店并完成支付宝认证、实名认证，是店铺成功开通并正常运营的关键步骤，在每个环节均需按照平台的规则要求输入准确、完整的信息数据。

四、实训步骤

(1) 注册淘宝账号。登录淘宝网首页，在注册页面输入手机号、验证码、勾选平台协议，完成淘宝账号注册。

(2) 注册登录支付宝账号，完成实名认证。登录支付宝首页，输入淘宝账号，选择账户类型，设置支付密码并完善个人身份信息，输入准确的银行卡号设置支付方式。

(3) 创建网店。登录淘宝网首页，进入新卖家开店中心，选择店铺类型和店铺主体类型，进行店铺资料的输入，完成支付宝认证、实人认证。

项目三

精准聚焦，店铺运转的核心要义——商品管理

在之前的项目中已经选用恰当的平台完成了网店的开设，并且对于店铺的信息也可以借助相关工具进行管理操作。本项目是针对已经完成开店的商家，进行网店商品的选择、上架发布及商品的交易管理。商品是网店的立足之本，是网店销售的基础，是网店运转的核心，选择了合适的商品，将有利于网店的经营。

知识目标

- 了解商品选择的原则和渠道。
- 掌握各类商品选择的技巧。
- 掌握商品定价的技巧和策略。
- 掌握商品发布的具体流程。
- 掌握商品交易管理的详细操作。

能力目标

- 能够进行恰当的商品选择。
- 能够进行合理的商品定价。
- 能够在淘宝网发布商品。
- 能够使用千牛卖家工作台进行商品交易管理。

素养目标

- 党的二十大报告强调要构建高水平社会主义市场经济体制，坚持和完善社会主义基本经济制度，毫不动摇巩固和发展公有制经济，毫不动摇鼓励、支持、引导非公有制经济发展，充分发挥市场在资源配置中的决定性作用，更好发挥政府作用。
- 前进道路上，坚持以人民为中心的发展思想。选择商品时，应以市场为导向，紧握时代脉搏，追求前沿理念。
- 坚定理想信念，培养永不言弃的意志品质。

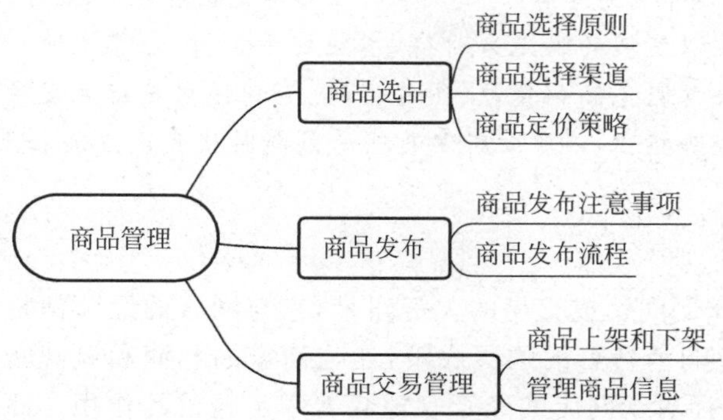

任务一　商品选品

爱零食：把握“人”“货”“场”，3年拓店超1000家

2023年，量贩零食赛道已然进入“战国时代”。

纵观零食发展历程，从以街边零食摊、夫妻零食店为主的零食1.0阶段；到电商渠道优惠、线下会员折扣的以良品铺子、三只松鼠为主的零食2.0阶段；再到以消费者为核心、更加注重场景化消费体验感的量贩零食3.0时代。从长沙成长起来的爱零食，是如何实现3年拓店超1000家，并开启全国化进程的？

“人”——年轻化IP赋能，首创会员体系

爱零食以“打造年轻人最喜爱的零食品牌”为愿景，通过元气满满的立体IP人物小爱妹妹与焕然一新的品牌视觉，高效渗透年轻圈层，提升品牌知名度的同时，强势赋能为终端创造机会，引导消费。超值划算的客单价，也让年轻消费者享受到真正的实惠。

爱零食率行业之先，作为开创会员体系的量贩零食品牌，每月16日爱宝节（会员日）已成为爱零食标志性节点，每年持续举办的会员感恩盛典，让有爱的品牌形象深植每一位消费者心里。

“货”——严谨的选品流程，标准流程化把控质量

产品力永远是品牌的核心，据相关负责人透露，爱零食以严谨的选品流程，标准流程化的质量把控，不断优化升级，用心挑选2000+产品SKU，覆盖零食全部品类。坚持品质为先，优中择优，严格把控从选品到上架的每一个环节，致力于把高品质的零食精品带给所有消费者。

“场”——独特场景打造，提升每一个家庭的精致消费体验

爱零食创新性打造“儿童乐园模式”3.0代门店，配有娃娃机、街机、健身器材等游乐设施，家长带孩子来到爱零食，孩子在这里快乐玩耍，家长也可以解放双手，在舒适的环境里选购零食。

资料来源：https://www.scjjrb.com/2023/08/10/99373480.html.

案例分析：爱零食之所以有如此迅猛的发展势头，究其原因，除供应链、消费场景、内容生产的原因以外，产品力也是不容忽视的重要因素。爱零食具备严格的选品流程并坚持特定的选品准则，坚持品质为先，优中择优。

价值领航

(1) 商品的选择应以市场为导向,时刻关注行业品类发展态势,把握时代脉搏,追求前沿理念。
(2) 商品选择时应以发展的眼光来对待,不应故步自封、停滞不前。
(3) 商家选品应注意避免品牌侵权、图片侵权、专利侵权等行为发生。
(4) 党的二十大报告指出:"贯彻新发展理念是新时代我国发展壮大的必由之路"。

一、商品选择原则

商品是买家与卖家之间达成交易的关键纽带,它与网店的经营销售状况直接相关,不仅影响消费者的购买决策,还与商家的利润和口碑密切相关,恰当的商品选择对于网店的经营管理起着举足轻重的作用。商品选品的具体原则如下。

动画:选择产品行业

1. 市场需求原则

市场需求是网店选品的首要原则,满足市场需求,是商品销售出去的重要前提条件。因此,网店进行商品的选择时应对市场需求进行充分的调研和分析,把握市场规则,了解目标消费者的真实需求和偏好,以及市场容量和内在潜力,根据市场需求来确定选品的方向和范围。

2. 利润导向原则

利润是网店经营者追求的关键因素,只有具备一定的利润空间,才能够促使网店经营者深入去挖掘商品的功能、特点、用途和价值等。一般情况下,高利润往往意味着高价值与高品质,而高价值和高品质也能提高商品和网店的信誉和口碑,从而吸引更多的消费者购买。因此,高利润有利于商品价值的塑造。

3. 商品差异化原则

商品差异化是网店选品的重要原则,只有选择与其他网店不同的商品,才能提炼特有卖点,从而在竞争中占据优势地位。因此,网店在选品时需要注重差异化原则,选择独具特色的商品,获得买家更多的认可和关注,满足消费者的个性化需求,享受多样化的购物体验。

4. 商品品质原则

商品品质是网店选品的核心原则,只有选择质量可靠、品质上乘的商品,才能提升消费者的购买体验和信任度,进而有长足的发展。因此,网店在选品时,一定要注重商品的品质和质量,选择有口碑和信誉的品类,保证商品的质量和性价比。

5. 供应链管理原则

供应链管理是网店选品的重要环节,优质的供应链往往代表着商品发展稳定成熟且具有较强的竞争优势。因此,网店需要注重供应链管理,选择有稳定供应链和高效物流配送的商品,保证商品能够及时、准确地送达消费者手中,降低运输成本。

6. 合法规范原则

网店在选品过程中,除考虑需求、利润、差异、品质、供应链等因素外,还需要遵守国家相关法律、法规及平台运行规范,避免侵权问题的出现。实践证明,不少卖家因为不熟悉知识产权和商标权等,发生侵权行为,最后导致商品下架,更严重者甚至闭店。因此,网店在

微课:《网络直播营销选品规范》

选品前应注意了解包括商标、专利、版权等方面在内的知识产权法律、法规。当然，也要了解知识产权保护机制，在预防自身侵权的同时，也要维护好自己的合法权益。

商法同行　网店商家进行选品时，可以借助数据分析工具来实现。习近平总书记在金砖国家领导人第十四次会晤上讲话：谁能把握大数据、人工智能等新经济发展机遇，谁就把准了时代脉搏。

二、商品选择渠道

众所周知，好的货源能够帮助卖家提升销量，提高利润，赢得顾客的信赖和口碑，而且具备强稳定性、高品质、高丰富度及成熟的供应链流转的货源能够保证网店的长足发展。从整体上来看，网店货源的途径主要有批发市场、厂家、品牌代理商、经销商、批发网站等，常用的网店商品选择渠道主要有以下几类。

课堂讨论：如果你要开网店，会选择哪种渠道进货，原因呢？

1. 线下批发市场

线下批发市场是网店卖家常用的货源渠道，比较出名的有义乌小商品批发市场、沈阳五爱市场、武汉市汉口北国际商品交易中心、湖南高桥大市场等。需要注意的是，这类线下批发市场商品种类齐全、更新速度快，但是价格差距较大、品质难以保障。这种进货渠道的高自由度决定了其往往适用于兼职卖家，进货时需先了解现在的主流产品的风格以及价格，多多对比价格、质量以及款式，做到“货比三家”，才能实现薄利多销。

2. 线上采购批发平台

近年来从线上采购批发平台的渠道进货越来越受到网店商家的关注和信赖，此方式为众多网店商家提供了海量商业信息和安全、便捷的线上交易市场，同时也为买卖双方提供了更为稳定、自由的社区交流空间。这类网站很多，进货的方式也很方便，减少了以往进货时的麻烦，典型代表有阿里巴巴批发网、百度爱采购、义乌购、义采宝等平台。该类线上采购批发平台的使用方法较为简单，只需要网店卖家申请开通账户，通过批发网站选择货源并进行交易即可完成。图 3-1 所示为在千牛卖家工作台在线选择货源的具体操作。

图 3-1　千牛卖家工作台“找货源”操作

3. 厂商直供

厂家是商品的生产源头，从厂家选择货源，既可以保证产品的高品质，还可以满足商品的稳定供给，同时能缩减商品的进价成本。如果能够和生产厂家长期合作，还可以争取到滞销换款的可能，从而降低资金不足的压力。但是大多数生产厂家的批量起始额要求都较高，对于卖家的资质也有一定要求，如果没有足够的运转资金和销售渠道，则很难和生产厂家合作。因此，该种渠道方式适合有一定发展基础且销量稳定、资金充裕的网店。

4. 品牌代理

做品牌的代理经营商也是一种选择货源的方式。选择一个好的品牌，不仅能保证产品的销量，还能提高网店的信誉度。因此，做品牌代理销售的时候，就应该研究品牌的知名度和该品牌产品的性能和特点。只有了解了该品牌的相关知识，才能在营销过程中获得更大的收益。不容忽视的是，代理商一般采购价格比批发商的价格要高，所以在代理商手中采购的产品，网店也需要仔细核算价格和利润。

无货源网店

无货源网店即不需要自己进货、囤货和发货，只要负责销售环节的网店，主要盈利模式为赚取中间差价。这种模式的优点在于商家所承担的风险比有货源模式要少得多，不需要大量的周转资金，也不会存在库存积压问题，是非常适合新手商家的一种货源渠道。

需要注意的是，开设无货源网店，一定要选择正规的平台去做店铺，例如，淘宝、天猫、京东、拼多多、亚马逊等，每个平台的难度和成本都存在一定的差异，需先了解相关开店的流程、资质要求、费用等，了解清楚再根据实际情况来选择。还需要注意选择合适的模式和上家商品货源，这样才能保证无货源网店的顺利开设和长久发展。

三、商品定价策略

课堂讨论：哪些因素决定你是否会在某网店购买商品？

商品定价，顾名思义即给商品确定价格，这是网店经营中一个重要的环节，是商品价值的数字化体现。价格是商品的属性之一，是市场战略中一个很重要的营销工具，有效的利用就会是一把营销利器。在市场环境如此纷繁复杂的今天，如何确定商品价格以保证网店的竞争优势与盈利目的，是每一家网店经营者都需要研究的重要课题。

（一）商品定价影响因素

1. 市场环境影响

在为商品进行定价时，不能闭门造车，需对整体市场环境有足够的了解，知己知彼才能确定合理的价格。在制定价格策略之前，应进行一定的市场调研工作，以了解整体市场需求量及竞争对手的价格状况，了解顾客的消费需求及消费习惯，掌握商品的价格走势，确保卖家实现盈利，为自己商品的价格制定提供足够的依据。

商法同行 党的十八大以来，习近平总书记高度重视调查研究工作，在一系列重要讲话中深刻阐释了调查研究的重要意义、途径方法，强调“调查研究是我们党的传家宝，是做好各项工作的基本功”，要求“大兴调查研究之风”。

2. 商品销售策略

卖家制定价格策略时，还需要考虑自身的网店商品品质、特性及企业形象及等因素。对于品质优良的名牌商品，制定高价，代表着一定的品质和观念，会给顾客物超所值的体会和感受。对于一些市场正流行、需求旺盛的商品，也可制定高价，因为一旦流行期过后，就会选择降价销售。反之，如果销售已经过时的商品则需要定低价，薄利多销，才会使商品顺利打开市场。

3. 商品市场定位与品牌形象

价格策略的制定与商品本身的市场定位和品牌形象也是密切相关的。对于已经具备一定口碑积累和知名度，定位高端、树立了良好品牌形象的商品，价格可以相应地提高；反之，如果品牌定位中端甚至低端，则需要靠降低价格来保证一定的销量。

4. 商品的成本和利润

商品价格的制定，还必须考虑商品的成本和预期利润。这可以通过计算成本、估算销量和确定利润率等方法来实现。价格应该高于成本，但不能太高，以避免失去竞争力。

（二）商品定价策略

1. 阶梯定价策略

阶梯定价策略又称分等级定价的策略，是指对买家的不同购买量或客户类型分层定价。购买一定数量为一个价格，超出该数量为另一价格，总之，买得越多，价格越低。

在使用电商平台进行购物时，经常会看到类似这样的价格说明：购买 1 件 100 元，购买 2 件只要 180 元，购买 3 件只要 260 元。该定价策略的目的，是通过价格的降低不断刺激消费者增加购买数量，造成买得越多越优惠的心理暗示，从而增加销量。阶梯定价策略在为一些商品冲击销量时非常有效，适用于价格不太高或者产品关联性较差的或者买家单件购买频次较高的商品。

2. 临界定价策略

临界定价策略即非整数定价策略，即确定的价格不是整数，而是带有零头的小数。例如，许多网店商家在进行商品定价时会使用 98 元或 198 元这样的定价而非 100 元或 200 元这样的整数，这种定价的好处在于，虽然看起来与整数价格相差无几，但是低一位数，给买家造成产品价格低的心理反应，激发购买的欲望，满足消费者“物美价廉”的心理追求。

3. 组合定价策略

组合定价策略是以迎合消费者的某些心理，属于心理定价策略之一，指通过捆绑的形式，将互补的商品或相互关联的商品进行组合销售，即“套餐价”，以实现网店整体经济利益最大化。

商法同行　在将商品与赠品捆绑、进行组合定价时，也应保证赠品的质量，不能以次充好，应该始终坚持诚信为本。

组合定价策略的优势

（1）提高销售量。组合定价可以促进消费者购买更多的产品或服务，从而提高销售量和市场份额。

(2) 增加客户满意度。通过组合定价，消费者可以获得更多的产品或服务，享受更多的优惠和折扣，从而提高客户满意度。

(3) 降低成本。组合定价可以降低企业的成本，因为组合销售通常可以减少库存、物流和销售等方面的成本。

(4) 建立品牌形象。组合定价可以帮助企业建立其品牌形象，吸引更多的消费者，并在竞争激烈的市场中脱颖而出。

(5) 推广新产品。组合定价可以将新产品或服务与已有的产品或服务组合在一起，从而推广新产品，并提高其市场占有率和销售额。

4. 动态定价策略

动态定价策略就是对商品或服务的价格进行动态灵活调整的一种定价策略，这种动态变化的定价策略已被广泛应用于航空业、酒店业、演出及赛事票务服务等行业。除此以外，在电商领域也可以使用该定价策略帮助网店商品提升基础销量及成交额。例如，羽绒服、帽子等冬季服饰在夏季时可以调低价格打折甩卖，从而减少库存压力，刺激销售。

商法同行 习近平总书记在学习贯彻党的二十大精神研讨班开班式上指出："要把战略的原则性和策略的灵活性有机结合起来，灵活机动、随机应变、临机决断，在因地制宜、因势而动、顺势而为中把握战略主动。"

5. 竞品对比定价策略

竞品对比定价策略即通过与其他竞品商家进行同类商品价格对比后再确定商品价格的方式。竞品对比定价法能够有效地挑战消费者的购买预期，通过与高价或低价产品进行对比，使用这种心理刺激激发消费者内心深处的购买欲望，并引导其主动选择和购买。当然，对比竞品价格不代表一味地效仿，这只是整体市场的一个价格参考系，至于具体价格的确定，还需要依据自身商品的品质、特性、品牌定位、目标人群等因素来综合考虑。

任务二　商品发布

"龙年限定"来袭！大牌龙年新品天猫"双11"首发

2023年10月24日，天猫"双11"开启预售，又到品牌集中首发年度限量新品的季节。"双11"期间有超过150个品牌在天猫首发限量款商品。众多知名品牌看重中国市场，在意中国消费者偏好，因此，今年的限量款新品中也包括大量国风元素的中国限定款。明年是农历龙年，全球大牌们纷纷在天猫首发龙年限定、中国限定。江诗丹顿、万宝龙、阿玛尼、巴卡拉等各大顶流品牌的超百款龙年新品已陆续在天猫上线。

高端腕表方面，江诗丹顿艺术大师系列龙年腕表全球限量25枚，提前欢庆中国农历龙年；IWC(万国)也在天猫发布龙年版腕表。除腕表之外，祥瑞"中国龙"让消费者的生活方式周边更有中国味。万宝龙(Montblanc)带来了龙年限量款墨水笔，全球限量512支，笔杆点缀"祥云"图案，中国风满满；巴卡拉(Baccarat)发布了特别款龙图腾摆件，金色龙纹装饰的水晶玩偶十分可爱。"中国龙"受欢迎，其他的国风新品也不少。品牌Kenzo首发了金鱼图案卫衣；时尚品牌 Self-Portrait 上线了新中式连衣裙；家居大牌 Wedgwood 则推出了年轻人喜欢的幸运彩雀茶具，一个人宅家也可以很精致。

对于一线奢侈品牌而言，在“双 11”这样的重要节点，已习惯将新品、限量款放在天猫首发。同时，由于距离中国农历新年渐近，为了赶上一年中最大的确定性增长机会，早早发布新春限定也成为与中国消费者建立联系的绝佳方式。全球品牌重视中国消费者，而天猫则是它们发行新品的首选阵地。

资料来源：https://baijiahao.baidu.com/s?id=1780689809348297556&wfr=spider&for=pc.

案例分析：全球奢侈品大牌齐聚“双 11”并在天猫发布新品，迎合了中国人对传统文化的追求和情怀这一需求要素，也是品牌发布商品时对市场高度了解和认可的基础上来完成的。商品的发布，需要综合考虑多种要素，恰当的时机、平台及创意等都是必不可少的。

价值领航

(1) 商品发布信息应实事求是，不能弄虚作假，进而规避纠纷。

(2) 挖掘商品卖点，编写商品文案，可从多角度出发，锻炼开拓性思维与创新意识，准确的文案内容可为社会带来正向的价值引导。

(3) 习近平总书记强调：构建新发展格局，迫切需要加快建设高效规范、公平竞争、充分开放的全国统一大市场，建立全国统一的市场制度规则，促进商品要素资源在更大范围内畅通流动。

一、商品发布注意事项

在电商平台注册完会员并成功开通网店后，下一步重要操作是在网店中发布商品。商品是网店交易的核心，在何时、以何种形式发布、如何描述展示商品的信息等因素都会影响所发布商品的销售状况。因此，在商品发布时，仍有一些注意事项需要遵守。

微课：速卖通商品发布技巧

课堂讨论：在商品发布时有哪些需要注意的事项？

1. 恰当的类目选择

正确选择商品类目是商品发布时的首要注意事项，卖家应该仔细设置商品的类目属性，确保商品的类别选择正确，否则会影响商品的流量数据，无法为商品精准引流。当有意或无意错放类目时，属违规行为，一经发现会被强制下架，甚至受到降权或处罚。

2. 高质量的商品图片

商品发布时需要注意产品图片，新手卖家经常犯的一个错误是直接盗取热销商品图片，正确做法是自己拍摄原创图片，供应商提供的图片也可以使用，但要确保有原图。主图要达到 800×800 像素的尺寸，这样才能获取放大的功能，它是决定买家是否单击进入的关键。因此，在商品发布时，需要注意图片的质量和原创性，以规避侵权风险。

商法同行　根据《中华人民共和国著作权法》相关规定，未经著作权人许可，复制、发行、表演、放映、广播、汇编、通过信息网络向公众传播其作品的，构成对著作权的侵犯。商品图片被盗用属于侵权行为。

资料来源：https://www.gov.cn/guoqing/2021-10/29/content_5647633.htm?eqid=90f411940002cf200000000664642755.

3. 准确的商品信息

商品信息包括商品的标题、属性、描述等，在进行商品发布时，需将详细的材质、型号、售后服务、生产厂家、细节描述、商品性能、注意事项等信息准确体现，这既能为商品卖点的提炼做好准备，获取精准流量，也是为买家提供购买决策的重要依据。

4. 不能重复铺货

在商品发布时，需要注意不能重复铺货。如果对于同一件商品发布多次，就是重复铺货。网店发布商品时应避免重复铺货，只发布一次，这样才可以保证网店的稳定性和信誉度，避免因为重复铺货而导致的下架和负面影响。

5. 禁止发布非约定商品

商品发布时，卖家需要注意不要发布非约定产品，即未经平台许可或平台禁止发布的相关商品。这是因为平台规定未经许可的商品不能上架，一旦违规，可能会导致店铺被封，影响卖家店铺的正常运营。因此，卖家需要了解平台规则，遵守平台要求，确保商品合规。

淘宝网禁止发布的商品

一、淘宝禁止发布的仿冒、盗版商品

在淘宝平台上，严禁发布任何与知识产权相关的仿冒、盗版商品，这包括但不限于假冒名牌服装、鞋帽、手表等。淘宝致力于维护各大品牌的合法权益，通过投诉系统和专门的知识产权维权团队，加强对侵权商品的查处和处理，以保护消费者的利益。

二、淘宝禁止发布的违禁物品

为了确保平台的安全性和合法性，淘宝禁止发布各类违禁物品。这包括危险品如毒药、枪支、爆炸物等，以及管制刀具、仿真武器、毒品和违禁药品等。此外，淘宝也禁止发布涉嫌恶意传播的物品，如邪教相关物品、淫秽物品以及鼓励暴力或违法行为的商品。通过严格的审核机制和用户举报系统，淘宝保持对违禁物品的高度监管和打击。

三、淘宝禁止发布的虚假广告

作为一个主要依靠消费者信任的电商平台，淘宝严禁发布虚假广告。这包括夸大商品功效、虚构产品评价、虚假宣传等。淘宝鼓励卖家提供真实可靠的商品信息和描述，以保证用户购物时能够得到准确的信息，避免因误导性广告而造成消费者的不满和损失。

四、淘宝禁止发布的侵犯个人隐私的商品

淘宝严禁发布任何侵犯个人隐私的商品，如间谍器材、窃听器等。这些商品的存在会对他人的利益和隐私造成威胁，因此淘宝采取零容忍的态度，对发布此类商品的卖家进行惩罚并撤下相关链接。

五、其他禁止发布的商品

除上述规定禁止发布的商品外，淘宝还有一些其他限制。这包括二手车、医疗器械、化妆品等特殊商品的出售需要提供相应的执业资质和许可证明。此外，淘宝也禁止发布各类非法或违反道德伦理的商品，如赌博等。

资料来源：https://www.shyaki.com/tbjy/show_76918.html.

二、商品发布流程

在学习了商品发布的细节要求和注意事项后，本项目借助淘宝网平台详细说明商品发布的具体流程步骤。

动画：
微信小商店商品详情发布

(1) 登录淘宝网首页，单击页面右上角位置的“千牛卖家中心”按钮，如图 3-2 所示。成功登录账号后，进入千牛卖家工作台页面，如图 3-3 所示。

图 3-2　淘宝网首页“千牛卖家中心”

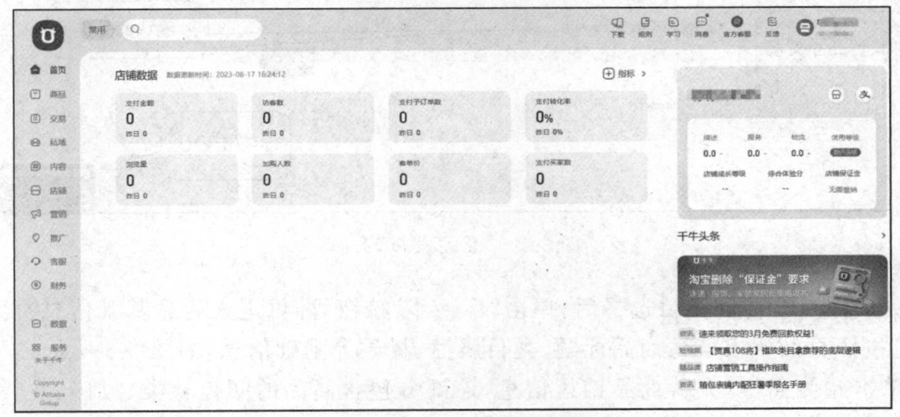

图 3-3　千牛卖家工作台页面

(2) 在千牛卖家工作台页面左侧面板中单击“商品”模块，在“商品管理”中单击“发布宝贝”按钮，如图 3-4 所示。

(3) 单击进入千牛卖家工作台的“商品发布”页面，如图 3-5 所示。在该页面可进行商品主图上传，商品类目选定，输入完成后，单击“确认类目，继续完善”按钮。注意上传商品图片或者条形码时，系统会通过信息识别智能推荐商品类目。若推荐的类目不准确，也可通过类目搜索、发布历史等方式自行调整。

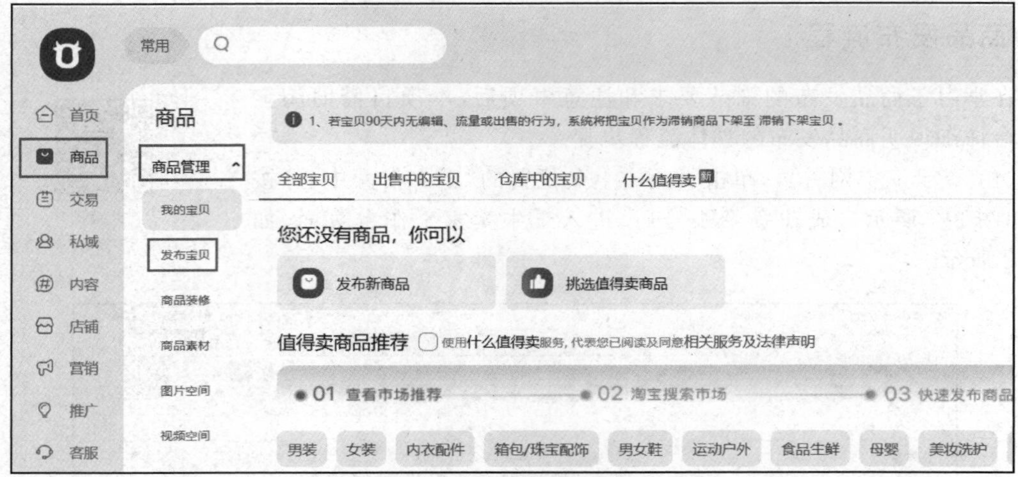

图 3-4 单击“发布宝贝”按钮

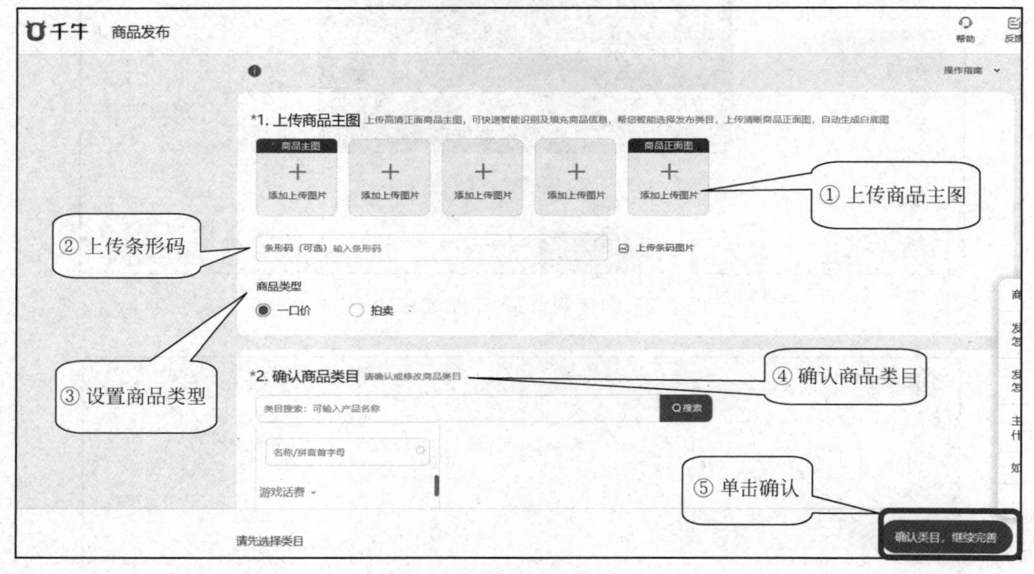

图 3-5 “商品发布”页面

（4）完成图片上传和类目选择后，单击“下一步”按钮，即可进入商品基础信息页面完善商品信息，可按照页面要求填写商品标题、类目属性、材质等基础信息，如图 3-6 所示。

（5）单击左侧面板，完善商品销售信息，该部分包含商品的颜色分类、尺码、发货时效、价格、数量等信息，如图 3-7 所示。

（6）单击左侧面板，完善商品物流信息，包括提取方式、区域限售等信息，如图 3-8 所示。

（7）单击左侧面板，完善商品支付信息，需设置“库存扣减方式”，包括“买家拍下减库存”和“买家付款减库存”两种选择，如图 3-9 所示。

（8）单击左侧面板，完善商品图文描述信息，包含主图图片、主图视频、宝贝长图、详情描述等，并可以为手机和计算机使用相同的描述，只需要维护一份商品描述数据，将同时在计算机端和无线端生效，无须拆分维护，如图 3-10 所示。商品的主图、长图、详情页等的设计技巧和要求，将在项目四中详细阐述。

图 3-6 完善“商品基础信息”页面

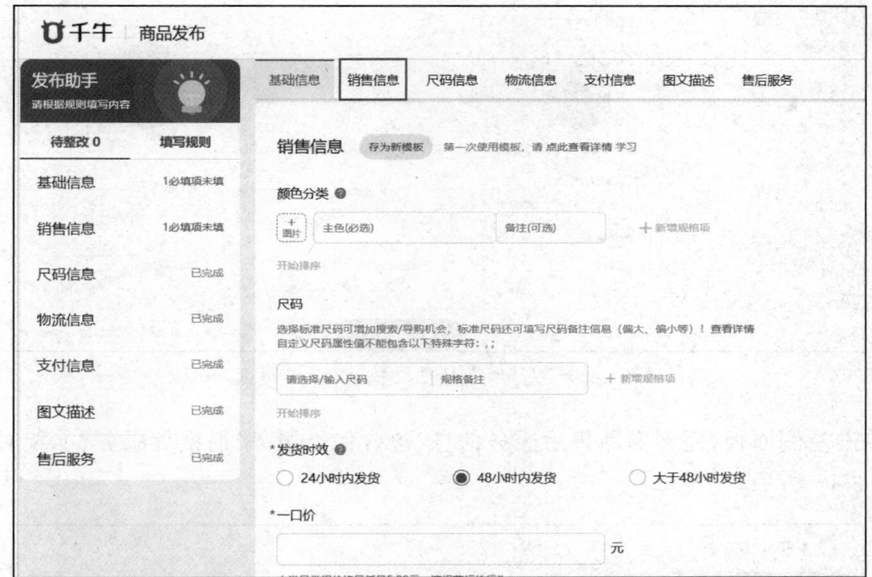

图 3-7 完善“商品销售信息”页面

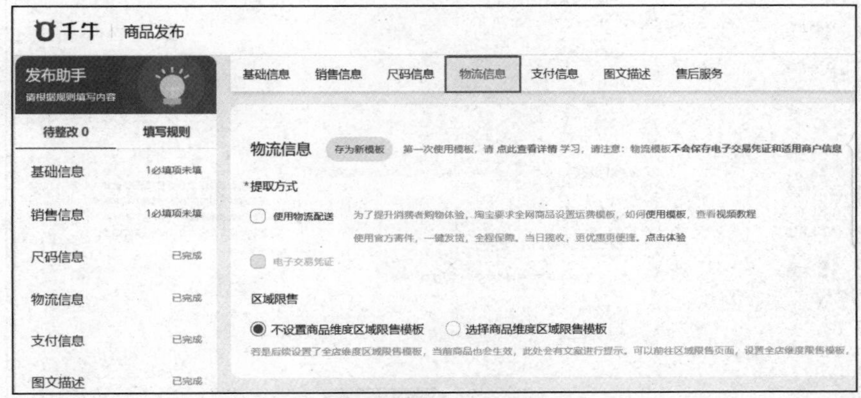

图 3-8 完善“商品物流信息”页面

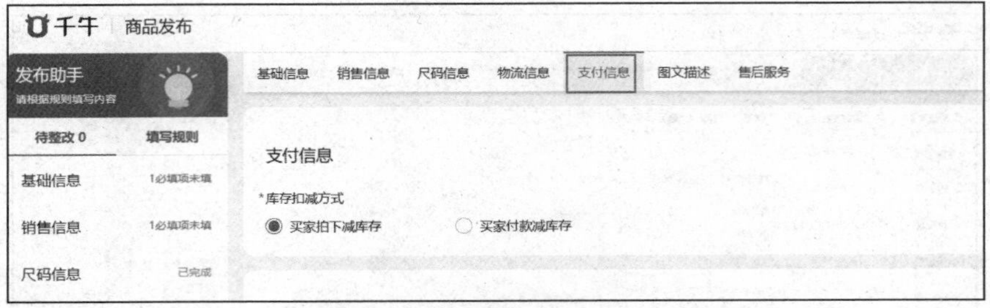

图 3-9 完善“商品支付信息”页面

图 3-10 完善“商品图文描述信息”页面

(9）单击左侧面板，完善商品售后服务信息，包含保修服务、退换货服务、上架时间设定等信息，如图 3-11 所示。

图 3-11 完善“商品售后服务信息”页面

商品发布页面标＊号的信息均为必填项，填写完要求的商品信息后，单击“提交宝贝信息”按钮即可。

任务三　商品交易管理

美团牵牛花助力好特卖高效经营

为解决建店难、上品难、多渠道管理难等这些经营难题，从2022年开始，好特卖与美团牵牛花开展合作，通过美团牵牛花系统，和好特卖线下ERP系统实现了充分对接，仅用21天，便完成全部500家门店线上开业。在美团牵牛花系统帮助下，好特卖又快速将线下商品信息、库存、价格等数字化信息通过系统自动同步，再将美团牵牛花系统中的商品信息，高效准确同步到各个即时零售平台。按照这一思路，好特卖快速完成了500多家门店在全即时零售平台的线上开业。

通过美团牵牛花系统的商品库，好特卖能够对其商品档案、图片等商品信息进行快速更新优化，及时将新品信息同步到线上，以便让消费者在各平台渠道门店中找到并购买自己中意的商品。实时的系统同步保证了线上线下商品的一致性，分钟级完成商品上下架的动态管理，还能够对销售活动分摊及促销等进行分析，让门店更有效地了解活动效果，掌握全渠道营销数据。

通过美团牵牛花系统的帮助，好特卖已实现线下门店商品100%上线，缺货退款率下降28%，拣货效率提升77%，线上商品动销率达到100%。

资料来源：https://baijiahao.baidu.com/s?id=1770782686225263421&wfr=spider&for=pc.

案例分析：如美团牵牛花这类系统的应用可以解决商家建店难、上品难、多渠道管理难等这些经营难题，商品交易的管理是网店经营过程中重要任务之一，借助高效的有力工具，可以达到事半功倍的效果。

价值领航

(1) 商品上下架的时机至关重要，了解平台运营机制，知己知彼，灵活应对，才可百战不殆。

(2) 掌握商品发布和调整的时间规律，有利于商品的经营销售。正因为习近平经济思想科学分析新时代我国经济社会发展呈现的新变化、新特点，才能在这一科学理论的指引下深入把握规律、积极运用规律，推动中国经济稳步向前。

卖家在电商平台完成商品发布后，仍需要进行后续的商品交易管理。科学高效的管理模式有利于增加销售额、提高顾客满意度、树立良好的品牌形象，商品交易管理的具体内容包括商品的上架和下架、商品价格调整以及商品信息管理。淘宝网卖家可以借助千牛卖家工作台实现商品的交易管理。

动画：
商品管理的五大“适合”

一、商品上架和下架

商品的上架和下架是管理商品中必不可少的重要操作，借助千牛卖家工作台进行商品上架和下架操作的具体步骤如下。

（1）登录淘宝网首页，单击页面右上角位置的“千牛卖家中心”按钮，输入账号和密码，成功登录账号后，进入千牛卖家工作台页面，如图 3-12 所示。

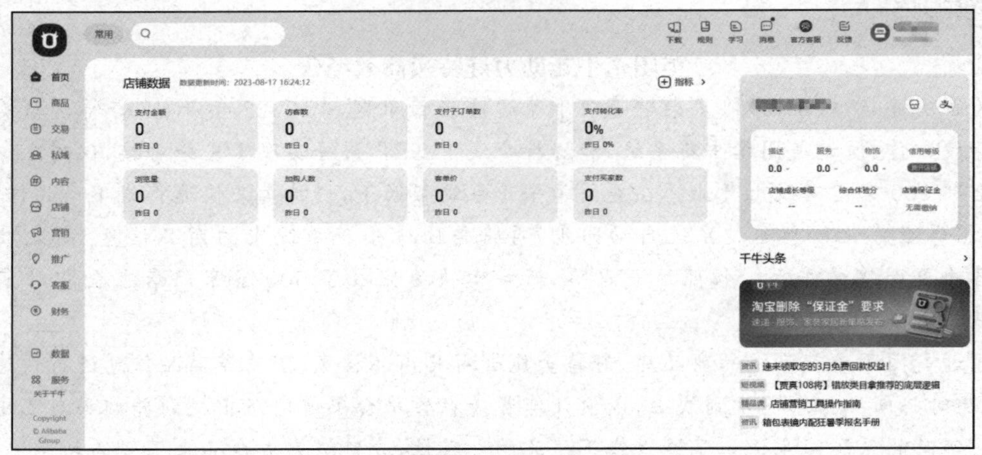

图 3-12　千牛卖家工作台页面

（2）单击左侧“商品”模块，在“商品管理”→“我的宝贝”→“仓库中的宝贝”中可查看目前存储于仓库中的商品信息。选择预上架的商品，单击“立即上架”或“定时上架”按钮，即可上架所选商品，图 3-13 所示为上架商品操作。

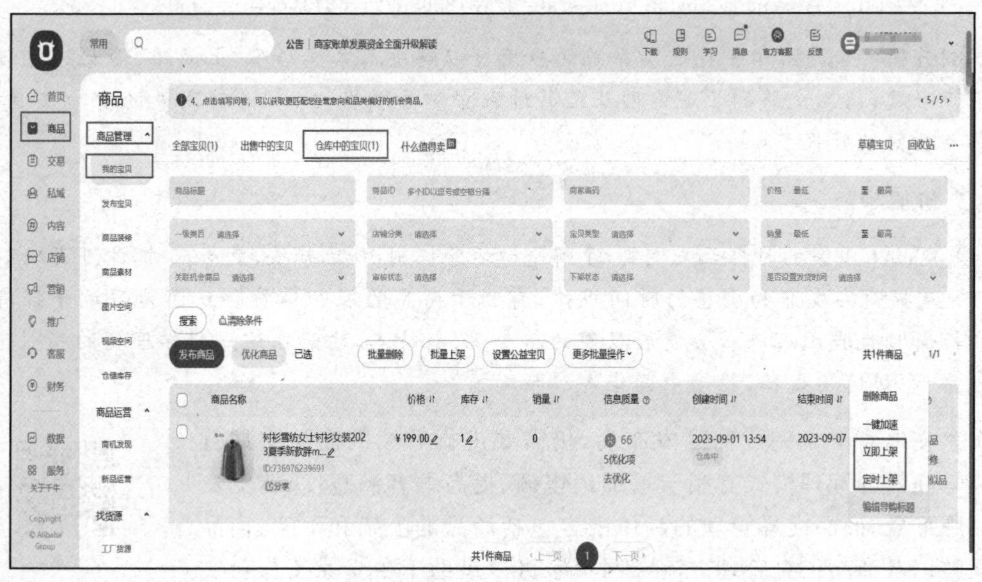

图 3-13　商品“上架”操作

（3）在“出售中的宝贝”页面，可查看目前店铺正在上架销售的所有商品，选择预下架处理的商品，单击“立即下架”按钮，即可完成该商品的下架操作，如图 3-14 所示。

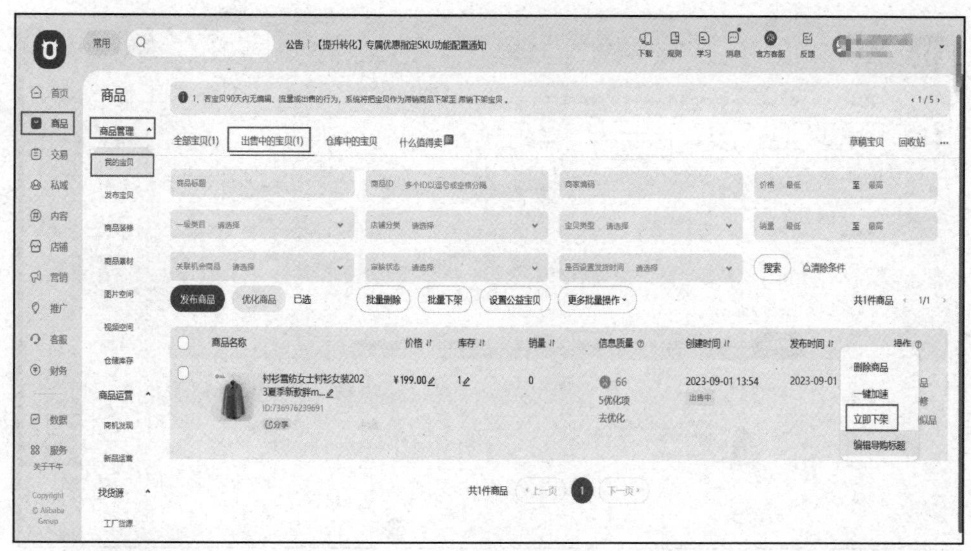

图 3-14　商品“下架”操作

商品上架和下架时间规则

在淘宝开店的卖家都知道商品上架和下架时间的重要性，设置好商品的上架和下架时间，会有更大的机会获得商品流量。

(1) 选择上架时间为 7 天。原因是，选择 7 天比 14 天多了一次下架的机会，可以获得更多的宣传机会。

(2) 商品上架时间要错开，切勿一起上架。因为一起上架也不会一起展现，如果选择周期上架宝贝，商品上架间隔时间至少要间隔 15 分钟以上，避免一次把两个商品都更新掉。如果分隔开发布商品的话，那么在整个黄金时段内即将下架的商品就可以获得搜索排名。

(3) 将店铺商品分成多个类别。不同类商品执行不同的上架和下架策略，不同的策略可能符合淘宝的搜索权重要求，可以获得更多的流量。橱窗推荐位是店铺的主推产品所在的位置。一般在橱窗推荐位的商品权重都会大大高于非橱窗推荐的商品，商品越接近下架时间，权重越高，如果再放到橱窗推荐位上，能让商品权重进一步提升了。

二、管理商品信息

对于店铺中的商品，其商品信息也不是一成不变的，卖家仍需要根据商品的具体变化及客户的购买需求，进行商品信息的描述更改。商品信息的修改，可以通过“千牛卖家工作台”来实现。

登录“千牛卖家工作台”，在左侧“商品”模块中单击“商品管理”→“我的宝贝”，单击“出售中的宝贝”或“仓库中的宝贝”按钮，找到预进行信息修改的商品，单击“编辑商品”，如图 3-15 所示，弹出“商品发布”页面，在该页面即可对店铺正在上架或处于待上架的仓库商品进行信息的编辑修改。

微课：
商品的涨价与降价技巧

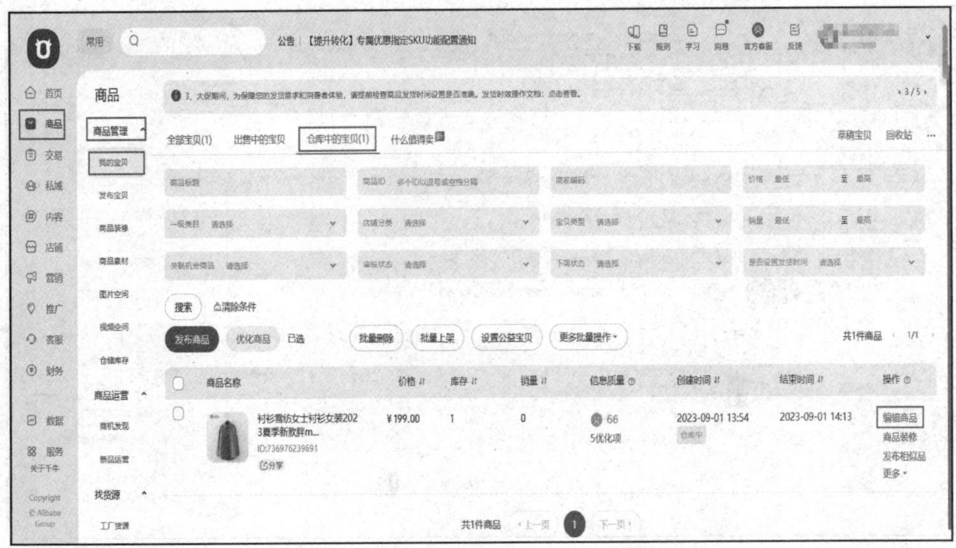

图 3-15 商品“编辑信息”操作

法制新思想

2021 年 12 月，淄博市市场监管综合执法支队根据国家医疗器械网络交易监测平台线索，检查发现当事人从事医疗器械网络销售，未对其销售的医疗器械产品进行进货查验，无法提供经营医疗器械产品的注册或备案资质、注册人或备案人资质以及供货方的资质，无法提供经营医疗器械产品的合格证明文件，违反了《医疗器械监督管理条例》的规定，构成未按规定建立并执行医疗器械进货查验记录制度的违法行为。

淄博市市场监管综合执法支队依据《医疗器械监督管理条例》及《中华人民共和国行政处罚法》的相关规定，依法对当事人做出警告并没收违法所得 2797.45 元的处罚决定。从该案例中可以看出，国家对在网络平台进行销售的商品具有严格的管理制度，违反相关法律规范，会受到相应的处罚，任何卖家都不能心存侥幸心理。

资料来源：https://baijiahao.baidu.com/s?id=1780689809348297556&wfr=spider&for=pc.

前沿在线

ChatGPT 是一款人工智能语言模型，由 OpenAI 开发，它可以生成逼真的文本回复，为人们提供智能的对话体验。对于跨境平台的卖家来说，ChatGPT 可以成为一种强有力的工具，帮助其更好地选品，并提供全面的市场竞争分析。

跨境电商发展至此，服务商体系中的工具模块市场也已非常成熟，高效、便捷的选品工具也是百花齐放。由于不同的选品工具特点不一，并且其所擅长的方向和领域也是各有不同，如果仅有少量工具可能达不到业务需求，而掌握多个工具，既会增加店铺的经营成本，又会使选品工作更为纷繁复杂。ChatGPT 通过历史数据的学习，可以分析和理解市场趋势，并生成潜在热门产品的清单。跨境平台卖家可以通过与 ChatGPT 的对话，快速了解市场需求以及潜在竞争优势，进行市场趋势分析、竞争对手分析、目标用户画像分析、调查问卷制作分析、商品洞察、行业未来趋势预测等，进而卖家可确定合适的产品类别、定位和定价，以及制定有关流行趋势和未来发展的决策。

与传统的选品工具相比，ChatGPT 可实现智能化决策支持：ChatGPT 能够从大量数据中进行学习，提供准确的市场分析和选品建议，帮助卖家更明智地做出决策。使用 ChatGPT 可以节省时间和成本，以快速获得有关市场趋势和选品策略的信息。ChatGPT 生成的独特见解可以激发卖家的创新思维，助力其开拓新的市场。然而，卖家在使用 ChatGPT 时也要注意数据限制和技术限制，ChatGPT 仅能基于已有的数据进行分析和回答，卖家应该提供尽可能多的相关数据，以获得更准确的结果。虽然 ChatGPT 的发展空间巨大，但其仍是一个语言模型，可能存在理解误差或不准确回答的情况，且可能存在一定的主观性。卖家应该结合自身经验和市场实际情况，做出更全面的决策。

资料来源：https://www.m123.com/content/306/2013.

项目小结

本项目在完成网店开设的基础上，对网店商品的管理工作做进一步完善，具体包括商品选择的原则和技巧、商品渠道来源确定、商品的定价策略，并且详细介绍使用千牛卖家工作台进行商品发布的具体过程和注意事项，对已完成发布的商品还可进一步进行商品信息的编辑修改，并灵活适时进行上下架处理。

知识巩固与提升

一、单项选择题

1. (　　)进货渠道大多数情况下批量起始额要求都较高，对于卖家的资质也有一定要求。

A. 线下批发市场　　B. 线上采购批发平台

C. 厂家直供　　D. 品牌代理

2. 以下不属于使用淘宝网发布商品的必备步骤的是(　　)。

A. 选择商品类目　B. 填写销售信息　C. 填写尺码信息　D. 填写物流信息

3. (　　)是指通过捆绑的形式，将互补的商品或相互关联的商品进行组合销售。

A. 阶梯定价　B. 临界定价　C. 组合定价　D. 竞品对比定价

4. 以下商品发布正确的是(　　)。

A. 价格 30 元的商品，以 1 元发布标明赠品

B. 商品发布一口价 10 元，平邮 200 元

C. 发布 30 元的水杯

D. 发布 10 元的商品，在商品描述中说明要 100 元

二、多项选择题

1. 商品选择需要遵循的原则有(　　)。

A. 市场需求原则　B. 利润导向原则　C. 商品差异化原则　D. 商品品质原则

2. 淘宝选品可以使用的工具有(　　)。

A. 生意参谋　B. 关键词词典　C. 淘数据　D. 千里眼

3. 淘宝网选品适用的选品方法有(　　)。

A. 热销榜单选品法　　B. 平台热词选品法

C. 竞争对手选品法　　D. 市场趋势分析法

4. 常用的线上采购批发平台有(　　)。

A. 阿里巴巴批发网　　B. 百度爱采购

C. 义乌购　　D. 义采宝

5. 影响商品定价的因素有(　　)。

A. 市场环境影响　　B. 商品销售策略

C. 市场定位与品牌形象　　D. 商品成本和利润

6. (　　)情况下,价格可以相应地提高。

A. 自身商品品质优良　　B. 市场需求旺盛

C. 具备良好的品牌形象　　D. 同类商品已饱和

7. 网店中商品发布的过程,不同平台略有差异,其核心内容包括(　　)。

A. 商品标题撰写　　B. 商品图片优化

C. 商品属性填写　　D. 商品卖点提炼

三、简答题

1. 商品选择的原则有哪些?
2. 商品选择的渠道有哪些?
3. 怎么设置合理的商品价格?
4. 商品发布时的注意事项有哪些?

四、案例分析题

着力打造优质购物环境,严抓商品品质
——抖音电商平台 2022 治理年报

2023 年 1 月,抖音电商发布《2022 抖音电商平台治理年度报告》,全面盘点 2022 年平台治理的相关举措和成果。平台着力打造优质购物环境,严抓商品品质。报告披露,2022 年有近 239 亿单商品通过抖音电商售出,平台极其重视商品质量安全,对商品和商家保持全面管控,以保障平台商品生态健康度。此外,商城、超市和搜索等新购物场景的拓展,也敦促平台持续强化治理能力,平台重点管控新入驻商家,累计拦截超 8.4 万个高风险商家;提升精选联盟门槛,清退 28 万个不合格商家,拦截 11.7 万个不合标准商家;主动配合执法部门打击低劣商品制售团伙,清退超 2 万个违法商家。平台全年累计拦截超 95 万次违规商品发布,封禁超 300 万件风险商品。同时,平台投入超过 1 亿元抽检专项资金,累计抽检 6 万多件商品,处罚超 2.8 万个违规商家。报告显示,平台对季节性热销商品的管控极其严格。经专项治理,大闸蟹因品质问题造成的退款率下降 38.56%,差评率下降 71.01%;封禁违规羽绒服商品 33491 件,清退相关店铺 522 个。此外,平台还对劣质商品和"三无"商品进行了多次专项治理。商城治理方面,平台通过前置拦截和定向屏蔽,处置超 38 万件作弊商品,消费者满意度大幅提升。

问题:

(1) 结合本案例,说明电子商务平台严格管理商品品质的意义是什么?

(2) 对于商家的管理,电子商务平台可以采取的措施有哪些?

使用淘宝网发布和管理商品

一、实训目标

在熟知淘宝网的开店规则，并已成功开设网店的基础上，选择恰当的商品，进行店铺商品的发布和管理工作。

二、实训要求

(1) 根据商品选择的原则和技巧以及网店的具体定位分析，为店铺进行选品操作。

(2) 借助千牛卖家工作台，按照平台要求开设网店，发布商品。

(3) 对已发布的商品，灵活调整内容，进行商品信息编辑。

三、实训分析

掌握千牛卖家工作台发布商品的具体规范和注意事项，在遵循选品原则的基础上，选择适宜店铺的商品，并在千牛卖家工作台已开设完成的店铺中，录入商品信息，完成商品的发布。对于商品详情页面的具体内容，需根据商品真实信息及顾客的偏好，灵活调整描述信息，借助于平台工具，实现商品的上架和下架及商品信息的修改。

四、实训步骤

(1) 完成商品选品。灵活运用商品选择规则和技巧，在恰当的渠道完成商品进货。本实训任务以阿里巴巴批发网为例，完成商品选择和进货。

(2) 发布商品。登录淘宝网首页，输入账号和密码，进入千牛卖家工作台，在商品管理中，发布商品。

(3) 完善商品信息。在分布商品页面，补充完整商品的基础信息、销售信息、物流信息、支付信息、图文描述、售后服务等内容。

(4) 修改商品信息。在千牛卖家工作台中选择商品管理，单击“出售中的宝贝”或“仓库中的宝贝”按钮，对商品进行信息的编辑修改。

设计引流，视觉营销的实战宝典——网店装修

网店装修是网上开店过程中一个至关重要的环节。网店装修可以美化店铺，使店铺获得更多的视觉销售力，从而创造出超过网店装修费用几十倍的收益。网店装修带给网络店铺的不仅是美观，更多的是创造出精美的店铺形象，给顾客一种强烈的吸引力，为店铺树立良好的品牌形象，并刺激购买欲望，从而提升销售业绩。

知识目标

- 了解网店装修的概念、流程和重要性，熟悉不同行业的网店装修风格。
- 了解字体的属性特点，了解色彩的概念和属性，熟练掌握网店装修的字体设计、配色设计的方法和技巧。
- 了解网店布局的基本形式，掌握店标与店招设计、导航设计、首焦轮播区设计和商品陈列区设计、首页设计、商品主图设计、商品详情页设计的方法和技巧。

能力目标

- 能够根据设计风格收集装修素材，并对网店页面进行配色与布局。
- 能够运用 Photoshop 对商品图片进行重新构图并美化、抠图处理、校正调色，并添加文字等。
- 能够对段落文字进行合理排列，打造具有高表现力的文字造型，并利用文字营造特定的氛围。
- 熟知常见的色彩搭配方法，能够对网店页面进行色彩搭配。
- 了解页面布局的组成要素和方式，学会使用页面布局来突出页面的层次感和主次感。
- 能够运用 Photoshop 设计店标、店招、首焦轮播区、商品陈列区、首页、商品主图、商品详情页等网店元素，将商品卖点、商品信息、品牌信息和活动信息等通过视觉系统传达给消费者，通过视觉设计来提升网店流量及转化率。

素养目标

- 切实体会“打铁还需自身硬”的道理，培养求真务实的职业素养。
- 培养一丝不苟、精益求精的工匠精神。
- 在进行作品创意设计时，可植入优秀传统文化元素，增强民族自豪感和文化自信。
- 发挥创新能力，激发创意，与时俱进，勤于探索，勇于实践。

- 在工作中弘扬工匠精神，增强责任意识。
- 培养保护知识产权的意识，严格遵守职业规范和职业道德。
- 坚持理论联系实践，在实践中深化对理论的认识。
- 培养审美能力，树立正确的审美观，培养正确的价值观，自觉传播“正能量”。
- 学会通过自己的作品诠释“不忘本来、吸收外来、面向未来”。
- 把热爱祖国、热爱人民、热爱传统文化的思想融入设计中。

思维导图

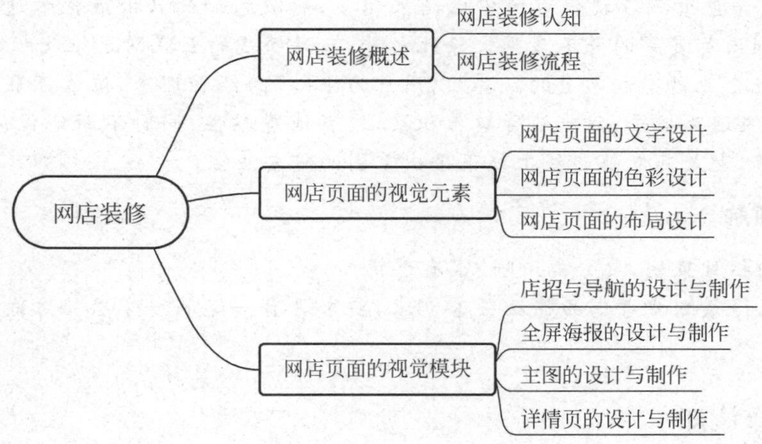

任务一　网店装修概述

案例引入

三只松鼠营销战略：让你欲罢不能的“萌”文化

如今的三只松鼠已经开始进军线下实体，全面布局新零售体系。这个线上休闲食品的龙头，从坚果到全品类的休闲食品，已然驶入万亿休闲食品赛道。其打造的三只松鼠形象，早已深入消费者的内心。无疑，三只松鼠的角色营销是非常成功的，同时也让其成为众多媒体纷纷报道的互联网思维案例。

三只松鼠是怎样做到风靡全网的呢？主要是以互联网技术为依托，利用B2C平台实行线上销售。凭借这种销售模式，迅速开创了一个新型的食品零售模式。三只松鼠除是品牌名之外，还是这家企业的角色形象。三只松鼠在营销方式上主要是依靠其“萌”文化引来消费者的青睐。

品牌Logo的“萌”。三只松鼠品牌的Logo设计，创新且独特，萌且俏皮的三只小松鼠分别为鼠小贱、鼠小酷和鼠小美。三只松鼠代表了三种不同的风格，且以扁平化萌版设定为主题，突出企业动漫化。同时，三只松鼠肢体动作各有不同，小美张开双手，意味着拥抱和爱戴它们的每一位主人，隐隐透露着撒娇的气息；小酷则紧握拳头，代表的是“三只松鼠”企业所拥有的强大的团队和力量；最后小贱是手势朝上，象征着青春活力、永不止步的态度。

店铺设计的“萌”。三只松鼠无论是线上的店铺页面，还是线下的实体店面，从进去的一瞬间就可以感受到一种可爱的“萌”文化。这种视觉上的冲击可以瞬间引起消费者的兴趣，并且具有浓浓的新鲜感。而且这个设计风格淡化了浓重的商业气息，与其他坚果店铺区别开来。同时这种淡化商业气息的设计风格，可以快速消除消费者的距离感，增进消费者的情感体验。

客服别具一格的“萌”。三只松鼠的客服在名称上首先就延续了品牌的形象，如鼠小妙、鼠小儿等，名称让消费者体验到从外到内延续的“萌”。其次，从交谈当中，三只松鼠的客服称呼消费者为“主人”，让消费者在心理上就得到了满足，并且，其交谈当中，也把“萌”文化贯彻其中。这样的客服系统也把三只松鼠从一般的电商品牌中区别了出来，从而达到了差异化的效果。

资料来源：https://www.sohu.com/a/374070497_120571358.

案例分析：角色营销在现代市场中已越来越多，能做到如三只松鼠把卡通形象所拥有的性格特征由外到内都贯穿的并不多见。除此之外，三只松鼠的互联网思维及新零售体系，同样是值得众多传统企业借鉴和学习的。其“以用户为中心”的经营理念，依靠互联网思维快速迭代产品，以电商渠道为抓手，注重消费口碑积累，培育消费黏性，同时不断地优化供应链，从而发挥供应链优势，也是其能够在线上线下杀出重围的重要法宝。

价值领航

（1）网店的栏目策划，要分类清晰、富有逻辑。

（2）网店装修策划要考虑品牌及买家需求，要求具有一定的科学思维方式和宏观分析问题的能力。

一、网店装修认知

在网店的设立与运营过程中，网店装修占据着举足轻重的地位。网店装修旨在通过精心布局与美化，显著提升店铺的视觉冲击力与销售潜力，其回报往往远超初期投入的装修成本，实现数十倍的价值增长。网店装修不仅仅是外在的美化工程，更是塑造独特且引人入胜的店铺形象的关键，它如同磁铁般吸引着顾客的目光，激发顾客探索与购买的欲望，最终转化为网店销售业绩的提升。

1. 网店装修的定义

网店装修可以理解为类似实体店铺的装修，网店装修就是在淘宝、京东等网店平台允许的结构范围内，尽量通过图片、文字、颜色、视觉设计等要素让店铺变得更加美观。

对于网店来讲，一个好的店铺设计至关重要，因为买家只能通过网上的文字和图片来了解店铺，了解产品，所以好的店铺装修能增加买家的信任感，甚至还能对店铺品牌的树立起到关键作用。

2. 网店装修的工作范围

网店装修的工作范围包括网店色系与产品色系的美学建构、文字搭配设计、首页设计、店铺标志设计、店招设计、产品促销海报设计、产品主图设计、产品详情页设计等。

3. 网店装修的工作软件

网店装修的工作软件包括 Photoshop、Dreamweaver、Flash、Illustrator 等。

网店装修过程中可以使用 Photoshop 中的滤镜、图层样式、调整等工具对产品图进行美化和设计，使其呈现更加美观的视觉效果。

在网店维护与修整中，Dreamweaver 工具的应用非常重要。网店的维护是按网店的需求与变动开展更改性的操作，即在网店框架装修中，首先需要规划好网店原有的内容，再提供一定的维护空间，然后按需规划项目，抑或先直接用 Dreamweaver 打开网店的程序，再在原有的基础上使用 CSS 样式维护网店。

Flash 是一个让宝贝由静态向动态展示转变的利器。Flash 风格由展现形式、动画效果、颜色和布局等构成。Flash 有很多表现形式，包括模板展示（模板类型有翻页、轮播、旋转等）、故事动画、宝贝动画、纯宝贝广告展示等。在网店装修中加入 Flash 动画是为了让用户多方位了解商品的属性，赢得更多的停留时间，给用户带来交互性体验与视觉感官享受。

网店装修过程中使用 Illustrator，主要用于矢量图形的制作，例如店标、艺术字、插图等。另外，由于使用 AI 软件存储的图片是矢量格式图片，不存在失真问题，因此在网店装修过程中也会涉及很多 AI 格式素材的编辑，以便输出其他文件格式的图片进行应用。

4. 网店装修的意义

好的网店装修会给用户留下好印象。网店的美化如同实体店的装修一样，能让买家从视觉上和心理上感觉到店主对店铺的用心程度，并且能够最大限度地提升店铺的形象，有利于网店的品牌形成，提高浏览量。

链接：
为什么要装修店铺

好的网店装修会增加顾客在网店停留的时间。美观、恰当的网店装修可以给顾客带来视觉享受，用户在浏览网页时不易疲劳，会更加细心地浏览店铺。好的商品在美观设计的衬托下，更不易遭受拒绝，有利于促进成交。

图 4-1、图 4-2 所示分别为装修好的店铺和没有装修的店铺，可以看到经过装修的店铺极大提高了店铺的美观性。

图 4-1　某女妆店铺首页设计（装修好）

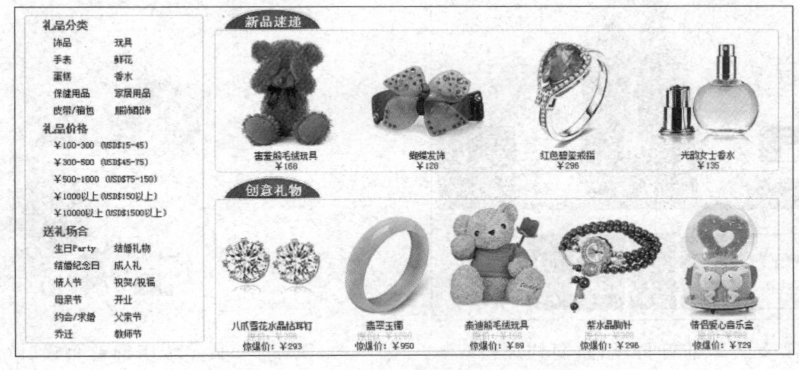

图 4-2　某礼品店铺首页设计（未装修）

二、网店装修流程

和传统店铺相同，在正式开业前，需要对店铺进行装修设计，主要包括确定店名、确定装修风格、绘制草图。

微课：网店装修流程

（一）确定店名

网店的名称会影响网店的访问量。为什么这么说呢？以淘宝平台为例，淘宝目前有搜索宝贝和搜索店铺的功能，所以店名以易读性、易记性为原则，这样才能高效地发挥它的识别功能和传播功能。此外要尽量选用常用的字词，不要单纯地为追求独具一格而选用那些很多人都不认识的生僻的字，这样会增加顾客的困惑，甚至会使顾客因念不出店名反倒避而远之。一个有特色的店名不仅方便买家记忆，还能使买家对店铺产生好感，并促成交易成为店铺忠实客户。

（二）确定装修风格

众所周知，实体店的门面很重要。开网店，门面同样很重要，只不过这个"门面"已经变成了如今的网店页面。经过美化后的页面对商品销售同样有一定的辅助作用，不仅能让买家注意到你的产品、增加"逛店"的乐趣、提高点击率，还可以极大地提升购买机会。

网店设计风格要与主营产品相符，并且各级页面的设计风格要保持和谐统一。不同的风格可以营造出不同的氛围，从而更好地推销产品。网店常见的装修风格如下。

1. 简约风格

简约风格的网店一般以大面积的空白和纯色调为主，强调页面排版的整齐划一和信息的简洁明了。年轻的消费者喜欢简约风格的网店，因为它们通常更容易看清产品信息，并且视觉上更加清新、舒适，如图 4-3 所示。

2. 清新风格

清新风格的网店通常以淡雅的色调为主，配以清新的图片和字体。这种风格的网店常常营造出一种舒适、自然、和谐的氛围。在某些特定的行业中，如女性用品、家居用品等，清新风格的网店通常更加受消费者的欢迎，如图 4-4 所示。

图 4-3 某女装店铺首页设计（简约风格）

图 4-4 某美妆店铺首页设计（清新风格）

3. 时尚风格

时尚风格的网店强调色彩的对比和变化,通常采用流行的图案和字体。这种风格的网店常常给人一种新潮、时尚的感觉。如果网店的主力人群是年轻人、时尚人群,采用这种风格可能会更加吸引他们的注意力,如图 4-5 所示。

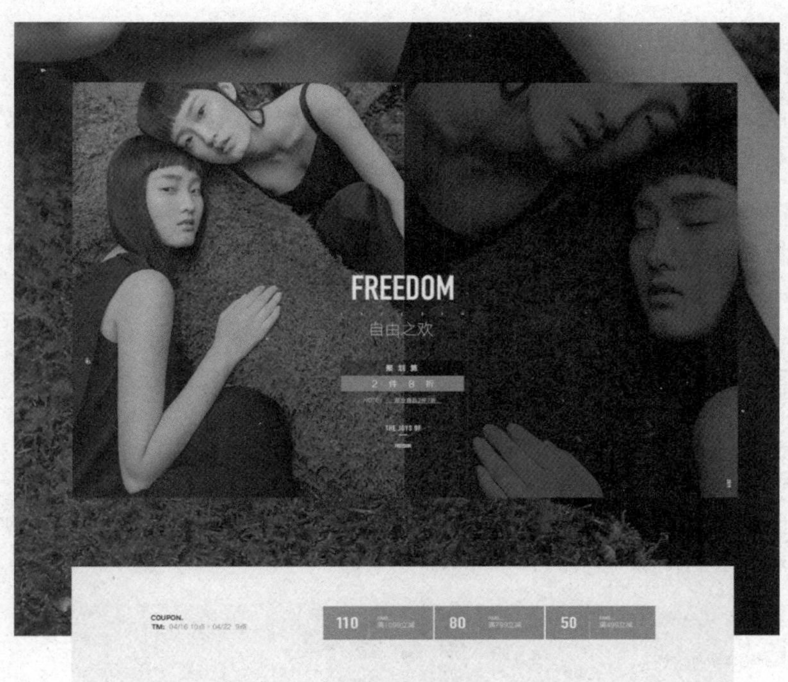

图 4-5 某女装店铺首页设计(时尚风格)

4. 传统风格

传统风格的网店通常以传统元素为主,如古色古香的花纹、图案、色调等。这种风格的网店常常给人一种稳重、沉稳的感觉。如果网店的主力人群是老年人、传统人群,采用这种风格可能会更加合适,如图 4-6 所示。

5. 复古风格

复古风格的网店通常以老式的图案、字体和色调为主,营造出一种古朴、怀旧的氛围。这种风格的网店在文创产品、收藏品、复古女装等行业中比较受欢迎,如图 4-7 所示。

图 4-6 某红木家具馆店铺首页设计(传统风格)

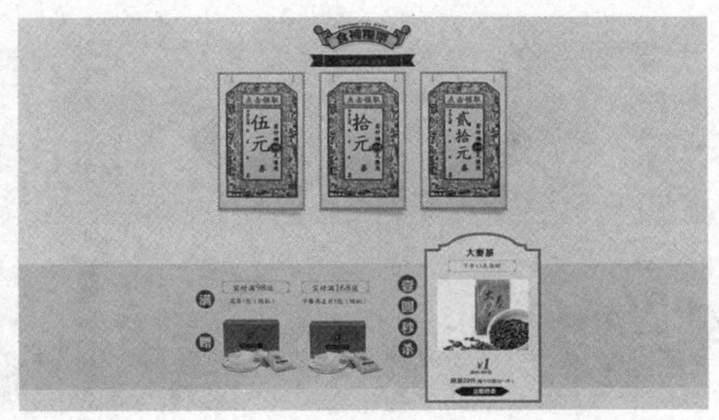

图 4-7 某食品店铺首页设计(复古风格)

（三）绘制草图

虽然网店平台会提供店铺装修模板，但是千篇一律的模板并不能满足卖家和买家的需求，因此如何在千篇一律的网店中脱颖而出，独特的设计是必不可少的。在进行设计制作前，首先要了解网店开设平台对自定义店铺的规定，其次要对店铺有初步的规划和布置，最后要进行草图绘制。

1. 确定店铺产品特性分类

以某羊毛制品服装店为例，该店的产品分类包括男女内衣、男女棉袜、男女上衣、男女下装、男女鞋帽、婴童系列、男女鞋帽等。

2. 挑选热销款、利润款、形象款产品，设计中重点突出

以某羊毛制品服装店为例，热销款为女士圆领羊毛开衫，该款商品可作为 banner 图的设计素材，布置在店铺首页，重点突出热销产品，让用户一目了然。

3. 根据产品色彩把握店铺装修的整体色调

以某羊毛制品服装店为例，产品色彩大多为驼色、黑色和白色等，因此店铺整体装修色调为驼色系。

4. 利用平面设计软件绘制草图

绘制草图时要确定店招、优惠券、热卖导航、品类入口、爆款推荐等模块的位置和布局，图 4-8 所示为某羊毛制品服装店的首页草图。

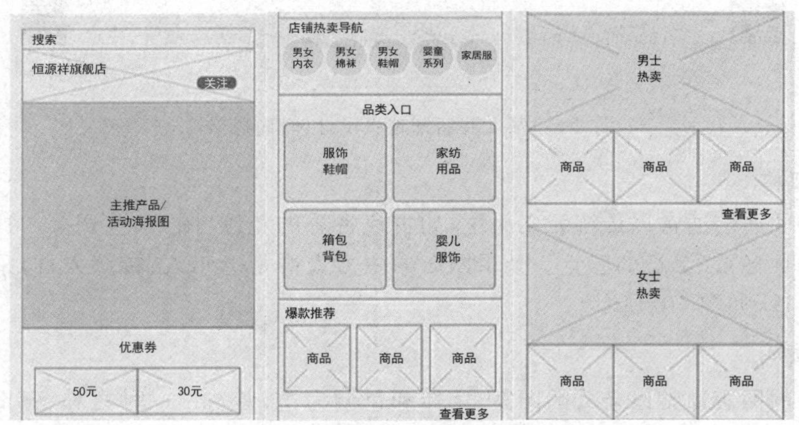

图 4-8 某羊毛制品服装店的首页草图

课堂讨论：美妆类的店铺首页应如何进行布局？

任务二 网店页面的视觉元素

三只松鼠的国潮大戏，你学会了吗

无论跨界还是周边，都能引起大众的民族文化自豪感，年轻人对国潮的追求，本质上就是一种表达自我的精神需求，也是内心对文化认同感的觉醒。2018 年，李宁带着极具民族风格

的“国潮”服饰登陆纽约时装周惊艳全球。自此，国潮之风逐渐兴起。国货盛行的背后正是国潮文化的崛起。

针对三只松鼠的目标人群及坚果零食市场进行分析，“90后”女性占据市场主体。她们在经济、人格上已成独立个体，不再受各种条条框框的约束，不拘泥于现在，凭实力在生活与工作中绽放异彩。“她力量”无往不胜，这种新时代女性身上独有的特质，恰恰和穆桂英、花木兰不谋而合。她们都在向世界呈现着更有力量、更有勇气的自己，三只松鼠的薄脆系列包装融合“口袋好伙伴”的松鼠文化，让鼠小美披上新装，提炼京剧妆容结合现代元素，化身穆桂英，陪伴靠自己打拼一番天地的新时代女性勇往直前(图4-9)。

穆桂英，勇敢淳朴，用实力赢得尊重与肯定，巾帼女英雄的故事被世人传颂。无论是故事本身还是人物，都极具浓厚的民族精神。整个包装的字体设计采用硬性书法笔画与彩绘插画相结合的形式，新老交汇突出个性。主色调采用中国文化基本崇尚色，例如青色、靛蓝色、朱红色等，表达自信张扬却不隐藏。

无独有偶，在我国传统节日的网店装修设计中，例如，春节、元宵节、端午节和中秋节等，三只松鼠也经常使用国潮风(图4-10)。围绕三只松鼠的卡通形象建立起自己的视觉符号，并在标志设计、包装设计、网店设计等方面综合运用，不断重复和加深品牌印记。

图4-9　穆桂英形象

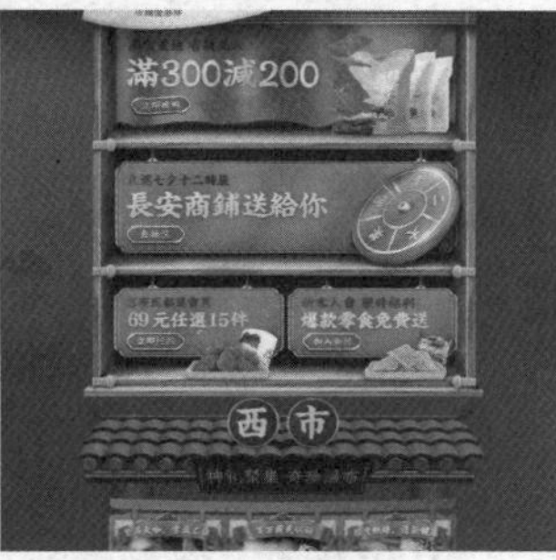

图4-10　节日满减促销

资料来源：https://zhuanlan.zhihu.com/p/137529431?utm_id=0.

案例分析：在视觉营销时代，视觉影响着品牌的方方面面，品牌视觉的重要性不言而喻。对于电商品牌而言，颜色、文字、版式布局等都是其定位和设计品牌视觉效果的重要元素，成功打造出一个具有高辨识度的品牌视觉识别系统，可以有效提高品牌影响力，并带动品牌商品线下销售。

价值领航

(1) 网店装修过程中使用的素材应遵循《中华人民共和国著作权法》《中华人民共和国广告法》对版权保护的要求。

(2) 广告中必须要用规范字体，遵守《中华人民共和国国家通用语言文字法》的规定和要求。

(3) 网店装修设计过程中，可以运用中国传统书法字体及中国传统色彩，体现了对中华优秀传统文化的传承与发扬。

(4) 在进行作品创意设计时，可植入优秀传统文化元素，增强民族自豪感和文化自信。

(5) 坚持理论联系实践，在实践中深化对理论的认识。

(6) 培养审美能力，形成高尚的审美观，培养正确的价值观，自觉传播“正能量”。

一、网店页面的文字设计

文字是传达信息的主要媒介之一，网店装修设计中的很多信息都需要依靠文字进行传达。为文字选用合适的字体，并进行恰当的设计和搭配，可以提高文字的表现力，快速引起消费者的注意力，引导其购买商品，还可以提高图片、视频或页面的整体美观性，帮助视觉营销发挥更大的作用。

（一）文字的分类

视觉语言中的文字是用来表达商品卖点时最具体形象的工具，也是在日常生活中最常接触的。文字不仅表达设计作品的特性，同时也兼具视觉识别特征，即通过视觉方式向大众传达信息。选对了字体不仅能增强设计的观赏性，更能烘托整个设计的品质。

1. 衬线体

衬线体横细竖粗，具有力量感、年代感，常见的衬线体有方正大标宋、方正小标宋、方正书宋、方正仿宋、思源宋体、仿宋，常用作海报主标题，如图 4-11 所示。

方正大标宋	方正小标宋
方正书宋	方正仿宋
思源宋体	仿宋

图 4-11　常见的衬线体

2. 无衬线体

横竖笔画宽度相同，具有现代感和时尚感，分为直角衬线体和圆角衬线体。直角无衬线体力量感强，常用于男性商品、健身房等；圆角无衬线体给人温润可爱的感觉，常用于女性及儿童用品。常见无衬线体有黑体、思源黑体、微软雅黑、思源柔黑体、造字工房力黑体、方正黑体、方正正纤黑简体、方正黑体简体，如图 4-12 所示。细直角适合品质类产品，粗直角适合促销类页面。

3. 书法体

书法字体飘逸洒脱，大气沧桑复古，常见的书法体有方正行楷、华文行楷、魏碑、方正黄草、迷你简启体、方正清刻、隶书、汉仪尚巍手书字体，如图 4-13 所示。

黑体	思源黑体
微软雅黑	思源柔黑体
造字工房力黑体	方正黑体
方正正纤黑简体	方正黑体简体

图 4-12　常见的黑体

方正行楷	华文行楷
魏　碑	方正黄草
迷你简启体	方正清刻
隶书	汉仪尚巍手书字体

图 4-13　常见的书法体

（二）电商字体分类

1. 男性字体

黑体是男性字体的代表，黑体作为百搭字体，粗细对比一致，无多余装饰，具有商业感、现代感、科技运动感，不同笔画粗细的黑体表达的气质也不一样，具有较强的可塑性。

常见的男性字体包括黑体、思源黑体、方正黑体、微软雅黑等。男性字体象征着硬朗、粗犷、有力量、稳重、大气，通常被使用在男性服装服饰、家电等品类的网店装修设计中，如图 4-14 所示。

2. 女性字体

宋体是女性字体的代表，宋体的特点是字形方正、笔画横平竖直、横细竖粗、棱角分明、结构严谨、整齐均匀、有极强的笔画规律性，能够使人在阅读时有一种舒适醒目的感觉。宋体是为适应印刷术而出现的一种汉字字体。

常见的女性字体包括宋体、思源宋体、方正大标宋、仿宋等。女性字体象征着柔软、飘逸、俊俏、纤细、秀美、有气质、时尚，通常被使用在女性服装服饰类、美妆类、箱包类的网店装修设计中，如图 4-15 所示。

图 4-14　家电全屏海报 1

图 4-15　女装全屏海报 1

3. 传统书法字体

我国书法五种主要字体包括行书、草书、楷书、隶书和篆书。书法体具有优雅、天然、复古、古色古香、飘逸、洒脱的特点，通常被使用在陶瓷、茶叶、酒水等品类的网店装修设计中，此外，在我国传统节日的网店促销设计中，也经常使用书法体，如图 4-16 所示。

4. 卡通字体

在零食、母婴用品、儿童服饰等品类的网店装修设计中，一般运用卡通体、手写体，给人胖嘟嘟、圆润润的视觉感受，易于拉近与受众的距离。常见的卡通字体包括方正圆体、海报粗圆体、超研泽细圆体、华文彩云等，如图 4-17 所示。

图 4-16　中秋节全屏海报

图 4-17　零食节全屏海报

（三）网店装修中的文字设计应遵循的原则

1. 文字要讲究可读性原则

文字的主要功能是在视觉传达中向大众传达作者的意图和各种信息，要达到这一目的，必须考虑文字的整体诉求效果，给人以清晰的视觉印象。因此设计中的文字应避免繁杂零乱，使人易认、易懂，切忌为了设计而设计。

2. 文字要讲究个性原则

一般来说，字体的风格大约可以分为以下几种。

端庄秀丽：字体优美清新、格调高雅、华丽高贵。

坚固挺拔：字体富有力度、简洁爽朗、现代感强，有很强的视觉冲击力。

深沉厚重：字体规整、具有重量感、庄严雄伟、不可动摇。

欢快轻盈：字体生动活泼、跳跃明快，节奏感和韵律感都很强，给人一种生机盎然的感觉。

苍劲古朴：字体朴素无华、饱含古韵，能给人一种对逝去时光的回味体验。

新颖独特：字体造型奇妙、不同一般，个性非常突出，给人的印象独特而新颖。

字体的选取和搭配要服从于整体的风格特征，不能和整体风格特征相脱离，更不能相冲突，否则就会破坏整体效果。

3. 文字要讲究美观性原则

在视觉传达的过程中，文字作为画面的形象要素之一，具有传达感情的功能，因而它必须具有视觉上的美感，能够给人以美的感受。字型设计良好、组合巧妙的文字能使人感到愉快，给人留下美好的印象，从而获得良好的心理反应。

4. 文字要讲究合法性原则

文字使用首先要符合法律、法规的要求，《中华人民共和国广告法》《广告管理条例》《中华人民共和国著作权法实施条例》等都对文字有一定的约束和规范作用，在设计制作时都要严格遵守。

二、网店页面的色彩设计

在网店装修设计中，色彩的地位是十分重要的。色彩能够以其明快、醒目的视觉传达特征与象征性力量发挥巨大的威力。不管男女老少都会对颜色有自己特有的见解和敏感度，所以色彩在设计中相对于文字或图形来说，它能更直接地突显出一个企业/品牌的“相貌”，用鲜明有个性的色彩能够使消费者对该页面留下深刻的印象，并进一步熟悉记忆，引发联想，产生感情定势，拉近距离，建立亲密关系。

链接：配色六公式

（一）红色系

1. 红色的含义

红色是所有颜色中最早被应用的颜色，历史非常久远，受瞩目的程度也非常高。红色的色感温暖，性格刚烈而外向，是一种对人刺激性很强的颜色。红色容易引人注目，也容易使人兴奋、激动、紧张、冲动。红色位于橙色与紫色之间，红色与绿色是互补色，红色、黄色、蓝色是对比色。

红色在各种媒体中都有广泛的应用，除具有强有力的视觉效果外，更被用来传达有活力、积极、热诚、前进等企业形象与精神。红色作为中国传统色，象征着吉祥、传统、喜庆、活跃。另外，红色也常被用作警告、危险、禁止、防火等标识色。图 4-18 所示为红色的色阶。

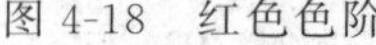
图 4-18 红色色阶

图 4-18 彩图

2. 红色的配色方案

在红色中加入少量的黄色，会使其热力强盛，富有热情和活力，常被应用在餐饮类设计中，给人一种富有食欲的视觉感受。

红色经常与黑色共同使用在商业设计中，搭配金色，象征着个性、前卫、高贵和时尚。

红色与蓝色搭配使用，会表现出强烈的青春活力感，富有新颖别致的风味，如图 4-19 所示。

图 4-19　可口可乐全屏海报

图 4-19 彩图

红色与绿色搭配使用，会给人一种瞩目的视觉效果。

3. 适用红色系的网店

在网店装修设计中，使用红色作为主色调的网店较多。红色很容易让人联想到吉祥、传统、喜庆这些关键词，在以中国传统节日为主题的页面设计中常使用红色，如图 4-20 所示。

红色与橙色、黄色搭配会给人一种有食欲的感觉，红色系、橙色系和黄色系非常接近日常食物的颜色，因此适合出现在食品类和饮品类网店，如图 4-21 所示。

图 4-20　年货节全屏海报

图 4-20 彩图

图 4-21　火锅外卖全屏海报

图 4-21 彩图

视野拓展

中国传统色彩在网页中的应用

色彩是艺术设计的重要视觉元素，良好的色彩搭配能形成强烈的视觉冲击力和艺术感染力，给人留下深刻印象。网页设计中的色彩搭配肩负着吸引游客驻足、不断深入了解内容的重要任务。

东方传统色彩具有神秘含蓄的特点，蕴含着悠久的历史文明，寄托着各民族对美好生活的向往，吸引着世界各国的目光。

中国传统色彩是现代色彩设计的宝贵资源，中国元素应充分体现在国内网页中。在中国传统色彩中，青、红、黑、白、黄分别代表了中国传统文化中的金、木、水、火、土五行。中国色彩思想与自然、宇宙、伦理、哲学等观念相结合，形成了独特的中国色彩文化。在中国历史上，黑色、白色和不同程度的红色被广泛使用。现在红色被认为是中华民族最喜欢的颜色，它有很多含义，还有一个非常合适的名字叫中国红。故宫博物院网站以不同饱和度、明度的红色作为网站的基本色调（图 4-22），体现了故宫博物院馆深厚的历史积淀和文化底蕴。

图 4-22 故宫博物院网页

图 4-22 彩图

（二）橙色系

1. 橙色的含义

橙色是一种次生色，是红色和黄色调和而成的。橙色的波长居于黄色和红色之间，它集合了红色和黄色的暖意，是十分活泼的光辉色彩，也是最温暖的颜色。橙色给人以华贵而温暖，兴奋而热烈的感觉，也是令人振奋的颜色，具有健康、富有活力、勇敢自由等象征意义，能给人带来庄严、尊贵等感觉。图 4-23 所示为橙色的色阶。

图 4-23 橙色色阶

图 4-23 彩图

2. 橙色的配色方案

橙色能够用来强化视觉，橙色是可以通过变换色调营造出不同氛围的典型颜色，它既能表现出青春的活力也能够实现稳重的效果，所以橙色在页面中的适用范围是非常广泛的。

在页面设计中使用高饱和度、高亮度的橙色会给人一种晴朗新鲜的感觉。

橙色与它的互补色蓝色一起使用，会给画面带来韵律感。

将柠檬黄色、黄绿色等邻近色与橙色搭配使用，通过不同的明度和纯度的变化得到更为丰富的色阶，通常都能得到非常好的颜色，如图 4-24 所示。

图 4-24 食品网店全屏海报

图 4-24 彩图

3. 适用橙色系的网店

橙色与很多食物的颜色类似,例如橙子、胡萝卜、面包、油炸类食品,是非常容易引起食欲的色彩,如果以这类食物为主的店铺,橙色是最适合的色彩。橙色是积极活跃的色彩,橙色的主色调适用范围较为广泛,除食品外,家具用品、时尚品牌、运动、儿童玩具类都很适合橙色系。

图 4-25 所示是某家电品牌的网店,视觉处理上井然有序。既有邻近色对比,如橙色与黄色、红色,又有互补色对比,如蓝色与橙色,整个页面看起来热情、充满活力。

图 4-25　家电全屏海报 2

图 4-25 彩图

(三) 黄色系

1. 黄色的含义

黄色是一种温暖的颜色,被称作"光的色彩"。黄色这种积极、明快、温暖的特质,给人留下明亮、辉煌、灿烂、愉快、高贵、柔和、快乐和正能量的印象,同时又容易引起味觉的条件反射,给人以甜美、酥脆感。图 4-26 所示为黄色的色阶。

图 4-26　黄色色阶

图 4-26 彩图

2. 黄色的配色方案

黄色是在页面配色中使用最为广泛的颜色之一,黄色和其他颜色搭配使用有活泼和温暖的视觉感受,具有快乐、希望、智慧和轻快的个性。黄色有着金色的光芒,有希望与功名等象征意义,黄色也代表土地、权力。

黄色与黑色搭配使用,视觉效果非常强烈,带着一种力量感。黄色与蓝色搭配使用,会削弱其高傲的性格色彩,营造一种新鲜活力、轻松活泼的氛围。不同明度、纯度的具有怀旧调子的黄色组合在一起可以渲染怀旧的气氛,如图 4-27 所示。

3. 适用黄色系的网店

黄色与某些食物的色彩相似,可以用于食品类、饮品类店铺。另外黄色的明度很高,是活泼欢快的色彩,有智慧、快乐的个性,可以用于儿童玩具、潮牌店铺,也可以用于促销为主题的页面设计中,如图 4-28 所示。

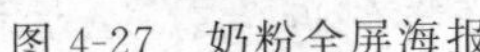
图 4-27　奶粉全屏海报

图 4-27 彩图

图 4-28　果蔬网店全屏海报

图 4-28 彩图

（四）紫色系

1. 紫色的含义

紫色位于蓝色和红色之间，是一种冷暖混合的颜色，因此它是一种中性色。紫色具有创造、忠诚、神秘、高贵、稀有等内涵。象征着女性化，代表高贵和奢华、优雅与魅力，也象征着神秘与庄重、神圣与浪漫。图 4-29 所示为紫色的色阶。

图 4-29　紫色色阶

图 4-29 彩图

2. 紫色的配色方案

紫色是非常女性化的颜色，它给人的感觉通常都是浪漫、柔和、华丽、高贵优雅，特别是粉红色更是女性化的代表颜色。不同色调的紫色可以营造非常浓郁的女性化气息，显示更大的魅力。

紫色通常会与粉红色搭配在一起使用。高纯度的紫红色可以表现出超凡的华丽，低纯度的粉红色可以表现出年轻、时尚、优雅的气质，如图 4-30 所示。

3. 适用紫色系的网店

紫色是高贵华丽的色彩，很适合表现珍贵、奢华的商品，通常用于以女性为对象或以艺术品为主的网店。低纯度的暗紫色能够表达优雅、浪漫、高品位的感受，紫色配合时尚美妆商品，符合该页面主题所表达的意境，让用户容易记住，如图 4-31 所示。

图 4-30　紫色系全屏海报

图 4-30 彩图

图 4-31　七夕节全屏海报

图 4-31 彩图

（五）绿色系

1. 绿色的含义

绿色位于黄色和蓝色之间，由冷色和暖色混合而成。绿色是大自然中最常见的颜色，作为大自然色彩的主旋律，它能带给人安宁舒适和生机勃勃的感觉。在商业设计中，绿色所表达的是清爽、理想、希望、生长的意向，符合服务业、卫生保健业、教育行业、美妆行业、农业的要求。图 4-32 所示为绿色的色阶。

图 4-32　绿色色阶

图 4-32 彩图

2. 绿色的配色方案

绿色是一种让人感到舒适并且亲和力很强的色彩，绿色位于黄色和蓝色之间，偏向自然美，宁静、生机勃勃、包容，可以与多种色系搭配达到和谐，也是页面中使用最为广泛的颜色之一。

比较淡雅且略带黄绿色的色调，可以表现出食物的健康、有机、无公害。淡雅、自然和清新的绿色，也可以营造柔和轻盈的视觉感受。深绿色和金色搭配使用时，会给人高贵华丽、成熟稳重、高端大气的感觉。高纯度的绿色能够表现出积极向上的活力和动感，整体效果带着一种青春朝气。

3. 适用绿色系的网店

绿色通常与环保意识相关，也经常被联想到有关健康方面的事物，它本身具有与自然、健康相关的感觉，所以经常用于与自然、健康、农业相关的网店。绿色还经常用于一些生态食品、护肤品、儿童商品和旅游网店。图 4-33 所示为某美妆店铺的页面设计。

图 4-33　美妆店铺全屏海报

图 4-33 彩图

（六）蓝色系

1. 蓝色的含义

蓝色给人以沉稳的感觉，且具有深远、永恒、沉静、博大、理智、寒冷的意向，同时蓝色还能够表现出和平、淡雅、洁净、水润、可靠等。在商业设计中强调科技、商务的形象，大多会选择蓝色作为企业标准色，图 4-34 所示为蓝色的色阶。

图 4-34　蓝色色阶

图 4-34 彩图

2. 蓝色的配色方案

蓝色朴实、不张扬，可以衬托活跃、具有较强张力的色彩，为它们提供深远、广阔、博大、平静的空间。蓝色还是一种在纯度、亮度减弱后仍然能保持较强个性的颜色。

蓝色是冷色系的典型代表，而黄色、红色是暖色系最典型的代表，冷暖色系对比度大，较为明快，很容易感染带动浏览者的情绪，有很强的视觉冲击力，如图 4-35 所示。

3. 适用蓝色系的网店

蓝色是沉稳的且较常用的色调，能给人稳重、冷静、严谨、成熟的内心感受，适用于美妆网店，主要用于营造安稳、可靠、略带神秘色彩的氛围。蓝色具有智慧、科技的含义，因此数码产品、科技产品、家电产品的网店很适合蓝色系，如图 4-36 所示。

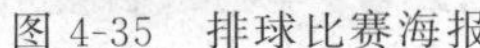
图 4-35 排球比赛海报

图 4-35 彩图

图 4-36 家电全屏海报 3

图 4-36 彩图

蓝色很容易使人想起水、海洋、天空等自然界的事物，因此常用在旅游类的页面中，如图 4-37 所示。

图 4-37 旅游全屏海报

图 4-37 彩图

（七）无色彩系

无彩色配色法是指与黑色、白色、灰色这样的无彩色进行搭配。无色彩为素色，没有彩度，但是，若将这些素色进行不同的组合搭配，可以产生韵味不同的、风格各异的效果。

1. 白色系的网店

白色的物理亮度最高，但是给人的感觉却偏冷。作为生活中纸和墙的色彩，白色是最常用的页面背景色，在白色衬托下，大多数色彩都能取得良好的表现效果。白色给人的感受是洁白、明快、纯粹、客观、真理、纯朴、神圣、正义、光明等，如图 4-38 所示，整个页面以白色为主色调，给人以干净、自然、原生态的感受。

2. 灰色系的网店

灰色属于黑色和白色之间，属于中等明度，灰色是色彩中最为被动的色彩，受邻近色彩影响极大，依赖邻近的色彩获得生命，灰色靠近鲜艳的暖色，就会显出冷静的品格；若靠近冷色，则变为温和的暖灰色。

灰色在商业设计中具有柔和、高雅的意象，属于中性色彩，可用范围较广。在许多高科技产品中，尤其是和金属材料相关的，几乎都采用灰色来传达高级、科技的形象。使用灰色时，大多利用不同的层次变化组合或搭配色彩，才不会产生过于平淡、呆板、僵硬的感觉，如图 4-39 所示的页面采用了灰色与黑色搭配。

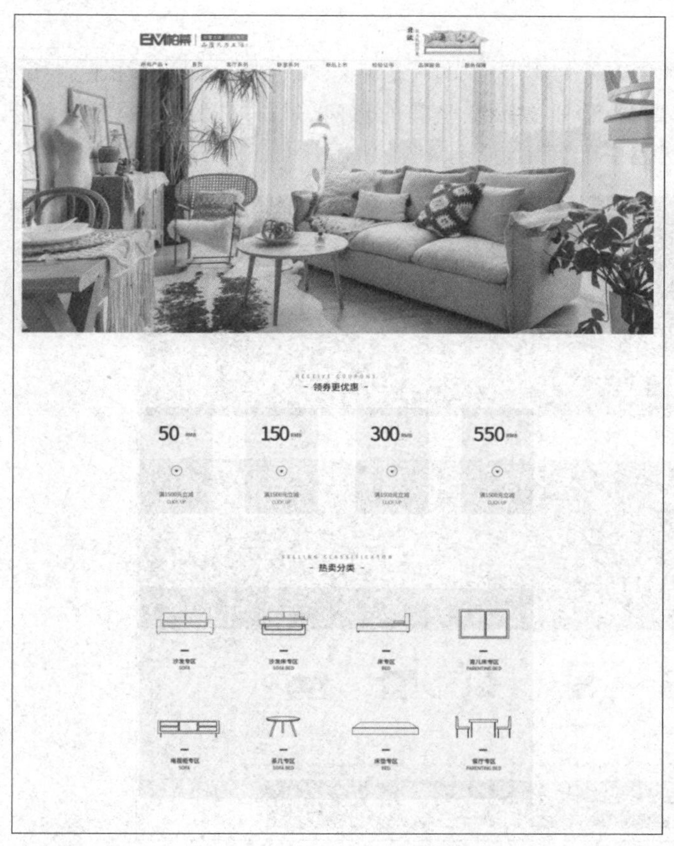

图 4-38　白色系网店首页设计

图 4-38 彩图

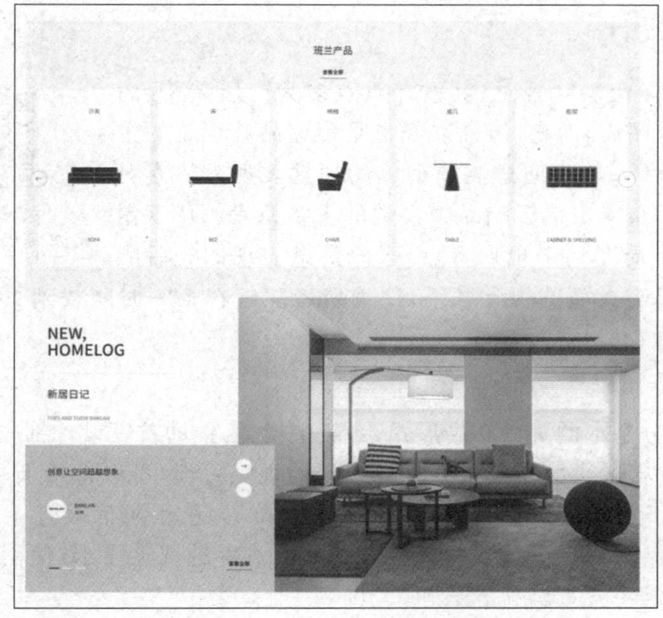

图 4-39　灰色系网店首页设计

图 4-39 彩图

3. 黑色系的网店

黑色是全色相，即饱和度和亮度均为零的无彩色。黑色是一种流行的主要颜色，适合和许多色彩做搭配。黑色具有高贵、稳重、庄严、坚毅的意向，是许多男装、数码产品、艺术品类店铺的用色，大多采用黑色与灰色搭配使用，如图 4-40 所示。

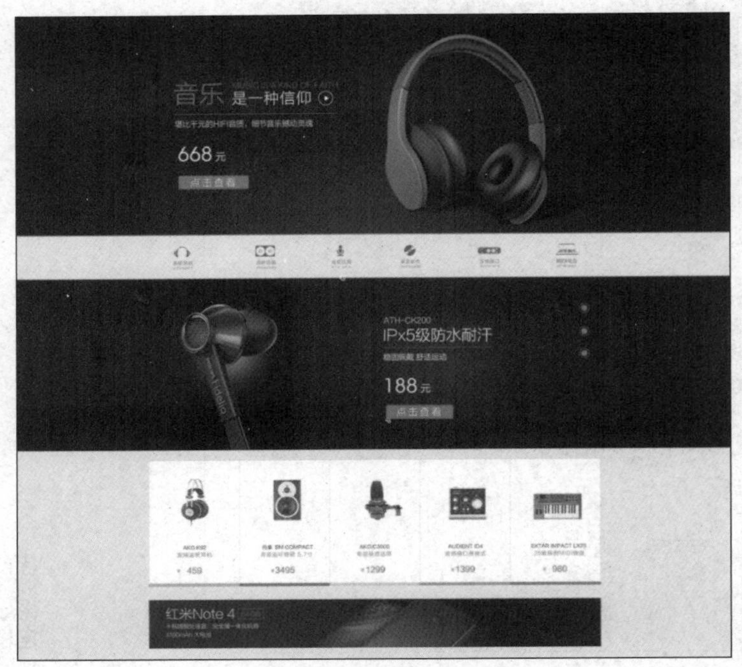

图 4-40　黑色系网店首页设计

图 4-40 彩图

三、网店页面的布局设计

微课：
网店页面的布局设计

线下店铺要想突出和强化品牌视觉，其设计重点多为门店装修、商品陈列等。对于线上店铺（网店）而言，店铺装修也是传递品牌视觉的主要途径，消费者进入店铺后，一般都通过店铺整体的视觉表现来建立对品牌的印象，因此店铺页面布局也是影响品牌视觉的重要元素。从营销角度看，店铺页面的合理布局有利于规划重点，区分信息表现的先后顺序，帮助消费者快速建立起与页面的视觉联系，使消费者能够在第一时间找到页面的重点信息。常见的页面布局样式如下。

（一）平衡式布局

平衡式布局是一种十分基本的页面布局形式，一般来说，店铺的首页设计都应该具备平衡感。从视觉感受上来说，平衡的页面布局十分符合人们的视觉习惯，可以带给人平稳、舒适的视觉体验。图 4-41、图 4-42 所示的页面，就采用了平衡式布局，整个页面设计十分具有稳定性，各元素的设计和应用都保持了统一的重心，可以满足消费者的视觉需求，使消费者对店铺页面设计的第一印象就充满了安定感和舒适感。

图 4-41　母婴网店首页设计

图 4-42　美妆网店首页设计

页面整体的平衡布局建立在单张图片的排列平衡或单张图片的构建平衡上。为了保证整个页面的布局平衡，首先可对构成页面的单张图片进行平衡构图，比较常见的有左图右文、左文右图、上图下文等构图方式。图 4-43 所示的左图右文和图 4-44 所示的左文右图的布局形式，视觉重点十分清晰明确，通常无须添加太多内容，就能使整个页面呈现平衡的视觉效果。

图 4-43　美妆全屏海报 1

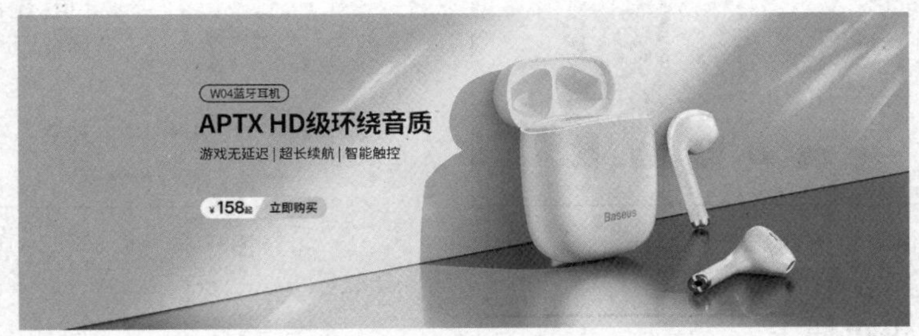

图 4-44　耳机全屏海报

上文下图或上图下文的布局方式与左图右文、左文右图布局相比，视觉重点更加集中，主要信息一般都位于图片正中区域，消费者往往第一眼就能获得所需内容，如图 4-45 所示。

图 4-45 家具全屏海报

（二）规律式布局

规律式布局是指按照一定的规律对各种布局元素进行排列组合，并整合成统一的、连贯的、舒适的整体页面。规律式布局与平衡式布局相比，更富有变化性，点、线、面、体一般会呈现规律性变化，结构形式上有一定的疏密、大小、曲直的区分。规律式布局可以赋予页面协调性，带给消费者一种舒适、整齐的视觉体验。在规律式布局中，商家进行商品排布时需要注意节奏感，应疏密有序，不能太过紧密，如图 4-46、图 4-47 所示的店铺首页，全屏海报、优惠券板块、商品展示区均采用了错落有致的排列方式，页面整体既富有活力，又和谐统一。

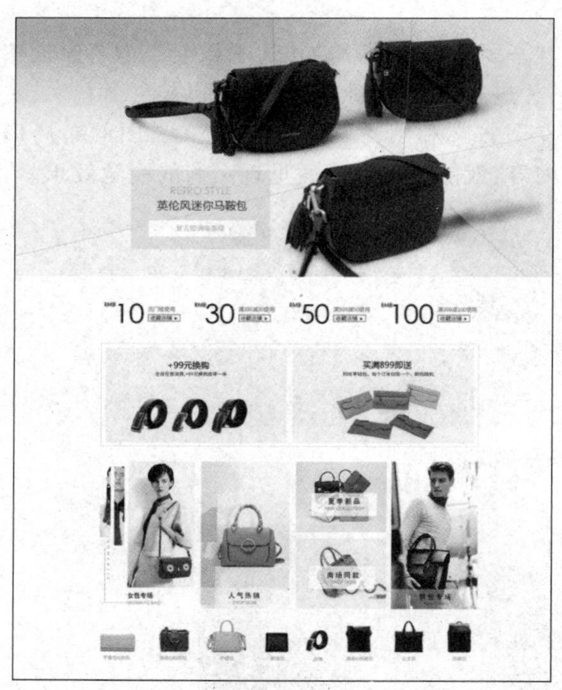

图 4-46 箱包网店首页设计

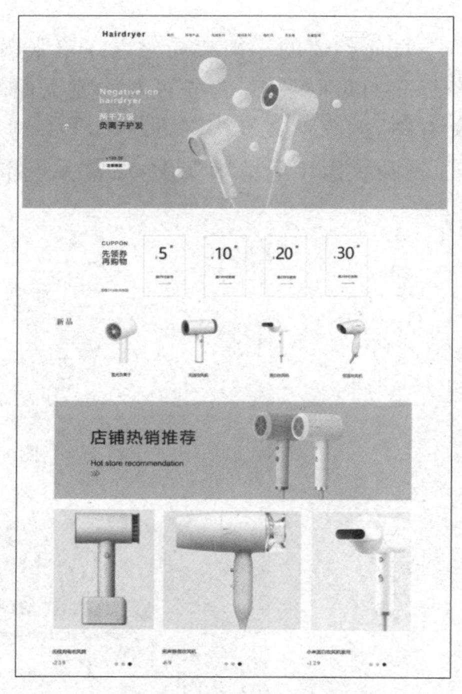

图 4-47 吹风机网店首页设计

（三）流程式布局

流程式布局是指以流程图的方式展示页面信息和商品，可以有序地引导消费者的视线，让枯燥的信息展示变得个性十足，消费者浏览起来也简单明了，充满了趣味性。图 4-48、图 4-49 所示的页面局部形式，就是将主要商品通过一个完整的流程线串联起来进行展示的。

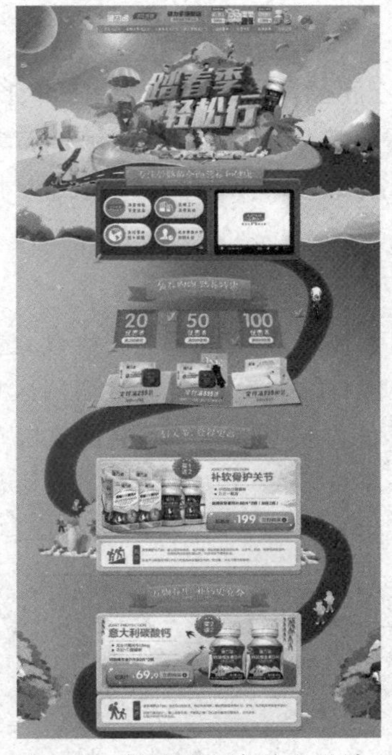

图 4-48　保健品网店首页设计 1

图 4-49　美妆网店首页设计 1

（四）轮廓式布局

轮廓式布局是指将页面设计成一个完整的轮廓，如选择红包、动物、形状等轮廓，构建一个边界或外形，形成一个大的轮廓，然后将视觉内容巧妙地填充进去。这种处理方式能够让消费者一眼就注意到轮廓内的主要信息，同时可以让页面更有设计感。图 4-50、图 4-51 所示为按照不规则形状设计的页面布局，所有信息都在轮廓区域内进行展示。需要注意的是，轮廓形状应尽量简化，不用添加太多烦琐的、次要的元素，主要对信息加以强调，以免影响消费者识别信息。

图 4-50　保健品网店首页设计 2

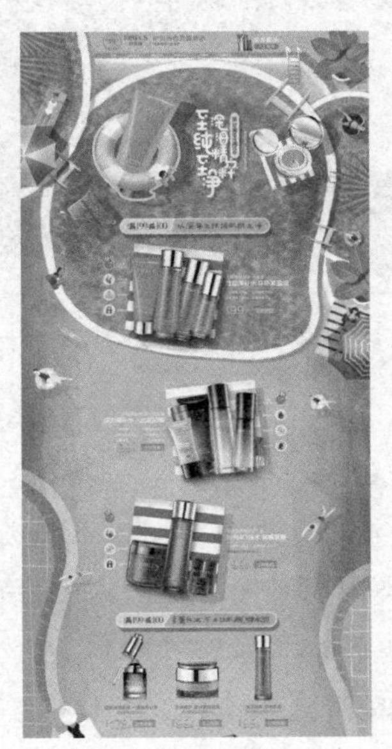

图 4-51　美妆网店首页设计 2

（五）切割式布局

切割式布局是指按照一定的方式将页面切割为不同的部分，如切割为三角形、正方形、圆形或者其他不规则图形，合理的切割式布局可以让页面整体更具几何设计感与节奏感。网店页面的切割式布局主要突出形状和区块，不宜过分复杂，切割形式一般包括形状切割、组合切割。

1. 形状切割

形状切割即用一个简单的形状或素材切分页面，不仅可以让画面变得生动，还可以有效划分页面的内容区域。图 4-52、图 4-53 所示为长方形切割样式，通过颜色对切割区域进行划分，同时也对内容区分显示，十分便于消费者浏览。除了长方形切割形式，根据实际的设计需求，也可以将页面切割为圆形、三角形、正方形等，从而提高页面的生动性。

图 4-52　女装网店首页设计 1

图 4-53　女装网店首页设计 2

2. 组合切割

组合切割一般采用集中而规律的排列方式，通过多个形状的组合对页面进行切割划分。组合切割式布局适合每个区块中的内容互为平级关系的情况，在图 4-54、图 4-55 所示的页面中，每个分类都属于同一级的内容，信息所占的比例也相同，这种组合排列能够保持各部分内容的关系，也能让布局更有创意。

（六）留白式布局

留白的“白”类似于空白的“白”。电商网店装修设计中的留白是指为了使整个页面更加简洁大气、协调整齐而有意留下一定的空白。设计的留白区域不局限于白色，一般来说，某一区域无多余装饰、处于白色的状态等，都可以称作留白。图 4-56 所示的海报设计即采用了留白的布局形式，文字和商品位于视觉的中心焦点处，整个页面背景为米白色，无其他装饰元素，页面整体简洁，又给人留下了遐想空间，回味悠长。

图 4-54　女装网店首页设计 3

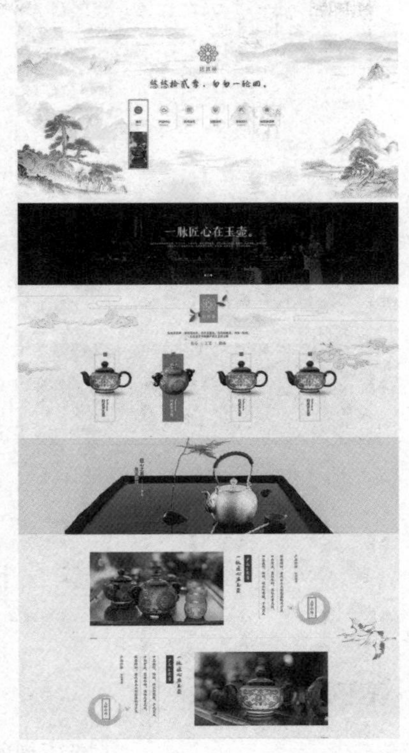

图 4-55　茶具网店首页设计

图 4-56　女装全屏海报 2

在网店装修设计中使用留白的布局方式，可以将页面的视觉焦点聚集到某一个点上，更好地突出商品和文字信息。同时，简洁、干净的留白区域也会给消费者带来良好的视觉体验，方便消费者直接筛选和获取页面信息。图 4-57、图 4-58 所示的页面采取的就是留白处理方式，恰到好处的留白让整个页面显得十分简约，提高了品牌格调，并且达到了突出商品和文字信息的目的。

图 4-57　家具网店首页设计 1

图 4-58　家具网店首页设计 2

任务三　网店页面的视觉模块

网店视觉营销大戏，你学会了吗

为什么同样的地段，有的门店门庭若市，有的门店却客人寥寥无几？这难道只是偶然吗？有研究表明，人们所感知到的外部信息有 80％以上来自视觉，视觉是帮助各大品牌门店快速吸客引流的最便捷方式。消费者在线下购物时，通常会选择一些装饰、陈列、风格等效果更符合自己喜欢和品位的，或者更具有视觉吸引力的店铺，线上购物同样如此。

在天猫搜索优衣库、太平鸟、裂帛、播、麦檬等女装店铺并进入其首页，会发现这些店铺的首页有着不同的视觉效果和风格，也吸引着不同类型的消费者。在淘宝、京东等电商平台上，大部分商家都会对店铺页面进行精心设计与装修，消费者在进入店铺首页后，可以通过店铺首页的装修快速了解店铺或品牌的风格，判断店铺是否与自己的喜好相符。当消费者对店铺首页产生好感和认同后，就更能收藏店铺，成为店铺的潜在消费者，甚至是店铺的忠实顾客。

资料来源：https://zhuanlan.zhihu.com/p/569762968.

案例分析：对于商家而言，打造符合店铺定位且被消费者喜欢的店铺页面视觉效果是获取消费者好感的重要步骤，也是电商视觉营销的重要步骤。

价值领航

（1）店招中的店标设计应当遵循《中华人民共和国商标法》的有关规定，尊重各国、各地区、各民族的风俗习惯。

（2）网店装修过程中要严谨严格、精益求精，要树立严谨细致的工作作风和高度负责的工作精神。

(3) 网店装修需紧跟设计潮流和行业趋势,要有较强的网店设计创意思维和艺术设计素质。

(4) 发挥创新能力,激发创意,与时俱进,勤于探索,勇于实践。

(5) 具有一定的科学思维方式和宏观分析问题的能力,能够考虑品牌及买家的综合需求。

一、店招与导航的设计与制作

店招和导航展示在店铺页面的最上方,是店铺形象和风格的代表,其视觉效果可以直接影响消费者对店铺的印象。

(一) 店招视觉设计

1. 店招的类型

店招即店铺的招牌,在很大程度上构成了消费者对店铺的第一印象。鲜明、有特色的店招对于店铺品牌和商品定位有着不可替代的作用。店招主要包括品牌 Logo、品牌广告语、商品、优惠信息、活动信息等常见内容,此外,也可以根据需要添加关注按钮、搜索框、店铺公告等内容。需要注意的是,店招的展示区域有限,展示内容不宜过多,在保证简洁、美观、实用的基础上,需要结合实际情况进行整合。

一般来说,店招分为品牌型店招和商品型店招两类。

(1) 品牌型店招。以品牌形象展示为主的品牌型店招,在进行视觉设计时主要以店铺名称、店铺标志等内容的展示为主,旨在体现品牌的实力和品质。图 4-59 所示为以品牌标志、品牌名称、品牌实力展示为主的店招视觉设计。

图 4-59 播店招

(2) 商品型店招。以商品导览展示为主的商品型店招,在进行视觉设计时主要以商品信息的展示为主,如促销商品、形象商品、商品价格、商品卖点等,一目了然,旨在引导消费者快速选购。图 4-60 所示的店招就主要以商品导览展示为主,店招的内容涵盖了主推商品和文案,并加入了“立即购买”按钮刺激消费者产生购买行为。

图 4-60 MAYSU 店招

2. 店招的设计原则

(1) 店铺名称。告诉消费者店铺的主营商品或是什么类型的店铺,品牌店铺可以直接使用品牌名称和品牌标志。

(2) 商品图。店招中加入商品图可以直观告诉消费者店铺的主营商品。部分店铺也会在店招中加入主营商品的动态展示视频,从而更加全面、立体地展示商品。

(3) 商品卖点。在店招中直接阐述商品卖点,可以第一时间打动消费者、吸引消费者的注意力。如图 4-61 所示的店招,在店招最右侧加入了商品图和商品卖点文案“挚爱 · 焕活水嫩”,引导购买。

(4) 店铺优势和差异化。在店招中,以文案的形式告诉消费者店铺的优势、商品的优势、

图 4-61　innisfree 店招

与其他同类店铺的不同,形成差异化竞争。如图 4-62 所示的店招,以“连续九年全网坚果零食销量第一”的文案告知消费者自家店铺与其他同类店铺的不同。

图 4-62　三只松鼠店招

（二）导航设计

导航是对店铺商品的分类与排列,是店铺首页导流的主要模块,消费者单击导航条中的分类,可以快速访问其想要浏览的页面,清晰明确的导航设计,可以为消费者提供便利。

1. 导航的类型

(1) 横排导航。导航主要分为横排导航和竖排导航,其中横排导航最为常见,是多数店铺所选择的展示类型,如图 4-63 所示。横排导航的内容安排与店招一致,要将主要信息放置在中间的“安全区域”内,以适应不同浏览器的显示情况。

图 4-63　花洛莉亚导航

(2) 竖排导航。竖排导航一般与首页的首屏海报高度一致,可根据实际需求将竖排导航作为横排导航的补充,从而更加详细、全面地进行商品内容的导航,方便消费者进行浏览和跳转。如图 4-64 所示,该店铺同时设计了横排导航和竖排导航,横排导航主要是对店铺内的所有商品进行分类,竖排导航是根据主推商品、使用场景、适用人群、风格需求等进行分类的。竖排导航是对横排导航的细化和补充,适用于商品分类方式及商品数量较多的店铺。

图 4-64　林氏家居导航

2. 导航的内容规划

导航的内容规划即将店铺中所有的商品按照一定的标准进行分类，方便消费者了解和查找店铺内所有商品。对于商品类型比较简单的店铺，导航内容要尽量简单、直接。如图 4-65 所示的导航，按照服装的主要类型进行了规划，包括“上装”“下装”“连衣裙”等，“热销尖货”中涵盖了当季销量、人气较高的商品，另外设置了“2023S/S”会员专享，分类清晰，方便消费者浏览。

图 4-65　ZHIZHI 导航

对于商品类型复杂且商品较多的店铺，导航可设置二级子类目。如图 4-66 所示，“空调”分类下的商品数量较多，消费者点击“空调”模块进入分类页面后，难以快速找到自己所需的商品，因此按照“适用面积”“外观”“工作方式”“功能”等对空调进行了二次分类。

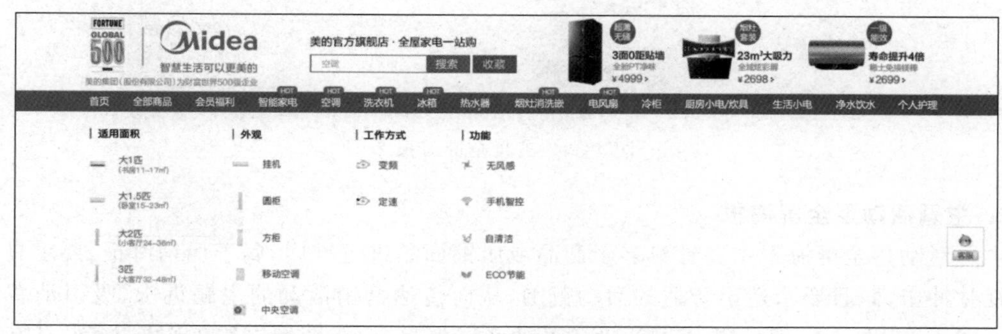

图 4-66　美的导航

3. 导航的设计原则

(1) 导航要与店招的风格保持一致，互相呼应。

(2) 导航的长度有限，导航的类目要简要、简洁，类目尽量不要过多，要保证其在不同浏览器能够显示正常。

(3) 导航文字的颜色应与背景色形成对比，方便消费者更直观地查看浏览。图 4-67 所示的店招及导航，整体采用了绿色作为主色，店招的背景为浅绿色，导航的背景为深绿色，整体风格一致、融洽。导航分类简单，涵盖底妆、彩妆、妆具等类目，且专门设置了“品牌故事”栏目，方便消费者了解品牌历史。

图 4-67　彩棠导航

图 4-67 彩图

二、全屏海报的设计与制作

全屏海报又叫首焦海报、轮播海报、banner（横幅海报），主要用于展示店铺的主要活动和主推商品，一般位于导航的下方，是消费者进入店铺首页后最先映入眼帘的画面。全屏海报的视觉效果直接影响着店铺首页的引流能力，关系主推商品的点击率，商家能否将首页的消费者引导至其他页面，与全屏海报的视觉效果息息相关。

（一）全屏海报的类型

全屏海报的设计内容一般依据店铺近期的运营需求而定，根据不同的运营目标设计不同视觉效果的海报。一般来说，全屏海报的类型分为商品宣传、主题活动和品牌塑造三类。

1. 商品宣传型全屏海报

商品宣传型全屏海报主要针对单一商品进行形象塑造，将商品外观图、价格、功能、属性等卖点传达给消费者，引起消费者的关注。这类海报适合上市新品、爆款商品和主推商品。如图 4-68 所示，该全屏海报主要针对某一商品进行塑造，采用了左图右文的形式，并配以对应的文案进行说明。

图 4-68 美妆全屏海报 2

2. 主题活动型全屏海报

主题活动型全屏海报主要针对多个商品或店铺商品进行推广，属于促销海报，要求具备一定的视觉冲击力，且要营造出合适的活动范围，从而传达营销活动的主题诉求，吸引消费者的注意。图 4-69、图 4-70 所示为不同活动主题的全屏海报，两张图均以红色作为主色，具有视觉张力，营造了促销或上新活动氛围的紧张感。

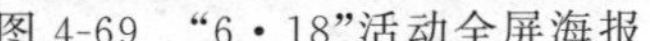
图 4-69 “6·18”活动全屏海报

图 4-69 彩图

图 4-70 新品活动全屏海报

图 4-70 彩图

3. 品牌塑造型全屏海报

品牌塑造型全屏海报旨在加强消费者对品牌的印象，视觉重点是品牌的推广。如图 4-71 所示的海报，通过个性化的创意设计提高品牌的知名度和影响力，强化消费者对品牌的记忆。

图 4-71 塞纳牧全屏海报

（二）全屏海报的设计原则

链接：电商移动端海报设计排版方法

(1) 尺寸。全屏海报的宽度通常为 1920 像素,高度不限,可根据实际需求自行设计。

(2) 视觉效果。全屏海报是引起消费者兴趣的重要模块,需具备较强的视觉冲击效果。同时,为了突显全屏海报,就要对店招和导航的视觉效果进行合理弱化。如图 4-72 所示,店招的文字、色彩元素采用了与全屏海报相近的配色,整个画面的元素和谐统一。

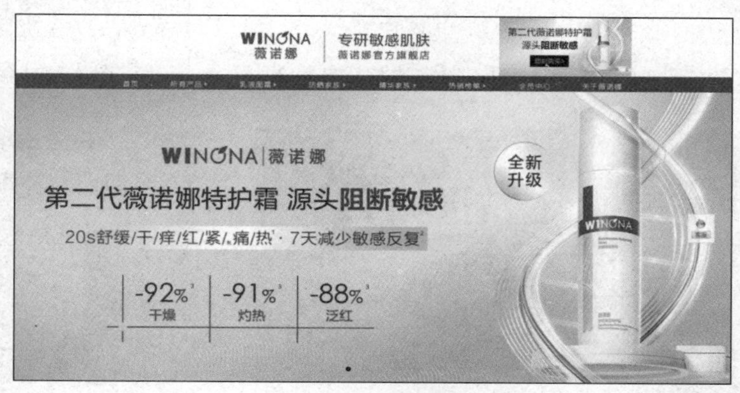

图 4-72 薇诺娜全屏海报

(3) 动态效果。全屏海报可以是动态的,也可以是静态的,动态的全屏海报很容易吸引消费者的注意力,达到传达信息的目的。

三、主图的设计与制作

商品主图是商家展示商品的重要窗口,消费者通过浏览商品主图对商品产生第一印象。从营销角度看,决定商品流量的因素主要有两个：一个是商品的展现量,另一个是商品的点击率。只有满足消费者视觉要求和购物需求的商品,才能被点击,继而使商品获得流量。而消费者的视觉要求和购物需求,往往都是依靠商品主图来初步获取的。因此,商品主图担负着店铺引流的重要职责,做好商品主图的视觉营销是保证店铺顺利运营的前提。

（一）商品主图的类型

商品主图一般具有背景简单、图片清晰、能够展示商品全貌等特点,在此基础上,商品主图的样式可以分为以下几种类型。

1. 单色背景商品主图

单色背景是天猫、京东等平台常规的一种商品主图形式,大多数行业通过白色或其他颜色的纯色背景来展示商品。使用纯色背景可以更清晰地展示商品的外观、细节等属性,重点是突出商品本身,让消费者快速直接地获取商品信息。图 4-73～图 4-75 所示为纯色背景的商品主图。

2. 组合式商品主图

组合式商品主图是指将一个商品的多个细节或多个商品组合在一起展示,组合式商品主图可以多方面地展示商品信息,如同时展示商品细节、颜色或样式等,图 4-76～图 4-78 所示为组合式商品主图的样式。

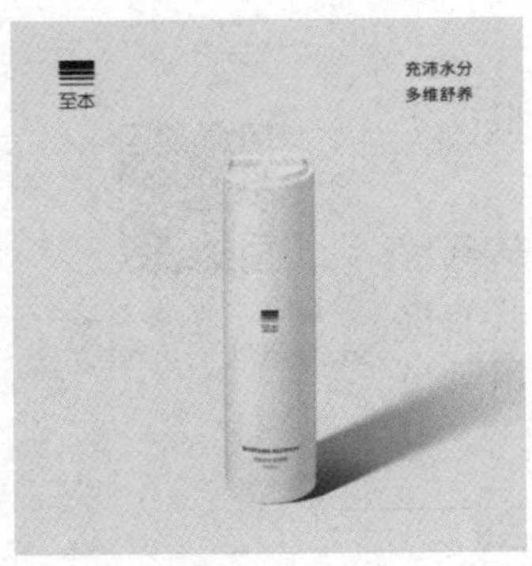

图 4-73 护肤品主图 1

图 4-74 护肤品主图 2

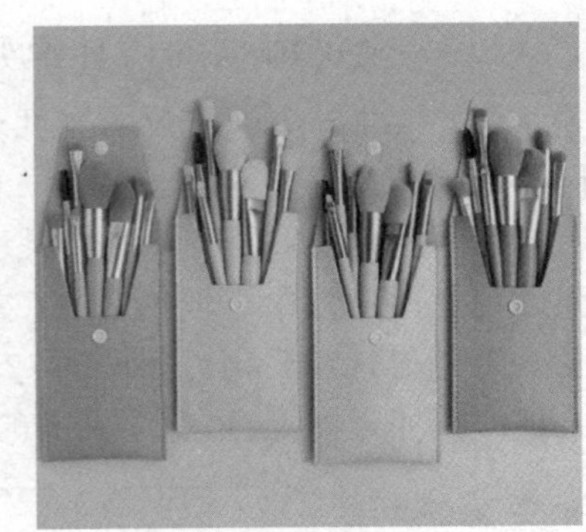

图 4-75 化妆刷主图

图 4-76 某直播间护肤品主图

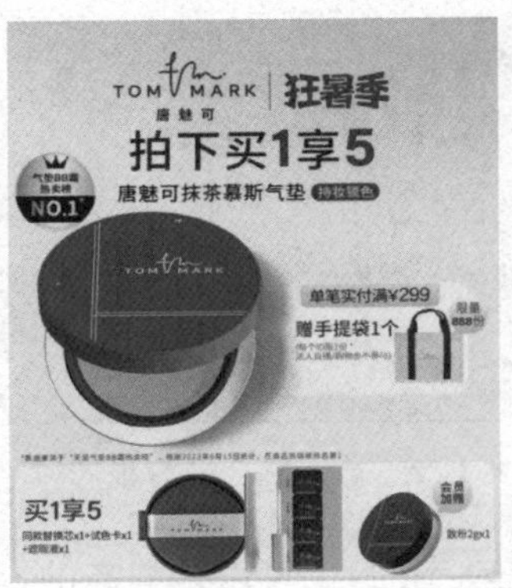

图 4-77 气垫主图 1

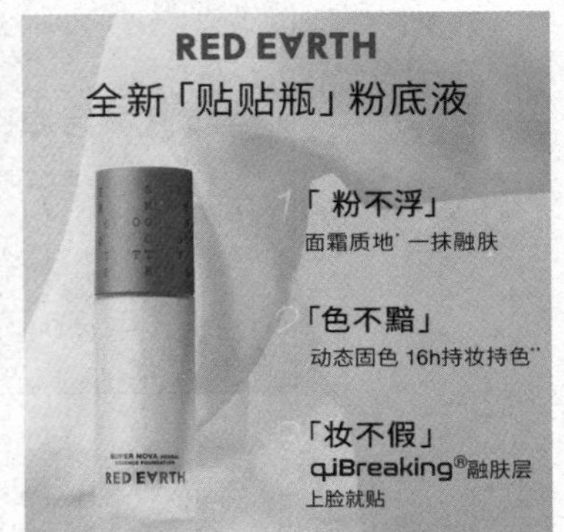

图 4-78 粉底液主图

3. 卖点式商品主图

商品卖点包括商品突出的功能、作用、特点及营销优惠等，是消费者十分关注的信息，很多商家在通过商品主图展示商品时，会搭配文案，针对商品卖点进行展示，吸引消费者点击，图 4-79～图 4-81 所示的商品主图样式就是以卖点展示为主。使用卖点展示商品主图时需注意，文案信息应简单清晰，便于阅读，控制好文案信息的数量和排版，防止被平台判定为商品主图不规范，从而对商品进行降权。

图 4-79 耳机主图

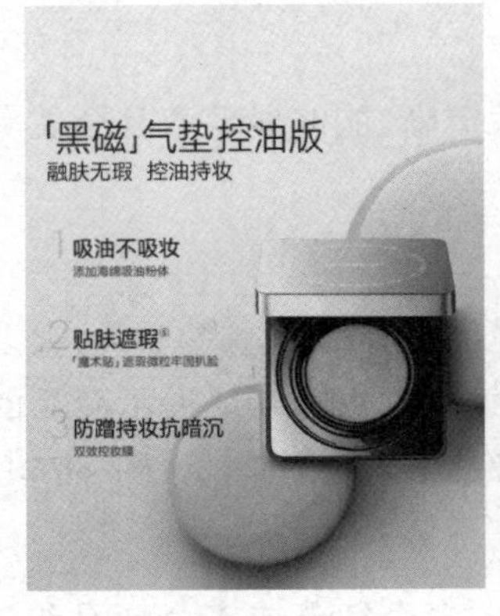

图 4-80 气垫主图 2

图 4-81 护肤品主图 3

（二）商品主图的构图方法

1. 中心构图法

中心构图法又称中央构图法或中间构图法。顾名思义，就是将画面的主体放在画面的正中间，当主体位于中心部位的时候，人的视线自然而然集中在这个点上。中心构图法的特点是能充分体现产品本身。这种构图方法的最大优点就在于主体突出、明确，而且画面容易取得左右平衡的效果，如图 4-82～图 4-84 所示。

图 4-82　美妆主图

图 4-83　护肤品主图 4

图 4-84　玩具主图

2. 对角线构图法

对角线构图法，就是在画面的两个对角连成一条引导线，将画面沿着引导线进行分布。可以是直线、曲线，甚至是折线等，只要是遵循整体画面的延伸方向是往两个对角延伸的，都为对角线构图法。如图 4-85、图 4-86 中的主图就利用了这一构图法。

图 4-85　雨伞主图

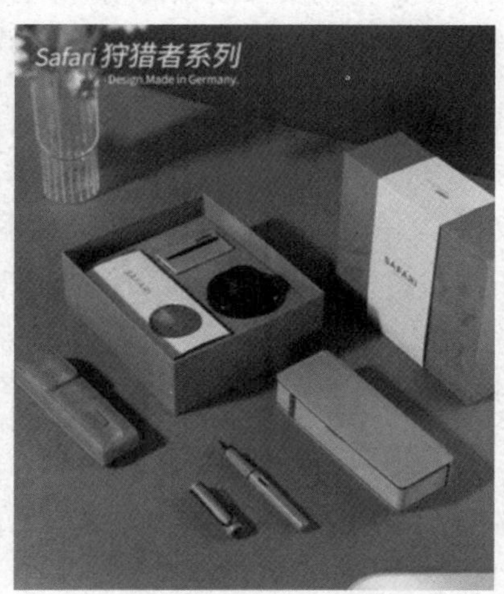

图 4-86　钢笔主图 1

对角线构图的特点在于它呈现的视觉效果是倾斜的，引导线可以带着观众的视线“走”遍整个画面，把画面安排在对角线上，更有立体感、延伸感和运动感。同时对角线构图法可以增强画面的纵深感，使画面变得更加有张力。

3. 直线构图法

直线构图法通常用来拍摄垂直或水平的物体，垂直、水平的视觉效果和线条会体现出产品的高度，有秩序的排列和组合，会给人一种秩序感和稳定感。直线构图法源于左右方向力的均衡状态，因此直线构图可用来展现挺拔的视觉感，是展现力的美感的构图。

直线构图法的优点就是有极强的展现力，可以充分表现产品，让人感觉画面平衡有秩序且有很强的稳定感，同时又具有庄严、肃穆和安静的表现力，如图 4-87、图 4-88 所示。

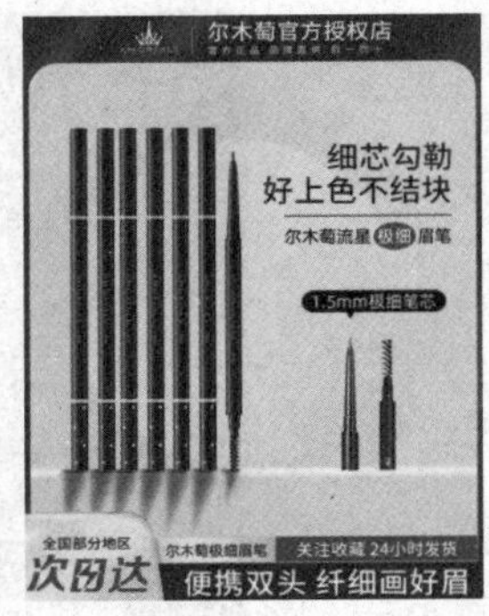

图 4-87 眉笔主图

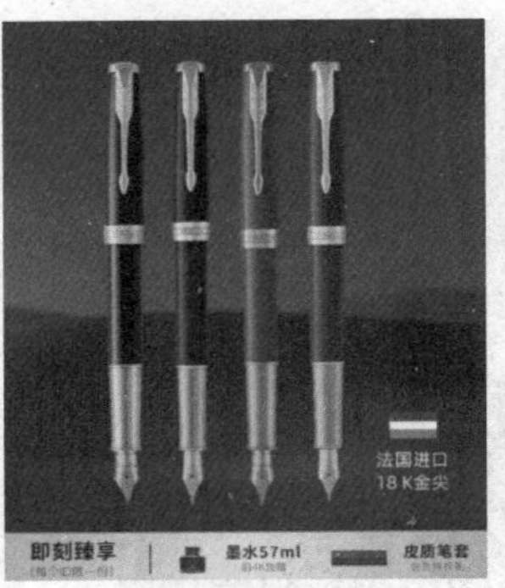

图 4-88 钢笔主图 2

4. 放射式构图法

放射式构图法如图 4-89、图 4-90 所示。放射式构图法也称向心式构图。以主体为核心，景物呈向四周扩散放射的构图形式，也或者是拍摄时将产品呈四周扩散的方式摆放的这样一种构图方法。可使人的注意力集中到被拍摄主体，而后又有开阔、舒展、扩散的作用。常用于需要突出主体而场面又复杂的场合，也用于使人物或景物在较复杂的情况下产生特殊的效果等表现手法。多利用在产品图片的拍摄和主图当中。

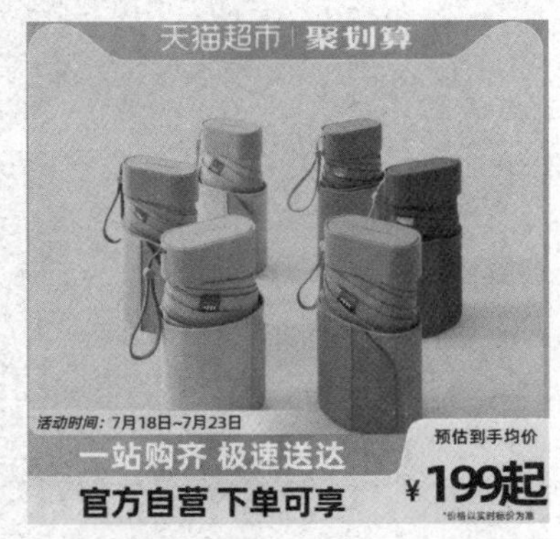

图 4-89 雨伞主图

图 4-90 发簪主图

5. 散点式构图法

如图 4-91、图 4-92 所示的画面呈现方式，画面当中的主体分散开来，成为一个个单独的散点，这样的构图方法称为散点式构图法。散点式构图法是指将指定数量的被拍摄物品，重复散落在画面当中的构图方法。多用于较多数量的产品拍摄。通常在食品类目中运用广泛，例如干果类食品、有独立包装的食品等，可以营造产品丰富的感觉。

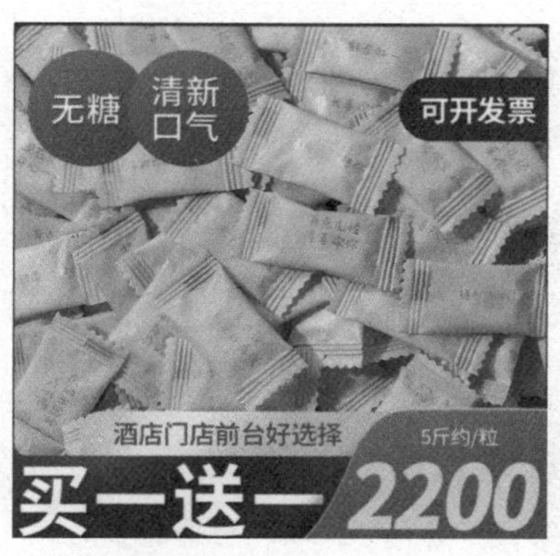

图 4-91 糖果主图

图 4-92 干果主图

（三）商品主图的设计原则

（1）主图的尺寸为 800×800 像素，格式为 JPG 图片格式，图片大小需大于 38KB 且小于 300KB。

（2）主图的数量为一主四辅，即一张主形象图和四张辅助图。

（3）第一张主图作为消费者点击商品的主入口，其需具备以下特点：吸引买家的价格、吸引买家的产品卖点、吸引买家的视觉效果。

（4）主形象图、卖点、商品细节、促销活动、包装、物流、售后、品牌等皆可作为商品主图的展示点。

四、详情页的设计与制作

商品详情页是线上店铺和消费者联系最紧密的页面，商品详情页的设计会直接对消费者的购买行为产生影响。不管是商品日常销售，还是打造店内“爆款”，商品详情页的转化都起着非常关键的作用。从商家的角度看，刺激消费者购买是商品详情页的首要任务，而要实现这一目的，必须了解商品详情页的规划逻辑，通过有逻辑的视觉展示循序渐进地影响消费者，引起消费者的兴趣，打消消费者的顾虑，一步一步地促使其消费。

（一）商品详情页的风格定位

商品详情页的视觉设计风格是影响消费者购买行为的首要因素，消费者进入商品详情页时，第一时间看到的往往不是商品信息，而是整个页面展现的视觉设计风格，恰当的商品详情页风格可以提升商品的格调，提高消费者对商品的好感，从而提高商品成交的概率。与店铺内其他页面、其他图片的视觉设计一样，商品详情页的视觉设计风格定位依然是基于品牌、整个店铺的设计风格、目标消费者的喜好，再结合商品本身的风格、特点确定的。

图 4-93 所示的茶具商品，主要面向对传统茶艺感兴趣的年轻消费人群，因此其商品详情页的视觉设计风格就选取了与商品本身意境相匹配的元素，图片风格、颜色搭配、字体设计、背景选择等统一传递出一种古朴雅致之感，既符合目标消费人群对茶具商品的理解和想象，又符合目标消费人群的普遍审美。因此，在消费者打开商品详情页的瞬间就与消费者建立了情感上的连接，使消费者快速对商品产生记忆点，甚至产生好感，从而吸引消费者继续浏览。

商品详情页的视觉设计风格可以基于品牌视觉来定位，但视觉风格呈现依然要以商品本身的特点为主，也就是围绕商品本身进行视觉设计，再适当体现品牌视觉。围绕商品本身进行

图 4-93 茶具详情页

视觉定位时，可以最大化地体现商品的美感，提高商品的视觉表现力，满足消费者对商品的心理期待，达到说服消费者购买的目的。如图 4-94 所示，很多糖果、巧克力等商品，在进行它们的商品详情页的视觉设计时，颜色、背景、搭配设计等通常会与恋爱联系在一起，统一传递出甜蜜浪漫之感，快速将消费者带入对恋情的想象中，与消费者建立起情感连接。

图 4-94 巧克力详情页

（二）商品详情页的布局逻辑

商品详情页的图片视觉效果是吸引消费者持续浏览的重要因素，在商品详情页风格定位的基础上，按照沟通后的逻辑结构来进行商品详情页的设计，既可迎合消费者的喜好，拉近与消费者的距离，又能有效地展现商品信息，促成最终的成交。

微课：
商品详情页的布局逻辑

1. 商品首焦图

商品首焦图就是商品详情页的第一张主形象图，是消费者最先看到的商品图片，也是使消费者建立起对商品视觉好感度的第一张图片。如果商品首焦图能够给消费者留下较好的印象，就可以有效引导消费者继续浏览商品。

商品首焦图的视觉设计与商品海报十分类似，通常使用精美的图片，搭配简单的核心文案，对商品进行深刻的展示。商品首焦图在设计上可以灵活运用各种设计元素，使用略微夸张的表现方式，呈现商品的整体形象、主要卖点或商品理念等，以极具视觉冲击力的画面吸引消费者的注意力，给消费者带来愉悦的视觉体验。

商品首焦图中必须存在商品主体，且商品主体要呈现在画面的焦点位置，尽量减小装饰物所占用的空间。首焦图中的文案应尽量简短精炼，字体要大，以辅助展示商品特点并吸引消费者的注意力，若使用描述性文案，则不要遮挡画面中的视觉元素。图 4-95～图 4-97 所示的商品首焦图，就是通过简单的文案描述商品核心特点，以商品本身作为图片的视觉焦点，运用各种设计方式提高整张图片的美感度，吸引消费者的注意力。

图 4-95　电扇首焦图

图 4-96　养生壶首焦图

图 4-97　地毯首焦图

2. 商品卖点图

商品卖点是指商品的材质、款式、功能、外观等能够提高消费者对商品好感度。在视觉设计中，商品卖点主要通过文案和图片进行搭配展现，文案简明、扼要地说明商品卖点，图片则对商品卖点进行直观展示，利用图文结合从视觉上影响消费者，加深消费者对商品卖点的认识和理解。图 4-98 所示的商品卖点图，对咖啡杯材料、形状、用途等卖点进行展示，图文合理搭配，给消费者直观的商品认识，让消费者不需要花费太多时间，就可以快速了解商品。

为了提高商品卖点的视觉表现力，在展示商品卖点时，可以为卖点策划一个新颖、有趣的视觉方案，通过将卖点"视觉化"来吸引消费者的注意力，同时帮助消费者理解商品。如图 4-99～图 4-101 所示，在设计抽油烟机的卖点图时，为了表现抽油烟机"不跑烟"的卖点，可以在视觉上通过搭建真实烹饪场景营造出超强吸力的氛围，或者运用星空、气流、旋涡等元素给消费者留下鲜明的印象。商品卖点的"视觉化"可以辅以恰当的美化、夸张，营造与商品特质、商品功能、商品卖点相匹配的氛围，再通过对色彩、文字、版式等元素的合理运用，有效提高商品图片的视觉效果，与其他竞品形成差异和区别，进一步突出商品和品牌的视觉优势。

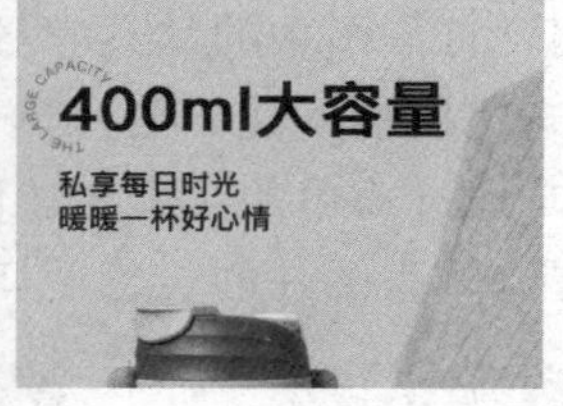

图 4-98　咖啡杯卖点图

图 4-99　抽油烟机卖点图 1

图 4-100　抽油烟机卖点图 2

图 4-101　抽油烟机卖点图 3

3. 商品细节图

商品细节图是商家展示商品品质、赢得消费者好感的重要手段，也是商品详情页视觉设计中的重要组成能分。商品细节图的视觉设计重点是传达消费者感兴趣的商品细节信息，一般需要根据商品性质选择不同的展示方向，如通过功能说明、工艺细节、服务说明等对细节进行展示。

(1) 以功能为主要卖点的商品。对于以功能为主要卖点的商品来说，关于商品功能的细节设计就是商品细节图的展示重点。商品功能的细节设计一般应注意形象化，避免使用如说明书般枯燥的功能介绍。在制作时应该以图示讲解为主，切记不要将太多信息汇集到一张图片中讲解，避免复杂的视觉信息给消费者的阅读带来不便，图与文相结合地展示商品功能细节，效果更佳。图 4-102、图 4-103 所示为抽油烟机、榨汁机的功能说明细节图的设计。

图 4-102 抽油烟机功能说明细节图

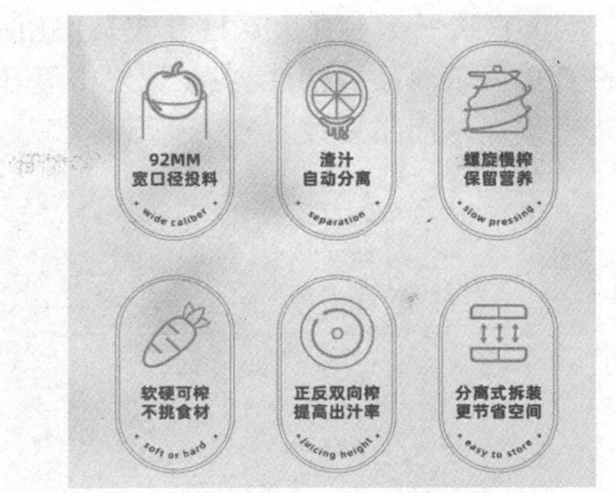

图 4-103 榨汁机功能说明细节图

(2) 以外观、做工等为主要卖点的商品。对于以外观、做工等为主要卖点的商品来说，关于商品工艺的细节设计就是商品细节图的展示重点。工艺细节主要指商品的材质或工艺造型方面的细节，一般使用局部放大的方式，体现商品的质感。在制作工艺细节图时，要尽量保证所描述的细节部分处于画面的中心，且做到主次有序。同样，不要在一个画面中描述多个细节，避免重要细节不突出，视觉信息不明确。另外还要注意工艺细节图片的品质，要保证图片的清晰美观，图 4-104、图 4-105 所示为常见的工艺细节图。

图 4-104 榨汁机工艺细节图

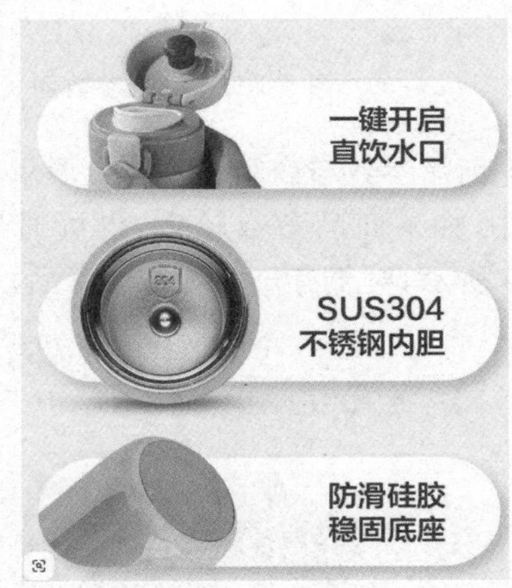

图 4-105 保温杯工艺细节图

(3) 以服务质量为主要卖点的商品。对于以服务质量为主要卖点的商品来说，服务细节说明就是商品细节图的展示重点。服务细节一般包含包装服务、物流服务和售后服务等，合理展示商品的服务细节有助于提高消费者对品牌和商品的信任。此外，对于那些易碎类商品，消费者会更加关注包装、物流等安全方面的问题，商家在细节图视觉设计中加入商品包装、运输服务的图片与说明，以及售后服务的类型、服务等内容，可在一定程度上消除消费者的顾虑。退换货承诺、时效承诺、延保服务等内容，可在一定程度上消除消费者的顾虑。

4. 商品参数图

商品参数是消费者非常关注的商品信息之一，清晰、准确、易理解的参数可以为消费者挑选商品提供很大的便利，反之，则不利于消费者对商品进行判断，从而使消费者难以做出购买决策。商品参数的表达方式多种多样，商家可以根据商品参数的具体情况、商品特征进行灵活设计。

（1）直接展示参数。这种方式是使用简单示意图、形状、线条来展示商品参数，或者使用表格直接展示商品的特性、功能和规格等，图 4-106、图 4-107 所示为使用简单示意图和简单表格来直接展示商品参数。

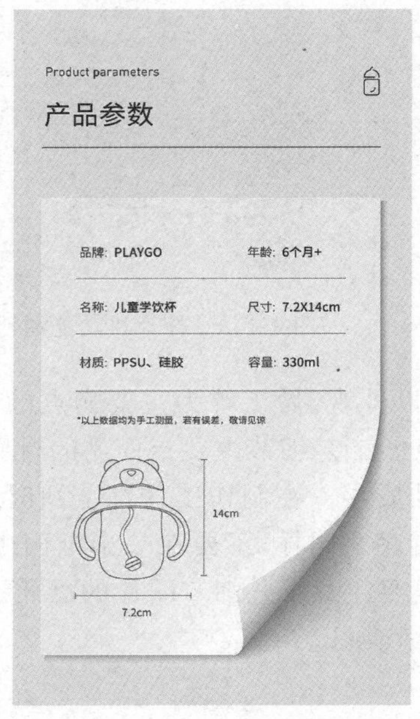

图 4-106　奶瓶参数图

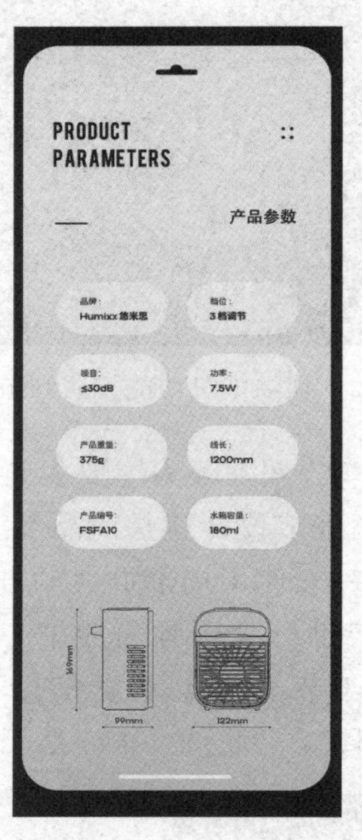

图 4-107　电扇参数图

（2）商品参数与商品图片组合展示。这种方式可以直接将商品参数展示在一张或多张商品图片中，如果商品参数较多，也可通过上图下表的方式排列商品参数模块。如图 4-108、图 4-109 所示，对于有尺寸规格的商品，商家还可在商品图上添加尺寸标注。

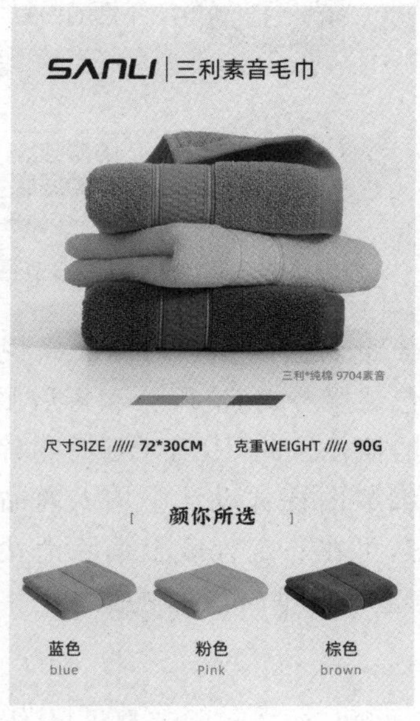

图 4-108　毛巾参数图

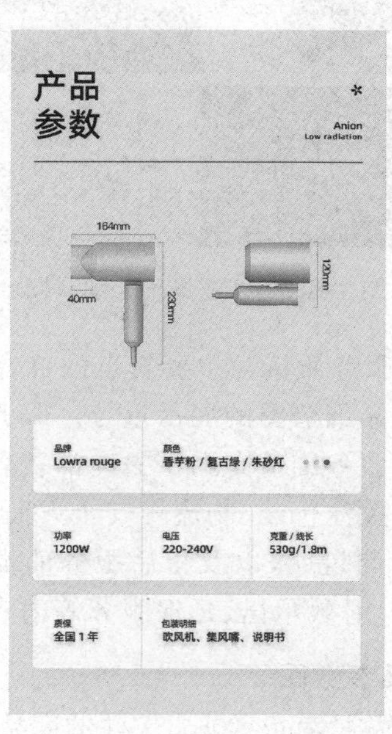

图 4-109　吹风机参数图

法制新思想

为了争夺观众的注意力，设计师常常在商标、广告宣传等产品上使用“特殊字体”。随着方正、汉仪等字库公司维权运动的展开，很多企业、个人陆续收到了字库公司的索赔函件。

北京汉仪科印信息技术有限公司以侵害著作权及不正当竞争纠纷为由将北京某科技有限公司诉至法院，要求其停止侵权行为并索赔经济损失150万元。在浏览器里搜索“字体侵权”，会发现有多条相关新闻，还有人晒出了自己使用“微软雅黑”也会被告知侵权。“微软雅黑”不是软件自带的么？实际上，“微软雅黑”是由北大方正电子有限公司（简称方正）设计开发的字体作品，方正通过协议的形式授权微软公司使用。不只是“微软雅黑”，很多软件的自带字体都要得到版权方的授权。未经授权使用，就会收到版权方的侵权诉讼。

2007年，方正起诉暴雪字体侵权并索赔1亿元，2009年索赔金额被追加至4.08亿元，2012年，最高人民法院判决暴雪公司等停止侵权并赔偿方正经济损失200万元及诉讼合理支出5万元。2008年，方正起诉广州宝洁因其飘柔等产品包装上使用了倩体字，并索赔134万元，但最终败诉。2012年，热门影片《失恋33天》，因片头字幕、短信字幕等使用了未授权字体，最终赔付版权方2万元。2016年，《九层妖塔》因使用了未授权字体中的7个字，被索赔51万元。2017年，方正将3名被告告上法庭，理由是3名被告所生产、销售的一款产品上使用了原告公司所独有的粗倩简体。庭审中，方正公司要求3名被告停止一切侵权行为，并赔偿人民币20万元。因双方争议较大，该案未当庭宣判。2018年，判令被告周氏顺发公司立即停止在产品包装装潢中使用方正的倩体“五”“谷”“粗”“粮”“营”“养”“燕”“麦”“片”9个字，赔偿经济损失5万元；判令永辉超市立即停止销售周氏顺发公司生产的含有上述9个字包装装潢的产品。

字体的商业用途包括以直接或间接营利为目的，以字体为视觉设计元素，复制、发行、展览、放映、信息网络传播、广播等使用字体的行为。根据《中华人民共和国作权法实施条例》“作品”定义：艺术作品是指由线条、颜色或其他方式组成的具有审美意义的平面或三维造型艺术作品。目前，法院对这类侵权的判决一般为一个字3000～10000元。如果字体设计在产品营利方面起到关键作用，赔偿金额还会更多。除了赔钱，已经发出的宣传品需要撤回，应对法律纠纷也需要不小的投入，企业和品牌在这方面也要承受不小的经济损失，以及形象宣传上的不利局面。

如今，人们越来越重视知识产权的保护，这是知识经济时代的必然趋势，也是对他人智力劳动成果的尊重。法律不断完善，人们的法律意识不断提高。作为一个合格的设计师要尊重和敬畏知识的财富。

资料来源：https://www.sohu.com/a/650830075_100089785.

前沿在线

字体使用者应如何避免侵权？

互联网时代，在人们的日常工作与学习中都离不开各种字库的使用，打开浏览器搜索“字体资源”，可以免费使用的字体扑面而来。而许多个人和企业在使用字体资源时往往缺乏风险防范意识，稍有不慎，其后果就是陷入字体侵权的纠纷，尤其是商用领域更要注意审慎使用。为避免字体使用者在不知不觉中构成字体侵权，针对字体使用者是个人还是企业分别提出以下几点建议以供参考。

1. 字体使用者为个人

在学习或社交媒体中，应尽量使用正版软件或者官方平台提供的软件。在这些软件中使用字体，使用者有合理的理由相信其已经取得了字体所有者的许可授权，因此不具有非法使用字体的主观恶意,就不构成著作权侵权。

另外,对第三方平台或商家的宣传需要谨慎,大量的平台或者商家宣传自己提供的字体资源有“官方授权”“可商用”等,通常附有一定的限制,一些小平台或者商家取得著作权人官方授权的信息并未披露,来源不确定。一旦被权利人追究责任,字体使用者无法证明自己具有合法授权,或者超出使用范围的,可能面临不利后果。

2. 字体使用者为企业

尽管在“方正诉宝洁案”中,法院对默示许可制度表示了肯定,即宝洁公司使用方正享有著作权的单字的行为是经由方正默示许可的,但企业还是应本着规避法律风险的目的,注意鉴别权利人授权使用的范围,一般情况下需要特别授权。在特殊情况下确需使用他人带有明显的设计风格与特点的字体时,建议主动与著作权人取得联系,与其达成许可协议,购买正版的字库,在协议许可的范围内使用。

企业要在商业上使用字体,还可以委托字体设计公司或具有合法授权的第三方为自己设计字体,并通过版权归属、使用方式、使用用途等明确约定,彻底解决商业使用字体的相关版权风险。

资料来源:https://www.163.com/dy/article/GISSU66D0514BDBR.html.

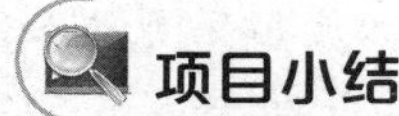

项目小结

本项目首先介绍了网店装修认知以及网店装修的流程,明确了网店装修的定义、工作范围和重要性。然后,介绍了网店页面的视觉元素,并详细介绍了网店页面的文字设计、网店页面的色彩设计以及网店页面的布局设计。最后,为保证网店装修工作的成功开展,需进一步了解和掌握网店各级页面的设计方法和技巧,选定恰当的风格和布局,借助 Photoshop 软件完成最终的设计与制作。

知识巩固与提升

一、单项选择题

1. 文字的种类可以分为(　　)。

A. 衬线体　　B. 无衬线体　　C. 书法体　　D. 黑体

2. 常见的男性字体(　　)。

A. 方正大标宋　　B. 思源宋体　　C. 微软雅黑　　D. 方正清刻本悦宋

3. 女性字体的特点是(　　)。

A. 大气　　B. 坚韧　　C. 力量感　　D. 俊秀

4. 卡通体一般会出现在(　　)类型的网店中。

A. 家电店铺　　B. 零食店铺　　C. 男装店铺　　D. 美妆店铺

5. 从色彩的冷暖来说,红色、黄色、橙色是(　　)色系。

A. 暖色系　　B. 无色彩系　　C. 冷色系　　D. 灰色系

6. 下面选项中的店铺适合以绿色作为主色的是(　　)。

A. 火锅料网店　　B. 植物护肤品网店　　C. 手机网店　　D. 家电网店

7. 对于以服务质量为主要卖点的商品来说,服务细节说明就是商品细节图的展示重点。服务细节一般包含包装服务、物流服务和(　　)等。

A. 售后服务　　B. 优惠服务　　C. 商品服务　　D. 使用服务

8. 图 4-110 使用了(　　)方法。

图 4-110　构图

A. 对角线构图　　B. 直线构图　　C. 放射式构图　　D. 散点构图

二、多项选择题

1. 网店装修中的文字设计应遵循的原则是(　　)。
   A. 文字要讲究可读性原则　　B. 文字要讲究个性原则
   C. 文字要讲究美观性原则　　D. 文字要讲究合法性原则
2. 以下属于冷色系的颜色是(　　)。
   A. 蓝色　　B. 绿色　　C. 红色　　D. 黄色
3. 店招的类型(　　)。
   A. 品牌型店招　　B. 商品型店招　　C. 宣传语型店招　　D. 优惠型店招
4. 店招导航的设计原则是(　　)。
   A. 导航要与店招的风格保持一致，互相呼应
   B. 导航的长度有限，导航的类目要简要、简洁，类目尽量不要过多，要保证其在不同浏览器能够显示正常
   C. 导航文字的颜色应与背景色形成对比，方便消费者更直观地查看浏览
   D. 无特殊要求
5. 全屏海报的类型是(　　)。
   A. 商品宣传型　　B. 主题活动型　　C. 品牌塑造型　　D. 优惠活动型
6. 详情页设计中商品细节图的类型是(　　)。
   A. 以功能为主要卖点的商品细节图
   B. 以外观、做工等为主要卖点的商品细节图
   C. 以服务质量为主要卖点的商品细节图
   D. 以优惠活动为主要卖点的商品细节图

三、简答题

1. 你认为网店装修的意义是什么?
2. 网店装修中的文字设计应遵循的原则有哪些?
3. 商品主图有哪些设计技巧?
4. 商品详情页包含哪些视觉模块?

四、案例分析题

网店全屏海报侵权案

李某于2018年4月26日创作了以“志怪”为主题的5个手绘美术作品。同年3月27日，李某向贵州省版权局申请了版权登记，并获许通过，拿到了作品登记证书。

此后，李某在电商平台浏览时，意外地发现拥有版权的系列作品的其中一幅被使用在玉林市某商贸公司网店的全屏海报图中。经比对，该网店使用图样与李某拥有版权的美术作品完全相同。

问题：

(1) 在该案例中，玉林市某商贸公司侵犯了李某什么权利？

(2) 未来各方在网店装修设计过程中应如何调整，避免此类事件的发生？

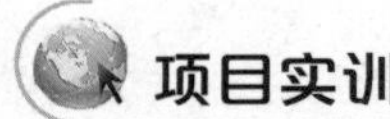

项目实训

分析商品详情页的视觉设计效果

一、实训目标

本实训要求分析某拖鞋的部分商品详情页(图4-111)，可分别从首焦图、参数图、卖点图、售后服务图、品牌推广图等方面进行分析。

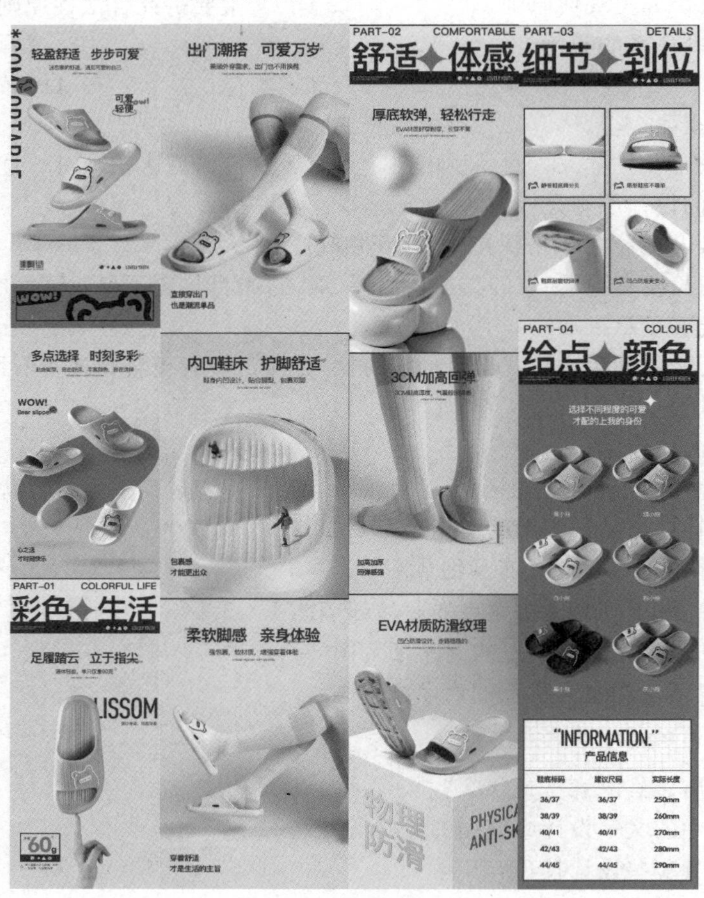

图4-111 拖鞋详情页

二、实训要求

根据实训目标，分别从首焦图、参数图、卖点图等方面分析商品详情页的视觉设计效果。

三、实训分析

(1) 分析首焦图。首焦图以商品为展示重点，搭配恰当的文案，有效提高了商品的视觉效果，起到引人注意的目的。

(2) 分析参数图。参数图采用了简洁的表格样式，信息分类十分清楚，既具有设计感和排版上的美观性，又方便消费者快速识别。

(3) 分析卖点图。卖点图通过后期设计，运用合理的元素，对商品卖点进行了直观的体现，方便消费者理解卖点，同时可以刺激消费者对商品卖点的联想。

四、实训步骤

(1) 三人一组自由组队。

(2) 每人各自查看给定的商品详情页。

(3) 组员依次从首焦图、参数图、卖点图等方面分析商品详情页的视觉设计效果。

(4) 组内就各自的发言内容进行讨论，达成一致性意见。

(5) 制作展示 PPT，进行小组展示交流。

项目五

知己知彼，流量驱动的宝贵密钥——SEO优化

随着国内SEO(search engine optimization，搜索引擎优化)行业的不断发展和成熟，行业人士对SEO都有不同的认识和理解，不少人片面地认为SEO是发外链，做排名，这显然是不正确的，但也是普遍现象。那么，到底SEO是什么呢？SEO相对其他营销方式有哪些优势？如何优化？一起来探讨吧！

知识目标

- 理解SEO优化对网店推广的积极作用。
- 理解搜索引擎排序机制的概念。
- 了解SEO优化中关键词的含义。
- 知晓SEO优化中关键词的分类。
- 知晓日常销售款标题优化策略。
- 掌握商品卖点提炼方法。
- 掌握详情页文案内容优化技巧。
- 掌握网站内部链接优化方法。
- 掌握网站外部链接优化方法。

能力目标

- 能够认识搜索引擎排序机制的四个环节。
- 能够掌握关键词挖掘流程。
- 能够掌握商品属性优化策略。
- 能够掌握新品/滞销品标题优化策略。
- 能够掌握详情页文案图片优化技巧。

素养目标

- 培养勇于创新的精神。
- 主动探索，培养精益求精的意志品质。
- 自觉遵守网络空间法律、法规，以弘扬社会主义核心价值观为导向，树立正确的价值取向。
- 强化电子商务法律、法规的意识。

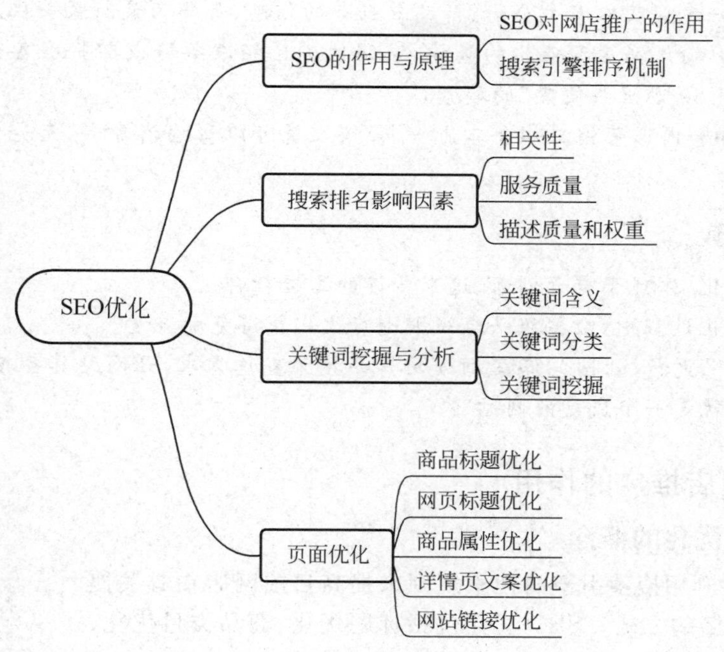

任务一　SEO的作用与原理

SEO和内容营销的黄金组合是成功的关键

当今的数字世界竞争异常激烈，并一直在变化和发展。有超过十亿个网站竞争者争夺当今的消费者的关注。每分钟都有数千万条新内容产生，包括网站文章、信息图表、视频和社交媒体更新等。所有这些内容的目的都是影响人们在市场上购买产品或服务的决策。而客户在购买前会在不同设备、渠道和平台上寻求解决方案。事实上，有66%的客户在整个购买过程中使用不止一种渠道。为了满足并转化客户，品牌必须具备多渠道曝光、有说服力，并且在每一个可能的时刻给消费者提供令人惊艳的体验。而内容正是建立这些关系的关键所在，它应该激发消费者的思考，唤起情感共鸣。虽然人们倾向于认为他们的决策是基于逻辑和事实，但实际上情感和心理因素在其中占据了重要地位。人们更容易记住经历，而不是枯燥的信息，这也是故事能引起共鸣的原因。因此，创造引人共鸣的内容和故事对于引发受众的兴趣至关重要。

那么，SEO和内容可以合二为一吗？

资料来源：https://www.sohu.com/a/732245368_254776.

案例分析：绝大多数消费者的购买路径都是在数字环境中进行的，所以品牌必须拥有经过优化、引人入胜的内容，如此才能够触达和吸引客户，无论他们身在何处。为此，营销人员必须对潜在客户的意图进行优化。用户的搜索类型可以帮助营销人员理解他们的意图。一般可以分为以下三种类型。

导航型：用户已知道某个品牌，并使用百度或其他搜索引擎来查找特定的网站，如华为官网。

信息型：用户希望获取有关公司、产品或服务的信息，如华为最新款手机。

交易型：用户输入高度商业化的查询，表明他们已经准备好或即将准备好购买产品或服务，如“华为 Mate 60 哪里买便宜”的搜索。

通过将 SEO 和内容营销工作合二为一，营销人员可以影响消费者，无论他们处于了解阶段还是购买阶段。

价值领航

(1) SEO 优化，体现了勇于创新、追求严谨的工匠精神。

(2) SEO 优化过程中，应按照平台规则进行优化获得免费流量。

(3) 持续细化更新，让网站满足细分用户的搜索查询需求，让网站具备搜索引擎收录、排序、展现的功能，就是一个成功的网站。

一、SEO 对网店推广的作用

（一）SEO 优化的概念

SEO 是一种利用搜索引擎的搜索规则来提高目前网店在有关搜索引擎内自然排名的方式。SEO 优化包括标题优化、商品类目优化、详情页优化、相关性优化、权重优化等。SEO 优化提供了一套基于搜索引擎的营销思路，使网店获得更多的免费流量，在行业内占据领先地位。

微课：
SEO 对网店推广的作用

如果在电商平台开店，无论是国内的天猫、京东、淘宝等，还是跨境电商平台速卖通、亚马逊等，店铺流量有三大主要来源：一是平台免费流量，如关键词搜索、系统推荐；二是自主访问流量，如收藏夹、购物车、店铺链接；三是付费流量，如 SEM 推广、信息流推广。其中免费流量占比最高，是店铺必争之地，而 SEO 优化则可助店铺一臂之力。

（二）SEO 优化的作用

1. 降低网店获客成本

$$网店获客成本=\frac{营销总费用+销售总费用}{获取新客数}$$

从上式中可以看出，提升分母、降低分子是拉低获客成本的有效途径，SEO 优化所带来的免费流量恰好可以起到这一作用。以淘宝网为例，在为宝贝做了橱窗推荐的前提下，宝贝离下架时间越近，排名就越靠前。

某网店把宝贝上架时间调到流量高峰时段，这样当宝贝快要下架的时候，流量就会比其他时间高出很多。优化后，店铺免费流量一直占据流量来源榜首，其中峰值当日免费流量占比高达 97%。可见，SEO 优化可以有效降低网店获客成本。

2. 影响付费推广效果

许多网店投入重金进行付费推广，但 SEO 却很糟糕，不仅影响免费流量的获取，还会使付费流量大打折扣。以淘宝网为例，多个店铺在直通车对同一关键词投入了相同的价格，为什么有的店铺排名在前，有的店铺却排名在后呢？因为做直通车推广时，在后台填写的标题和创意也是需要进行 SEO 优化的。可见，做好 SEO 优化将会对付费推广起到强有力的促进作用。

3. 提升网店权重

网店权重是指搜索引擎根据网店表现给出一个综合评分，是搜索引擎对网店的排名依据，权重越高，搜索引擎排名越靠前。电商平台倾向于将优质的流量分配给权重高的店铺，计算权重的指标包括店铺类型、店铺 DRS 评分、好评率、店铺人气、销量、点击率、转化率、复购率、旺旺响应速度。而 SEO 优化的结果可以直接反映在这些指标上。

例如，在速卖通平台上，某店铺通过进行 SEO 优化，使每日服务分从 7.9 分提升至 10.9 分，从而使店铺总得分由 76.8 分提升至 79.8 分，高出行业店铺均值 3.2 分，为店铺带来了更多优质流量。

二、搜索引擎排序机制

（一）搜索引擎排序机制的概念和内涵

按照辩证思维逻辑，可以从两个视角认识搜索引擎排序机制。

动画：电商平台是如何读懂用户搜索意图的

从搜索引擎的视角来看，其排序机制指的是搜索引擎对搜索结果进行排序的方法，根据搜索引擎排序计算方法对搜索排名的影响因素（包括描述质量、相关性、服务质量、权重等）进行指标打分，完成排序。

从用户搜索视角来看，搜索引擎排序机制指的是搜索引擎通过用户引导、搜索词拓展、搜索词拆解、内容筛选等行为对用户进行商品或服务推荐的过程。

在互联网飞速发展的同时，各大互联网平台的搜索规则持续升级，搜索引擎本身已经不只是为了满足用户的搜索需求了，纷纷开始引入大数据挖掘和人工智能技术进行用户画像，为用户提供个性化的搜索服务，提升用户的搜索体验。

一般来说，搜索引擎的工作过程分为三个步骤：第一步是将用户输入的搜索词进行解读分析；第二步是根据解读后的搜索词对商品或服务的内容进行筛选；第三步是根据用户属性，将筛选的商品或服务按照不同维度的得分进行排序后，展现在用户的搜索结果中。

（二）搜索引擎排序机制四环节

1. 用户引导环节

在用户开始搜索之前，互联网平台根据用户人群画像的构建，在搜索框中间或者下方默认向用户推荐其可能搜索的关键词、类目词、品牌词、特定活动等，引导用户搜索相关热门内容，或提示用户要搜索的关键维度。以淘宝和京东为例，其搜索框中就有用户引导的相关内容。当用户将光标定位到淘宝手机 App 搜索框中时，平台会推荐关键词和相关内容，主要包括历史搜索、搜索发现等。

2. 搜索词拓展环节

当用户在搜索框中输入要搜索的信息之后，搜索引擎通过联想，向用户推荐与其输入的关键词高度相关的关键词的过程，系统推荐的这些关键词往往是经过了众多数据验证，具有海量数据作为支撑。用户点击推荐的关键词，可以搜索到更精准的结果，用户的搜索体验得到优化。以淘宝网为例，当输入搜索词“夏季”时，系统会采用前缀匹配原则，使用品类引导词对输入的搜索词进行补全，推荐“夏季连衣裙”“夏季女装 2024 新款”等关键词，在“夏季”后继续输入“连衣裙”时，因为出现了明显的品类引导词，系统进一步明确了搜索的类目，用更细维度属性的标签筛选词继续进行补全。

目前淘宝、天猫、拼多多、京东、速卖通平台推荐候选词一般不超过 10 个，而且由于平台搜索引擎算法的区别和历史数据的差异，各平台拓展出来的关键词差别较大，例如，在天猫和京东搜索框同样输入“夏季新款女”之后，系统推荐的关键词有较大的区别。

3. 搜索词拆解环节

在用户的搜索词确定之后，搜索引擎会将该词拆解，预测用户的搜索意图。

4. 内容筛选环节

当搜索引擎完成搜索词的拆解之后，就会得到一个关于关键词的向量集合，系统对用户标签进行提炼，也可以得到一个关于用户的向量集合，这两个集合里包含有不同关键词的权重和不同用户标签的权重，它们将会被用来进行商品或服务的筛选。而平台上商品的标题、参数、品牌、类目、促销类型等信息也构成了一个向量集合。之后，系统对关键词限量集、用户标签向量集、商品向量集计算相似度，得出搜索排名，相似度越高，排名越靠前。

课堂讨论：从用户搜索的视角来看，搜索引擎为用户推荐商品的排序机制分为哪几个环节？

任务二　搜索排名影响因素

360 搜索解密

国内除百度搜索之外，360 搜索是用户活跃度最高、流量最大、优质广告资源最多的搜索，其搜索引擎广告位也是企业争相抢夺之地。企业除自然搜索引擎推广之外，常常会采用付费搜索引擎广告推广。

360 搜索推广的展现位置为搜索结果页的左上方及右侧，在搜索结果页的左侧，可以展现1～8 条推广结果，无底色且仅在第一页展示。企业如果想用 360 搜索引擎进行推广，需要先开户，360 推广开户的地域不同，费用也不同，一般来说，360 搜索引擎的开户费是 5600 元，600 元是企业的开户资金，5000 元是存在账户中的广告费用。360 关键词广告费用是根据用户的点击收费的，当有用户点击企业的广告页面就可以计费，每次点击付费不低于 0.3 元，每次点击费用高低与企业所处行业和关键词有关，但是点击费用也不会超过企业设置的定价，每次点击的费用都是直接从企业的账户中扣除，没有点击就没有费用，每天点击的费用企业也可以设定一个最高限，超过这个最高限，360 就不会展现企业的关键词广告。

资料来源：https://it.sohu.com/a/745824854_121384165.

案例分析：360 搜索推广的价格相对来说较低，每次单击的费用不会超过企业的出价。企业关键词出价越高，企业的广告位置越好，360 收费就越高。例如，“手机”关键词广告排在第一位的竞价曾经高达 1.75 元/单击次，而“电脑”则为 1.21 元/单击次。一般企业只要在 360 检索的页面中，看到检索结果后面注有“广告”二字的信息，都是竞争企业的竞价排名。

价值领航

(1) 明确具体的目标意识。

(2) 坚定不移的专注行动。

(3) 一丝不苟的数据思维。

(4) 勤俭节约的可贵品质。

商法同行 一只木桶能盛多少水，并不取决于最长的那块木板，而是取决于最短的那块木板，短板就成了这个木桶盛水量的“限制因素”，若要使此木桶盛水量增加，只有换掉短板或将其加长才行。这就是“木桶效应”。

一、相关性

相关性是指搜索关键词与网店要素之间的相关性匹配程度，用于反映两者以上要素之间的关联性，不同形态网店的相关性所包含的要素不尽相同。

微课：搜索排名影响因素的相关性

（一）电商平台网店的相关性

对于淘宝、速卖通等电子商务平台的 SEO 优化而言，相关性是指用户搜索关键词与店铺商品所属类目、商品标题、商品属性之间的相关性匹配程度，即主要包括类目相关性、标题相关性和属性相关性。

1. 类目相关性

类目相关性是指用户搜索关键词与店铺商品所属类目之间的相关性匹配程度。当搜索引擎获取用户提交的关键词后，会首先判断该关键词属于哪个类目，如果商家在发布商品时商品类目选择错误或不恰当，那么即使标题优化做得再好，也很难获得搜索展现。

以淘宝为例，淘宝搜索引擎具备强大的自我学习能力，其会对用户的历史搜索行为（点击、加购、收藏、购买等）进行挖掘分析，得出当前用户最有可能成交的类目，然后优先推荐给用户。当用户搜索“睡衣”时，淘宝搜索引擎优先推荐的类目是“女士内衣/男士内衣/家居服”，放在这个类目下的商品会被优先展示。

而放在“女装/女士精品”“童装/婴儿装/亲子装”等类目下的“睡衣”将会在“女士内衣/男士内衣/家居服”这个类目下的商品之后再被展示，甚至不被展示。基于此，可以认为“女士内衣/男士内衣/家居服”这个类目对于“睡衣”这个关键词是相关性最强的类目。

2. 标题相关性

标题相关性是指用户搜索关键词与商品标题之间的匹配程度，匹配程度越高，则相关性越大，将被优先展示。

以淘宝为例，当用户在淘宝平台中搜索关键词“滚筒洗衣机”时，在综合排序下，店铺商品标题中核心词为“洗衣机”的要比核心词为“洗衣机配件”的相关性高，将被优先展示。

3. 属性相关性

属性相关性是指用户搜索关键词与商家发布商品时选择的属性之间的匹配程度，匹配程度越高，则相关性越强，将被优先展示。若发布商品时属性选错，对于用户而言，将导致用户在搜索该属性关键词时，出现平台反馈的搜索结果与用户实际搜索需求不相符的情况，影响用户购物体验；对于卖家店铺而言，将导致进入店铺商品详情页的流量不精准，对商品转化率、跳失率、销量等指标带来不利影响，进而影响搜索排名。因此，商家在发布商品时应尽可能地填写符合自身商品特征的属性，提升用户搜索关键词与属性之间的相关性，从而提升搜索排名。

（二）自建网站的相关性

对于自建网站的 SEO 优化而言，相关性是指用户搜索关键词与网页之间的匹配程度，即页面相关性，主要反映在用户搜索关键词与标题之间和用户搜索关键词与详情页内容之间，匹配程度越高，则相关性越大，将被优先展示。

若要保证页面相关性，则需要综合考虑以下三个因素。

1. 关键词匹配度

关键词匹配度是指当用户输入关键词进行查询时，搜索引擎会首先检查网页中是否有该关键词，然后进行关键词匹配，匹配程度高，将被优先展示。设置关键词时，应尽可能使网页关键词与用户可能搜索的关键词进行精准匹配，使关键词更贴近日常用语。

2. 关键词密度

关键词密度是指某关键词出现的次数所占字符数与该网页总词汇量所占字符数的比例，可以用来衡量网页中的关键词密度是否合理，合理的关键词密度有助于提升网页的搜索排名。目前业界公认最优关键词密度区间值为2%～8%。因此，在网页中设置关键词时，应当注意关键词设置的合理性，不能过度重复使用关键词或者使用与主题内容不相关的关键词，否则将被处罚。

3. 关键词分布

关键词分布是指关键词在网页中出现的位置。关键词在正副标题、首段、正文中出现的位置等均与搜索引擎的相关性评判存在直接影响，这一影响按递减顺序进行排序为左上＞右上＞左＞右＞左下＞右下。因此，在设置关键词时，应当综合考虑关键词分布对网页搜索排名的影响。

课堂讨论：对比分析电商平台网店和自建网站两种形态相关性的异同点。

二、服务质量

服务质量是指在电子商务平台中，买家与卖家在交易过程中，卖家所提供的服务能够满足买家需求的程度。

微课：搜索排名影响因素的服务质量

（一）网店服务质量的重要性

用户是一个电子商务平台赖以生存的基础，因此用户的购物体验和利益往往会被平台优先考虑，而卖家的服务质量对用户在平台的购物体验存在直接影响。基于此，各类电子商务平台均倾向于把流量分配给服务质量好的卖家店铺，且均设置有相应的考核标准，对卖家服务质量进行考核，以规范平台卖家服务水平。

从买家角度看，其利益诉求在于通过平台快速找到自身想要的商品，并且在整个交易过程中获得优质服务，包括售前、售中、售后、物流等服务。买家在选择从哪个店铺购买商品时，不仅是在比较商品的质量和价格，也是在观察比较卖家店铺对买家应该承担的责任。

现有主流电子商务平台对于卖家服务质量的考核主要分为店铺动态评分（DSR评分）和店铺服务指标。

（二）店铺动态评分（DSR评分）

店铺DSR（detail seller rating）评分是连续六个月内，所有店铺买家就商品与描述相符、卖家服务态度、物流服务质量三项指标对卖家进行分项评分的算术平均值。DSR评分高的店铺才能健康良性发展，拥有良好的买家体验。

（三）店铺服务指标

电子商务平台的店铺服务指标有很多，其核心指标主要有品质退款率、纠纷退款率、退货退款自主完结时长等，这些指标都与店铺商品质量和整体服务有关，对搜索排名存在极大影响。

1. 品质退款率

品质退款率是指店铺在最近30天内，因为产品质量问题而导致的退款在总订单中的占比。简而言之，就是由于质量问题而产生的退款率，当买家的退款原因是功能/效果不符，商品描述信息不符或者质量问题，就会直接影响品质退款率。品质退款在计算时仅参考最新一条退款原因，淘宝网店铺的品质退款率可以在生意参谋中"维权总览"处查看。

品质退款率越高，店铺被品质抽检的概率就会越来越大。如果抽检结果不合格或者存在质量问题，店铺就会被处罚。为了避免这一情况，店铺要在买家申请退款的24小时内联系买家，要注意多使用礼貌用语、售后服务要到位。

2. 纠纷退款率

纠纷退款率是衡量店铺服务质量好坏的指标之一。

$$纠纷退款率=\frac{30天内纠纷退款笔数}{支付宝成交笔数}\times 100\%$$

式中，支付宝成交笔数表示淘宝交易子订单数。

买家进入店铺后，可通过店铺近30天纠纷率和行业均值对比，了解店铺的服务水平。因此它是买家进行购买决策的一个重要参考。另外，它会对店铺经营产生影响。以淘宝为例，店铺纠纷退款率高于0.2%就会被全店搜索限流。基于上述原因，店铺尽量维持好自己的纠纷退款率，可以采用以下四种方法。

(1) 主动服务。当退款产生后，卖家可以主动与买家沟通，处理解决买家的合理需求。

(2) 避免误会。如果对于买家需求存在疑义，可主动联系买家了解具体情况，通过双方友好沟通，做出合理的判断和处理，避免因为误会使得交易产生平台客服介入。

(3) 勇于担当。作为卖家就必须对自己店铺的售后服务负责，了解自己需要承担的责任和义务，并在已经明确卖家责任的情况下主动履行，不推脱。

(4) 把握机会。对于已经申请客服介入的交易，第一时间查看并主动与买家沟通处理，抓住与买家沟通协商的机会。

3. 退货退款自主完结平均时长

退货退款自主完结平均时长是指近30天内，退货退款自主完结(售中+售后)总时长与退货退款自主完结总笔数(退货退款中，淘宝小二实际介入处理的退款不会统计在内)的比例，单位是天。退货退款自主完结时长较长往往意味着店铺在处理售中和售后问题上效率较低，需要卖家店铺及时简化规范客服处理买家退货退款的流程，督促客服及时跟进。

课堂讨论：假如你在淘宝网经营一家女装店铺，应该如何提升店铺的服务质量呢？

三、描述质量和权重

描述质量和权重是影响搜索排名的重要因素，在不同形态的电商模式下，描述质量和权重的影响作用也有所区别。

动画：你的商品是不是具备了高人气

（一）电商平台描述质量和商品权重

1. 商品描述质量

保证商品描述质量应该做到以下两点。

(1) 商品描述完整、准确。对于淘宝、速卖通等电子商务平台的SEO优化而言，商品描述质量主要包括网店的商品标题、类目、属性、详情页等商品描述的质量。作为卖家，必须准确地告诉买家其网店销售的是什么样的商品，从而帮助其快速做出购买决策。如果因为虚假描述引起纠纷，不仅会严重影响商品排名和店铺信誉，还会受到平台处罚。

(2) 详情页与主图清晰、美观。为了提高买家的购物体验，电子商务平台会倾向于能够提供清晰美观、突出细节、点击率和转化率高的详情页与主图的卖家。同时，电子商务平台严格禁止盗用其他卖家的图片，更倾向于个性化、具有独特性的店铺。

2. 商品权重

商品权重既是电子商务平台根据商品表现给出的一个综合评分，也是电子商务平台对商品进行搜索排名的关键依据。商品权重由商品人气、商品产出和作弊处罚三方面决定。商品权重越高，搜索排名越靠前；权重低则反之。

(1) 商品人气。商品人气是指商品在市场上受到消费者喜爱和追捧的程度。它反映了消费者对商品的兴趣和关注程度，可以通过销量、口碑、讨论度等指标来衡量。商品人气是市场竞争力的一种体现，它能够影响商品的销售量、市场份额及品牌形象。

(2) 商品产出。商品产出是指某搜索关键词所对应的单位曝光量下所能成交的金额。平台将更倾向于把流量给产出高的商品，从而提高平台整体流量的效率。商品产出由点击率、转化率和客单价三个指标决定。指标同时上涨，可以增加商品产出，提升搜索排名。

(3) 作弊处罚。常见的作弊行为包括类目错放、属性错选、标题堆砌、重复铺货、广告商品，描述不符、计量单位作弊、商品超低价、商品超高价、运费不符、SKU作弊、更换商品、信用及销量炒作等。平台一旦发现此类行为，将对违规商品设置搜索排名靠后或下架删除处理；同时，根据卖家作弊行为历史记录对整体店铺给予搜索排名靠后或屏蔽的处理；情节特别严重的，平台将给予冻结账户或关闭账户处理。

（二）自建网站描述质量和网页权重

1. 网页描述质量

对于自建网站而言，只有不断对其在百度、谷歌等搜索引擎内进行SEO优化，提高搜索排名，才能获得更多的免费流量。自建网站的描述质量是指网页描述质量，包括标题和详情页内容质量，只有做到以下四点，才能提升搜索排名。

(1) 标题和详情页内容中适度使用关键词。

(2) 多提供优质原创内容，多转载具有价值的内容。

(3) 详情页中适度运用小标题、短句和短段落。

(4) 详情页文章内容篇幅可以较长，深度展开的长文也可以提升描述质量。

2. 网页权重

网页权重是指搜索引擎对网页权威的评估评价。影响网页权重的因素主要包括内容时效性、用户参与度和链接建设。网页权重越高，说明自建网站在百度、谷歌等搜索引擎所占的分量越重，搜索排名越靠前，权重低则反之。

(1) 网页内容时效性。网页内容时效性是指网页内容在不同的时间发布效果差异较大，坚持有规律更新网页内容,有利于提高网页的活跃率,网页权重较高。

(2) 用户参与度。用户参与度指的是用户参与网页点击、阅读、转发、评论、点赞等互动行为程度。参与度越高,网页权重越高。

(3) 链接建设。链接的主要作用是在制作网站页面时用来关联相关信息,可以分为内部链接和外部链接,内部链接一般首页的权重最高。设置内部链接,可以为用户提供更多内容,降低跳失率。对外部链链来说,其数量、质量、相关性都会影响网页的搜索排名。

对于搜索引擎来说,链接表明了页面与页面的相关性或重要性,搜索引擎会将网站页面被抓取的日期作为一个参考因素,该网页在单位时间内获得链接的数量越多、质量越高,则会被分配更好的权重。

课堂讨论:假如你在淘宝网经营一家女装店铺,应该如何提升店铺的商品描述质量和权重呢?

任务三　关键词挖掘与分析

得关键词者得天下

"得关键词者得天下",在网络推广中,关键词对 SEO 和竞价排名起着至关重要的作用,无论是使用搜索引擎竞价推广,还是信息流广告投放,都离不开关键词这个课题。关键词选得好,给网站带来的展现量也是非常可观的,进一步可影响网站的搜索并带来收益。

为什么要挖掘关键词? 当用户在搜索引擎上搜索某个关键词的时候,你的网站关于这个关键词的内容正好符合用户需求,那么就达到了完全匹配。这就好比你很饿的时候,你要找个面馆吃面,正好在小区门口找到一个,匹配了你的需求。那么又假如他要吃牛肉面,但是在小区门口有一家肉丝面馆还有一家牛肉面馆,那么从匹配上来讲牛肉面馆达到了最佳匹配的要求。那么搜索引擎也是这样,它会更加喜欢最佳匹配,它会给予完全匹配的网站更好的排名。别人找的和你做的是一样的就是最佳匹配。

资料来源:https://news.sohu.com/a/666025477_121358797.

案例分析:选择关键词绝不是一件容易的事,需要考虑的因素很多。关键词与自身网站内容是否契合,与目标客户会搜的词是否吻合。想选准关键词,下苦功是必不可少的。

价值领航

(1) 关键词词库的整理过程,就是先做加减法,再做乘除法。加法是为了全覆盖,不遗漏;减法是为了集中资源投入高价值关键词上,不在低价值关键词上浪费资源。

(2) 工欲善其事,必先利其器。在做 SEO 的时候,会用到很多工具,用好这些工具,会让工作事半功倍。

一、关键词含义

所谓关键词,是指用户在使用搜索引擎时输入的表达个人需求的词,它往往最能直接反映出用户意图。例如,在某电商平台搜索框中输入"长款连衣裙",系统会将站内标题与"长款连衣裙"相同或相近的宝贝进行列表展示,这样输入的"长款连衣裙"就是连衣裙商品的一个关键词。因为搜索引擎会根据关键词词性的不同分配不同的权重，所以掌握关键词的分类是非常重要的技能。

二、关键词分类

目前，主流搜索引擎中常见的关键词类型有核心词、品牌词、属性词、营销词和长尾词等。

微课：关键词分类

1. 核心词

核心词是指与商品有密切联系，能够精准表达商品的关键词。例如，“夏季连衣裙长款”中的连衣裙就是核心词，核心词是行业热词，搜索量大，竞争激烈。常见的核心词包括商品词、类目词。商品词是指商品名称，如连衣裙、耳机。类目词是指商品所属的具体类目，一、二、三级类目均可，如女装一级类目、连衣裙二级类目、半身裙三级类目。

用户在使用核心词搜索商品时，搜索引擎很难准确判断用户的精准需求，只能大致确定用户所需商品的类目，因此在搜索结果中无法精准地展现用户需要的商品，这类词的转化率往往偏低。

2. 品牌词

品牌词是指商品品牌名称，如大家所熟知的小米、三只松鼠、卫龙等。在使用品牌词时切记，网店要避免品牌词使用不当而引发的侵权行为。

3. 属性词

属性词是指描述商品参数、特征的关键词。在电商平台商品属性查找页面，可以看到尺码、颜色、风格、材质等属性词，这些属性词可以快速将用户与商家进行信息匹配。例如，在某电商平台搜索“连衣裙中长款”时，这里的“中长款”就是属性词，搜索结果展示的就是与中长款连衣裙相关的宝贝。

4. 营销词

营销词是指具有营销性质的关键词，描述优惠信息，突出商品卖点，展现品牌信誉。例如，正品、包邮、2024 新款等。网店要善于挖掘迎合用户心理的营销词，这样更能吸引用户的注意力，使其产生好感，提高商品的展现量和点击率。

5. 长尾词

长尾词是指组合型关键词，由二个或二个以上的词组成，至少三个字以上。其不是商品的中心关键词，但与中心关键词相关，往往是核心词、属性词、营销词等搭配而来。例如，粉色连衣裙、新款连衣裙、大码轻薄连衣裙、连衣裙包邮等。这些长尾词数量庞大、搜索量小、竞争不激烈，但用户搜索的目的性强，往往更精准、转化率更高。

除上述分类方法外，还可以按照热门程度将关键词分为热门关键词、冷门关键词和一般关键词。热门关键词也称大词，搜索量大、竞争激烈，一般是核心词和常见的属性词；冷门关键词也称小词，搜索量低、竞争不激烈、数量庞大，一般是不常见的长尾词；一般关键词也称中词，具有一定搜索量和竞争度，网店往往倾向于选择这类关键词规避激烈的竞争。

课堂讨论：核心词、品牌词、属性词、营销词和长尾词分别对应热门关键词、冷门关键词和一般关键词当中的哪一种？

了解关键词的分类后，下一步就要开始进行关键词挖掘，如何更快、更好地挖掘到优质关键词，是网店需要思考的问题。

三、关键词挖掘

（一）关键词挖掘流程

关键词挖掘通常分为以下四个步骤。

微课：关键词挖掘

（1）知己知彼，掌握三方信息，包括自己的商品或服务、用户的搜索习惯、搜索引擎的排名机制。

（2）画地为牢，设定挖掘范围，关键词要与商品相关，不可盲目追求数量。

（3）择善而从，选定挖掘方法，网店可以采用多种不同的方法进行挖掘。

（4）化零为整，制作关键词词库，将挖掘到的关键词制作成词库，并及时更新。

（二）关键词选取技巧

1. 精准挑选

选择可以代表商品或服务的关键词，如商品词或品牌词。

2. 换位思考

设想潜在客户会用哪些关键词搜索此类商品或服务。

3. 因时而动

按照企业推广需求挑选合适关键词。

4. 契合逻辑

先确定核心关键词，再尽可能多地根据核心词进行拓展，加入地域词、营销词、属性词等形成长尾词，之后把意思相近、结构相同的关键词放入同一推广单元。

（三）关键词挖掘方法

1. 电商平台网店

以淘宝网为例，关键词挖掘方法主要有直通车系统推荐词、直通车流量解析、生意参谋选词助手、淘宝搜索下拉框。

对于采用了直通车推广的网店来说，直通车会推荐与商品相关的关键词。针对这些推荐词，网店可以通过数据筛选并结合以往经验选择所需要的关键词。

直通车流量解析是淘宝直通车提供的一款市场流量竞争情况分析工具，网店可以获得三个方面的信息：其中在“市场数据趋势”模块中可以获得展现、点击、转化、竞争、均价等数据，以及热搜、飙升、新词等排名。在“人群画像分析”模块中可以获得人群性别、年龄、消费层级、优质人群组合、关联购买类目分析等数据。在“竞争流量透视”模块中可以获得地域分布、设备分布、搜索时段分布、关键词平均出价等数据。

生意参谋是阿里巴巴为网店提供的数据聚合平台，网店根据生意参谋“选词助手”模块中提供的关键词及该词带来的访客数、引导下单转化率、全网搜索热度及变化、全网点击率、全网商品数、直通车平均点击单价等数据，挖掘关键词。

淘宝搜索下拉框是获得关键词的重要渠道，同时也是网店了解用户关键词搜索习惯的有力工具。当用户在淘宝网搜索框输入和商品相关关键词时，系统自动下拉并给出一些相关关键词，而这些词往往搜索量较大。另外，当鼠标指针移动到下拉框中某一关键词时，右侧还会推荐拓展词，这些也可以作为关键词的来源。

2. 自建网站

以百度搜索为例，关键词挖掘方法主要有百度推广关键词规划师、百度指数、百度搜索下拉框、百度相关搜索等。

百度推广关键词规划师(图 5-1)根据网站的搜索词推荐关键词和词包，并提供数据信息，网站可以参考这些数据选择优质关键词。

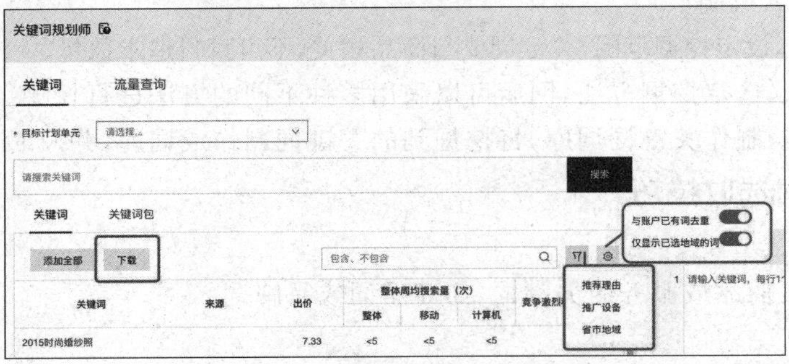

图 5-1 百度推广关键词规划师

百度指数(图 5-2)可以为网站提供关键词趋势、需求图谱、人群画像等信息，其中“趋势研究”模块提供关键词 PC 端和移动端的搜索热度变化趋势；“需求图谱”模块提供与该词相关关键词的相关性、搜索热度、搜索变化率等数据；“人群画像”模块提供关键词人群的地域分布、性别、年龄、兴趣等数据。

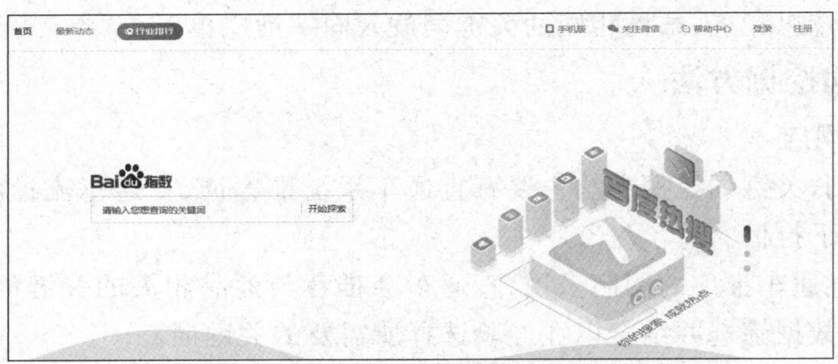

图 5-2 百度指数

百度搜索下拉框(图 5-3)会根据用户的输入结果智能推荐相关热门关键词，是网站了解用户搜索习惯的工具，网站可以据此获得热门关键词。

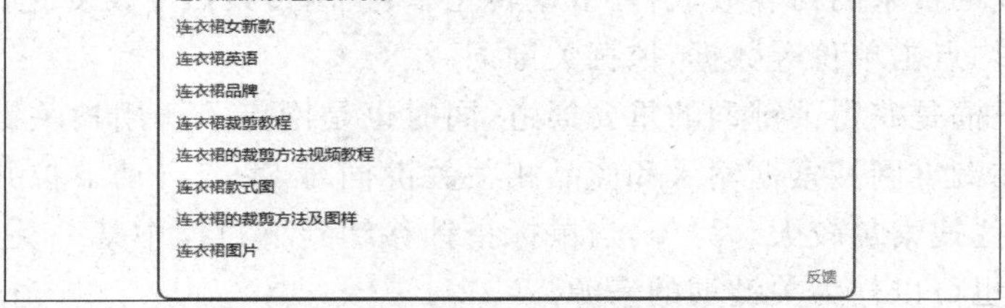

图 5-3 百度搜索下拉框

百度相关搜索（图 5-4）是在百度搜索结果页面底部出现的相近词，这些词与搜索词相关性最高、搜索热度也最高，可以根据需要进行选择。

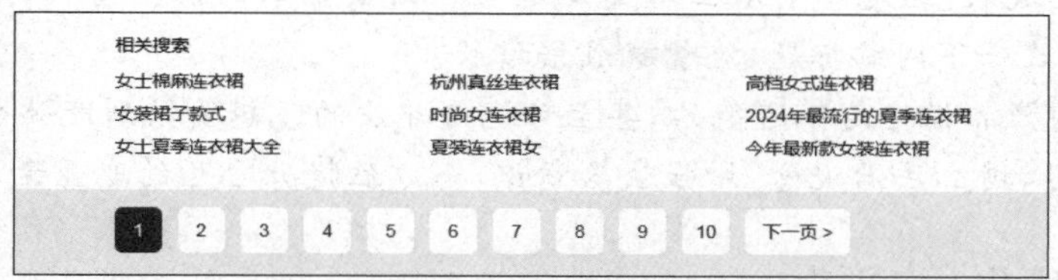

图 5-4　百度相关搜索

课堂讨论：假如你在天猫平台经营一家智能手机网店，应当如何挖掘关键词呢？

任务四　页面优化

三只松鼠的商品详情页启示

三只松鼠作为品牌形象，承担起了品牌宣传的任务，在店铺首页的版面设计中三只松鼠的相关动画占据了很大的版面，通过可爱的卡通动画吸引消费者，从而提高消费者对品牌的好感度，如图 5-5 所示。

图 5-5　三只松鼠详情页

资料来源：https://www.sohu.com/a/168010563_826574.

案例分析：三只松鼠的页面设计上，没有类似于传统电商琳琅满目的商品列表和各类促销广告，而是简单清晰的卡通版面和相关主题的跳转按钮，在视觉观感上，对于新客户来说，十分具有吸引力。相对于其他的商品详情页来说，三只松鼠的商品详情页容易给人创造需求，它在分类中会写到“每日”两个字，给人一种每天必须使用它的商品的感觉。关键字和标题也大大增加了点击率，经常会用到“网红”“孕妇”“健康”等词语，让买家觉得很健康。商品主图采用了浅色系的设计，颜色搭配显示出高级的卡通感。商品规格选择栏的标语简洁醒目，商品类型会起一些比较有趣的名字，从而使买家受到文字上的冲击。

价值领航

(1) 细节决定成败,这是一个永恒不变的道理。细节带来的影响可大可小,忽视不得,例如,有时候简单修改一下网站标题,流量就成倍增长。

(2) 不诚信的产品描述是不道德的,甚至可能是非法的。想要做到既诚信又合法,就要不断地进行专业学习,树立法治观念,增强法治意识,全方位提升自己的职业素养。

一、商品标题优化

(一) 商品标题的概念和作用

商品标题是描述商品的名称,通过标题可以让买家找到商品,快速了解商品的类别、属性、特点等。网店商品的标题由多个关键词组成,以淘宝网为例,淘宝网店商品标题最多由60个字符组成(一个数字、英文字母或空格为1个字符,一个汉字为2个字符),速卖通则最多由128个字符组成。

一个优秀的商品标题可以为商品带来更多的自然搜索流量。一般商品标题具备两个非常重要的作用:一是告知作用,明确告诉潜在买家网店卖的是什么,同时也告诉搜索引擎网店卖的商品是什么;二是影响作用,商品标题的好坏,决定了商品能否在自然搜索结果中展现。

那么什么样的标题才是好标题呢,应该满足两个条件:一是有利于点击,符合买家的购买习惯;二是有利于展现,标题中含有买家搜索的关键词,且相关性较高。

(二) 商品标题制作

1. 商品标题的制作流程

在制作标题时,网店的主要工作就是把优质关键词筛选出来。具体来说,可以采取以下四步走策略。

微课:商品标题制作

(1) 根据关键词组成要素,找出合适的关键词。网店通过对商品特性进行剖析,提炼、分解出具有商品特征的关键词;对商品类别、网店类型等进行分析,确定关键词组合类型;从商品相关性处进行分析,挑选出相关度较高的关键词。

(2) 根据关键词数据指标,筛选出优质关键词。网店根据网店类型、商品数据的时效性、周期性与竞争性等不同角度对关键词进行筛选;根据关键词的展现量、点击率、转化率等指标进行关键词的排序与筛选;分析重复出现或含义类同的关键词,删除不必要的重复关键词;最终选出最优关键词,并进行组合。

(3) 根据买家的搜索习惯调整关键词的顺序。例如,商品标题中到底用“丝绸连衣裙”还是用“连衣裙丝绸”关键词组合呢?这时网店可以将这两个关键词组合放到淘宝搜索中去验证,判断哪个关键词更符合买家的搜索习惯。

(4) 确定关键词。进行标题测试,查询关键词的商品排名,更换成搜索排名高的关键词。

2. 商品标题的制作技巧

商品标题的优劣关系到商品搜索权重的高低,会影响商品的自然搜索流量、网店的活跃程度。在创作商品标题时,需要注意以下几点技巧。

(1) 标题尽量写满。将标题写满可以提高商品关键词的覆盖率,商品被搜索到的可能性将会变大。

（2）选择相关性高的关键词。例如，如果商品是连衣裙，则不应当使用“衬衣”；如果商品是运动款，则不应当使用“商务款”等。

（3）将重要关键词前置。目前多数买家使用移动端在网上购物，在移动端展现搜索结果时，标题往往会被截断，分成两行进行展现，买家一般倾向于先看前面的关键词，所以将核心词放在前面，能够有效提高商品的点击率。

（4）注意关键词覆盖度。因为单个商品标题的字数有限，所以将不同关键词使用在不同的商品标题中，既能个性化地描述网店商品，也能使网店中的关键词覆盖尽可能多的人群。

网店在掌握了上述技巧之后，还要注意不能陷入标题制作误区。

（三）商品标题优化方法

在制作标题时，面对不同种类的商品，切不可千篇一律，采取同一种策略，而需要根据商品类型、所处的竞争阶段具体情况具体分析。按照商品所处的竞争阶段，可以将商品分为爆款、日常销售款、新品/滞销品三种类型进行标题优化。

微课：商品标题优化

课堂讨论：商品标题的制作技巧都有哪些？

1. 爆款标题优化策略

爆款是指在商品销售中，供不应求、销量很高的商品。网店在对爆款标题进行优化时，要力争胜过竞品店铺，获得大量的免费流量，做到类目曝光度最大化。

因此，爆款标题应该是行业内的热词、短词，尽可能覆盖更多的关键词。应该剔除和自身商品不相关的属性及品牌词，选择出现点击次数最多、热搜指数最高的关键词组合成曝光度最高的标题。标题一旦确定，不要轻易增减或修改关键词，修改不当可能会导致流量减少。

2. 日常销售款标题优化策略

日常销售款商品是指每天都会产生销量，但还没有达到爆款水准，通常网店中这类商品数量是最多的。在对日常销售款标题优化时，需要考虑其竞争力弱于爆款，即使选用了行业大词、热词作为商品标题，商品的曝光率也高不过爆款。应该以商品的属性词为基础进行关键词拓展，从而达到较高的转化率。

日常销售款可以按照以下三步进行标题优化。

（1）确定商品的核心属性。

（2）通过各种关键词挖掘方法，采集相关的属性关键词，随词库扩充。

（3）选出关键词词库中相关度、展现指数及点击指数较高的属性关键词，组合成曝光度最高的标题。

3. 新品/滞销品标题优化策略

网店新品是指上线不久，基础销量比较少，几乎没有买家评价和买家秀的商品。滞销品是指因某些原因不受消费者欢迎而导致销售速度极慢的商品。

例如，淘宝对滞销商品的规定如下：90 天前首次发布，且最近三个月内没有卖出过任何一件商品。滞销商品不会进入淘宝搜索平台，即便使用全标题去搜索，也很难找到对应商品。大多数网店都存在新品和滞销品，如何提高这两类商品的权重，对于网店来说非常重要。

由于新品/滞销品的流量获取能力低于爆款商品和日常销售商品，那就必须改变标题的优化策略。在选择关键词时，不要去选择行业大词和属性热词，不要一味地追求展现量，这类商品要尽可能拿到精准的搜索流量，尽量去选择竞争度小但较精准的关键词并将其放到标题中，例如,优质的长尾词"真丝连衣裙包邮""胖 mm 连衣裙"等。

课堂讨论:爆款商品、日常销售款、新品/滞销品的标题优化策略有哪些差异?

二、网页标题优化

网站页面的标题是影响搜索引擎排名的重要因素,而如何对网页标题进行优化是每一位网站运营者必须关注的问题。

微课:网页标题优化

(一)网页标题的概念

网页标题是对网页内容的准确、精简的描述,是对一张网页的高度概括。对搜索用户来说,通过浏览网页标题,可以了解网页的简要内容,对网页信息形成初步认知,同时网页标题也是吸引用户点击搜索结果进入详情页的关键因素,因此网页标题的质量对网站来说至关重要。

(二)网页标题误区

各大搜索引擎对标题均提出了规范性要求,对违规标题限制展现搜索结果,从而影响整个网站的搜索排名,常见的网页标题误区主要有两类。

1. 标题内容虚假

该类网页标题和网页内容不相符,欺骗和诱导用户点击,常见的标题内容虚假主要包括虚假官网、无法满足用户需求、标题表述部分虚假等。

2. 标题关键词重复或堆砌

前者指关键词大量重复使用,后者指语义相近的关键词大量使用。

(三)网页标题优化

从搜索引擎排名及用户搜索体验两个视角来说,网页标题优化在网页优化中占据着至关重要的位置,网页标题优化有以下五种方式。

1. 优化网页标题关键词

如果用户搜索了某个关键词,而标题中又设置了这一关键词,则该网页被用户搜索到并点击的概率较大。根据搜索引擎爬行的规则,搜索顺序由左至右,因此重要的关键词应放在最前面,以获得更高的搜索权重。网页标题关键词可以按照"核心词+修饰词"样式排布,数量不超过四个,以免关键词过多引起权重分散,如图 5-6 所示。

图 5-6 百度 site

2. 优化网页标题的字数

网页标题没有字数限制，但在百度搜索结果中最多显示 30 个中文字符，超出的字符以“..”代替，用户搜索后也看不到全部标题内容，难以产生兴趣，因此网页标题文字需要精炼，控制在 60 个字符以内。

3. 优化网页标题与网页内容的相关性

网页标题要与内容紧密相关，这样才能提升搜索引擎权重，吸引用户点击。如果标题与内容相关性不高，则用户的使用体验较差，进入网站的跳出率会提升，搜索引擎将会判定标题关键词与内容不匹配，认定网店是在欺骗用户，影响网站的搜索排名。

4. 优化网页标题的可读性

网页标题的重要功能就是提高网站的吸引力，吸引用户点击，从而促使网站获得较高的自然流量。标题的可读性极大地影响了用户的第一印象，因此标题应该是浅显易懂、引人注目的，如果一个标题读起来不连贯或晦涩难懂，则用户看到的第一眼就会选择性跳过该条目。

5. 设置独立的网页标题

网站应确保该站点下的每个网页都有指定的标题，且同一站点的不同网页应分别使用不同的标题。每个网页拥有独立的网页标题，可以扩大搜索引擎的搜索面，从而提升网站搜索排名。

课堂讨论：网页标题优化的方式有哪几个？

三、商品属性优化

详情页既是店铺展示商品详细信息的网页，也是与同类商品或网店竞争的主战场，是网店无声的推销员。对详情页进行优化的第一步是优化商品属性，优化商品属性对提升网店转化率有着明显的作用。

动画：看详情页这位推销员如何力挽狂澜

（一）商品属性的概念

商品属性是指描述商品维度的字段，简单来说就是商品的基本信息。以手机为例，“品牌”“上市时间”“主屏幕尺寸”“分辨率”等都是手机商品的属性，它们决定了买家人群定位和购买意愿。图 5-7 是拼多多手机店铺上新时录入商品属性的页面，线框均为需要输入的手机商品属性信息。

图 5-7　商品属性

商品属性是电商平台了解商品特征、计算商品和买家相关性、计算用户偏好的一项重要依据。即使在人工智能和大数据技术飞速发展的今天，电商平台借助这些技术可以自动识别平台内的图片和视频，但是这种处理能力与其对文本信息的处理能力相比还是相差甚远，所以商品属性信息就显得十分重要。

各大电子商务平台会强制网店在发布商品的时候填写必要的商品属性信息。因为不完整的商品属性信息不仅会降低买家在平台上的购物体验，也不利于平台对商品进行识别，导致平台不能精准为买家推荐合适的商品。图 5-8 是淘宝平台商品属性信息模块。

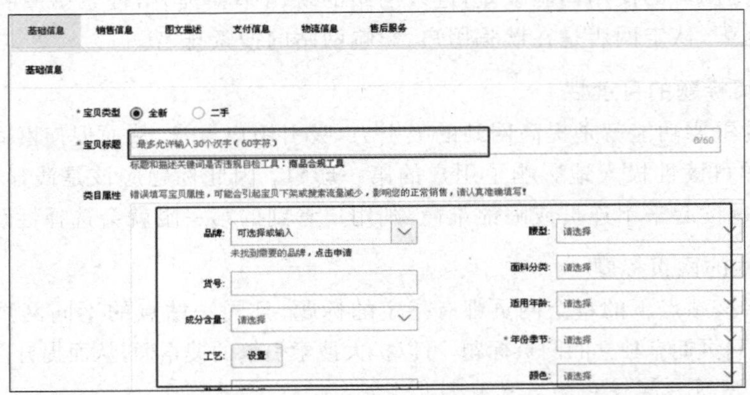

图 5-8　商品属性信息

（二）商品属性优化策略

1. 系统属性优化

系统属性是指平台规定必须填写的属性。电商平台搜索引擎可以根据系统属性准确掌握商品的信息，进而将商品精准地推荐给买家。从买家的角度来看，可以在搜索结果页面通过筛选系统属性挑选出更加符合自己需求的商品。从 SEO 优化的角度来看，属性中的词语能够参与关键词匹配，从而影响商品的排名。

系统属性优化的策略非常简单，可以概括为“详细”和“准确”。详细指的是尽可能将所有属性项目填写完整，不要有空白项，这样可以提供给搜索引擎更加丰富的信息，增加被搜索引擎抓取的机会。准确指的是为商品选择精准的属性关键词，不精确的属性会导致点击率下降，影响搜索排名。如果乱填错填属性值，还会导致商品属性信息与真实商品属性不一致的情况出现，造成商品描述不符。平台不仅限制该商品提报活动，对情节严重的甚至会进行店铺处罚。

2. 自定义属性优化

自定义属性是指各大电商平台允许网店根据实际需求定义的属性。自定义属性给了网店很大的发挥空间，网店可以利用自定义属性，充分补充商品的长尾关键词或者提高网店关键词的覆盖率，从而辐射到更多精准人群，获取更多流量。如果利用得当的话，将大大提高商品的排名。

自定义属性优化的策略是在不违反平台规则的前提下，尽可能多地涵盖关键词，尤其是在标题中和系统属性中没有包含的关键词，如果确实需要，可以放到自定义属性中，例如长尾词、小词、冷门词等，这样可以增加关键词匹配的可能性，从而提高商品曝光的概率。由于自定义属性名和属性值都可以使用关键词，故充分利用这 10 个自定义属性，将大幅扩大关键词覆盖面。

课堂讨论：如何为淘宝店铺连衣裙商品进行属性优化？

四、详情页文案优化

微课：详情页文案优化

详情页文案是指店铺详情页中以图文来表现的内容，主要包括商品介绍、宣传语、促销信息、售后条款、购物指南、支付与配送信息等。详情页文案可以做到通过一个页面，就让成千上万个用户购买。在商品同质化时代，提炼有竞争力的卖点、优化文案内容和格式成为详情页文案优化的三大法宝。

（一）商品卖点提炼

营销学之父菲利普·科特勒将卖点描述为差异化和优势，提炼精准真实的卖点才能打动消费者，把产品销售出去。

（二）文案内容优化

文案内容优化可以从以下四个方面入手。

（1）文案内容要充分传递商品和店铺信息。过于空洞的文案是没有意义的，例如，商品房文案"梦想家园，轻松实现"属于废话。而显然"会包容的小户型，才装得下不讲道理的爱情"更加言之有物。

（2）根据客户在意的问题、同行的优缺点，挖掘出自身与众不同的卖点。例如，卖手机壳的网店，收到不少嫌手机壳太薄的评论，那么网店可以把卖点写成最薄手机壳，既防摔，又能感受原生手机厚度。

（3）文案内容应简洁凝练，杜绝长篇大论。要放大最受消费者欢迎或具有优势的卖点，一个核心卖点能够表述清楚基本上就足够了。文字内容除可以突出商品优势外，还可以包含打折信息或包邮信息等。

（4）文案内容要真实。2015年之前，商家喜欢在文案中大量使用夸大的形容词，例如，世界第一、全球顶尖、国内领先、百分百全棉等。但2015年之后，《中华人民共和国广告法》出台，网店如果继续随意使用这些词，就要承担法律责任了。

（三）文案格式优化

文案排版的目的是要在合适的位置让用户看到感兴趣且舒服的信息，从结构来说，好的详情页文案包括三部分内容。

（1）商品基本信息，包括商品的属性介绍、实拍展示、商品细节特点的描述。

（2）用来吸引客户，增加客户对商品好感度的信息，包括商品主视觉海报、场景展示、优劣势对比、商品的资质证书，以及促销活动的优惠信息。

（3）商品关联信息，包括关联推荐、售后服务、咨询通道、如何找到商家、物流发货信息等。

每部分文字在排版时要注意几点细节。

1. 注意文本的字体、大小、颜色和排版

建议使用一些常见字体，谨慎使用斜体、手写体、下划线、字体背景色及其他奇怪形状的字体，尤其是在打算大篇幅使用时更应斟酌，重要的内容可以用粗体加粗或者用大写，但不要通篇使用大写字母。

2. 文本排版要美观

（1）可以使用项目符号（常用的是"."）或是编号（如①、②、③）。

(2) 拼写和语法要正确,可以适当添加当地语言的描述。

(3) 在图文并排时,可以综合使用文字位置沉底、竖式排版、自由创意等。

(四) 文案图片优化

图片的直观性明显优于文字,图片的优化可以大大提升用户的搜索体验,在优化时应当注意以下四点。

1. 图片的相关性

不合理的、不相关的图片会让买家对商品失去信任,直接影响网页的浏览深度和复购率。

2. 图片的真实性

图片要求真实,不夸张、不过度修饰、不模糊、不变形。

3. 图片主题的明确性

图片精准表达诉求点,主题要明确,不要出现多个主题。

4. 图片风格的统一性

图片风格要统一,构图切忌整齐划一、主次不分、过于中规中矩。

课堂讨论:如何为淘宝店铺连衣裙商品详情页进行文案优化?

五、网站链接优化

网站链接的作用是整合网页的路径,在方便用户浏览网页的同时,为搜索引擎提供抓取网页的通道。对于一个网站来说,可以通过对网站内部链接、网站结构、相关推荐等内容的优化,将自身的链接组织为一个整体,也可以通过对关键词、外部链接的优化,使网站和外部网络世界紧紧连在一起。

(一) 网站内部链接优化

合理的内部链接构造能够使网站顺应搜索引擎算法的改变,进而维持排名的稳定性。内部链接优化的作用有三个:一是加快收录,提高网站的整体收录水平;二是优化排名,促使搜索引擎识别出哪些网页是网站中最重要的;三是提升用户体验,优秀的链接越多,网页被点击的机会就越大,从而间接性提高网页浏览量,提升访问量。

网站内部链接优化可以从以下六个方面入手。

1. 设置网站地图

有利于用户快速、精准地找到目标网页,还能帮助搜索引擎快速抓取网站链接、发现网站。

2. 缩小链接深度

减少内部链接的层级,可以使网页更容易被搜索引擎抓取,提升网页被索引、收录的机会。

3. 控制链接数量

将网页内部链接的数量控制在限制范围内,避免被搜索引擎忽略。

4. 应用相关链接

相关链接是指在网页内容中加入相关性内容的链接,可以直接为搜索引擎提供收录渠道。如天猫平台,当买家浏览连衣裙商品详情页时,天猫会在网页下方的“猜你喜欢”模块中,允许网店加入同类商品的链接,从而吸引买家的注意。

5. 尊重用户体验

加入相关性高的链接有助于增加搜索引擎收录机会，并且有助于提升用户体验，但不能滥用内部链接，否则会引起用户反感。

6. 防止出现无效链接

某些链接因为网站迁移、改版或操作不当而出现无法访问或不可到达的情况，出现无效链接会被搜索引擎降权。

（二）网站外部链接优化

外部链接优化是快速提升 SEO 优化效果的有效手段之一，其作用主要有三个：一是提高关键词排名，搜索引擎通过判断网站是否具有高质量外部链接给予网站相应的权重；二是提高品牌曝光度，以纯网址链接形式出现可以有效地提高网站网址在互联网中的曝光度，对于一些比较好记的域名，既有利于商品品牌的推广，也利于回访或回购；三是增加流量，例如，在与自身网站主题相关的网站中发布高质量的软文、建立对用户有吸引力或有价值的链接，可以增加流量，提升用户体验。

网站内部链接优化可以从以下四个方面入手。

1. 保证内容相关性

寻找外部链接时，网站内容的相关性是衡量外部链接质量的重要标准之一。内容具有相关性的网站对于彼此的可信度和价值都要高于不相关的网站，并且同行业网站间的外部链接质量更高。

2. 保证链接质量

即使增加很多低质量的外部链接，也比不上一个高质量的外部链接带来的推广效果。添加外部链接时，要将链接的质量作为参考指标，而不是盲目追求数量，以免无功而返。

3. 平稳增加链接

外部链接建设需要循序渐进，应该制订相应计划、明确目标、有步骤、有规律地增加外部链接，这样才能取得好的效果。

4. 交换友情链接

友情链接对于提升网站的权重和流量有着重要作用，建议寻找一些内容具有相关性的高质量网站交换友情链接。

课堂讨论：查看你经常登录的网站，试着分析如何对该网站进行内外部链接优化。

为什么要守正创新

必须坚持守正创新。我们从事的是前无古人的伟大事业，守正才能不迷失方向、不犯颠覆性错误，创新才能把握时代、引领时代。我们要以科学的态度对待科学、以真理的精神追求真理，坚持马克思主义基本原理不动摇，坚持党的全面领导不动摇，坚持中国特色社会主义不动摇，紧跟时代步伐，顺应实践发展，以满腔热忱对待一切新生事物，不断拓展认识的广度和深度，敢于说前人没有说过的新话，敢于干前人没有干的事情，以新的理论指导新的实践。

资料来源：http://opinion.people.com.cn/n1/2023/0412/c1003-32661960.html.

法制新思想

2021 年 10 月，苏州市虎丘区市场监管局执法人员根据线索，发现苏州高新区某代运营公司为提升代运营客户满意度，拓展代运营业务，帮助其运营的网店店铺提高在电商平台内的流量、交易量等数据，涉嫌在运营过程中帮助网店经营者进行刷单炒信。经查，当事人自 2018 年起帮助网店经营者进行刷单炒信，刷单主要步骤为量身制订针对性刷单计划，由公司专业刷单操作人员通过刷单平台购买“空单”，以“空包裹”形式生成快递信息或自行找刷手采取“拍 A 发 B”模式生成快递信息进行刷单操作，刷单操作完成目标后，刷单操作人再将刷单佣金部分交给平台或刷手，将佣金差额交给该公司主要负责人进行结算获利。当事人从 2018 年至案发，共组织虚假交易活动订单记录 121529 单，累计收取刷单费用 75.64 万元。当事人上述行为违反了《反不正当竞争法》第八条第二款的规定，2021 年 11 月，苏州市虎丘区市场监管局依据《反不正当竞争法》第二十条规定，责令当事人停止违法行为，并决定对当事人处以罚款 30 万元。

随着电子商务的深入发展，消费者在网络购物中不仅关注商品细节描述、价格对比，更倾向于选择销量高、评价好的店铺，与此同时，销量高的店铺也能在搜索排名中获得更高的权重。因此，为提高运营店铺销量及曝光率，专门从事刷单炒信的公司应运而生，刷单炒信已形成完整的产业链，成为电商领域的突出问题，严重扰乱了网络市场交易秩序，侵害了消费者的合法权益。本案就是一起典型的当事人采用组织虚假交易方式帮助多家店铺提升好评率和销售量的案件。近年来，市场监管部门已将“刷单炒信”列为“网剑行动”重点整治内容，不断加大网络监测与线下巡查相结合的力度，形成线上线下一体化监管，严厉打击虚假交易，促进网络市场健康发展。

资料来源：https://baijiahao.baidu.com/s?id=1726096297128270774&wfr=spider&for=pc.

前沿在线

《中华人民共和国刑法》(以下简称《刑法》)第二百二十五条规定，违反国家规定，有其他严重扰乱市场秩序的非法经营行为，情节严重的，构成非法经营罪。依据最高人民法院、最高人民检察院《关于办理利用信息网络实施诽谤等刑事案件适用法律若干问题的解释》第七条规定：“违反国家规定，以营利为目的，通过信息网络有偿提供删除信息服务，或者明知是虚假信息，通过信息网络有偿提供发布信息等服务，扰乱市场秩序，具有下列情形之一的，属于非法经营行为‘情节严重’，依照刑法第二百二十五条第(四)项的规定，以非法经营罪定罪处罚：(一)个人非法经营数额在五万元以上，或者违法所得数额在二万元以上的；(二)单位非法经营数额在十五万元以上，或者违法所得数额在五万元以上的。实施前款规定的行为，数额达到前款规定的数额五倍以上的，应当认定为刑法第二百二十五条规定的‘情节特别严重’。”

按照广告商品类型，关键词搜索广告可分为站内形态和站外形态，站内关键词搜索广告主要是指购物类搜索广告系统，代表着各大电子商务平台内部搜索广告；而站外关键词搜索广告包括信息类和垂直类搜索广告系统。

信息类搜索广告系统是指根据信息检索关键词提供广告展位的系统，主要包括百度搜索广告、360 点睛实效平台、搜狗智能营销平台、Google AdWords 等；垂直类搜索广告系统是指专注于特定行业领域内容的平台所提供广告展位的系统，如专注于个性化信息推广的今日头条、专注于团购的美团搜索推广等。以今日头条为例，其作为信息流广告行业的领军者，积累了大量的数据及模型经验。

资料来源：https://www.sohu.com/a/426027589_120054445.

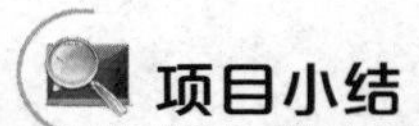

项目小结

本项目首先介绍了SEO的概念、作用，以及搜索引擎排序机制，对SEO进行初步探知。然后，从相关性、服务质量、描述质量和权重三个方面，介绍了搜索排名的影响因素。最后，介绍了关键词分类与挖掘，最后进行页面优化部分的阐述。

知识巩固与提升

一、单项选择题

1. 关键词匹配是指用户搜索词与广告主设置的(　　)的匹配程度。
   A. 推广关键词　B. 落地页　C. 核心词　D. 词出价
2. 以下关键词中，属于核心词的是(　　)。
   A. 正品　B. 2020年新款　C. 连衣裙　D. 蕾丝
3. 以下不属于作弊处罚项目的是(　　)。
   A. 提高价格　B. 重复铺货　C. SKU作弊　D. 重复开店
4. 以下关于商品标题的作用描述错误的是(　　)。
   A. 明确告诉潜在买家商品的定位
   B. 明确告诉潜在买家网店卖的物品
   C. 告诉搜索引擎网店卖的商品内容
   D. 影响商品自然搜索结果排名
5. 新品/滞销品进行标题优化，应该尽量选择的关键词是(　　)。
   A. 行业热词　B. 行业短词　C. 曝光度高的词　D. 竞争度小的词
6. 爆款标题优化策略的核心就是和同行卖家去竞争行业最大的(　　)。
   A. 核心词　B. 点击量　C. 流量入口　D. 关键词

二、多项选择题

1. 在SEM推广中，关键词的匹配方式大致有(　　)。
   A. 精确匹配　B. 短语匹配　C. 广泛匹配　D. 否定匹配
2. 精准匹配是指(　　)与(　　)二者字面完全一致时才触发的限定条件，用于精确严格的匹配限制。
   A. 创意关键词　B. 搜索关键词　C. 推广关键词　D. 核心词
3. 以下属于商品标题制作流程的有(　　)。
   A. 从关键词词库中找出合适的关键词
   B. 根据关键词数据指标筛选关键词
   C. 调整标题关键词排序
   D. 确定商品标题

三、简答题

1. 简述SEO对各类网站的作用。
2. 简述SEO的基本步骤。
3. 简述SEO的价值。

4. 关键词优化有哪些作用？

5. 关键词的选择标准有哪些？

6. 内部链接有哪些作用？

7. 外部链接有哪些作用？

四、案例分析题

酒店SEO优化助力排名攀升

某酒店的网站从接受SEO优化后，从搜索引擎中的排名第五页提升到了排名第一页，从而带来了更多的访问者和预订量。

该酒店采用了关键词规划、内容优化和网站结构优化等多种手段，同时运用了Google Analytics、SEMrush等工具对网站进行分析和优化。例如，它们使用了SEO规范的标题和描述，优化了网站的页面速度，同时对网站的内容进行了优化，使得访问者更容易找到所需信息。

由此可见，SEO是一种非常重要的技术，通过合理的手段和工具，可以帮助网站提高排名、吸引更多的访问者，增加网站的曝光度和知名度，从而带来更多的商业机会和利润。

问题：

(1) 该酒店在哪些方面进行了SEO优化？

(2) SEO优化有什么作用？

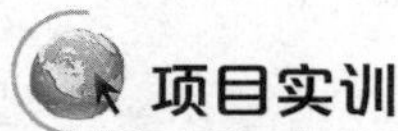

项目实训

标品爆款商品标题优化

小雅是一家网店的淘宝推广负责人，“6·18”大促活动之后，店内爆款商品的免年费流量占比逐渐降低，通过自然搜索进店的访客数也比往日减少，为了能够使店内的爆款商品获得更多免费的自然流量，小雅决定对店铺内标品爆款商品进行标题优化。

一、实训目标

使用“1+X网店运营推广中级实训系统”开展虚拟仿真实训，掌握标品爆款商品标题优化的方法和技巧。

二、实训要求

(1) 能够从买家搜索习惯的角度分析关键词。

(2) 能够根据标品爆款商品特征选择合适的关键词进行标题优化。

(3) 掌握标品爆款商品标题优化的方法。

三、实训分析

商品标题优化是对商品的标题进行符合规则优化，使之能够在众多同类商品中排名靠前，增加展现量、点击量以提升转化率的过程，是提高商品排名、获取自然搜索流量的重要手段，本任务主要从关键词词库中选择关键词组合标题，并从标题长度的控制、关键词分类、关键词排名、关键词人气及关键字组合技巧等维度优化商品标题。

四、实训步骤

(1) 将“宝贝标题优化”中的商品标题按照搜索习惯进行合理拆分。

(2) 把拆分后的关键词进行排名查询，并排除排名低的关键词。

(3) 从商品信息中选择合适关键词添加到标题中，组合成新标题。

项目六

追求卓越，营销革命的有力武器——SEM推广

在完成网店的基础搭建、开展日常运营工作的基础上，后期应使用各类策略方法获取搜索流量、增强网店曝光、提升用户体验。作为付费推广的重要方式，SEM（search engine marketing，搜索引擎营销）推广利用人们对搜索引擎的依赖和使用习惯，在检索信息的过程中将广告信息传递给目标用户。要想以最少的投入来获取最大的流量，就需要在SEM推广过程中制定恰当的策略，搭建完善科学的推广账户并不断优化调整。

知识目标

- 了解SEM推广的概念和作用。
- 了解关键词搜索广告的商品形态。
- 了解关键词搜索广告系统。
- 掌握SEM广告投放原理。
- 掌握SEM广告扣费机制。

能力目标

- 能够区分关键词搜索广告系统。
- 能够区分关键词匹配方式的原理和特点并恰当选用。
- 能够提升关键词质量分。
- 能够判断不同状况下商品广告的排名。

素养目标

- 培养攻坚克难的进取精神。
- 坚定理想信念，培养永不言弃的意志品质。
- 培养诚信、友善的价值观念。
- 强化电子商务法律、法规的意识。

思维导图

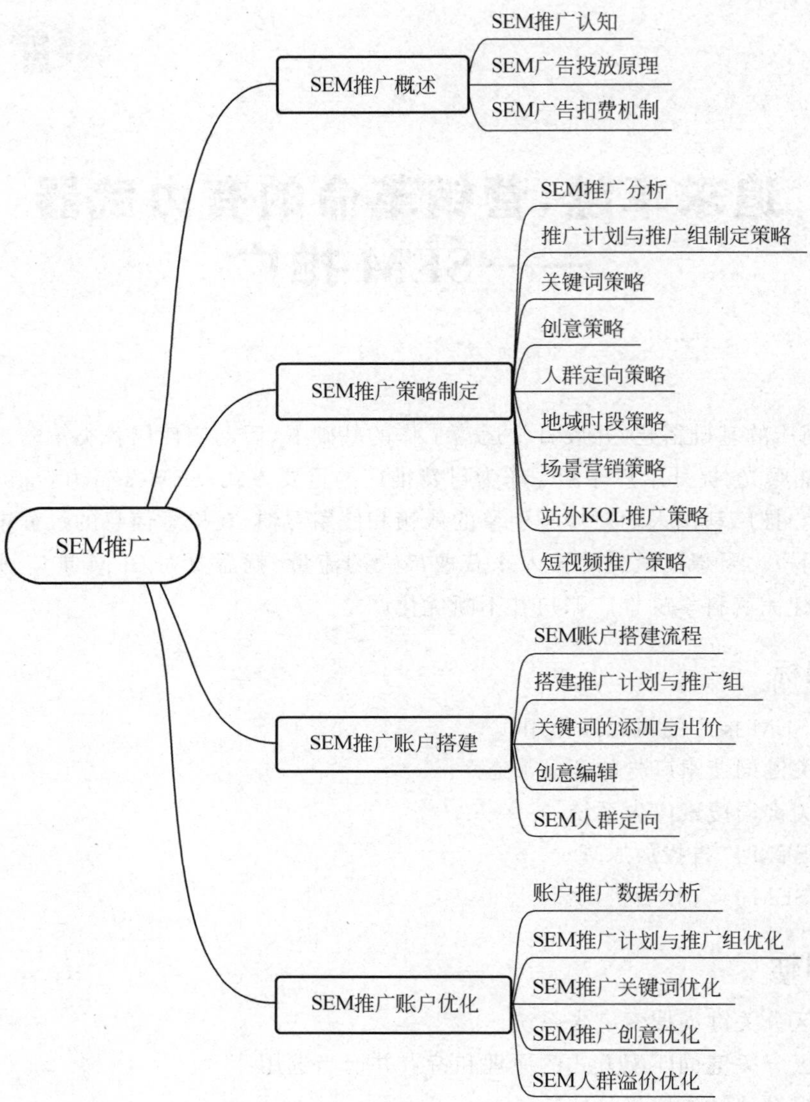

- SEM推广
  - SEM推广概述
    - SEM推广认知
    - SEM广告投放原理
    - SEM广告扣费机制
  - SEM推广策略制定
    - SEM推广分析
    - 推广计划与推广组制定策略
    - 关键词策略
    - 创意策略
    - 人群定向策略
    - 地域时段策略
    - 场景营销策略
    - 站外KOL推广策略
    - 短视频推广策略
  - SEM推广账户搭建
    - SEM账户搭建流程
    - 搭建推广计划与推广组
    - 关键词的添加与出价
    - 创意编辑
    - SEM人群定向
  - SEM推广账户优化
    - 账户推广数据分析
    - SEM推广计划与推广组优化
    - SEM推广关键词优化
    - SEM推广创意优化
    - SEM人群溢价优化

任务一　SEM 推广概述

案例引入

"产品创新＋SEM 推广"助力网店快速成长

正在读电商专业的张同学与室友一起在淘宝网开设了一家鞋店，主要销售回力牌运动鞋。张同学利用自己所学电商知识做出了如下分析和操作。

首先产品一定要有突破，由于鞋属于标品，因此有很大的局限性，回力帆布鞋市场价格透明，同行竞争也很激烈，客户会倾向于选择价格最便宜或销量最高的店铺。主图和详情页做得再漂亮，也会因为价格或店铺基础数据的原因流失掉客户，所以一定要发掘自身的特色。于是张同学请艺术系的涂鸦高手来对回力鞋进行个性化涂鸦设计，把标品做成非标品，做出了自己的卖点。这个小小的改变，出乎意料地受到了很多客户的追捧。

其次要优化搜索和直通车，做到人群的精准。要从客单、性别、人群、喜好等多个维度去分析人群，根据人群特点来做关键词和直通车的优化，优化之后再去思考关于直通车的出价策略。张同学重新分析了产品的大类目和小类目，把行业词进行了系统的整理。没有贪大贪多，拓展词表也是从人群出发去考虑的，根据目标人群精准拓展关键词。然后着重把店铺的产品进行标题分析，删除无效词，并分析产品背后的人群，产品适合哪一类选词，再去做系统的排名优化。

张同学店铺中的两款涂鸦新品在一个月内，销量就达到了1300多件，而且通过个性化的产品，给店铺带来了高质量的流量，也促进了店内其他款式的销售。

资料来源：https://mp.weixin.qq.com/s?__biz=MjM5NTA2Nzk2Mg==&mid=2671682548&idx=1&sn=eb3a5a1f8d1808bff797c1490f62e5f6&chksm=bc3422a18b43abb70193b67dc699310ef2ce0e2d4955463-bb6b8574a63c111067df93363d077&scene=27&poc_token=HN6ujWWjTNvvExnGCwbjArAJhIDiseOwxYFOGXkK.

案例分析：案例中的这位商家，通过个性化的涂鸦，便找到了自己产品的突破口，找到了一小片属于自己的蓝海。另外，流量获取、产品展示、促进成交都是店铺运营中至关重要的环节。扎扎实实学好基本功，一步一个脚印前行，学习之后进行实操，在实操的过程中不断积累经验，形成良性循环，这样店铺才会越做越好。

价值领航

(1) SEM推广活动开展，体现了精益求精、追求卓越的工匠精神。

(2) 网店推广过程中，应遵循电子商务法律、法规对广告明确标注的要求。

(3) 创意图片的制作除应清晰、突出卖点外，还需要敢于创新、富有创意。

一、SEM推广认知

（一）SEM推广的概念和作用

SEM是指基于搜索引擎平台的网络营销，是一种付费推广方式。平台提供资源，商家付费购买优质资源，并利用人们对搜索引擎的依赖和使用习惯，在人们检索信息的时候将推广信息传递给目标用户。SEM可以定位目标用户并让目标用户在显著位置发现推广信息，吸引用户点击进入网页，进一步了解推广内容的详细信息。对于电商平台而言，SEM至关重要。

在之前的项目中，介绍了SEO的相关内容，SEO是通过优化网店的描述质量、相关性、服务质量和权重等进而达到提升商品搜索排名的目的，但这一过程较长且具有一定程度的不确定性，网店在进行推广时往往采用的是“SEO＋SEM”相结合的方式。SEO可以为SEM推广的开展提供可行的关键词词库，SEM可反过来通过竞价的方式快速获取流量，指导SEO的关键词策略，弥补自然排名效果欠佳的劣势，进而提升SEO排名。

课堂讨论：你使用过哪些搜索引擎？这些搜索引擎之间有什么区别？

（二）SEM广告形态

SEM追求的是高性价比，即以最小的投入来获取最大的来自搜索引擎的流量。从本质来看，SEM属于一种关键词搜索广告。关键词搜索广告是指根据商品或服务的内容、特点等，确定相关的关键词，撰写广告内容并自主定价投放的广告。当用户搜索到广告主投放的关键词时，相应的广告就会展示出来，关键词有多个用户购买时，根据竞价排名原则展示，并在用户点击后按照广告主对该关键词的出价收费，无点击不收费。

电子商务平台的搜索广告系统形态大致相同，代表着购物类广告平台内部搜索的展现位置，主要包括淘宝/天猫直通车、京东快车、敦煌流量快车、速卖通直通车、拼多多直通车等。这些付费推广工具可快速有效地带来更多商业机会，提升品牌知名度，将对应平台的流量进行转化，是各平台重要的盈利方式。

1. 淘宝/天猫直通车

淘宝/天猫直通车是为专职淘宝和天猫卖家量身定制的搜索竞价模式，按点击付费的效果营销工具，目的是为卖家实现宝贝的精准推广。淘宝/天猫直通车推广，在给宝贝带来曝光量的同时，精准的搜索匹配也给宝贝带来了精准的潜在买家，圈定高意向购买者，具有很强的针对性和目标性，对提高商品曝光量和转化率具有重要意义。直通车能够多维度、全方位提供各类报表以及信息咨询，科学高效地进行批量操作，以其人性化的时间、地域管理方式，有效控制推广费用，做到省时、省力、省成本。

(1) 在淘宝平台 PC 端，搜索关键词后其展示位置主要分为三大部分：主搜区，有 1～3 个展示位，带有“掌柜热卖”标记；主搜区右侧，有 16 个竖着的展示位；主搜区底部，有 5 个展示位。每页右侧和底部共展示 21 个宝贝，其中右侧展示 1～16 位，底部展示 17～21 位，搜索页面可一页一页往后翻，展示位以此类推，图 6-1 所示为淘宝 PC 端直通车广告展示位。

图 6-1 淘宝 PC 端直通车广告展示位

（2）直通车在淘宝移动端的展示位置与 PC 端稍有差别，移动端自然搜索结果页的第一个商品位置，即为直通车展位，带有 HOT 标识，图 6-2 所示为淘宝移动端直通车广告展示位。

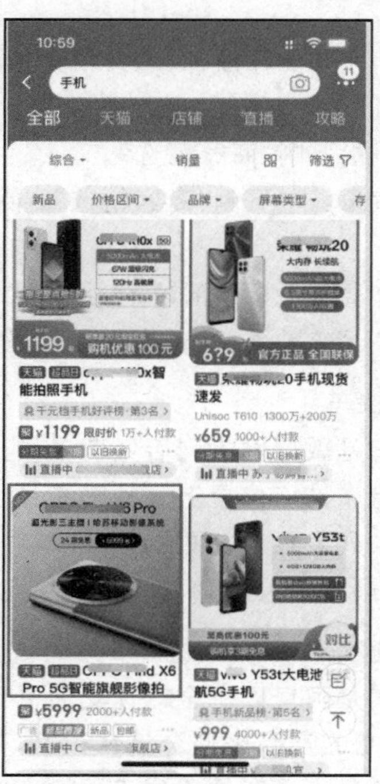

图 6-2　淘宝移动端直通车广告展示位

2. 京东快车

京东快车是基于京东平台的站内推广方式，按点击付费（CPC）的实时竞价类广告营销产品。它借助精准的定向工具，支持多维度查看展现与点击等指标的实时数据以及丰富的效果分析数据，根据关键词需求，智能推荐行业热词及其相似商品关键词，通过对搜索关键词或推荐广告位出价，将推广商品、活动或店铺展示在京东平台丰富的广告位上。京东快车不同的推广类型，所展示的位置与标识也有区别。图 6-3 所示为京东 PC 端直通车广告展示位。

图 6-3　京东 PC 端直通车广告展示位

（1）商品推广

搜索结果页：PC端、京东App、微信及手机QQ购物，关键词搜索结果页的广告位右下角标注“广告”字样。

推荐广告位：首页推荐位、商品详情页推荐位、订单详情页推荐位等。

（2）活动推广

搜索结果页：左下侧“商家精选”。

三级类目列表页：左下侧“商家精选”；商品详情页，页面左侧底部。

（3）店铺推广

京选店铺：搜索结果页顶部位置，强样式特型展现。

腰带店铺：搜索结果页穿插，第20个位置，外露店铺里表现较好的3个SKU。

3. 敦煌流量快车

敦煌流量快车是敦煌网为网店经营者量身打造的有效引流工具，快车商品将会在搜索商品结果列表页中专属推广位置上高频曝光且无时间限制。流量快车商品会出现在商品类目列表页和关键词搜索列表页前8页的第4、7、10……位，网店经营者可看到流量快车标识，商品的所在目录、关键词的相关度和商品质量决定了流量快车商品的排序。

4. 速卖通直通车

速卖通直通车是阿里巴巴全球速卖通平台卖家通过自主设置多维度关键词，免费展示产品信息，通过大量曝光产品来迎合潜在买家，并按照点击付费的网络推广方式和快速提升流量的营销工具。速卖通直通车位置位于页面底部推广区及页面右侧推广区，在买家搜索或者浏览类目时，每一页的结果列表的下方区域可供同时展示最多4个直通车商品，右方区域可供同时展示最多5个直通车商品。

5. 拼多多直通车

拼多多直通车是拼多多平台店铺宝贝推广所使用的一种工具。拼多多商家可以通过设置直通车关键词出价和拼多多商品出价参与竞价排名，在拼多多的类目频道首页和搜索结果页获得靠前的位置，使商品被更多的买家看到，同时也能为店铺的其他商品增加展示机会。拼多多直通车推广的展现位置分为引荐场景和查找场景，其中引荐场景指首页类目频道页的第2个方位；查找场景指查找关键字后，展现结果的第1、7、13、19……个方位，广告位的排序是按照出价的多少进行竞争曝光的。

商法同行 电子商务法律、法规要求在平台搜索结果页面中要通过显著标明广告标识与自然搜索结果分类来使消费者辨别其为广告。

二、SEM广告投放原理

动画：你不知道的关键词成交流程

SEM广告检索是指买家在搜索引擎中输入关键词并点击搜索后，搜索引擎将与关键词相关的SEM商品广告进行展示的过程。在这一过程中，需卖家开展SEM推广工作，在后台推广页面添加商品的相关关键词，当买家搜索该关键词或相近关键词时，卖家所推广的商品就有被展现的机会。SEM广告能否展现，展现的具体位置是根据SEM广告检索的规则来决定的，主要有关键词匹配方式和SEM广告排序两方面原因。

（一）关键词匹配方式

不同的关键词所圈定的潜在客户的数量和类别也有所区分，进而所带来的商业价值也有很大不同。卖家在搜索引擎平台设置不同的关键词匹配方式，即决定了平台所开展的竞价关键词与买家的搜索查询词达到怎样的匹配程度时才可触发广告。

关键词匹配是指买家搜索词与卖家所设置的推广词的匹配程度，匹配程度越高，越有利于商品广告展现，排名结果越靠前。在 SEM 推广过程中，使用不同的匹配方式，分类别、有针对性地推广往往会带来更好的推广效果。关键词匹配方式大致分为精准匹配、短语匹配、广泛匹配等。

1. 精准匹配

精准匹配可分为完全精准匹配和宽松精准匹配。完全精准匹配即买家搜索词与卖家所设置的推广词完全一致时，可触发广告，是非常精确严格的匹配限制条件。当卖家设定匹配方式为精准匹配时，搜索词中包含其他词语，或搜索词与推广关键词的词语顺序不同，均不会展现对应的内容。部分平台精准匹配的匹配条件相对宽松，当搜索关键词与推广关键词完全一致或交换关键词顺序时，推广商品均有机会展现，此种匹配方式被称为宽松精准匹配。图 6-4 所示为完全精准匹配模式原理。

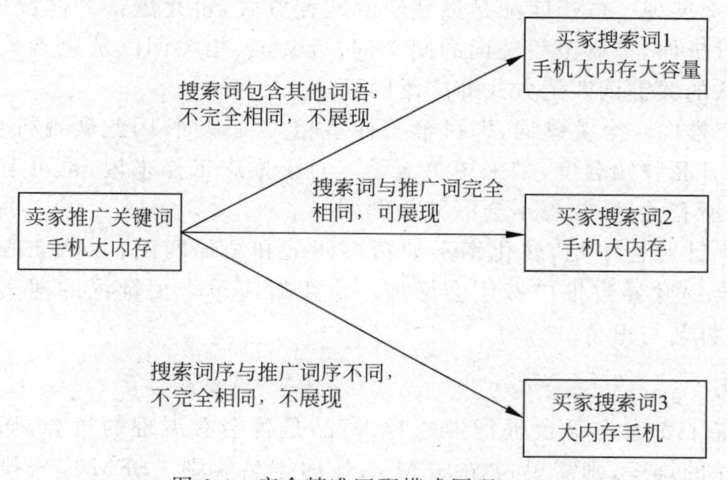

图 6-4　完全精准匹配模式原理

微课：关键词匹配之精准匹配、短语匹配

当卖家推广时，关键词匹配方式选定为宽松精准匹配，图 6-4 中买家搜索词 3 有展现机会。

精准匹配的优点：只有当买家搜索词与卖家推广词完全一致时才可触发，有机会展现，因此定位精准；当卖家推广预算有限时，选用该种方式可以有效控制花费；在某个关键词竞争激烈的情况下，让贵的词只“抓”精准客户，从而减少推广费用的浪费。

精准匹配的缺点：由于匹配规则非常严格，覆盖的关键词较少，大大降低了商品展现的机会，获得潜在客户的范围受限。

2. 短语匹配

短语匹配是指买家搜索词完全包含卖家推广关键词及关键词（包括关键词的同义词）的插入或关键词位置颠倒时，系统有可能会自动展现推广结果。短语匹配可进一步细分为以下三种类型。

(1) 短语精确。匹配条件是用户的搜索词完全包含商品的关键词,系统才有可能自动展示商品的推广结果。例如,推广关键词为“奶粉”,用户搜索“购买奶粉”“婴儿奶粉”“奶粉价格”等关键词都可以匹配,而搜索“牛奶米粉”不匹配。

(2) 短语同义。匹配条件是买家搜索词完全包含商品的推广关键词或关键词变形形态(插入、颠倒和同义),系统才有可能自动展示商品的推广结果。例如,推广关键词为“婴儿奶粉”,用户搜索“婴儿奶粉价格”“幼儿奶粉”“奶粉婴儿”关键词都可以匹配。

(3) 短语核心。匹配条件是用户搜索词包含商品关键词、关键词的变形(插入、颠倒和同义)或商品关键词的核心部分、关键词核心部分的变形(插入、颠倒和变形)时,系统才有可能自动展示的推广结果。例如,推广关键词为“婴儿奶粉”,除用户搜索“ 婴儿奶粉价格”“幼儿奶粉”“奶粉婴儿”关键词都可以匹配外,搜索“奶粉”“二段奶粉”也可以匹配。

与精准匹配相比,短语匹配的优点是更灵活,能获得更多的潜在客户访问,与广泛匹配相比,针对性更强,转化率可能会较高。短语匹配的缺点是获得的展现机会介于广泛匹配与精准匹配之间,转化率低于精准匹配。

3. 广泛匹配

广泛匹配是指买家搜索词完全包含卖家推广关键词,或者包含部分字面顺序颠倒或有间隔关键词时,商品均有机会展现。广泛匹配是最宽泛的匹配方式,也是默认的匹配方式。系统有可能对匹配条件进行延伸,扩展至关键词的同义词、近义词、相关词以及包含关键词的短语等。淘宝直通车默认的关键词匹配方式即广泛匹配。

广泛匹配的优点是卖家推广一个关键词,即可覆盖许多相关关键词,因此展现机会多,可圈定更多的潜在买家,提升品牌知名度,带来更多流量。对于推广工作来说,也可节省时间与精力,不需要重复设置所有关键词,也不会漏掉关键词。

广泛匹配的缺点则在于针对性不足,转化率不如精准匹配和短语匹配,与精准匹配相比,定位不够精准,展现机会提升导致推广费用会增加。由于对应单个关键词的搜索词量大,无法灵活控制关键词的排名与出价。

(二) SEM广告排序

关键词的匹配方式决定了卖家在平台进行推广时,商品是否会有展现的机会,而网店广告出现的具体位置即商品的排序,则需要遵循 SEM 广告的排名规则。SEM 广告排序是指买家在输入搜索关键词时,搜索结果页所推广的商品按照 SEM 广告的排名规则,依次展示在不同的位置。SEM 广告排序用关键词综合排名指数来表达,主要由关键词质量分与关键词出价共同决定,计算公式为

关键词综合排名指数=关键词质量分×关键词出价

对于同一个关键词,关键词综合排名指数越高,SEM 广告位置越靠前。

1. 关键词质量分

动画:有趣的灵魂——关键词质量分

关键词质量分是指搜索推广中衡量关键词与推广商品信息和用户搜索意向三者之间相关性的综合性指标。可以简单理解为对关键词的评价打分,分值越高,就可以用相对更少的推广费用把更优质的商品信息展现在更靠前的展示位置上,获得的曝光效果就越理想,进而得到更多的商业机会。在不同的平台,关键词质量分的称呼也不尽相同。例如,淘宝直通车推广称为质量分,速卖通直通车称为推广评分,京东称为竞争力系

数等。质量分的高低并不是一成不变的，平台会为每一个关键词赋一个初始质量分，随着时间的推移，根据买家在平台的反馈信息会有变化。

(1) 关键词质量分的重要性。由 SEM 广告排序规则(即关键词综合排名指数)的计算公式可以看出，提升质量分可以使商品排名更靠前，增加曝光，从而提升店铺整体流量；在排名不变的情况下，提升关键词质量分，出价可以适当降低，从而降低点击花费，为网店节省一部分推广费用。如果质量分过低，由于平台规则限制，网店商品的展现资格将会被限制。以淘宝移动端为例，质量分的高低将直接影响关键词的展现位置。

(2) 关键词质量分的影响因素。从上述描述中可以看出，关键词质量分直接影响了 SEM 广告的排名顺序及网店的实际推广花费，对于网店的推广工作非常重要。而关键词质量分是由多方面来决定的，整体上与创意质量、相关性、买家体验和账户历史表现四个维度有关。

① 创意质量。创意质量是指推广创意近期的关键词动态点击效果反馈。推广创意是指买家搜索时，卖家所展现的关于商品的推广内容，包括创意标题、创意图片等信息，创意的好坏直接影响了广告的点击率。

创意标题即 SEM 推广的标题(图 6-5)，是宝贝在推广系统中展示位上的标题，而并非店铺内宝贝的真实标题，一般应尽可能涵盖多的商品属性、特征，增强商品自身吸引力，且要求在平台允许的字符范围内，可有效提高关键词的质量得分。在制作创意图片时，要做到清晰、敢于创新、富有创意、突出卖点，和其他卖家区分开来，从而提高创意图片的点击率。

图 6-5　淘宝移动端创意标题与创意图片

② 相关性。相关性是指推广关键词与商品类目、属性及文本等信息的相符程度，包括商品标题、创意标题等。当买家搜索关键词时，推广词与推广商品的相关性促使其通过点击广告进入推广商品页内部，若看到的目标符合买家的购买需求，稍加引导即有可能促成成交。优化相关性可以从类目、属性、文本三方面出发。

③ 买家体验。买家体验是指根据买家在店铺的购买体验和账户近期的关键词推广效果给出的动态得分，包括直通车转化率、收藏与加入购物车情况、关联营销情况、详情页加载速

度、好评与差评率、旺旺反应速度等影响购买体验的因素。当关键词对应的各项分值越大时，代表推广效果越好。

④ 账户历史表现。账户历史表现是指账户广告以往推广的总体效果，也会影响质量分，首先要保证网店没有被惩罚。例如，搜索作弊、违规等都会受到平台的惩罚，从而降低质量分，影响推广效果。

影响关键词质量分的四大维度各有特点，其实这也是平台保证 SEM 推广公平的重要因素。创意质量主要影响商品的点击率，而相关性是影响质量得分初始得分最重要的因素，虽然其他两个也有一些影响，但买家体验是维持质量得分长期稳定的重要维度。除此之外，账户历史表现的好坏也能从侧面反映该关键词的质量高低。

2. 关键词出价

关键词出价是指卖家愿意为所推广关键词被点击一次所花费的最高价格，由卖家自己所决定，而非搜索引擎所设定，它是关键词实际被点击所支付的上限。

由关键词综合排名指数公式可以看出，当关键词质量分相同时，出价越高，商品广告排名越靠前；当出价相同时，关键词质量分越高，排名越靠前；当关键词质量分和出价均不相同时，则两者乘积越高，位置越靠前。需要注意的是，进行 SEM 推广的目标是追求高性价比，即用最少的费用获得最大的推广效果，因此，提高关键词质量分才是重中之重。

三、SEM 广告扣费机制

关键词扣费是指广告平台向卖家收取的关键词广告推广费用，是平台所规定的实际花费模式，与关键词出价有所不同。SEM 广告扣费的方式有多种，常见的有按点击付费（CPC）、按展现扣费（CPM）、按转化扣费（CPA）、按时间扣费（CPT）和按成交扣费（CPS）等方式。表 6-1 所示为 SEM 广告各类扣费方式对比。

表 6-1 SEM 广告各类扣费方式对比

序号	扣费方式	扣费方式	含 义
1	CPC	按点击扣费	按照被点击的次数扣费。当用户点击平台上的 CPC 广告后，广告平台就会按照点击扣费公式进行扣费，恶意点击和无效点击不扣费
2	CPM	按展现扣费	每千人成本的展示付费，只要展示了广告主的广告内容，广告主就为此付费
3	CPA	按转化扣费	按广告投放实际效果计价，即按回应的有效问卷或订单来计费，而不限广告投放量
4	CPT	按时间扣费	以时间来计费，国内很多的网站都采用“每月多少钱”或“每周多少钱”这种固定扣费模式进行收费
5	CPS	按成交扣费	按照实际的销量进行收费，更适合购物类 App，但是需要精确的流量进行数据统计转换

直通车扣费计算公式为

$$扣费=\frac{下一位的出价\times 下一名的质量分}{我的质量分}+0.01$$

其中扣费最高的为卖家设置的关键词出价，当所计算费用高于卖家所设置的出价时，按照所设置的出价进行扣费。

视野拓展

SEM扣费机制的探索

SEM广告扣费机制取决于平台制定的广告位拍卖规则，因为本质上SEM广告是一种广告位拍卖的形式。SEM广告扣费机制的逐步形成，也是经过了一个探索的过程。最初的SEM扣费机制是按照广告主在搜索引擎上的广告展现次数(impression)计费，即每千次展现(CPM)。这种计费方式只要广告在搜索结果页面上展示就需要支付费用，但并不能保证广告的实际效果，很容易导致广告主支付的费用和效果不匹配。为了提高广告效果和广告主的投资回报率，SEM平台逐渐转向基于点击扣费的计费方式，即按照广告被点击的次数计费(CPC)。这种计费方式更能够保证广告效果和广告主的投资回报率，因为只有用户点击了广告才会支付费用。为了更好地保证广告效果和广告主的投资回报率，SEM平台采用了出价竞拍机制。广告主在SEM平台上进行广告投放时，需要设定一个每次点击的出价。当用户进行搜索并匹配了广告时，广告主的出价与其他广告主的出价进行竞拍，最高出价的广告会出现在搜索结果页面的顶部，而次高出价的广告会出现在搜索结果页面的下方，以此类推。这种出价竞拍机制可以更好地保证广告效果和广告主的投资回报率，同时也为SEM平台赚取了更高的收入。

总之，SEM扣费机制的探索经历了从按展现计费到按点击计费，再到出价竞拍机制的演变。出价竞拍机制可以更好地保证广告效果和广告主的投资回报率，也使SEM平台获得了更高的收入。

任务二　SEM推广策略制定

案例引入

小坚果如何做出大生意

三只松鼠是一家以坚果、干果、茶叶、休闲零食等食品的研发、分装及销售为主的产业链平台型企业，从2012年2月创立以来，以不到一年的时间，便在同年的11月11日拿下了零食特产类销售第一名；在2013—2014年，三只松鼠依靠获得的融资，不断扩大自己的销售规模。"双11"单日销售额从2013年的3562万元到2014年的1.09亿元，多倍增长的同时，不断刷新着中国电商的历史纪录，2014年全年销售额甚至突破10亿元，其成长速度令人惊叹。

三只松鼠的成功离不开线上渠道的营销。在2012年，淘宝的红利还在，只是红利已由免费流量慢慢转变成了付费流量。那时的广告还很便宜，只是太多商家太过于享受免费流量的安逸，不愿花钱投广告。而三只松鼠便抓住了这一契机，在淘宝上烧直通车，投钻石展位，在营销渠道上花费了大笔支出。三只松鼠对营销渠道的正确选择和机遇把握使得其快速崛起，在同年的"双11"便拿下了零食特产类销售第一名。此外，三只松鼠一上市就拥有自己的官方网站和各大B2C平台旗舰店，与此同时，三只松鼠还进行了搜索引擎优化，搜索"松鼠"关键词能找到三只松鼠官网，同时它还实施了搜索引擎关键词广告，在用户搜索碧根果等产品时，会显示三只松鼠旗舰店链接点。三只松鼠通过搜索引擎精准营销策略使得其官网以及各大B2C平台旗舰店的访问率得到了提高，同时也提升了食品购买率。

资料来源：https://www.sohu.com/a/147136584_805288.

案例分析：从五个人的创业团队，到年销售额超过70亿元的公司，三只松鼠只用了短短的六年时间。三只松鼠十年累计销售额超过540亿元、成为天猫店铺粉丝数第一品牌、用户数累计超过7亿人，牢牢占据了线上线下同业态坚果零食全行业第一名。三只松鼠快速的发展与其背后的营销秘诀是密不可分的。

价值领航

(1) 创意标题的撰写及创意图片的制作，体现了勇于创新、精雕细琢的工匠精神。

(2) 创意标题及创意图片中不能出现广告法中明确禁用的词。

(3) 任何营销行为都不得与国家的法律、法规相违背，遵守法律、法规是进行KOL(key opinion leader，关键意见领袖)营销的基础和前提。

一、SEM推广分析

随着免费流量获取的难度加大，越来越多的网店加入到SEM推广的竞争浪潮中，而网店自身的情况千差万别，开展SEM推广的首要任务就是要进行SEM推广分析，包括明确推广目标、明确推广预算、明确网店质量是否良好、明确推广商品与推广策略。

动画：
SEM账户结构解密

1. 明确推广目标

SEM推广是一种付费推广的竞价广告商品，在进行推广前，网店经营者要明确推广目标，具体的推广人员更要领会推广的实际目标。一般来说，推广的目标主要是获得流量，但要详细区分推广重点，是要提升曝光量，还是要提升点击量，亦或是提升转化率，另外还要明确预期效果。

2. 明确推广预算

明确推广预算有助于制定具体的推广策略，并进行合理有效的资金分配。以淘宝为例，很多网店在刚开始做直通车推广的时候，通常会犯两种错误：一是不舍得花钱，一次仅推广一件商品；二是认为推广的商品数量越多，获得的流量就越多。

在刚接触直通车推广时，推广的商品数量不宜过多，但是也不能太少，以两三个最为恰当。在推广积累到一定流量时，再换商品进行推广，或者先添加计划再推广，在合理预算范围最大化地完成推广目标。

3. 明确网店质量是否良好

网店质量是质量分的重要影响因素，质量好的网店在SEM关键词排名时有一定的优势，在SEM推广前需明确网店的信息质量与服务质量是否良好。一般来说，网店信息质量与服务质量包括网店商品信息如实描述的程度、信息完整程度与丰富度、图片质量、网店整体交易转换能力与店内商品的交易转化能力、好评与差评率、客服响应速度等。以天猫为例，平台会采用店铺评分和店铺层级来直观衡量店铺基础数据。

店铺评分也称DSR(detniled seller rating)动态评分，是指在天猫平台交易成功后，买家可以对本次交易的网店进行如下三项评分：描述相符程度、服务态度、物流服务质量。每项店铺评分取连续6个月内所有买家给予评分的算术平均值，该值即DSR动态评分(每天计算近6个月之内数据)。动态评分飘红的项目代表该项得分优于同行平均值，动态评分飘绿的项目则代表该项得分低于同行平均值，如图6-6所示。

店铺层级是一项动态指标，是指同类目中店铺近 30 天支付金额排名，共分为七个层级，用来衡量店铺在同类店铺中的成交水平。层级越高，排名越高，表明店铺基础越好，如图 6-7 所示。

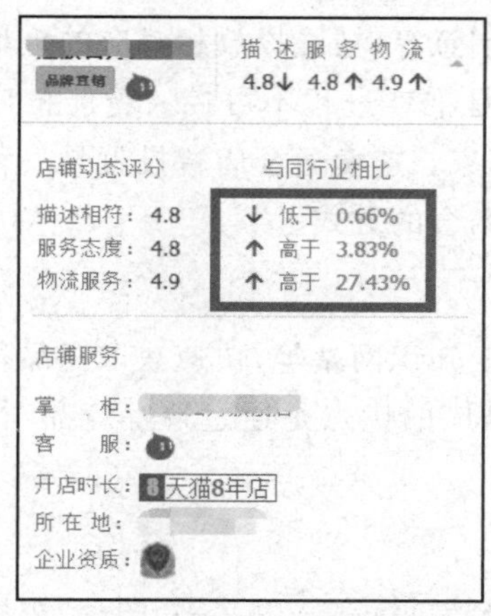

图 6-6　淘宝店铺 DSR

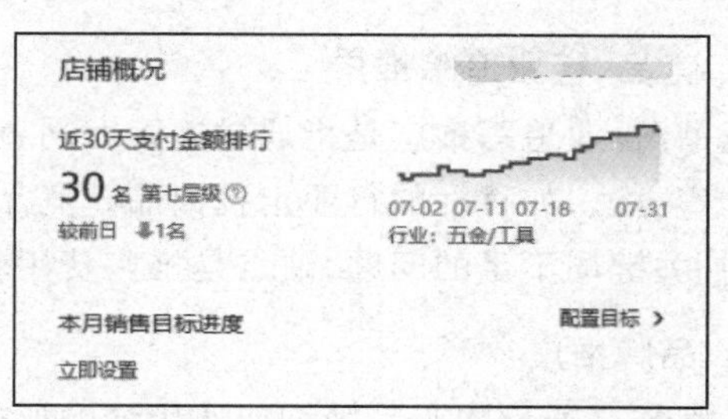

图 6-7　某店铺层级排名情况

4. 明确推广商品与推广策略

从前面的 SEO 部分可以了解到，根据商品所处的竞争阶段，将商品分为爆款、日常销售款、新品/滞销品三种类型。根据推广目标，需确定推广策略，是进行爆款打造，还是日常销售款促销，或者是进行新品/滞销品促活等。此外，还需要确定对应推广策略所要推广的商品。

二、推广计划与推广组制定策略

SEM 推广渠道有很多，不仅是因为有很多媒体可供选择，还因为在同一条商品线中，也会有很多渠道可以选择，所以，推广计划自然也有多种组合。

微课：推广计划与推广组制定策略

（一）推广计划的常见类型

在淘宝直通车中，将关键词推广计划分为标准推广计划与智能推广计划两种类型；在速卖通直通车中，将关键词推广计划分为全店管家、重点推广计划、快捷推广计划三种类型。总结来看，搜索推广计划类型可以分为标准推广、批量推广、智能推广、竞品/行业追踪推广和品牌推广。

1. 标准推广

标准推广是基础的搜索推广方式，是一种纯手动的推广方式，商家手动选择推广商品，对推广商品逐一设置推广关键词、出价、创意等，淘宝直通车标准推广计划、速卖通重点推广计划、百度搜索推广均属于标准推广。标准推广的优点是可以手动全方位地管理推广计划，通过精细化管理，降低推广费用，提升推广效果；标准推广的缺点是当推广目标较多时，人力成本较高。

2. 批量推广

批量推广主要是利用网店提供的结构化商品信息，对同类商品或不同商品进行的批量化推广。批量推广的优点是使投放更便捷，人力成本大大降低；批量推广的缺点是不能对推广计划内的关键词、出价、创意等进行精细化管理，有可能会造成推广重点推广费用的增加。百度闪投推广、速卖通快捷推广计划均属于批量推广。

3. 智能推广

智能推广是由网店经营者选择推广宝贝，设定出价上限，系统根据一定的机器算法与大数据积累，面向不同的人群智能化推广关键词，并调整出价、创意等，精准投放相对应的宝贝。智能推广的优点是可以大大降低推广难度与推广成本，缺点是推广过程不可控。智能推广适合操作水平不太好，没有时间操作，并且对流量需求不大的商家。速卖通全店智投就是一种智能推广方式，淘宝智能推广是一种将智能推广与批量推广相结合的方式。

4. 竞品/行业追踪推广

竞品/行业追踪推广是指通过追踪官网、竞品网站、行业知识网站等，快速获取竞品行业流量的推广方法，如百度的行业定投商品。竞品/行业追踪推广的优点是通过追踪竞品/行业流量，弥补关键词不足的问题，缺点是推广费用较高。

5. 品牌推广

品牌推广通过购买品牌词或通用词的形式，在超大黄金展示位置，以文字、图片、视频等多种广告形式全方位推广展示品牌信息。品牌推广的优点是将最为精华的和直接的品牌信息展现在用户面前，使用户更便捷地了解品牌官网信息，更方便地获取所需企业资讯；品牌推广的缺点是推广费用较高。百度品牌专区、品牌起跑线、品牌华表、竞秀焦点、360 品牌直达、品牌中心、节日品牌冠名等均是品牌推广。

（二）推广组建立的原理

推广组的主要操作内容是选择推广的商品，并进行关键词的管理。推广组是百度推广账号管理关键词/创意的小单位，推广组的建立与关键词的选择息息相关，一个推广组里面可以设置很多关键词。之所以要建立推广组，是因为推广计划不能一次彻底地把关键词分得很明确，推广组的再一次归类就使关键词的分类更为明确，进而也使得账户更加清晰化。制定推广组策略时应将意义相近、结构相同的推广单元纳入同一个推广组，以便更有针对性地撰写创意。

（三）"二八法则"在电子商务领域的应用

动画：二八法则很有用

网店可以将"二八法则"应用到 SEM 推广中。首先，它可以在选择推广商品时被应用。在搜索排名中，好的商品往往有更高的权重，在 SEM 竞价排名中也是如此，因此，网店可以选择小部分存在优势的商品推广，往往会给网店带来相对较好的效果。其次，它可以在推广关键词时被应用。20%的关键词可以带来 80%的效果。在 SEM 推广中，能够发挥主力作用的关键词往往只有少数几个，可见"二八法则"十分符合 SEM 推广规律。

（四）长尾效应在电子商务领域的应用

长尾效应（long tail effect）是指那些原来不受重视的销量小但种类多的商品或服务，由于总量巨大，累积起来的总收益超过主流商品的现象。在长尾效应中，"头"（head）和"尾"（tail）是经常提及的统计学名词。曲线突起部分叫"头"，相对平缓部分叫"尾"。

从人们需求的角度来看，大多数的需求会集中在头部，这部分可以称为流行，而分布在尾部的是个性化的小众需求，一条长长的"尾巴"因此而产生，所谓的长尾效应就产生于它的数量上，将所有非流行的市场累加起来，就会形成一个比流行市场还大的市场。

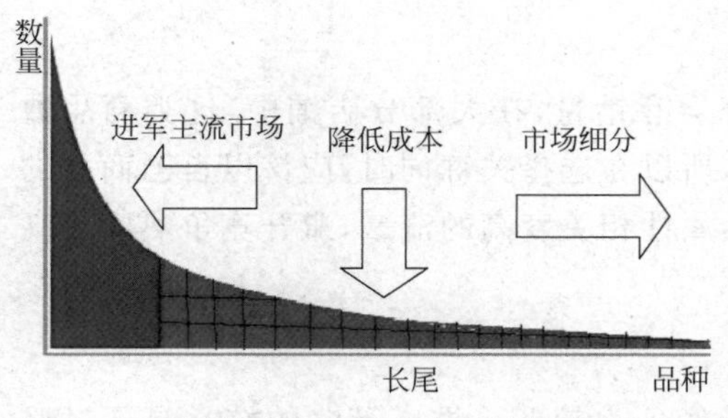

图 6-8　长尾效应在电子商务领域的应用示意图

网店可以将长尾效应用到SEM推广中。一是在选择推广商品时，网店可以对大部分个性化、具有零星需求的商品进行推广，往往会获得较好的推广效果。二是在选择推广关键词时，工作重心应该放在长尾关键词上，这样可以获得更多的流量，并且长尾关键词一般都是细分和目标明确的关键词，转化率更高。图6-8所示为长尾效应在电子商务领域的应用示意图。

课堂讨论：你知道长尾效应在电子商务领域的应用案例吗？

亚马逊：长尾商品解锁的新价值曲线

亚马逊，一家万亿美元市值的电子商务公司。人们经常会把亚马逊、淘宝、京东这些早期电商的成功归于"线上效率高于线下"。但是，这场效率变革带来的更大改变常常被忽视。当第一本书从网上寄出，商业规则就从"二八法则"变成"长尾效应"，一条新的价值曲线被解锁。

在实体书店中，由于空间有限，一般陈列在显眼地方的书籍都是比较受欢迎的畅销书。根据"二八法则"，这些畅销书几乎占据了一个实体书店80%甚至以上的销量，而其他大量的精品非热门书籍几乎没有机会陈列在消费者的视线内。但在亚马逊上，只要消费者愿意一直翻网页，这些非热门书籍总有机会出现在他们的视野中。有的时候非热门书籍一个月仅能销售1～2本，但这不是问题，因为几百万条非热门书籍在线销售的数据汇集起来就是一个巨大的数字。

长尾有两个特点：一是细，这是因为长尾是份额很少的市场，在以前不被重视的市场；二是长，即市场虽小，但数量众多。所有非流行的市场累加起来，在网络上可以形成比流行市场还大的市场。人们常说星星之火可以燎原，亚马逊就是靠着这些"星星之火"逐渐成长为如今的巨头的。

三、关键词策略

关键词一直以来都是SEM推广中非常重要的一环，对搜索排名具有非常重要的作用。在SEM推广中，可以结合商品发展阶段与商品品类制定关键词策略。

微课：关键词策略

（一）根据商品发展阶段制定关键词策略

商品所处的发展阶段不同，市场竞争力不同，对SEM关键词质量分的影响也就不同。根据商品所处的发展阶段，可分别采取爆款打造关键词策略、日常销售款关键词策略、新品/滞销品关键词策略。

1. 爆款打造关键词策略

爆款商品的展现量、点击量、点击率数据较好，且商品的品质有保证，竞争力强，可以添加核心词、品牌词等热搜词，抢占热词搜索流量，适当添加精准长尾词抢占精准流量。其核心是与同行业网店竞争最大流量入口，使商品最大限度曝光。由于行业热搜词、短词的竞争相对激烈，想要获得较好的排名，关键词的出价要适当提高。

2. 日常销售款关键词策略

日常销售款虽然没有达到爆款的量级，但每天都会有销量，在大部分店铺中，这类商品数量非常多。日常销售款并不具备爆款那样的竞争力，所以在选择关键词时，应该以自己商品的属性词为基础进行关键词拓展，尽力争取和自己商品属性相关度高的流量，避开竞争热度最高的行业大词，让商品达到属性曝光度最大化。

3. 新品/滞销品关键词策略

新品或滞销品的特点是商品基础销量较少，市场竞争力较弱。推广策略的核心是通过避开行业竞争大词，以争取大批量、低竞争、精准关键词的方式实现商品的推广，可提高精准关键词的出价，最大化地获取精准关键词流量。

但毕竟精准关键词的流量有限，可以适当添加热门关键词，抢占部分行业热词流量，适当地提高核心词、品牌词、属性词等热门短词的出价，保证推广效果。

（二）根据商品品类制定关键词策略

淘宝平台商品可以分为两类：一是标品，也叫规格化商品，具有明确的规格、型号、外形等特征，如手机数据线、笔记本电脑、家电等商品；二是非标品，没有明确的界定，无法进行规格化分类，如女装类目下连衣裙、外套等商品。用户在搜索标品时，往往更关注商品型号的匹配度，导致用户的搜索词受限，可推广关键词较少。非标品类目商品属性、特征丰富，买家搜索多样化，可推广关键词也相对较多。因此，根据商品品类不同，可分别采取标品关键词策略及非标品关键词策略。

1. 标品关键词策略

标品同质化严重，店铺众多，竞争压力大，因此标品推广费用往往高于非标品，而且标品更容易受品牌、销量和价格的影响，复购率相对较低。标品类目的关键词较少，大都是属性词或品牌词等短词，且关键词竞争激烈；精准度较高的长尾词虽竞争较小，但几乎没有流量。因此，不仅要添加具有一定搜索人气的精准长尾词，实现精准引流，还要添加属性词、品牌词、核心词等热搜词，并且要提高上述两类词的出价，保证推广效果。

2. 非标品关键词策略

非标品款式多、个性化、卖点多，可供选择的关键词更多，流量的获取渠道也更多。因此，可根据商品的不同发展阶段选择关键词，并设置关键词出价。当商品为新品或滞销品时，可添加大量精准长尾词抢占精准流量，降低关键词的平均点击花费，并适当添加行业热搜词，提高出价，抢占部分行业热词流量；当商品为爆款时，应优先选择行业热搜词，提高出价，提升排名，以引入较多流量。又由于非标品推广词数量较多，对于部分花费较高的关键词，可以适当降低关键词出价，拉低单次点击花费，将节省的费用购买其他低竞争的热搜词或精准长尾词。

四、创意策略

当电商平台关键词搜索结果页面，用户第一眼看到的图片和标题就是创意标题，好的创意可以吸引用户点击进入商品详情页，提升转化效果。网店推广者可以选择创意类型和创意展示方式，制定创意编辑策略。

动画：走心的创意文案

（一）创意类型

根据创意着眼点的不同，可以将创意划分为普通创意、附加创意、动态创意和高级创意四种类型。

（1）普通创意：人们在搜索推广结果中看到的普通文字类的创意（不包含图片及其他特殊类型的创意）。

（2）附加创意：对普通创意的补充，可以在原推广位或推广链接的创意下方，添加多种形式的推广信息。图 6-9 所示为普通创意和附加创意。

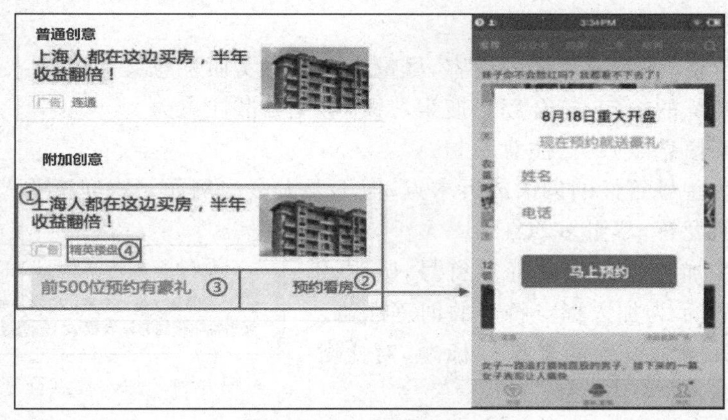

图 6-9　普通创意和附加创意

（3）动态创意：分析用户搜索和背景，判断用户需求，动态抓取用户想要看到的信息并将其呈现。

（4）高级创意：一种图文并存的创意样式，是对普通创意的补充。

（二）创意展示方式

为了能够吸引更多潜在受众的关注，建议为每个推广组设置两套或两套以上创意，用轮播和优选两种方式进行展示。

（1）轮播：系统会根据上传的创意个数，自动将流量平均分配给每个创意进行展现。例如，在某个推广组中，共有五个关键词，添加了三条创意，当选择轮播方式时，系统会分配给三条创意相同的展现机会，当一个周期的推广结束后，三条创意的展现次数大致相同。因此，创意轮播可以用作创意的测试，测试哪条创意更符合消费者需求。

（2）优选：系统会根据创意历史表现数据选择一个表现较好的创意进行集中展现。例如，在某个推广组中，共有五个关键词，添加了三条创意，当选择优选方式时，系统会挑选出一条最好的创意进行集中展现，把所有的展现机会都留给这条创意。再如，某些平台将创意与关键词、买家兴趣点进行关联，当选择优选方式时，系统会在所有的创意中选择与搜索词、推广词最相关且变现最优、用户更加喜欢的创意给予展现，从而吸引更多的潜在受众点击推广创意进入网店商品详情页。图 6-10 所示为这两种不同的创意展现方式。

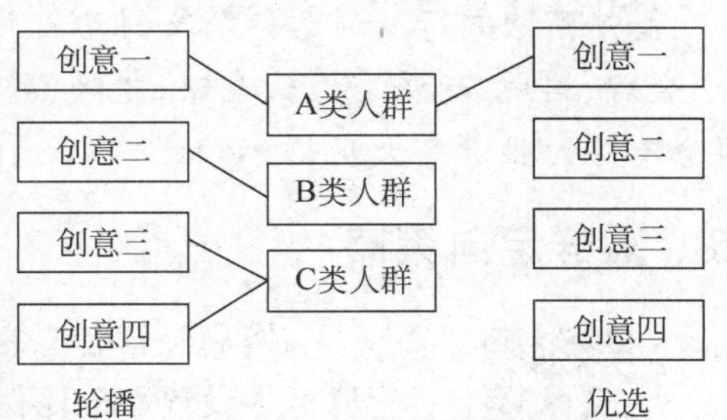

图 6-10　两种不同的创意展现方式

（三）制定创意编辑策略

创意编辑策略的目标是提升广告吸引力、引导用户点击，从而提升点击率，主要包括创意标题策略和创意图片策略。

1. 创意标题策略“十要”

一是要围绕单元主题撰写，突出检索词和实际业务之间的关系。

二是要卖点明确、简练直接，尤其是最重要卖点，一定要在标题里突出而且要确保表达清楚，让用户一眼看到商品优势。例如，教育培训类商户，标题可以突出地域性标志、商品服务特点等。

三是要涵盖价格、促销或承诺的内容，尽量避免没有实质性意义的内容。

四是要采用精练的短句，符合用户搜索习惯，避免分散注意力。

五是要把文字信息点归类，注意断句。

六是要添加一些号召性的词语或诉求点，但不要太多。例如，“欢迎抢购”“折扣”等。

七是要插入通配符，尽量多飘红。

八是要适当添加符合语法的标点符号，吸引用户关注。图 6-11 所示为加入标点符号的创意标题。

图 6-11 加入标点符号的创意标题

九是要为宝贝同时设置两个推广标题，对比哪个标题点击率更高，更吸引买家。

十是要根据不同创意的推广效果、潜在受众需求变化、行业淡旺季变化、季节变化、重大政策调整等，随时调整创意。

课堂讨论：你见过哪些有创意的标题？

2. 创意图片策略“三突出”

(1) 突出差异——聚集目光。电子商务平台商品众多，让买家即使一眼扫过，也能发现其与众不同之处。

(2) 突出卖点——勾起欲望。主图要突出商品核心卖点，让用户第一时间感觉到商品价值。

(3) 突出促销——吸引购买。为宝贝设置一定的促销折扣更有利于提升点击率，但是在图片上体现促销信息一定要避免以下几点：①不能出现广告法中明确禁用的词；②促销信息混乱；③喧宾夺主，重点图片不突出；④字体比例失调；⑤颜色过多；⑥背景夸张，有水印，干扰买家视线。如果图片存在这些问题，会让客户产生不信任感，结果就会适得其反。

商法同行 创意标题及创意图片中不能出现广告法中明确禁用的词，例如，最好、最佳、金牌、名牌、优秀、资深、最赚、超赚、第一、唯一、最新、最高、最先、巨星、著名、第一品牌等这样含有绝对性和夸大用语。

五、人群定向策略

动画：
厚此薄彼的人群溢价

网店经营者愿意为指定的流量（访客定向、兴趣点定向或群体定向）人群标签设置溢价比例，当相应的人群出现时，系统会在原来出价的基础上增加一定比例，使该网店的商品以更加靠前的排名被这类人群看到。制定人群定向策略前，先要了解用户认知行为模型和人群画像的相关知识。

（一）用户认知行为模型

用户认知行为是指用户从认识特定网店/品牌，通过一系列的互动或学习，到购买或使用网店商品或服务，最终成为忠诚客户的认知过程，记录了用户在整个过程中的心理感受和动作行为，图 6-12 所示为用户认知行为模型的六个阶段。

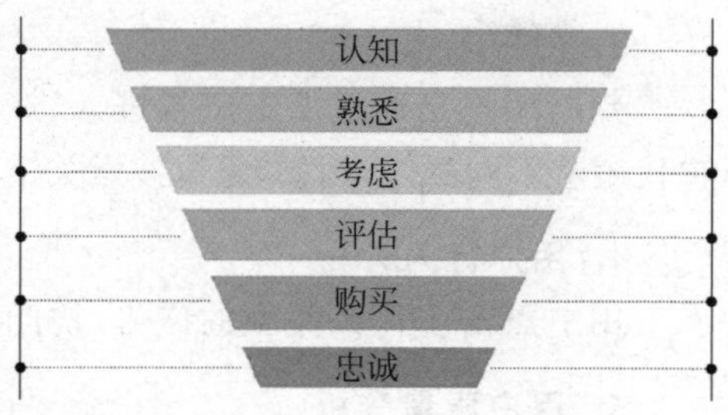

图 6-12　用户认知行为模型的六个阶段

1. 认知

新用户并不了解该网店/品牌，在广告指引下，开始发现网店/品牌。对于有潜在需求的用户，这一阶段要保证广告的曝光度和推广频率，发掘其需求，使其产生兴趣。

2. 熟悉

多次广告曝光后，用户的大脑会潜移默化地形成记忆，产生品牌意识。广告中要突出品牌亮点和差异点，在后期考虑或评估阶段，可以产生品牌联想，用户在需要的时候可以想起品牌或者通过广告曝光唤醒对品牌的记忆。

3. 考虑

这一阶段用户通常会同时考虑多个网店/品牌，并从中选择一个或多个。广告主要清楚地了解用户诉求，对有不同诉求的用户采取不同的刺激点来进行引导。刺激点包括价格、折扣、质量、性价比、商品特色等。

4. 评估

用户可能会采取进一步的行动，如点击广告等。用户还会通过主动学习或试用等方式评估品牌的商品或服务是否满足自己的需求。因此，网店需要策划好相关内容和体验活动，这样才能给用户留下更好的印象，促使其购买。

5. 购买

在准备购买阶段，良好的用户体验非常重要。广告及网站的转化路径要简单、快捷、流畅，这样才能促使用户更高效地完成购买行为。

6. 忠诚

对于已购买的用户，要努力使之成为忠诚用户，持续购买该商品或服务。

需要注意的是，以上六个阶段并不是呈线性漏斗式的，有些用户可能会直接跳过某个阶段。例如，在认知阶段的用户，可能因为广告内容刺激到其需求，直接跳过熟悉阶段而进入考虑阶段。在制定策略时，需要充分了解用户购物过程中的各个影响因素，制定最优的组合策略，包括定向人群、媒体、创意、接触点等。

（二）人群画像分析

要提升广告投放效果，就需要对用户群体进行合理归类，并按照各类别用户的不同特性推送相应广告。可以从用户属性、行为时间、来源、行为、质量五个方面进行人群画像分析。

1. 用户属性分析

根据属性（性别、年龄、地区、收入、兴趣爱好等）判断用户类型，例如，爱好电子设备的青年群体、喜欢看服装网站的白领等。

2. 用户行为时间分析

利用大数据可以计算出用户的访问时长、频数、间隔等。

3. 用户来源分析

判断用户是通过点击广告进入、好友分享进入,还是通过搜索引擎进入等,不同来源的用户代表着不同群体,例如,通过搜索关键词进入的,属于主动行为的用户群,更贴合广告主需求。

4. 用户行为分析

用户点击了什么类型的广告、访问了什么内容、购买了什么商品等。

5. 用户质量分析

可以用访问深度、行为次数、订单金额等来衡量。

(三) 制定人群定向策略

目标受众定向分为新用户和老用户的定向投放,网店需要进行相应的拉新和留存,即吸引新用户和挽留老用户。

(1) 新用户——站外人群扩展。①基础定向。基础定向包括地区定向、设备定向、客户端定向等。②人样标签定向。人样标签定向分为预定义人群标签和自定义人群标签。预定义人群标签包括社会化属性、兴趣爱好、购买倾向等定向。自定义人群标签是根据广告主目标受众提炼出来的用户群体,例如,已知某媒体网站用户基本为高端的女性用户,而广告主目标受众正是此类用户,广告主可以通过购买该媒体网站人群关键词,或者通过购买该媒体网站广告位用以收集人群,并将该人群定义为“高端女性用户人群”。③相似人群扩展。以重定向用户作为种子用户,并根据用户特性查找相似特性的人群。当用户有需求时,会通过搜索引擎主动查找相关信息。④搜索词用户。供应商提供搜索词用户,对这些用户进行定向投放。

(2) 老用户——人群重定向。①普通重定向。对网店内不同行为人群标签展示差异性广告,进行用户召回。②个性化重定向。根据每一个用户的不同行为推送个性化广告,例如,对刚购买了手机的用户推送手机膜或手机壳等广告;刚购买洗发水的用户,假设其以往购买洗发水的频率为10周/次,则应该在9周内暂停向该用户展示洗发水广告。

六、地域时段策略

(一) 地域策略

网店经营者可以根据流量来源、网店经营者地域分布、业务覆盖范围、业务辐射范围几个方面制定策略并采取组合策略。

1. 根据流量来源、网店经营者地域分布制定地域策略

如果成交和流量长期均来源于固定地域,那么可以只对有流量的地域进行广告投放,用来节省广告费用;如果某个地域是商品重要的网店经营者聚集地,例如,江浙沪是服装行业者的聚集地,那么就可以屏蔽这个区域,以减少恶意点击。

2. 根据业务覆盖范围制定地域策略

网店经营者可根据业务范围制定地域策略,选择能够覆盖到的地域或可能覆盖到的地域进行广告投放。例如,石家庄某驾校只选择石家庄地区进行广告投放即可,因为跨区域学习驾驶技术的人相对较少。

3. 根据业务辐射范围制定地域策略

当网店的业务范围出现看似不能投放但实际可以变相投放时，可针对网店业务范围制定地域策略。例如，云南爱尚婚纱摄影，其主要业务在云南开展，而全国各地的人均有可能到海南旅拍，所以用户范围覆盖全国，因此可以在全国范围内进行广告投放。

（二）时段策略

时段策略是指根据不同时间段进行竞价SEM推广，时段策略如下。

1. 合理利用分时段出价

店铺经营者要在投放时间上做严格的数据分析，计算哪个时间点击率、转化率较高，以此作为日后投放的参考依据。同时利用分时段出价工具，结合投放经验和实际数据，选择更有价值的时间段设定相应的出价比例，实现最少的投入带来最大的产出。例如，凌晨时候，潜在客户的搜索量很少，同行竞争也较低，出价可以比白天工作时段低。

2. 推广期间安排客服值班

对于一个竞争激烈的行业，往往要花几百元甚至上千元才能获得一个宝贵的咨询，因此在推广期间最好有客服值班，如果因为客服人员不在而导致流量流失，对企业来说是一个巨大的损失。

3. 根据行业需求进行调整

店铺经营者要对本行业潜在客户的上网习惯进行深入分析。例如，周一到周五的投放时间要和周末、重大节日的投放时间区别开来。此外，不同的行业、不同的季节，客户的需求量会有很大差别，例如，夏季客户对羽绒服的需求量较少，可以缩减推广预算和降低出价。

七、场景营销策略

场景营销时代已经到来，人们都是生活在场景之中，消费需求也从以往的产品和服务转向场景体验。这就要求网店推广人员运用场景化思维来设计方案，在营销中更加注重满足消费者的场景价值需求。

（一）场景营销概念

场景营销是一种新的营销理念，认为用户的上网行为始终处于输入场景、搜索场景和浏览场景这三大场景之一。通过对用户数据的挖掘、追踪和分析，在由时间、地点、用户和关系构成的特定场景下，连接用户线上和线下行为，理解并判断用户情感、态度和需求，为用户提供实时、定向、创意的信息和内容服务，并通过与用户的互动沟通，树立品牌形象并提升转化率，实现精准营销。营销场景可分为线下现实生活场景与线上互联网使用场景，后者按照终端分类，又可细分为PC端场景和移动端场景。场景营销以短视频或者内容页的形式展现宝贝的特质，通过让消费者产生代入感的方式提高成交率。常见的场景营销方式有短视频、抖音、微淘、内容购物等。

（二）场景营销特点

场景营销充分尊重用户网络的体验，围绕用户输入信息、搜索信息、获得信息的行为路径与上网场景，构建以“兴趣引导＋海量曝光＋人口营销”为线索的网络营销新模式。场景营销在用户“感兴趣、需要和寻找”时，充分结合了用户需求和目的，展现网店的营销推广信息，是一种充分满足推广企业“海量＋精准”需求的营销方式，其特点如下。

（1）随机性：营销时间与地域的随机性。场景营销可以在用户刷朋友圈、浏览网页、接收邮件、接收短信等任意时间与地域下，潜移默化地影响消费者，进而使其产生兴趣，随时随地进行购物行为。

（2）不相关性：即使是两件不相关的事情也能产生场景营销。例如，用户与客服人员聊天时，聊到自己手机运行速度慢、经常卡顿等内容时，就可以进行手机的场景营销。

（3）多样性：一个用户会有多种多样的场景需求，一个场景可连接到多个用户，这就使得网店经营者可以进行多场景营销。例如，用户本来是要购买衣服收纳箱的，顺带购买了食品收纳箱。

（三）场景营销策略

场景泛指戏剧或电影中的一帧帧画面，在营销中则是一个个消费场面，“场景化思维”要求洞察用户习惯，设身处地地融入实际的消费场景，开阔营销视野。大数据与基于位置服务（location based services，LBS）的应用使得多层次、多类型的场景营销成为可能，包括勾画用户画像、定位不同消费场景、追踪消费行为、挖掘潜在消费者等，网店可从以下几个方面做好场景营销。

1. 明确目标

要明确提供的服务、服务对象以及服务方式。通过服务方式设计场景营销的整体布局，并将服务和服务对象落实到场景营销方案中，让用户明确服务内容与适用人群。

2. 细分用户

细分用户的目的是吸引不同层次的用户。不同层次、不同阶段的用户的喜好不同、需求不同。因此，要将用户进行类别细分。例如，可以按照年龄划分为老年人、成年人、儿童，成年人又可以进一步细分为成年男士、成年女士。

3. 挖掘痛点

每个用户的需求点不同，要根据不同的用户群体深度挖掘用户痛点，确定需求点。例如，大学宿舍床窄，可针对学生夏天怕热的痛点，确定能够夹在床头、床杠上并且能够蓄电的电风扇这一需求点，进而引出对 USB 接口电风扇的需求。

4. 选择场景

一场成功的营销策划离不开对精准场景的选择与把控，可根据具体的推广渠道选择合适的营销场景。

5. 文案创作

文案创作在一定程度上决定着营销的成败，一篇好的文案可以事半功倍，做好文案是进行场景营销的重要环节。

八、站外 KOL 推广策略

长久以来，普通消费者习惯于追随他们所信任的意见领袖的建议和想法，具有一定影响力的人，就可以看成是关键意见领袖，即 KOL。

（一）KOL 及 KOL 推广

KOL 是指拥有更多、更准确的商品信息，且为相关群体所接受或信任，并对该群体的购买行为有较大影响力的人，通常是某行业或领域内的权威人士，可以是真实的名人，或者虚拟的形象，甚至是一个兴趣、一种爱好。

KOL营销就是借助KOL在特定领域所拥有的影响力，让自己的品牌和商品与受众建立联系，并保持互动，它可以增加推广商品的可信度，增强品牌属性，获得潜在客户。KOL推广是一种比较新的营销手段，发挥了社交媒体在覆盖面和影响力方面的优势。KOL推广的渠道有短视频推广、微博推广、微信推广、B站等，在不同推广渠道开展多样化投放策略能够帮助广告主快速准确匹配到合适的推广资源，找准市场，实现品牌与目标人群的精准匹配。选择KOL时，要注意商品特性与KOL的使用偏好的相关性，当商品特性与KOL的使用偏好相关时，能将商业口碑和粉丝效应最大化，从而打造出“KOL＋平台＋内容”的形式。

（二）KOL推广流程

1. 确立营销目的和考核标准

确立营销目的和考核标准主要是指明确营销计划的目的，制订衡量营销计划是否成功的标准。

2. KOL定位及粉丝定位

品牌方需了解KOL的网络粉丝规模，并对其粉丝结构做出理性分析，判断KOL是否与该品牌定位相契合。

3. 和品牌大使共同制订营销计划

根据所选定的品牌大使自身的特点不同，量身打造有创意的营销计划。

4. 遵守法律、法规

这是进行KOL营销的基础和前提，任何营销行为都不得与国家的法律、法规相违背。在不同国家进行KOL营销，需要遵守不同国家的法律规范。

商法同行 网络营销需要遵守法律、法规，否则可能会涉及违法行为，承担相应的法律责任。

《中华人民共和国广告法》规定，广告不得有下列情形：(一)捏造、歪曲事实，欺骗、误导消费者；(二)含有虚假内容或者引人误解，对商品、服务的性能、功能、质量、销售状况等作虚假或者引人误解的宣传。

《中华人民共和国反不正当竞争法》规定，经营者不得虚假宣传商品或者服务的性能、功能、规格、质量等内容。

资料来源：http://www.npc.gov.cn/zgrdw/npc/lfzt/2014/2014-08/25/content_1875246.htm；http://www.npc.gov.cn/zgrdw/npc/xinwen/2019-05/07/content_2086834.htm.

（三）KOL推广策略

互联网时代社区、社交网站的出现给KOL带来了更多内容分发的营销价值，而随着移动互联网的崛起，KOL的内容形态和互动方式也更加丰富，要想达到高效的KOL推广效果，就需要掌握科学的推广策略。

1. 品牌应将KOL内容价值利用最大化

品牌需密切关注KOL创作的内容，如内容质量较好，可继续协商将其所撰写的内容作为自身品牌宣传的素材，从而提高品牌的知名度和权威性。

2. 找 KOL 创作内容而不是发布

从预算成本层面考虑，找 KOL 创作内容优于单纯借助其账户发布内容。

3. 参与 KOL 发文的互动回复

积极与粉丝互动，回复其与品牌商品相关的问题，增强品牌黏性，降低 KOL 依赖。

4. 用 SEO 优化 KOL 的发文

通过 SEO（搜索引擎优化）、SSO（社交搜索优化）、ESO（电子商务搜索优化）将 KOL 的发文优化至排名靠前的位置能够实现 KOL 营销活动价值最大化。

5. 用软文避免平台的营销收费和屏蔽

品牌方需仔细研读平台运营规则，谨慎要求 KOL 发布的内容，避免平台收取额外费用或被删文、封号。

6. 使用付费推广

在不使用付费推广的情况下，即便拥有百万粉丝的 KOL 的发文，展现量也十分有限，通过 KOL 付费推广的形式，可以让发文迅速传播，促使宣传活动效果最大化。

7. 多样化 KOL 合作形式

KOL 最为典型的特点是社交达人，活跃在自身的行业领域当中，十分了解粉丝的喜好。因此除创作内容以外，品牌还可以从更多角度与其合作。

8. 馈赠 KOL 用心包装的商品

品牌方在寄送给 KOL 商品时，对商品包装用心设计，例如，以网红视觉来包装商品，为 KOL 量身定制商品包装，这样将大大提高 KOL 分享传播的主动性。

九、短视频推广策略

短视频借助于移动网络和各类媒体平台，它充斥着人们的闲暇时光，时长从几秒到几分钟不等，内容涵盖了技能分享、幽默搞怪、时尚潮流、社会热点、街头采访、公益教育、广告创意、商业定制等众多主题。企业进行短视频推广，通过影音动态呈现，基于场景化准确、直接、主动地表达商家的目的和商品的卖点，能够在短时间内提升买家对商品的认知度，起到品牌推广的作用。

（一）短视频分类

根据视频表达形式和应用场景的不同，短视频可以分为以下三种类型。

1. 商品型短视频

商品型短视频主要目的是聚焦商品卖点，提升买家认知。商品型短视频要专注于单品的亮点，把有限的时长用在功能、特点、效果展示上。商品型短视频可以发送的渠道有店铺商品头图、爱逛街、猜你喜欢、有好货、详情页等，此类短视频通常有深度评测、开箱体验、产地溯源三种表现形式。

2. 内容型短视频

内容型短视频注重创新，主要目的是抓住用户痛点，激发用户需求。根据商品的不同特点，可采用无厘头、魔性、干货、吐槽等创意方式，展现商品或品牌有价值的内容。发送的渠道主要有每日好店、必买清单、爱逛街等。此类短视频通常通过技能教程、真人改造、搭配攻略、主题清单等形式来表现。

3. 营销型短视频

营销型短视频的目的是传递品牌价值，提升用户体验。营销型短视频通过展示商品的特点以及差异化卖点，打造微电影或创意视频，能够展示企业的软文化和硬实力等内容。这是一种视频营销整体解决方案，不能简单地理解为视频变现形态。此类短视频的表现形式主要有情景剧场、生产全景、店铺故事等类型。

（二）短视频推广渠道

短视频已成为商家竞相追逐的新风口，越来越多的文字类内容自媒体人或者新媒体人都逐渐转战短视频平台。根据不同短视频特点，适合短视频推广的渠道主要如下。

（1）与用户互动便捷的自媒体平台，如微博、微信、QQ 空间等。

（2）含丰富的垂直类信息的短视频播放平台，如秒拍、美拍、西瓜视频等。

（3）侧重用户原创的小视频平台，如抖音、快手等。

（4）强调精细化内容的各类视频网站。

（5）激发用户购买需求的电子商务平台，有淘宝、京东等。

（6）以网易、今日头条为代表的综合资讯类平台。

（三）短视频推广策略

进行短视频推广的目的是促进视频的有效传播，让其获得更多的观众浏览、评论和转发。在不同的阶段，短视频推广的策略方法也有所不同。

1. 推广初期

此时，短视频刚上线，首先应该考虑的是如何更多地获取用户，提高用户的浏览量。可以从这些层面来考量。

（1）保持短视频的较高更新频率，培养用户的浏览习惯，增加曝光机会。

（2）进行多渠道分发，提高短视频曝光频率，从多角度获取粉丝。

（3）借助热点话题、热门事件，提高产品曝光量，增加品牌关注度。

2. 推广增长期

当积累了一定量的粉丝用户后，下一阶段需要做的是对用户进行维护巩固，增强用户黏性，稳中求增，这样才能达到用户规模不断增长的状态。

（1）注重用户感受，积极引导用户互动，激发用户兴趣，培养用户浏览互动习惯。

（2）与其他媒体人合作，互相导流。在各个视频平台上，可以多与同类或感兴趣的视频博主互动。在选择合作时，需判断受众用户是否与商品或服务相关。

3. 推广稳定期

在此时期，用户增长基本稳定，短视频推广时，需注重运营的细节问题，根据搜索引擎平台机制和用户搜索行为，不断优化短视频。

（1）优化封面和标题，美化构图分布。封面和标题既需要符合商品场景要求，又应该展示商品的特点和卖点，可采用“吸睛”的文字和符号直观地表达内容、增强画面感，营造氛围感。构图方式上，可以选择九宫格构图、黄金分割构图、对角线构图、摆拍等构图方式提升封面美感与用户视觉愉悦感。

（2）熟悉平台特点，优化短视频标签。商家需要理解不同渠道的特点和消费者的需求，在同一视频的不同片段打上模特、细节、测评、颜色等不同的标签，通过标签区分每段视频的内容，使消费者根据标签快速抓取感兴趣的片段化视频。

(3) 优化短视频创意，打造新颖表现形式。在“内容为王”的营销时代，只有将精彩的创意内容与恰当的视频形式互相搭配，才能获得更好的传播效果。在形式方面，可借力 AR、VR 等先进技术，打造新奇的呈现形式吸引受众的关注。在内容生产方面要严格把控质量，增强用户黏性。

任务三　SEM 推广账户搭建

做每个人都喝得起、喝得到的好咖啡

中国咖啡市场容量与增量空间巨大。2017 年，全球咖啡消费增速在 2%，而中国在 15%，中国咖啡年人均消耗量在 4 杯左右，远远低于欧美年人均消耗量几百杯，同时也低于日韩等亚洲市场的人均消耗量。

资本市场显现咖啡热度。2017 年，星巴克、COSTA、雀巢、Peet's 几大品牌均做出了大幅度、密集的并购或投资布局，咖啡市场成熟度进一步提升。

行业竞争存在空档。除了星巴克，现磨咖啡品类并没有第二个类似体量品牌，而根据定位的二元理论，一个行业可以容纳两个体量相近的头部品牌，如可口可乐和百事可乐，麦当劳与肯德基。星巴克的市值是 815 亿美元，一般第二品牌的市值约可做到第一品牌的 1/4，如果瑞幸可以成为第二，就可以达到 200 亿美元市值。

有广大咖啡人群可以挖掘。根据消费场景和时段，咖啡人群可以分为工作日个体随意消费、工作日店内商务社交、周末店内休闲社交、周末个体随意消费、未消费人群。其中，随意消费人群和未消费人群占比最大，而前者购买选择的优先性会受价格和便利性影响，后者则可能因价格和便利性而未形成消费习惯。

咖啡消费存在明显痛点。一是价格贵，中国平均一杯咖啡 30 元，占月收入的比例远高于欧美发达国家，高价格阻碍了消费频率。二是购买不方便，以北京为例，2900 万人口，星巴克不到 300 家，现磨咖啡店平均购买距离为步行 30 分钟，不方便也阻碍了消费频率。

因此，瑞幸品牌定位——“Any moment 无限场景”，针对中国咖啡市场消费场所以及消费链路偏好分析，瑞幸的定位以及市场模式是比较符合当下用户消费习惯的。数据显示，外带仍是中国消费者最普遍的消费形式。星巴克的“第三空间”也许只能满足 30% 在店消费者的需求，却无法满足另外 70% 非在店消费者的用户体验。强化了多元消费场景的构建，打破地理空间的限制，逐渐做到让咖啡去找人，而不是让人去找咖啡。所以，瑞幸针对用户消费与体验场景重新定位品牌，打破地域的局限，专注快取店，高密度门店覆盖，不依赖高客流地段。

资料来源：https://www.zhihu.com/question/523999423/answer/2559779564.

案例分析：党的二十大报告提出，未来五年的主要目标任务之一就是“人民精神文化生活更加丰富，中华民族凝聚力和中华文化影响力不断增强”。丰富品牌文化内涵是中国特色品牌建设的重要内容。瑞幸咖啡作为国货品牌的优秀代表，其目标人群定位在白领+年轻化人群，普遍年龄在 29 岁以下，人群去中心化现象明显，基本上活在手机半径 2 公里的生活圈，对品质以及颜值都有一定的要求，且人群即兴消费力较强。针对年轻人消费群体进行品牌年轻化以及快速传播，“你有你的想法，我有我的看法”，“别定义我、别追我、别劝我、别否定我”，“我自有道理”，每一句都是个性的张扬和对自我的坚持，就像瑞幸咖啡宣言一样强势，也像喊话星巴克一样大胆，能够快速深入人心，获取目标消费者共鸣与认可。

瑞幸品牌愿景是打造“每个人都喝得起、喝得到的好咖啡”，这也是基于市场需求的洞察，解决咖啡市场的痛点，让更多的消费群体可以轻易地喝到好的咖啡。

价值领航

(1) 搭建SEM推广账户应遵循一定的逻辑过程，做事应条理清晰，做好充分准备工作。

(2) 违反《淘宝规则》或《天猫规则》或《飞猪国际服务条款规则》等平台相关规定会被处罚。

(3) 在进行创意标题的编辑时，要保证创意标题描述的信息与商品信息一致，知行合一、实事求是。

(4) 要通过数据测试或其他方式，来设定人群溢价，否则会造成资源浪费。

一、SEM账户搭建流程

常见的SEM推广账户基本流程可以分为四个部分：推广账户、推广计划、推广单元(推广组)、关键词和创意，如图6-13所示。

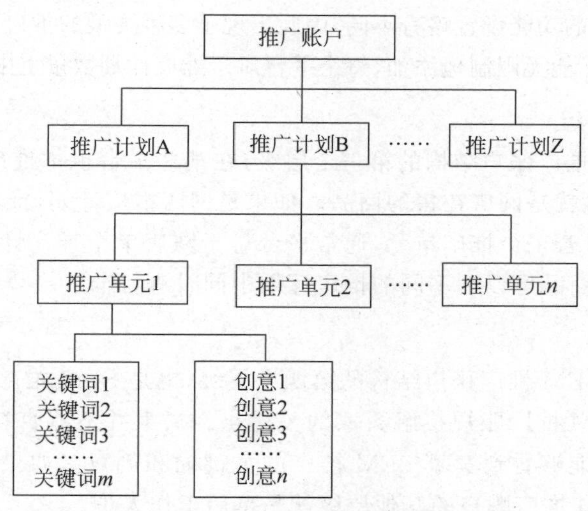

图6-13　常见的SEM推广账户流程结构

1. 推广账户

SEM推广账户是网店进行SEM推广的前提，卖家必须拥有SEM推广账户才能进行后续的设置和推广。通常SEM推广账户不是卖家的网店账户，需要另外向所在平台申请开通，但申请开通的SEM推广账户通常与卖家的网店账户绑定，不能更换。不同的平台有不同的准入门槛，主要是对于网店质量和网店商品的限制。

例如，淘宝直通车对准入网店有以下要求：网店状态正常(网店可正常访问)；卖家状态正常(网店账户可正常使用)淘宝店铺的开通时间不低于24小时；商品类目在允许推广的范围内，详见“商品推广类目准入明细”；对网店综合排名有一定的要求；网店如因违反《淘宝规则》或《天猫规则》或《飞猪国际服务条款规则》中相关规定而被处罚扣分的，还需满指定天数才能解除处罚；未在使用阿里或其关联公司其他营销产品服务时因严重违规被中止或终止服务；经阿里排查认定，该账户实际控制的其他阿里平台账户未被阿里平台处以特定严重违规行为处罚或发生过严重危及交易安全的情形，且结合大数据判断该网店经营情况不易产生风险。

SEM推广账户准入门槛不仅在不同平台会有不同要求，在同一平台也会不断变化更新。例如，淘宝直通车在2019年之前对淘宝店铺的信用等级和动态评分有要求，必须达到二星级以上，网店动态评分均不得低于4.4分，现在已经取消相关限制，对于网店星级和动态评分没有特殊要求。

开通SEM推广账户之后，还需要对账户进行充值，网店账户中的钱并不能直接用于SEM推广，要以充值的形式打入网店绑定的SEM推广账户中。如果SEM推广账户中余额不足，所在账户的SEM推广就会全部下线，不再推广，因此卖家需要关注SEM推广账户中的余额，及时充值。例如，淘宝直通车要求首次充值超过500元才能激活淘宝直通车推广账户，之后的充值金额不做额度上的要求。不同平台对SEM推广账户充值的要求也不同。

2. 推广计划

推广计划是SEM推广账户结构的第二个层级，在SEM推广账户里可以设置若干个推广计划，用以管理SEM推广的内容，不同推广计划之间相互独立、互不干扰，共用推广账户里的资金。不同平台对于推广计划的功能设置略有不同，因此出现了多种类型的推广计划。另外，推广计划的数量是有上限的，并不能无限制地添加，每个平台对于推广计划数量上限的规定也不同。

3. 推广单元(推广组)

推广单元是SEM推广账户结构的第三个层级，在某些平台也称推广组。对于网店来说，推广单元(推广组)通常就是网店在售的商品。如果是网店推广计划，推广单元就是整个网店。每个推广计划可以设置若干个推广单元，通常平台对于网店单个推广计划中推广商品的数量不做限制，而且同一个商品可以在不同的推广计划中同时进行推广。

4. 关键词和创意

关键词和创意是SEM推广账户结构的第四个层级，也是SEM推广账户结构的末端。关键词和创意是整个SEM推广账户接触买家的关键点。买家并不能直接看到卖家SEM推广账户的其他内容，但是能够看到卖家SEM推广的关键词和创意。如果说关键词和创意是镜头前的演员，那么，SEM推广账户的其他层级就是幕后工作人员。

商法同行 想要撰写一条比较好的创意，往往都是需要一定的经验积累的，前期不熟练的时候，可以多看、多总结、多思考，经过学习和积累之后，自己再尝试去撰写。“骐骥一跃，不能十步；驽马十驾，功在不舍。”任何事情都不是一蹴而就的，只有经历了从陌生到熟悉的过程，才能积少成多。

二、搭建推广计划与推广组

动画：SEM账户搭建的流程

俗话说，万丈高楼平地起，打好基础，楼才能盖得更高。SEM推广账户的搭建也是一样的道理，它是做好推广的前提条件，清晰合理的账户结构是帮助企业控制流量和优化投放效果的关键基础。要想实现这一

目的，必须进一步细化工作，将推广计划与推广组进行科学分类，建立同一单元关键词和创意之间多对多的关系，形成有序的推广账户结构。

1. 搭建推广计划

搭建推广计划是指在推广账户内选择推广计划类型，确定推广计划名称，编制推广计划预算，选择创意展现方式，设置推广计划时间和地域等一系列操作。推广计划也不是随意命名的，要考虑推广计划是否能够覆盖所有的推广内容，并且有利于账户管创建不同的推广计划，以便灵活把控推广效果。确定推广计划的名称可以从推广关键词类型、推广地域、商品类型、推广时段、活动制定等这几个角度来考虑。

2. 搭建推广组

一个推广计划是由若干个推广组所组成的，推广组是管理关键词/创意的小单位。推广组的建立与关键词的选择息息相关，建议将意义相近、结构相同的关键词纳入同一推广组，以便更有针对性地撰写创意。不妨假设自己就是潜在客户，试着写出自己能想到的每一个关键词，并以意义相近、结构相同为标准对关键词进行分类，来建立推广组。意义相近是为了确保多个关键词与创意均具有较高的相关性；结构相同是为了确保在创意中插入通配符获得飘红时，能同时保证语句通顺，达到更好的推广效果。推广组分得越细，关键词对应越为精准，更有利于创意的撰写，吸引更多用户的注意力；并且逻辑清晰的推广组划分能够减少重复，更便于后期的管理和评估。一般情况下，按照这样的步骤对推广组关键词进行细分：第一步，将关键词根据词义或结构分成大类，初步确定推广组；第二步，根据关键词结构、词性、前后缀等将关键词分成若干类；第三步，再将一些关键词较多的推广组进行拆分，形成多个推广组。图6-14所示为以课程培训为例搭建推广组的常用方式。

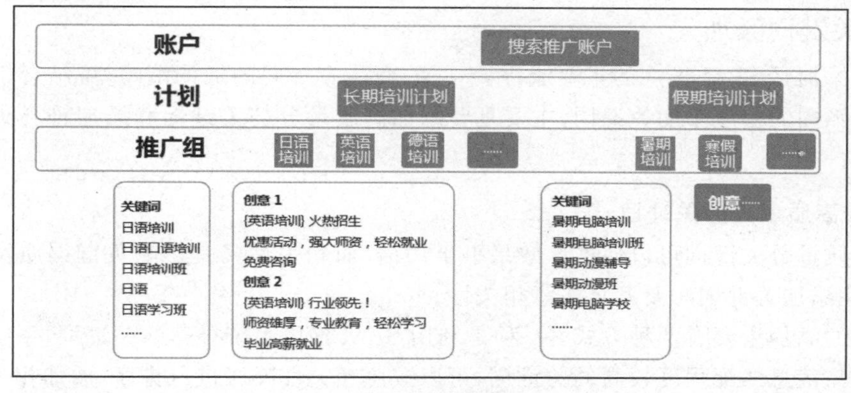

图6-14　以课程培训为例搭建推广组的常用方式

3. 推广地域与推广时间

如果产品是做多地区推广，那么应根据每个地区对产品不同的接受程度和需求，制定相应的转化成本和推广策略。如某产品要在河南、山东推广，就可以针对河南和山东这两个地区设置两个推广计划。同时根据产品性质和目标人群特性的不同，决定了搜索的时段和转化好的时段也不同。如某产品上午7:00—11:00推广效果较好，出价比例就可以调高些；或10月为行业淡季，可以把出价比例调低一些。

设置推广地域是指在推广账户或推广计划内选择投放的具体地域。恰当的投放地域选择有利于精准定位潜在客户，对不同地区的潜在客户制订差异化的投放计划能够提升转化效果，降低推广成本，而且对不同地域的关键词确定不同出价能够确保广告在不同的地域均能获很好的排名和展现。

设定推广时间是指推广计划内根据访客搜索时间习惯设置不同的推广时间段和价格系数。合理的推广时间设定，有利于扩大投放覆盖受众，提高流量利用效果和转化率，节省推广费用。

4. 推广预算

作为付费推广的一种典型方式，SEM 推广预算的设定和优化也是不容忽视的。

推广预算是指一段时间内商家在账户或计划内愿意支付的最高推广费用，而非实际支付的花费。推广账户预算有两种设置方式：日预算、周预算。

日预算是指当天的点击费用总额达到商家设定的预算值后，经过一定的系统刷新时间，商家的推广结果会自动下线。随着后期竞争加剧、账户关键词的增加，可以按照从低到高、慢慢增加费用的原则设置每日预算。

周预算是指每周愿意支付的最高推广费用，适合流量波动较大、经常撞线的客户，部分平台会根据网店经营者设置的周预算自动分配日预算。

网店可以通过推广计划的预算设置来控制各个计划的消费比例。

在进行预算设置时需要注意，可以将效果好、转化率高、推广账户的主推关键词等设置到一个推广计划中，为其分配较高的预算，进行重点推广；当需进行高流量关键词测评时，可以为其建立单独的推广计划，设置独立推广资金，以此来控制总体推广费用；实际消费不会大于每日预算，可以根据推广情况随时修改预算。

三、关键词的添加与出价

（一）关键词添加

关键词添加是 SEM 推广的重要流程，不同的商品有不同的加词策略，可结合推广商品的实际情况从不同的角度添加关键词，主要是要添加高质量分的关键词和添加符合买家搜索习惯的关键词。

1. 添加高质量分的关键词

添加高质量分关键词可以使推广效果事半功倍，而相关性又是影响关键词质量分的重要因素，所以在添加关键词时要尤其注意相关性。

关键词的添加主要有两种方式：一种是利用 SEM 推广系统推荐的关键词，系统按照相关性推荐与商品信息匹配程度较高的关键词，可以按照相关性降序进行排序，添加相关性高的关键词，进而确保关键词的质量分；另一种是添加通过多种渠道挖掘并整理后的关键词，需手动操作。系统对于手动添加的关键词不会直接反馈相关性数据，需要自己根据关键词出现的次数、密度（也就是关键词占全部内容的比例）以及紧密优选等角度进行判断。

2. 添加符合买家搜索习惯的关键词

推广的目的是引流，保证推广效果的前提是关键词有人搜、有人点击、能形成转化，且搜索量、点击率、转换率越高，推广效果越好。因此，在进行关键词添加时，就要关注关键词的搜索人气、点击率、转化率等数据。

（1）从搜索人气角度考虑添加关键词。搜索人气是指根据关键词搜索人数折算所得的数据，该值越高，表示搜索人数越多。

例如，在推广连衣裙商品时，添加了“裙子夏季连衣裙”与“夏季雪纺连衣裙短袖”两个关键词，这两个关键词的质量分相差不大，排名、出价均相同，经过一个周期的推广后，“裙子夏季连衣裙”获得的竞争指数为79，搜索热度为12118，点击率为21.25%；“夏季雪纺连衣裙短袖”获得的竞争指数为171，搜索热度为3293，点击率为21.41%。后者的搜索热度明显低于前者。也就是说，搜索关键词“裙子夏季连衣裙”的买家数量较多，展现机会更多。

(2) 从点击率角度考虑添加关键词。

$$点击率=\frac{点击量}{展现量}\times 100\%$$

点击率越高，代表搜索该关键词的消费者越倾向于点击广告进入商品详情页。

继续上面的例子，连衣裙商品添加了“黄色夏季连衣裙”与“雪纺连衣裙夏季”两个关键词，质量分相差不大，排名、出价均相同，经过一个周期的推广后，“黄色夏季连衣裙”与“雪纺连衣裙夏季”展现量均为62次，但“黄色夏季连衣裙”点击量为12次，搜索热度为3937，点击率为26.37%；“雪纺连衣裙夏季”点击量为19次，搜索热度为3975，点击率为29.99%。两个关键词搜索热度相差不大，但是点击率相差3.62%，说明搜索关键词“雪纺连衣裙夏季”的用户更偏向于点击商品，点击量也就相对较高。

(3) 从转化率角度考虑添加关键词。

$$转化率=\frac{成交量}{点击量}\times 100\%$$

转化率越高，点击该关键词的消费者越倾向于购买商品。

在上面的案例中，如果添加“女装裙子”与“雪纺裙子”两个关键词，关键词的质量分、排名、出价均相同，经过一个周期的推广后，“女装裙子”与“雪纺裙子”带来的展现量均为3864次，点击量均为758次。但是“雪纺裙子”获得的成交量为97次，“女装裙子”获得的成交量为0次。两个词搜索热度、点击率均相同，但是在转化率上相差很大，“雪纺裙子”的转化率为32.22%，“女装裙子”的转化率为8.79%，说明点击关键词“雪纺裙子”的用户更偏向于购买商品，所以成交量相对较高。

(4) 从竞争指数角度考虑添加关键词。竞争指数在一定程度上反映了该关键词的竞争热度，竞争指数越高，购买该关键词的网店经营者越多，在这种情况下，为保证较高的排名，出价也会相对较高。

在上述案例中，添加“连衣裙”与“雪纺女装”两个关键词，当同时出价15元时，“雪纺女装”排名第一位，而“连衣裙”只有出价到16元时，才能排名第一，且经过推广后，“雪纺女装”的单次点击花费为10.41元，“连衣裙”的单次点击花费为15.94元。这说明“连衣裙”关键词竞争指数较高，选择该关键词时需要高出价才能获得期望的排名。

（二）关键词出价

关键词出价是指商家愿意为关键词被点击一次所支付的最高价格，由企业自己设定，而不是由搜索引擎设定。关键词被点击一次的花费不高于关键词的出价，所以出价也是关键词的单次点击花费上限。关键词出价的主要依据有以下四种。

微课：关键词出价

1. 词本身的出价

一般情况下，核心词和转化词的出价要高一些，流量词的价格要低一些。行业不同、转化词不同，服务类行业的转化词多为核心词与地域词，商品销售类行业多为价格词。流量词的特性是高搜索量，高曝光率，低转化率，会降低流量词的出价。

2. 根据时间出价

时间不同，竞争程度不同。一般来说，9:00—11:00、16:00—18:00、20:00—22:00为上网集中时段，关键词竞争度较高。可根据账户预算情况进行调整，预算充足时加大对以上时段的投入；如果预算不足，可缩短投放时段。

3. 根据地域出价

不同地域竞争度不同，可通过调整地域出价系数来控制出价，可以具体到对某个城市的出价控制。

4. 关键词批量出价

为了减少后期关键词维护的工作量，在关键词添加后可以对关键词进行批量出价。批量出价的方式主要有默认出价、自定义出价、按市场平均价的百分比出价、按底价或底价的百分比出价等。

(1) 默认出价。设置默认出价后所有关键词全部按照默认价格出价，便于统一管理和统一调整。

(2) 自定义出价。自定义出价可以对选中的关键词进行批量自定义出价。

(3) 按市场平均价的百分比出价。按市场平均价的百分比出价是一种更加灵活的批量出价方式，是指在选中的每个关键词市场平均价的基础上按照百分比的形式调整关键词出价。例如，关键词的市场平均价为0.76元，按照市场平均价的200%出价，则该关键词的出价为0.76×200%=1.52(元)；按照市场平均价的80%出价，则该关键词的出价为0.76×80%=0.608(元)。

市场平均价是指在一定时间范围的平均点击单价，即市场上网店经营者购买该关键词产生的平均单次点击花费。也就是每一次关键词点击的平均扣费。平均点击花费=总点击费用÷总点击量，即如果每天花费100元，获得20次点击量，那么单次点击花费就是5元，也可以叫作点击单价。

当行业竞争激烈时，网店经营者为了占据更好的推广位置，会纷纷提高出价，行业内关键词的平均出价也会被整体抬高。相反，若是冷门行业或者在行业淡市，关键词竞争较弱，行业平均出价也会相对较低。

关键词的平均出价跟行业竞争激烈程度有关。以牛仔裤为例，搜索“男士牛仔裤”，行业平均出价高于2.3元。搜索关键词“女士牛仔裤”，行业平均出价低于1.3元。这是由于男士搜索习惯相对于女士而言更加简单直接，而女士更喜欢多浏览多比较，女装的样式细分也更加丰富多样，可选性多。所以男装类目中，转化好的关键词比较集中，同样是牛仔裤这个关键词，男装类目中的平均点击费用就远远高于女装。

关键词的平均出价还跟商品所处行情淡旺季有关。以季节性商品T恤为例，搜索关键词“短袖T恤”，行业旺季的时候，最高市场平均出价4.9元，但是淡季的时候，市场平均出价只有0.47元。

(4) 按底价或底价的百分比出价。按底价或底价的百分比出价是批量出价的另一种方式。关键词底价是指推广此关键词的最低出价，广告交易平台为关键词设定一个底价，网店推广关键词的出价必须高于这个底价才有资格参与竞价，广告交易平台根据众多网店的出价与其他排序原则进行排序决定展示位置。

按底价出价是指可以在各词自身低价的基础上，根据自己的推广需要统一加价，建议在实际推广后，根据各关键词的数据不同，对重点关键词逐一出价以确保有利位置。

不同关键词的底价是不一样的。每个关键词的底价由市场所决定，商业价值的大小与关键词所属于的行业、关键词专业程度和市场关注度等因素有关。商业价值不同，因此各自的底价也会存在差异。设置关键词出价时，应结合市场平均价来进行调整。

四、创意编辑

创意编辑非常重要，在 SEM 推广中完成关键词设置之后，买家就可以通过搜索触发网站经营者设置的推广关键词，从而找到所推广商品的创意图片与创意标题。好的创意编辑可以促进买家点击进入商品的详情页，浏览商品信息，最终产生购买行为，提升转化率。

（一）创意编辑要求

1. 按创意规范编辑创意

各平台对创意格式和设置都有基本要求。例如，天猫直通车推广单元添加创意时，最多只可以添加四个创意。创意图片要求：800×800 像素固定尺寸；大小为 0～500KB；支持 JPG、JPEG、PNG 格式图片。创意是直通车广告在前台展示的广告样式，如果直通车广告展现了，就会显示创意图和创意标题，是客户直接能接触到的广告信息。在某种程度上，创意可以直接决定买家是否会点击宝贝进店，直接影响点击率的高低，从而直接影响质量分和点击扣费的高低，也会在一定程度上影响转化率。

2. 按推广商品编辑创意

创意的基本原则是关联性原则，即创意内容必须围绕商品撰写，突出推广商品(服务)的特色优势，且语句通顺、符合逻辑。例如，在进行创意标题的编辑时，要保证创意标题描述的信息与商品信息一致，只有这样，才能保证买家看到的最终商品信息与其最初的购买需求相同，进而才会有成交。而当创意的点击率与成交率得到提升时，创意的质量也会相对得到提升，质量分也会有所提升。

3. 按推广关键词编辑创意

创意内容必须针对关键词撰写，需要掌握创意优化技巧，不断优化吸引用户的卖点和表达风格，进而提升关键词的点击率和质量，并最终提升投资回报率。

（二）创意撰写技巧

(1) 突出产品或服务的特点、公司优势等。例如，教育培训类商户，标题可以突出地域性标志、产品服务特点、价格等。

(2) 围绕单元主题撰写，突出检索词和实际业务之间的关系。要找到公司所推产品与推广关键词的契合点。

(3) 最好能够包括价格、促销或是承诺的内容。这样写的好处是给网民清楚的信息，帮助他们判断是否应该点击，提高转化率。但是要尽量避免没有实质性意义的内容。

(4) 可适当添加一些号召性的词语或诉求点。如“欢迎抢购、折扣、优惠”等词语，但不要太多。

(5) 适当添加符合语法的标点符号，这样有助于吸引网民的关注。

(6) 采用精练的短句，过长的句子会分散用户注意力，短句比较符合用户的搜索习惯。

(7) 合理使用断句符，确保PC创意右侧显示意思完整。例如，标题“大众辉腾手工打造新奢华 进口大众辉腾官网”通过使用断句符，左侧显示为“大众辉腾手工打造新奢华”，保证了语义通顺。

五、SEM人群定向

精准的流量对于搜索推广非常重要，只有精准的流量，才会带来源源不断的客户；只有精准的流量，才会让广告成本保持一个较低的水平；只有精准的流量，才可在短时间内获得大量的客户资源。因此，需要通过人群定向这样一个功能来推进实现精准流量的目标。

动画：
千人千面，人群定向

SEM推广人群定向是指在关键词推广的基础上，通过人群溢价对特定人群进行重点推广。不同平台提供的SEM推广人群定向标签不同。例如，淘宝直通车根据人群的搜索浏览行为及兴趣爱好等将人群分为网店行为人群、相似网店行为人群、兴趣点人群、平台优质人群、属性人群等。网店行为人群主要是指产生过商品点击、网店点击、网店收藏、商品加购、商品购买等行为的人群；相似网店行为人群就是在与自己相似的网店产生过上述行为的人群；兴趣点人群是指带有某种购物偏好的人群；平台优质人群是指根据平台大数据分析找到的具有高消费能力或高购买频次的优质人群；属性人群是指通过性别、年龄、地区、行业、天气等自定义标签来定向的人群。

人群溢价是卖家为特定人群提高出价所设置的溢价比例，也叫人群搜索溢价。设置人群溢价后，针对该人群的关键词实际出价计算公式如下：

$$人群出价=关键词出价\times(1+溢价比例)$$

例如，某关键词出价1元，针对收藏未购买过本网店的访客设置加价，溢价比例设置为50%，那么，卖家对其他人群的出价还是1元，对收藏未购买本网店的访客出价则为1.5元。通过人群溢价，卖家能在关键词的基础上更加精准地进行推广，也就是对转化可能性较高的人群出较高的价格，获得更高的排名和更多的流量，即使这些人群花费了更多的推广费用，也可以通过高转化率来弥补。

那么哪些人群才是转化可能性较高的呢？一方面，可以通过网店的历史订单数据和网店商品的主要面向人群来初步确定；另一方面，还要通过人群溢价对筛选出的人群进行数据测试，来确定对目标人群或高转化人群的判断是否正确，并对人群溢价进行调整。

通常对于人群溢价的设置有两种思路，即低关键词出价配合高人群溢价、高关键词出价配合低人群溢价。在不明确目标人群时，建议采用高关键词出价配合低人群溢价的方式，对所有人群近乎平价出价，在人群标签显示出一定数据后，再对流量数据较好的人群提高溢价。没有明确转化人群、各人群成交情况差不多的网店也可以采用这种方式，在保证大多数人群流量的基础上对流量数据稍好的人群稍稍溢价来优化数据。在网店目标人群比较明确的情况下，采用低关键词出价配合高人群溢价的方式，可以有效屏蔽其他低转化人群，将推广资金集中在溢价的目标人群。但是这种方式有一定的风险，如果目标人群判断失误或同行竞争激烈导致转化效果变差，很容易造成推广资金大量浪费。因此，一定要通过数据测试或其他方式，在对目标人群及其转化效果有一定把握的情况下采用此种方式。

任务四　SEM 推广账户优化

巴拉巴拉线上线下全域宣发

童装市场迎来消费群体人口基数增加、消费者消费升级的高速发展期，随着“90 后”“95 后”成为消费决策主体，童装市场也面临新趋势的挑战。年轻一代的父母消费趋势品质化，促使童装消费更加趋向于品牌化、品质化以及较高的产品附加值，同时这一波消费者更年轻、购买力更强、使用场景更多元，对功能性需求，对服装的颜值越来越看重。同时国潮升级，国潮不再是国风元素的简单使用，希望可以传递文化，希望孩子可以从中学到知识。

新趋势下，巴拉巴拉作为市场占有率持续多年保持第一的童装品牌，亟待更新消费人群结构和产品风格，实现品牌年轻化焕新，也因此下定了突破营销壁垒，ALL IN 全域经营的决心。

巴拉巴拉以“梦无止境”为主题打造了三大事件。

(1) 超级大秀：巴拉巴拉成为首个在 KIDS WEAR 上海时装周外场走秀的童装品牌。

(2) 超级视觉：以“三梦合一”的形式全球首发三大联名主题系列。

(3) 巴拉巴拉联合顶级儿童时尚刊物 MilKenfanr 把易烊昱华送上了杂志首封。

与此同时，巴拉巴拉运用阿里直通车、智钻、超级推荐、品销宝-明星店铺、品牌专区组合投放组合玩法，进行全方位覆盖式投放，结合超 100 家顶流时尚媒体为品牌发声，多国海外媒体报道轮番刷屏，站外各大 App 开屏热搜，巴拉巴拉成功抢占年轻圈层心智，通过全民种草实现高效转化，在短时间内达成了 10 亿级声量与亿级销量。

这一役，巴拉巴拉首次尝试线上线下全域宣发，打破营销壁垒整合内部资源。一方面，巴拉巴拉在自有私域布局了饱和式的信息轰炸，以品牌＋产品双箭齐发，快速提升消费认知聚焦发力。另一方面，巴拉巴拉搭建品牌自媒体传播渠道矩阵，以多渠道和多形式向消费者持续曝光品牌。通过一系列突破性的经营动作，巴拉巴拉成功焕新品牌心智，以儿童时尚生活方式品牌的新姿态开启了下一段征程。

资料来源：https://www.sohu.com/a/621652113_121124373.

案例分析：SEM 推广的基本思想是让用户发现信息，并通过搜索点击进入网站或网页进一步了解信息。一般认为 SEM 优化的主要目标有两个层次：被搜索引擎收录和在搜索结果中排名靠前。但从实际情况来看，仅做到这两点是不够的，因为取得这样的效果实际上并不一定能增加用户的点击率，更不能保证将访问者转化成顾客或潜在客户。巴拉巴拉在合理运用 SEM 推广之外，对全域经营的探索进入了纵深阶段，实现了线下和线上的同步引流。

价值领航

(1) SEM 账户推广数据分析要严谨认真，体现了一丝不苟的数据思维。

(2) 遇到问题切记贸然下结论，要有锲而不舍、刨根问底的求知精神。

(3) SEM 推广地域优化，停止某些地域推广，体现了勤俭节约的可贵品质。

(4) 研究竞争对手推广时段，体现了避其锋芒、另辟蹊径的竞争之道。

(5) 通过优化语句结构和规范标点符号的使用来提升创意形式，体现了汉语表达的科学、严谨和清晰。

(6) 网店销售的出版物等商品应遵循电子商务法律、法规对版权保护的要求。

(7) SEM人群溢价直击目标人群，体现了“钱要花在刀刃上，事要办在心坎上”。既不要铺张浪费，又要保证把事办成，将商品精准展现在最需要的顾客面前。

一、账户推广数据分析

很多刚接触SEM的同学都觉得数据分析很难，尤其是看到那一堆密密麻麻的数据时更是无从下手，这是每个从业者都会经历的困惑，不过只要不断地去摸索、学习，就会发现其实数据分析也没想象中的那么难。化解难题的关键在于掌握数据分析方法。

动画：理清思路，找准方法——账户分析的制胜法宝

一些推广人员在分析数据时会把关键词报表导出，如发现点击率低了，就会把创意换掉；发现对话率低，再把URL换掉；发现关键词没有排位、没有展现，直接把单元内的关键词全选，批量提价。以上操作就陷入了盲目调整的误区。那应该怎么进行数据分析呢？

课堂讨论：你使用过哪些数据分析软件和方法？

（一）数据准备

先来看表6-2所示百度推广两组不同时间段的对比数据。

表6-2 A、B两个时间段数据采集表

日期	展现量	点击量	消费额/元	对话量	转化量	点击率/%	对话率/%	转化率/%	点击均价/元	对话成本/元	转化成本/元
A时间	3000	300	1500	25	5	10.00	8.33	20.00	5.00	60.00	300
B时间	3500	330	1600	30	4	9.43	9.09	13.33	4.85	53.33	400

显然，B时间采用了扩大匹配模式、降价的操作，因为展现、点击、对话增加，均价下降，但却没有实际效果，转化从5降为了4，转化成本比原来增加了100元，本次操作以失败告终。

接下来收集数据，并把数据进行关联，进而分析问题到底出在哪里。

在百度推广客户端下载指定时间的关键词数据复制到Excel表中，接着导出对话数据和转化数据，把这两个数据关联到关键词数据表中，见表6-3。

表6-3 指定时间关键词数据表

推广计划名称	推广单元名称	关键词名称	匹配模式	访问URL	消费额/元	点击价格/元	点击量	展现量	点击率/%	对话量	转化量
计划A	单元A	关键词A	短语—同义包含	链接A	350	4.67	75	850	8.82	7	1
计划A	单元B	关键词B	短语—同义包含	链接B	250	5.00	50	450	11.11	4	1
计划B	单元A	关键词C	短语—核心包含	链接C	300	4.62	65	550	11.82	4	0
计划B	单元A	关键词D	短语—精确包含	链接D	300	5.45	55	500	11.00	3	1
计划C	单元A	关键词E	短语—核心包含	链接E	400	4.71	85	950	8.95	12	1

（二）数据分析

从计划层级、单元层级、关键词层级三个维度来进行数据分析。

1. 计划层级

将整理好的关键词报表制作成数据透视表，以方便查看各个计划的投放效果，见表 6-4。

表 6-4　关键词数据透视表

行标签	求和项：消费额/元	求和项：点击量	求和项：展现量	求和项：对话量	求和项：转化量
计划 A	600	125	1300	11	2
计划 B	600	120	1050	7	1
计划 C	400	85	950	12	1
总计	1600	330	3300	30	4

这样，每个计划的转化能力就一目了然。

如果是预算较少的账户，就可以先暂停转化少或无转化的计划，把预算留给那些转化效果好的计划；如果账户的预算充裕，就可以针对那些展现少的计划进行放量操作，以观察其实际的转化效果；如果是多产品或多地区的账户，就能更直观地看出哪个产品或地区的转化更好，进而可以针对该计划加大投放。

2. 单元层级

单元层级的分析方法与计划层级大同小异，同学们可以对照分析。

3. 关键词层级

关键词分析是数据分析中非常重要的指标，无论是在计划还是单元的维度中发现了问题，最终的操作都要落实到关键词的层级上。在表 6-4 中可以很清楚地看到每个关键词效果的好与坏，然后用图 6-15 所示四象限分析法来进行分析。

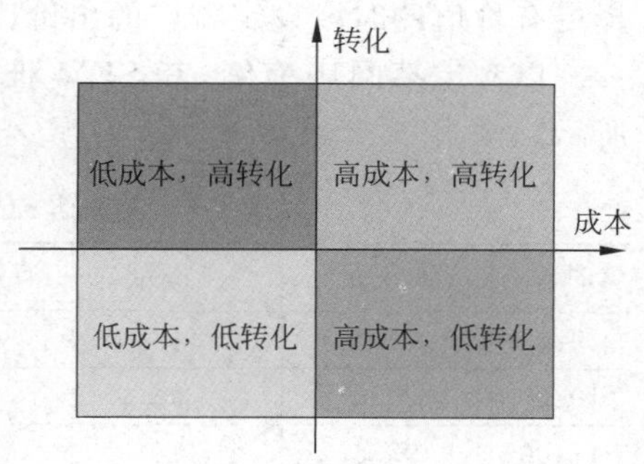

图 6-15　四象限分析法示意图

第一象限：高成本，高转化。在均价合理的情况下，这是非常好的一类关键词，说明容易被顾客看到，容易被点击，容易产生咨询，转化也高。这类词需要重点关注，应该着重关注它的排名，如果均价处在可接受范围，转化成本没有超过预期金额，就不要轻易降价。

第二象限：低成本，高转化。消费低说明展现少或被点击的次数少，转化高即为关键词足够精准。这类词也是应该花时间去关注的词，如果花费低是因为展现太少，就放宽匹配方式，平时多加入一些否词即可；如果花费低是因为点击均价太低，就去查看排名，排名低则尝试提价；如果有排名，还是占位 1～2 名之间，就去查看创意，是否广告创意不太能够打动顾客。

第三象限：低成本，低转化。花费低说明展现少或被点击的次数少，转化低即为流量不精准。这类词可以将操作适当放宽，把匹配模式扩大一些，多加入一些否词。等花费提高以后，再逐步观察点击、对话的效果。如果点击差，则关注创意；如果对话差，则关注落地页。

第四象限：高成本，低转化。花费高说明点击多或点击均价太高，转化低即为流量不精准或关键词本身就是流量词。这类词是导致转化成本过高的原因所在，一定要及时关注。在分析、优化这类词时，先打开搜索词报告，看看该关键词的匹配是否混乱，混乱则将其加入否词，若正常则关注创意、对话是否足够吸引顾客，客服人员的话术是否有问题。如果上述问题均不存在，就要审视点击均价是否过高，过高则降价，合理则缩小匹配范围。

二、SEM 推广计划与推广组优化

SEM 推广计划与推广组优化主要是推广资金分配优化、推广时间折扣优化以及推广地域优化，目的是提高网店的投资回报率（return on investment，ROI）。

（一）推广资金分配优化

推广资金分配优化可以帮助网店控制消费金额，当消费金额大于预算时，账户自动下线并停止推广，因此在推广资金分配设置时，要进行流量与花费的预算。根据搜索词的搜索人气与商品排名，大致预估关键词流量，根据关键词的出价与质量分估算关键词的点击花费，最终估算计划的花费，进行资金的重新分配。

（二）推广时间折扣优化

推广时间折扣优化是指通过出价比例上调或下降来影响关键词出价，实现出价提升或降低，从而控制流量获取能力。建议从以下四个方面入手。

1. 合理利用分时段出价

投放时间段要以数据为标准，建议前期可以投入较为充足的预算，进行全天投入，在投放时间上做严格的数据分析，剔除或者控制流量高但咨询对话效果不佳的时间段。计算哪个时间点击率、转化率高，作为日后投放的参考依据。同时利用分时段出价工具，结合投放经验，选择更有价值的时段设定相应的出价比例。

以淘宝某网店为例，其 SEM 推广账户 9:00—21:00 各时段指标数据如表 6-5、图 6-16 所示。

表 6-5　某网店 SEM 推广账户 9:00—21:00 各时段指标数据

时段	展现量	点击量	消费额/元	转化量	点击率/%	转化率/%	转化成本/元
9:00	7495	113	528.46	12	1.51	10.62	44.04
10:00	8330	97	493.05	32	1.16	32.99	15.41
11:00	9335	114	587.18	45	1.22	39.47	13.05
12:00	2	2	9.26	0	100.00	0.00	—
13:00	9816	190	429.29	7	1.94	3.68	61.33
14:00	11472	125	269.71	15	1.09	12.00	17.98
15:00	12342	131	270.12	14	1.06	10.69	19.29
16:00	11392	124	555.85	26	1.09	20.97	21.38
17:00	9250	86	383.38	18	0.93	20.93	21.30
18:00	6792	180	453.87	17	2.58	9.44	26.70
19:00	5664	38	224.32	4	0.67	10.53	56.08
20:00	5700	86	129.99	7	1.51	8.14	18.57
21:00	675	14	19.78	1	2.07	7.14	19.78

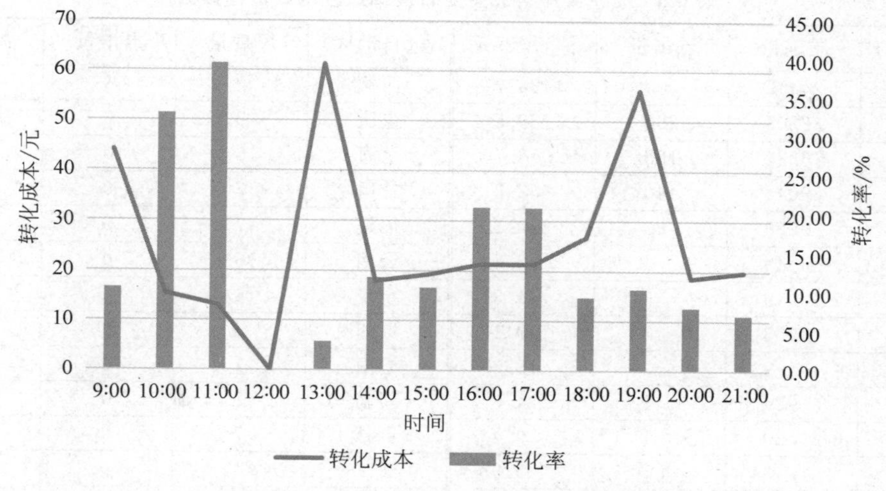

图6-16　某网店SEM推广账户分时段指标数据

从图6-16中可以看出：10:00—11:00、14:00—17:00时段转化率高并且转化成本较低，9:00、13:00和19:00的转化成本较高。针对这一情况，可以采用时段溢价工具来控制时段的消费，降低9:00、13:00和19:00的时段消费，增加10:00—11:00、14:00—17:00时段的溢价，开始溢价不要太高，可以根据推广效果不断地添加溢价，使其达到一个最佳的平衡点。

2. 推广期间安排客服值班

对于竞争激烈、花费较多的行业，投放时间段内最好有客服值班。在资金有限的情况下，建议企业尽量在咨询客服上班时选择投放，或者在休息时间安排专门人员值班。

3. 根据行业需求进行调整

要认真对本行业的潜在客户上网习惯进行深入的分析。周末、重大节日的投放时间应该与周一至周五区分开来。节假日，大家起床时间晚，睡觉时间更晚，导致有些行业的咨询时间相比平时整体后移。有些行业，例如，教育行业，反而在一些重大节日，往往咨询的就非常少。此外，不同的行业，在一年不同季节，需求量会有很大的差别，例如，文化课艺考生文化课培训，咨询量就集中在2月中旬—3月初，其他时间计划可以不用投放。

4. 研究竞争对手推广时段

在预算极其有限的前提下，可以选择竞争压力小、转化率比较高的时段进行投放。好多行业和企业，往往是默认早晨上班(8:00或9:00)进行投放，甚至默认24小时投放，预算使用完毕时就会自动下线，可以选择下午或傍晚上线，竞争压力下，获取更高的排名，也可以降低平均点击成本。

课堂讨论：在进行SEM推广时，有必要研究竞争对手的推广计划吗？

（三）推广地域优化

推广地域优化是账户优化的另一个重点，对于向全国推广业务的网店经营者来说，地域分析是非常重要的。

如表6-6所示，以北京某服务业企业百度推广为例，从后台客户端以“地域”为维度导出数据并经过Excel整理后，形成数据表。

表 6-6　北京某服务业企业百度推广分地域指标数据

省(自治区)	展现量	点击量	消费额/元	省(自治区)	展现量	点击量	消费额/元
河北	24445	304	1426.71	西藏	2	0	0
北京	32205	260	1189.5	重庆	9	0	0
山西	16330	195	915.79	上海	5	0	0
内蒙古	9044	140	653.3	甘肃	3	0	0
天津	9926	80	330.22	福建	7	0	0
广东	49	4	22.32	云南	6	0	0
辽宁	9	3	14.31	宁夏	10	0	0
河南	53	3	13.12	贵州	4	0	0
湖南	9	2	12.87	海南	1	0	0
山东	24	1	4.3	新疆	2	0	0
湖北	10	1	6.43	吉林	7	0	0
陕西	13	1	5.93	浙江	21	0	0
黑龙江	12	1	4.83	江苏	40	0	0
四川	13	1	4.23	安徽	11	0	0
广西	5	0	0	江西	6	0	0

本例中广西、西藏、上海等多个地域只有少量展现量且无点击量，因此，针对数据结果可以进行地域优化。

(1) 停掉业务基本不涉及的地域，只开通业务能涉及的地域。数据显示，位于北京市的该公司在距离远的省份开展业务较少，为节省推广成本，可以考虑停止在这些地域的推广。

(2) 根据推广效果设置推广地域。当推广一段时间后，发现虽然公司业务在该地域有所涉及，但推广效果很差，此时如果关键词、创意等都没有问题，可能意味着公司的商品不太适合该地域，可以减少该地域的推广预算，降低推广成本。

三、SEM 推广关键词优化

SEM 的关键词优化是推广人员每日必做的功课之一，需要根据前期数据分析结果调整 SEM 推广账户中关键词的出价，可以从以下几个角度进行调整。

课堂讨论：关键词选好之后是保持一段时间不变，还是每天都进行优化呢？

（一）关键词调价

顾名思义，关键词调价就是指根据关键词排名和关键词预算情况调整关键词出价。

动画：调整关键词价格，提高搜索排名

（二）关键词删除

对于流量较少的关键词，如果相关性较差，则建议删除。对于相关性比较强的关键词，如果展现量不多，可以提高出价以获取足够展现，然后观察点击情况。如果展现量大但没有点击量，为了避免拉低整个推广计划的点击率，可将这类词删除。

如果提高出价后，关键词展现量和点击量仍然不高，要分析该词本身的搜索人气与点击率，当关键词的点击花费较少时，可以保留；当关键词的点击花费较高时，建议删除。

对于没有流量的关键词，要查看是否设置了广泛匹配导致流量的转移。如表 6-7 所示，某

商品推广关键词“连衣裙女”与“连衣裙”均设置了广泛匹配,“连衣裙女”的综合排名指数为85,“连衣裙”的综合排名指数为95。当买家搜索“连衣裙女”时,由于关键词的广泛匹配,综合排名指数高的关键词“连衣裙”参与竞价排名,在这种情况下,“连衣裙女”引流来的流量会分配给“连衣裙”,导致“连衣裙女”无流量。此时,可以删除关键词“连衣裙女”。

表 6-7　推广关键词综合排名与搜索关联表

关键词	匹配方式	综合排名指数	买家搜索“连衣裙女”时效应	应采取操作
连衣裙女	广泛匹配	85	不参与排名,无流量	删除关键词
连衣裙	广泛匹配	95	参与排名,有流量	保留关键词

(三) 关键词质量分优化

在同样流量需求的情况下,高分意味着花更少的费用可以获得预期的展示位置;在同样出价的情况下,高分意味着获得更靠前的展示位置。质量分本质上与创意质量、相关性和买家体验有密切的关系,因此关键词质量分优化可以从以下三方面入手。

1. 提高创意质量

创意质量可以简化为点击率,点击率除受标题图片的影响之外,还受到关键词的排名情况影响。在淘宝 PC 端搜索结果页,直通车展示位的第 1、2、3 位和第 13、14、15、16、17 位的展示效果较好,所以如果前面三个位置平均点击扣费过高,可以争取到第 13 位。

2. 提高相关度

(1) 属性相关度。可以去流量解析中输入宝贝的中心词,例如,输入四件套,会出现与四件套相关的一些推荐词,可根据其拓展词挑选合适的关键词并将其加入商品属性中。还可以在淘宝搜索框中输入中心词,可将搜索下拉框出现的一些拓展词添加到宝贝属性中。如图 6-17 所示以“行李箱”为例,展示搜索下拉框拓展词。

图 6-17　搜索下拉框拓展词

(2) 详情页相关度。可以通过优化详情页,提高关键词与宝贝详情页的匹配度来提高关键词的质量得分。

(3) 类目相关度。添加的关键词必须与宝贝所放置的类目相符,最好围绕类目的中心词进行拓展,还可以为宝贝设立更加精细的二级类目、三级类目。图 6-18 所示为多级类目示意图。

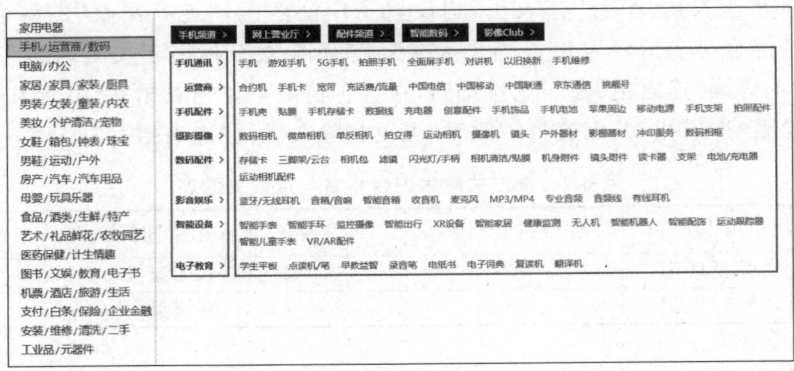

图 6-18 多级类目

3. 提高买家体验

用流量反馈来表示，包括点击转化率、收藏加购数、好评率等。可以把测试后转化比较好的关键词或收藏加购较好的关键词卡在第一位或第二位，引入大量优质流量。还可以根据宝贝的相关属性及受众目标选择投放人群，使得流量投放更加精准。例如，优质访客人群、自定义人群、天气人群等。

四、SEM 推广创意优化

创意是竞价推广控制流量非常重要的一个环节，但对于很多推广人员来说，创意撰写是一件颇有难度的事，如何才能写出高点击率的创意呢？下面就跟大家分享几个 SEM 推广创意优化小技巧，即飘红、通顺、相关和吸引。

1. 实现创意飘红

创意飘红是指在用户搜索关键词时，展现相应创意中的标题、描述中部分文字显示为红色字体。适当使用创意飘红，可以有效吸引用户点击。飘红可以通过通配符飘红和字段飘红两种方式实现。首先，在创意中合理、适当地插入通配符后，通配符位置会飘红显示，使展现结果更醒目，从视觉上提升吸引力，从而提升质量分。其次，当创意中的词语与用户的搜索词一致或同义时，会形成该相同字段的飘红，同样可以提升吸引力，提升质量分。如图 6-19 所示为百度推广创意飘红展示举例。

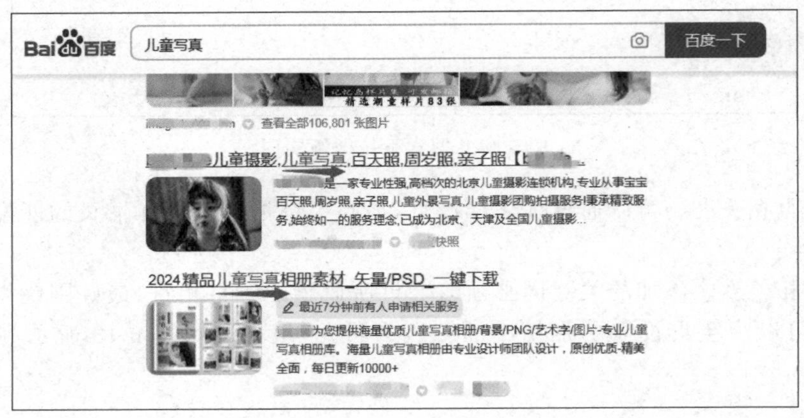

图 6-19 百度推广创意飘红

2. 提高创意通顺度

通顺的创意，点击率更高，质量分也会更高。

3. 优化创意相关性

创意相关性包括词相关和网页相关。词相关是指创意围绕推广关键词撰写，吸引客户点击。网页相关是指网页与创意相关，用以留住潜在客户。

在进行创意优化时，可以添加推广关键词列表中的关键词。例如，"海边度假雪纺连衣裙女装新款潮流裙子夏季高腰法式淑女裙子"添加推广关键词时，添加的关键词为"连衣裙女装雪纺""高腰连衣裙"，在优化创意时，可以将"高腰连衣裙女装雪纺"添加到创意标题中，此时需要注意以下三点。

(1) 添加与商品相关的搜索人气、点击率、转化率高的关键词。这样的词竞争激烈，市场平均价格高，商家想要获得较高的排名需要较高的出价，点击花费也会相对较高，因此，可以通过创意优化提高此类关键词的质量分，降低关键词的点击花费。

(2) 添加质量分低的关键词。将关键词添加到创意中，可以提升关键词的质量分。

(3) 添加质量分相对较高的关键词。部分关键词的质量分相对较高，可以通过创意增加这部分关键词，提升关键词质量分，力争以相同的花费获得更高的排名。

4. 优化创意吸引力

由于用户的搜索行为习惯往往是会变化的，因此创意的吸引力也是相对的、不断变化的，只有不断尝试、持续优化，才能保持优势。提升创意吸引力可以从创意形式和创意内容两个方面进行考虑。

创意形式可以通过优化语句结构和规范标点符号的使用来提升(表6-8)：优化前语句为"图书网店运营推广—SEM推广—促销仅售34.2元，7折"，优化后为"买正版《网店运营推广》来××网，7折货到付款"。显然，优化后去除不必要的冗余信息，并增加了品牌"××网"信息，重点内容一目了然。对书《网店运营推广》使用书名号，符合阅读习惯。

表6-8　创意形式

搜索词	优化前	优化后
网店运营推广	图书网店运营推广—SEM推广—促销仅售34.2元，7折	买正版《网店运营推广》来××网，7折货到付款

商法同行　电子商务法律、法规要求在电子商务平台销售正版图书，严厉打击互联网销售盗版出版物的违法行为。

创意内容可通过合理运用品牌影响力、考虑行业特殊属性、提升内容丰富程度以及展示商品或服务的独特优势等方式实现。如表6-9所示，对品牌实力强的商品，爱奇艺就要突出品牌名称；对品牌实力较弱的商品，如××粉底，需弱化具体品牌宣传。

表6-9　创意内容提升

搜索词	优化前	优化后
爱×艺	海量视频，精彩呈现	爱×艺，高清影视剧在线观看
××粉底	××牌粉底，独家销售，古传秘方	纯天然粉底，粉底中的精品，有效遮瑕美白

另外,不同行业有不同的属性,紧扣用户关注焦点(表6-10)。图书出版业侧重于正版,3C行业侧重于正品和联保,珠宝、首饰等贵金属行业侧重于质量保证等。

表6-10 3C行业创意提升

搜 索 词	优 化 前	优 化 后
2024新款手机	手机网购,就上××网	2024新款手机,超高配置,100%正品行货,全国联保,送货上门

课堂讨论: 飘红、通顺、相关和吸引四种创意优化方法,你认为哪种方法最有效?

五、SEM人群溢价优化

SEM人群溢价是指为指定的流量定向加价,包括访客定向、兴趣点定向或群体,简单地说,就是商家针对特定人群提高关键词出价,因此也叫人群搜索溢价。SEM人群溢价优化的目的是带来更精准的流量,在保证有高点击率的同时,不断提高转化量。以淘宝直通车为例,人群溢价公式为人群出价=关键词出价×(1+溢价比例)。如关键词出价1.00元,溢价比例50%,人群出价=1×(1+50%)=1.5(元)。SEM人群溢价优化时常用策略有以下三种。

动画:人群不同,出价和溢价如何选择

1. 低出价、高溢价

低出价、高溢价是指关键词出价低,人群溢价高。商家清晰地知道自己的目标人群属性,可以对精准人群出价,过滤不必要的点击量和展现量,帮助提高点击率。在预算不够的时候,把钱花在需要的地方。这种策略适用于以下场景。

(1)活动推广。活动预热期可加大对核心客户与潜在客户的投放,并提高溢价比例。因为预热时的自定义人群后续会转化成店里浏览未购买或加购收藏的访客。

(2)老客户维护。圈定人群时要不断维护店铺老客户,保证稳定的溢价,以获得老客户的持续关注,溢价幅度可结合关键词的出价而定。同时还要关注浏览、收藏、加购的访客,这类客户意向性强,溢价幅度也可以适当提高。

(3)非标品的类目商品。非标品对匹配人群要求比较高,在关键词出价时,可以出一个相对比较低的价格,控制搜索结果在4~6条位置,再通过人群溢价的方式进行引流。

2. 高出价、低溢价

高出价、低溢价是指对关键词进行较高的出价,人群溢价比例较低,甚至不进行溢价。一般来说,高出价会带来高排名,这种出价方法对于直通车的影响最低,关键词流量较稳定。这种策略适用于以下场景。

(1)新手网店经营者。新手网店经营者在不明确店铺人群时可采用这种办法,缺点是花费较高,可根据推广后的店铺的人群画像重新定向目标人群,提高目标人群的出价。

(2)人群测试。人群是SEM推广提升权重的关键,根据前期商品和人群定位等数据分析,可对每个关键词单独进行测试,测试完成后,再砍掉或降低不精准人群出价,然后考虑溢价和原始出价。例如,针对女装类商品,可以按照"性别+年龄段+类目笔单价"分层设置,两两匹配,这类人群标签组合得越精准,数据测试结果越好,转化率上升越快。

(3)标品的类目商品。如果商品是标品,就可以出高价保证商品在前三名位置,然后采用高出价、低溢价的方式。在网店积累了一定的忠实消费者后,可以适当地提升人群溢价的比例。

3. 正常出价、慢慢加溢价

正常出价、慢慢加溢价是指逐步提升关键词溢价，其原理是通过逐步溢价，提高精准人群排名，提高点击率，圈定精准人群标签入池。这种策略适用于以下场景。

(1) 小类目的非标品店铺。尤其适合新店、新品、流量比较少、层级比较低、商品行业搜索流量都比较少的小类目。这类店铺的全年销售额通常比较平稳，没有明显的淡旺季，且搜索转化率比较低。

(2) 精准人群圈定。把优质店铺的访客、资深淘宝天猫的访客人群进行溢价测试，通过3～5天的数据对比，把转化差、无收藏、未加购的人群暂停删除，对点击率高、转化好的人群适当提高溢价；对点击率高、花费高、投资回报率一般的人群适当控制溢价，后续通过小幅度降低关键词出价、降低高花费人群溢价的方式去降低按点击付费的价格。

法制新思想

刘某系职业画家，创作了大量热门原创漫画人物，其发现高宝化妆品(中国)有限公司(以下简称高宝化妆品)未经许可使用刘某创作的作品制成商品广告链接，在浙江淘宝网络有限公司(以下简称淘宝网络)进行传播发布，点击侵权广告即进入高宝化妆品的店铺和商品宣传页，该页面中也存在侵权内容。刘某认为，高宝化妆品利用其创作的作品在淘宝显著位置进行展示宣传，其目的是为商业广告使用，获得商业利益和品牌宣传效果。侵权广告是淘宝网络借助于"直通车"软件服务进行发布，淘宝网络作为广告发布者对于其发布的广告具有严格审查义务，且其与高宝化妆品均是侵权广告的共同获益主体，应对侵权广告承担连带责任。

法院认为，刘某是涉案人物头像画作者，依法享有著作权。高宝化妆品用以商业宣传的商品图片中使用的人物头像与刘某涉案作品相比，构成实质性相似，因此，高宝化妆品侵犯了刘某对涉案作品所享有的信息网络传播权、保护作品完整权和署名权。淘宝公司为满足商家提升其店铺、宝贝曝光率、吸引买家注意力的需要，向淘宝商家提供有偿的淘宝"直通车"软件服务。这种服务本质属于根据关键词利用互联网技术进行的信息定位搜索的一种网络服务行为。

"直通车"本质就是一款收费的站内搜索产品，是淘宝、天猫等电商平台上提供给商家的一款信息推广软件，按照《中华人民共和国广告法》第二条第一款规定的字面理解，搜索引擎服务商提供的"竞价排名"推广服务属于广告性质。市场竞争中的经营者，应当遵循诚实信用原则、遵守公认的商业道德，不得不正当地利用他人的劳动成果谋取市场交易机会。案件审理要充分发挥司法判决的价值导向作用，向社会传达公平正义的价值取向，弘扬社会主义核心价值观，最大限度地实现法律效果和社会效果的统一。

资料来源：https://www.sohu.com/a/107805991_195414.

前沿在线

按照广告商品类型，关键词搜索广告可分为站内形态和站外形态，站内关键词搜索广告主要是指购物类搜索广告系统，代表着各大电子商务平台内部搜索广告；而站外关键词搜索广告包括信息类和垂直类搜索广告系统。

信息类搜索广告系统是指根据信息检索关键词提供广告展位的系统，主要包括百度搜索广告、360点睛实效平台、搜狗智能营销平台、Google AdWords等；垂直类搜索广告系统是指专注于特定行业领域内容的平台所提供广告展位的系统，如专注于个性化信息推广的今日头条、专注于团购的美团搜索推广等。以今日头条为例，其作为信息流广告行业的领军者，积累了大量的数据及模型经验。

项目小结

本项目首先介绍了SEM推广的概念、作用，以及SEM广告的排序机制与扣费模式，对SEM推广进行初步探知。其次，详细介绍了包括关键词策略、创意策略、推广计划与推广组策略、人群定向策略、地域时段策略等在内的多种SEM推广策略方法。最后，为保证推广工作的成功开展，需科学、有效地搭建SEM推广账户，选定恰当的关键词进行添加并合理出价，且需借助数据分析工具进行效果分析和优化。

知识巩固与提升

一、单项选择题

1. 以下关于淘宝直通车的描述不正确的是（　　）。

A. 淘宝直通车是为专职淘宝网店经营者量身定制的

B. 按点击付费

C. 网店经营者可以用直通车进行关键词推广，不能进行人群定向

D. 包含标准推广和智能推广等不同的推广计划类型

2. 从竞价方式来看，SEM推广通常采用的竞价方式是（　　）。

A. 关键词竞价　B. 人群标签竞价　C. 广告位竞价　D. 广告时段竞价

3. SEM推广账户结构一般分为四个层级，从高到低依次是（　　）。

A. 推广计划、账户、推广组（推广单元）、关键词与创意

B. 推广计划、推广组（推广单元）、账户、关键词与创意

C. 账户、推广计划、推广组（推广单元）、关键词与创意

D. 账户、推广组（推广单元）、推广计划、关键词与创意

4. 设置宽松精准匹配时，广告主购买关键词为连衣裙长款，用户查询长款连衣裙结果是（　　）。

A. 完全相同，有展现机会　B. 不完全相同，无展现机会

C. 交换顺序，有展现机会　D. 完全相同，一定展现

5. 不同的匹配方式有不同的特点，设置（　　）可以实现精准引流。

A. 固定匹配　B. 广泛匹配　C. 精准匹配　D. 定向匹配

6. 在对SEM人群溢价优化时，不适用“低出价、高溢价”策略的场景是（　　）。

A. 人群测试　B. 老客户的维护

C. 活动推广　D. 非标品的类目商品

7. 推广计划与推广组的优化不包括（　　），目的是提高网店的ROI。

A. 推广资金的分配优化　B. 推广时间折扣的优化

C. 推广地域优化　D. 推广计划与推广组名称的优化

8. 淘宝直通车人群溢价公式为（　　）。

A. 人群出价＝1×（0.1＋溢价比例）　B. 人群出价＝0.1×（1＋溢价比例）

C. 人群出价＝1×（1＋溢价比例）　D. 人群出价＝0.1×（0.1＋溢价比例）

二、多项选择题

1. 关于SEM账户结构的描述正确的是（　　）。

A. 推广组上接计划下连关键词和创意

B. 推广计划是管理关键词/创意的大单位，建立推广计划是设计账户结构的第一步

C. 关键词层级设置是指对关键词状态、出价、匹配模式、访问URL、移动访问URL、暂停、激活、监控、转移等进行设置

D. 推广计划层级设置是指对计划状态、预算、设备、推广地域、推广时段、否定关键词、创意展现方式、个性化推荐进行设置

2. 购物搜索广告系统是指电子商务平台根据商品检索关键词提供广告展位的系统，以下属于购物搜索广告系统的是（　　）。

A. 淘宝直通车　　B. 亚马逊PPC　　C. 敦煌流量快车　　D. 京东快车

3. 关于质量分的描述正确的是（　　）。

A. 降低关键词点击花费

B. 排名更靠前

C. 限制推广结果的展现资格

D. 当质量度分偏低时，推广结果可能无法展现，或者展现概率低

4. 关键词质量分本质上与创意质量、相关度和买家体验有密切的关系，其中相关度包括（　　）。

A. 与买家好评率的相关性

B. 与商品标题属性的匹配相关度

C. 与商品详情页之间的匹配相关度

D. 与类目的相关性

5. 以下技巧中，能够提高创意质量的是（　　）。

A. 减少创意的飘红　　B. 提高创意通顺度

C. 优化创意相关性　　D. 优化创意吸引力

6. 在确定SEM账户的优化方向时，可以从（　　）维度进行分析。

A. 时段　　B. 设备　　C. 推广计划　　D. 关键词

三、简答题

1. 关键词质量分的影响因素有哪些？

2. 人群溢价的原理是什么？

3. 在进行SEM推广中，关键词在添加的时候有哪些技巧？

4. 在SEM推广账户优化过程中，可以从哪些维度进行考虑？

四、案例分析题

“巷林烤肉”关键词设置侵权案

被告内蒙古某科技公司未经原告许可将案涉商标“巷林烤肉”作为其网页广告宣传和推广链接的关键词，用户点进去看到的并不是“巷林烤肉”的内容，而是科技公司推广的其他产品。网民如果以“巷林烤肉加盟”为关键词进行搜索所得排名第二位的搜索结果为该科技公司网站的链接，且标题为“巷林烤肉加盟 诚招城市合伙人 合作联营”，网页内容亦为烤肉加盟，容易导致相关公众对巷林烤肉与被告公司所推广的产品产生混淆和误认。致使本想通过“巷林烤

肉加盟"关键词搜索巷林烤肉的网络用户进入被告公司网站。

由于被告网页内容具有商业广告的性质，如此做来可以提升被告公司网络推广和宣传产品的曝光率，为被告公司所推广的产品创造和提供更多的商业机会和交易的可能性。

问题：

(1) 在该案例中，被告某科技公司侵犯了原告方什么权利？

(2) 未来各方在网络推广过程中应如何调整，避免此类事件的发生？

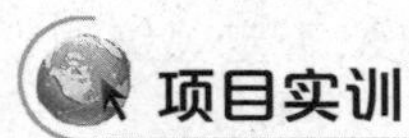

项目实训

使用直通车推广网店新品

一、实训目标

在掌握网店推广的知识基础上，通过具体应用加深对网店推广方式的认识和理解，进而提升实战技能，为自己所开设网店进行直通车推广。

二、实训要求

(1) 根据网店现实状况，掌握直通车推广的常用方法，制订合理的推广计划。

(2) 针对所推广新品，设定恰当的关键词匹配方式，选定关键词并设置关键词出价。

(3) 制定合理的 SEM 推广策略，包括推广账户和最广组搭建、关键词策略、人群溢价、地域时段等，将该商品推广至精准人群。

三、实训分析

直通车是现在许多淘宝、天猫卖家常用的付费推广方式，在买家主动搜索时展现在最优位置，点击后才会付费。在实际推广之前，需对自身店铺、商品、系统平台、目标用户足够了解，掌握必备的直通车推广技巧，尽可能避免浪费推广费用。

四、实训步骤

(1) 登录卖家中心，单击"营销中心"旁边箭头，在打开的菜单里面，单击"我要推广"模块，在打开的页面上，单击"直通车"按钮。

(2) 在打开的淘宝直通车页面上，单击"推广计划""标准推广""新建推广计划"按钮，在推广计划名称框内，根据作用和目标为这个直通车推广计划起对应名称，单击"提交"按钮。

(3) 单击"推广计划""标准推广"按钮，即可看到刚建立的推广计划，单击进入，在打开的直通车推广计划页面里，可以设置每天的推广费用限额、计划投放哪些平台、投放的时间段、投放的地区等相关项。

(4) 设置好以上信息，再单击"推广计划""标准推广"按钮，回到页面，单击右边的"新建宝贝推广"按钮，指定用来做淘宝直通车的对应商品，再选择是用来做日常销售还是测款，编辑创意内容。

(5) 单击"添加更多关键词"按钮，然后在打开的窗口里，先点击需要加的关键词，再选择它的匹配方式，再设置好点击价格，单击"确定"按钮。

(6) 都设置完整后，单击下面的"完成推广"按钮。

通过以上步骤，可完成店铺中一个要用来做淘宝直通车的商品设置，在这个账户内充值有余额的情况下，商品在淘宝直通车上就会有效。

项目七

扬帆远航，精准触达的高效渠道——信息流推广

移动互联网时代下，信息流已成为用户获取信息的主阵地，信息流广告也正在成为移动互联网时代的主流营销方式。信息流广告不仅具有传统广告形式所缺乏的自然性和亲和力，而且还能够通过数据分析实现更好的投放效果。本项目从信息流推广概述、信息流推广策略制定、信息流推广账户搭建、信息流推广账户优化四个方面介绍信息流推广。

知识目标

- 理解信息流推广各基本概念。
- 了解信息流推广的竞价机制。
- 理解信息流的底层构架与逻辑。
- 了解投放策略、受众定向策略、资源位策略、创意策略、资源位选择与出价。
- 了解信息流人群定向设置的各个方面。
- 知道如何进行信息流的创意制作以及信息流的落地页制作。
- 了解并熟悉信息流账户优化的思路和方法。
- 了解并熟悉信息流人群定向与出价优化。
- 知道如何进行信息流创意优化以及信息流落地页的优化。

能力目标

- 能根据人群定向标签进行个性化推荐。
- 能计算预估收益。
- 能计算实际扣费金额。
- 能对信息流推广进行科学的目标分析。
- 能制定恰当的投放策略、受众定向策略、资源位策略、创意策略，并且选择合适的资源位进行合理出价。
- 能综合分析信息流账户搭建的思路。
- 能设置信息流的人群定向。
- 能够进行信息流的创意和落地页的编辑制作。
- 能对账户优化设计可行性思路方案。

- 能够分析信息流账户数据。
- 能够对人群定向、出价、创意及落地页进行优化完善。

素养目标

- 锻炼实际计算能力。
- 养成良好的对工作认真负责的态度。
- 锻炼对问题的综合分析能力。
- 培养对问题整体把握调控的大局观。
- 培养审美意识和创造力。
- 强化实际动手操作能力。
- 培养创造性思维和设计策划能力。
- 培养踏实勤奋工作的基本素质。
- 提升实践动手操作能力。
- 提升数据分析与应用能力。
- 提升文案编辑能力。
- 强化创新意识，培养审美意识。

思维导图

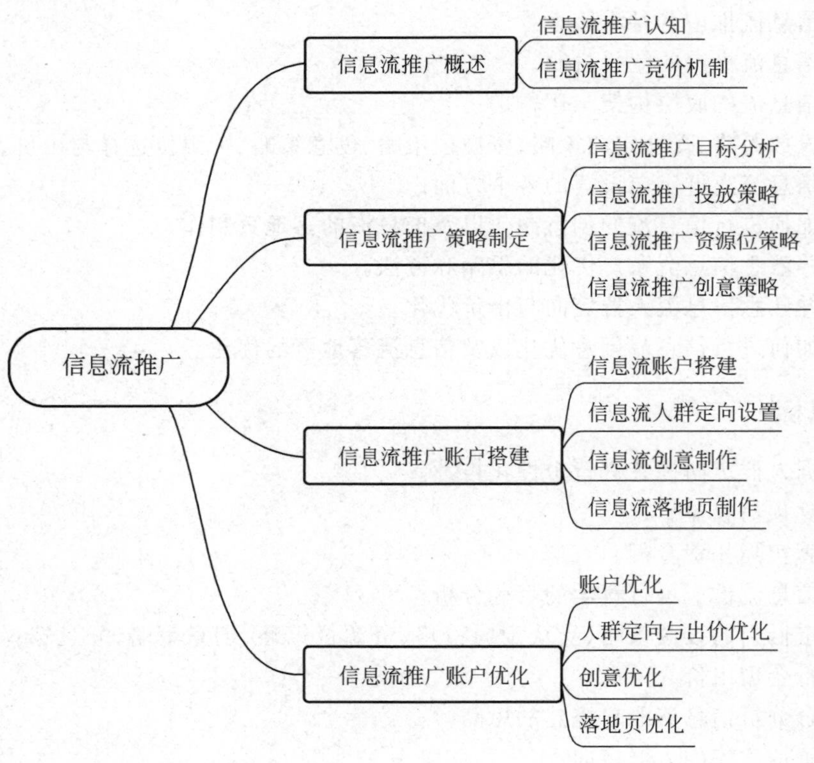

任务一　信息流推广概述

看新型流量洼地小红书，如何制霸信息流广告

信息流广告是一种借助大数据技术达到精准投放的原生广告形式，其在内容与形式上自然地契合媒介信息内容，具有一定的互动性。中国的信息流广告在过去几年内发展迅速，2021 年信息流广告收入接近 3000 亿元，2022 年第一季度信息流广告收入的增长率不断上升。在如今经济时代背景下，“流量”越来越成为各大媒介平台关注的核心，如何获得更多的受众“流量”并通过受众“流量”获得相应的收入成为投放客户考虑的主要问题。

随着国民经济和网络购物的发展，在新的经济和市场条件下成长起来的年轻群体对消费有着新的理解，也由此产生了更高标准、更个性化的消费需求。小红书 App 中 80%以上的用户为女性，在我国 20～60 岁的女性消费者人数超过 5 亿，具有巨大的消费潜力。据统计，目前小红书 App 注册用户超过 4 亿，月活跃用户突破 1 亿大关，成为中国最大的生活方式分享型 App。

在小红书 App 上，消费者可以在商城购物，浏览其他消费者的购物心得，消费者自身也可以作为笔记和视频发布者来分享个人的消费体验，可以帮助其他消费者进行消费。小红书 App 的社区传播的分享性是独一无二的，大量的年轻用户习惯性通过小红书搜索笔记获得购物信息和优质产品，相比其他媒介平台和购物平台，消费者在小红书 App 上看到的广告产品更愿意去购买尝试，而且在使用之后也倾向于进行分享，能够为信息流广告中的品牌和商品带来更多的消费转化率。小红书强大的社区分享性和信息流广告与媒介内容高度融合的特点，其他媒介平台很难做到。

资料来源：https://baijiahao.baidu.com/s?id=1736122158658785968&wfr=spider&for=pc.

案例分析：信息流广告主要有以下特征：信息流广告内容自然融入各大 App 信息流中，并与发布广告的平台信息具有一定的吻合度；由广告主在媒介平台基于技术算法，选择性地推送到特定受众面前，受众能基于特定平台的使用行为与信息流广告进行一定程度的互动。信息流广告能够凭借个性化选择性定向推送来降低广告经营成本，提高广告效力，并有效推广产品信息。信息流广告三个核心的关键点：一是广告内容的原生性，能够融洽地与媒体信息结合；二是赋予受众一定的广告选择权，用户在广告接收时能够选择性接触或者选择性回避拒绝部分厌烦的广告内容；三是大数据、人工智能驱动的广告精准投放。

小红书 App 信息流广告利用大数据技术通过收集和用户读取海量数据信息制成用户画像，并进行个性化的广告信息推送，利用自身媒体强大的社交性制造沉浸化的用户广告环境，通过社交媒体用户的圈层化传播进行广告和产品分享，移动设备是小红书 App 信息流场景广告的物质载体，通过移动设备所携带的传感器设备和定位系统更准确地捕捉到用户实时的场景需求和需求变化，通过内容营销和社群传播等方式进行场景建构，在场景中增强与用户的互动，以用户需求为中心，满足用户的个性化需求和情感需求。相较单一的传统广告，信息流广告明显更能获得用户的认同，从而使产品转化效果得到提高。

价值领航

(1) 信息流推广账户的搭建要富有逻辑性，体现了条理清晰、思路明确的重要性。

(2) 信息流推广要进行人群定向，体现了以人为本、实事求是的重要性。

(3) 信息流产品周密的底层架构不仅会在展示面、跳转面、交互面和数据面形成强大的生态动力，而且为整个信息流产品的开放流量与接入流量提供源源不断的动力，体现了协作配合、相辅相成的重要性。

(4) 发展是一个不断变化的进程，发展环境、发展条件都不会一成不变。贯彻新发展理念对于全面建设社会主义现代化国家、全面推进中华民族伟大复兴具有重大意义。

一、信息流推广认知

学习信息流推广，首先要了解信息流广告。信息流广告是信息流里穿插出现的广告。信息流广告以文字链、图片、短视频等夹杂在用户浏览的信息中，与所处的环境贴合，被认为是最不像广告的广告。运营商通过各种渠道获取用户的行为数据及兴趣数据，再基于大数据算法，将广告与用户的兴趣和需求进行匹配，然后有针对性地将广告推送到用户面前。信息流广告有三个主要特点。

1. 算法推荐

通过大数据描绘多维度用户画像，通过人群标签精准定向理想受众，把合适的信息在合适的场景推送给合适的人。

动画：朋友圈广告是信息流推广吗

2. 原生体验

广告与内容融合在一起，用户操作和阅读时无强行植入感受，实现商业和用户体验的良好平衡。

3. 互动性强

用户可以参与互动，根据平台的特性可以自发进行广告的多维传播，持续影响潜在受众，如微博的转发、朋友圈的点赞。信息流广告示例如图 7-1 所示。

(a) 信息流小图

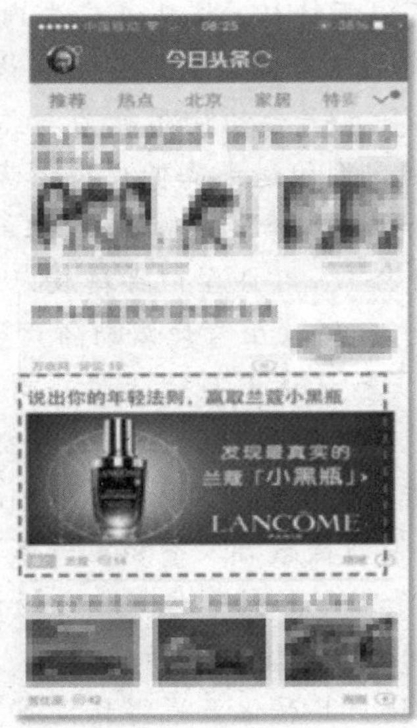

(b) 信息流大图

(c) 信息流视频广告

图 7-1 信息流广告

其次要理解信息流推广。信息流推广是指通过信息流渠道把信息流广告精准推荐给用户的过程。推广过程是在合适的时间、合适的场景把合适的广告推荐给合适的人群，这就需要推广账户对推广过程进行管理。

二、信息流推广竞价机制

信息流广告一般采用实时竞价，利用第三方技术在数以百万计的网站上对每一个用户展示行为进行评估并出价。广告平台每展现一次，系统都要在很短时间内完成广告的竞价排名，决定要展示的广告。简单地说，就是把每一个用户每一次的页面浏览进行拍卖，实现互联网广告的智能化、精准化、实时性投放。以下从信息流广告触发机制、排名机制和计费机制三方面系统介绍信息流广告的竞价机制。

微课：
信息流推广竞价机制

（一）触发机制

触发机制是指广告被用户看到并点击的逻辑。系统通过各种定向方式引发用户点击广告，具体过程可以分解为以下六个流程。

（1）用户访问媒体平台浏览信息。

（2）媒体平台收集用户兴趣等信息，并将其发送给广告交易平台。

（3）广告交易平台向多家需求方平台发送竞价请求组织竞价。

（4）需求方平台发送竞价响应给广告交易平台。

（5）广告交易平台开展竞拍。

（6）媒体平台将赢得竞拍的广告展现给用户。

（二）排名机制

实时竞价排名机制是广告展示的预估收益（ECPM），即每1000次展示可以获得的广告收入，ECPM值越高，排名越靠前。用户每次刷新页面后，排名顺序会进行新的排列。

$$\text{ECPM}=\text{出价}\times\text{预估点击率}$$

各个平台对预估点击率的定义基本相同，简而言之，就是给某个用户推送一个广告，该广告被点击的概率。但具体算法规则，各个平台间略有差异。下面以今日头条为例分析影响预估点击率的因素。

1. 预估点击率排名影响因素

预估点击率排名影响因素包括创意历史点击率、创意相关性、落地页相关性和其他影响因素。

（1）创意历史点击率：数值越高，目前创意的预估点击率就越高。

$$\text{点击率}=\frac{\text{点击量}}{\text{展现量}}\times 100\%$$

（2）创意相关性：创意图片和创意标题文字是否能有效地组合，共同突出产品信息，为了保证排名，要经常更换创意内容，满足用户的浏览体验。

（3）落地页相关性：落地页内容和创意内容的相关性、落地页的打开速度、用户在落地页的停留时间等都会影响落地页相关性。

（4）其他影响因素：账户的历史表现、推广商户的信用值等也会影响预估点击率排名。

2. 出价方式

影响 ECPM 值的另一个因素是出价方式，出价方式主要包括以下七种。

(1) CPM(cost per mille)：千人展示成本，即广告被展示 1000 次所需要的费用。

(2) CPC(cost per click)：单次点击成本，即广告被点击一次所需要的费用。普通竞价 CPC 是最常规的点击竞价方式，可以简单理解为出价越高，广告位置越靠前，获取的优质广告资源越多。

(3) CPA(cost per action)：单次行为成本，按转化量付费。

(4) CPV(cost per view)：有效播放成本，播放达到一定时间开始计费。

(5) CPT(cost per time)：按时长付费。

(6) OCPM(optimized cost per mille)：目标转化成本，按点击展示付费。

(7) OCPC(optimization cost per click)：目标转化成本，是经过优化的 CPC，仍按点击量付费，但采用更科学的转化率预估机制，在帮助企业获取更多优质流量的同时提高转化率。

3. 出价方式与预估收益

设置不同的出价方式，对应的 ECPM 的计算公式也有区别，如表 7-1 所示。

表 7-1　不同出价方式对应的 ECPM

出价方式	ECPM 计算方式
CPM	ECPM＝CPM 出价
CPC	ECPM＝预估点击率×出价×1000
OCPM/OCPC/CPA/CPV	ECPM＝预估点击率×预估转化率×目标转化率出价×1000

如果创意质量没有问题，但出价方式或出价金额不合理，也会降低创意展现量，提高转化成本，这就需要在账户中根据推广目标进行选择。

商法同行　信息流推广的出价方式种类众多，进行出价时应具体问题具体分析，要根据推广的不同情况采取不同措施，不能一概而论。

（三）计费机制

信息流竞价广告计费遵循下一名计费制，下面以今日头条为例学习平台的计费机制，见表 7-2。

表 7-2　今日头条计费机制

出价方式	计费公式
OCPM/CPM	下一名 ECPM＋0.01
OCPC/CPC	下一名 ECPM/(预估点击率×1000)＋0.01
CPA/CPV	下一名 ECPM/(预估点击率×预估转化率×1000)＋0.01

不同出价方式有不同的计算公式。例如，六家企业针对同一类目标人群共同竞价，每家企业根据自身推广需求设置了不同的出价方式，排名的先后顺序按不同的竞价排序公式计算，得出表 7-3 中 ECPM 数值和排名结果。

表 7-3　不同出价方式计费案例展示

企业	出价方式	出价/元	预估点击率/%	预估转化率/%	ECPM/元	排名	实际扣费/元	计费方式
A	CPC	1.1	1.3	—	14.3	2	0.97	按点击量计费
B	CPM	9	—	1.2	9	5	8.02	按展示量计费
C	CPC	0.89	0.9	—	8.01	6	—	按点击量计费
D	OCPC	25	1	5	12.5	3	1.21	按点击量计费
E	CPA	300	0.8	0.5	12	4	225.01	按转化量计费
F	CPA	70	1.6	2.1	23.52	1	42.57	按转化量计费

下一步根据排名顺序和企业出价方式计算最后的实际扣费金额。把表 7-3 数据排序后进一步拆解计算过程，见表 7-4。

表 7-4　实际扣费金额

排名顺序	企业	实际扣费计算过程
1	F	14.3÷(1.6%×2.1%×1000)+0.01=42.57(元)
2	A	12.5÷(1.3%×1000)+0.01=0.97(元)
3	D	12÷(1%×1000)+0.01=1.21(元)
4	E	9÷(0.8%×0.5%×1000)+0.01=225.01(元)
5	B	8.01+0.01=8.02(元)
6	C	—

上述案例中，最后一名的价格因为公式中的分母缺失，所以是未知的，从而导致运算失败，在实际工作中，此企业的实际付费金额也是小于或等于出价的，并非不收费。

案例中 D、E、F 三个客户的投放目标都是获取转化，但 D 客户转化成本最低，原因是系统给予 D 客户更高的预估点击率和预估转化率。因此，在信息流推广中，系统判定的预估点击率和预估转化率的高低会直接影响最终转化成本的高低。

课堂讨论：收集相关资料，描述百度平台信息流推广的计费机制。

任务二　信息流推广策略制定

小红书营销案例，看品牌如何种草年轻人
——米蓓尔王牌爆款"蓝绷带"的成名之旅

米蓓尔蓝绷带涂抹面膜围绕小红书护肤全场景，小红书信息流广告和小红书搜索广告双管齐下，提升单品破圈力，登顶电商平台涂抹面膜热销榜第一位。那么米蓓尔蓝绷带成功营销的推广秘籍是什么呢？

1. 洞察产品机会

通过小红书数据发现，在护肤场景中，去黄提亮、素颜、补水、修复是四大高热度场景，且当下热播剧频出，"熬夜追剧"是女生护肤的热门场景之一。基于此，米蓓尔围绕护肤全场景需求进行覆盖，解锁不同场景下的产品机会。

2. 定义产品策略

在赛道策略上，米蓓尔通过对涂抹面膜品类多个细分场景覆盖，持续打造产品优势。在场景策略上，结合站内高热护肤场景、绑定小红书站内热门话题“李××推荐”打造超级单品。在投放策略上，信息流和搜索双管齐下，提升超级单品破圈力。

3. 击穿品类赛道

围绕电商节点，米蓓尔进行内容到运营再到电商一体化作业，在大促前错峰上架优质内容，并通过电商平台数据反哺内容优化和运营。在信息流投放上，通过聚光平台 DMP 人群包，触达目标人群；在搜索页，触达全场景需求和李××相关搜索，实现高效转化。

4. 沉淀品牌资产

米蓓尔蓝绷带成为小红书涂抹面膜月搜索 TOP 1，搜索增长 50%，站内超级单品热度外溢效应显著，在“6·18”期间，米蓓尔蓝绷带在电商平台搜索量暴增 186%，并登顶涂抹面膜热销榜第 1 位。

资料来源：https://xhs.juxuan.net/x/zx/674.html.

案例分析：米蓓尔王牌爆款“蓝绷带”的推广案例精准定位了营销人群、内容和创意，将产品恰到好处地植入到小红书中，以丰富多彩的形式推荐给粉丝。作为小红书涂抹面膜月搜索 TOP 1，米蓓尔王牌爆款“蓝绷带”正在创造着信息改变产品命运的故事。

价值领航

(1) 信息流推广分析过程中，要对竞品进行分析，体现了知己知彼的竞争之道。

(2) 调查研究是谋事之基、成事之道。只有通过调查研究，才能认清事物本质、把握事物发展规律。

(3) 信息流推广分析过程中，要具体情况具体分析，针对不同的具体情况，需要采取不同的分析和处理方式，而不是一概而论或套用通用的处理方法。

(4) 信息流创意文案的撰写及广告展示样式的制定，体现了勇于创新、精雕细琢的工匠精神。

(5) 信息流创意文案的撰写要实事求是，不能胡编乱造，避免违反法律、法规。

(6) 创意图片要合理使用，不能侵犯原摄影作品、原图的版权。、

一、信息流推广目标分析

信息流推广策略涉及渠道选择、产品定位、人群需求等多方面内容，因此，在制定信息流推广投放策略之前，需要从渠道、产品、人群三个方面进行分析。

微课：
信息流推广目标分析

(一) 渠道分析

目前市场上可选择的信息流渠道越来越多，例如，今日头条、抖音、百度信息流、腾讯信息流、微博、知乎等。

1. 今日头条

今日头条是一款基于数据挖掘的推荐引擎产品，是目前国内最大的资讯类信息流平台。优点：算法成熟，关键词定向，有移动建站便捷性强，支持 CP。用户每日在线时间长超过 76 分钟，可实现 5 秒快速推广、10 秒更新用户模型，确保广告投放更精确。缺点：虽然展现量

高，点击量大，但转化率以偏中低为主。建议投放理财、生活、游戏、App 等行业广告，根据导航栏的分类进行。

2. 抖音

抖音是目前最火爆的短视频 App，通过用户观看的视频去记录用户的行为，不断地给用户定义标签，在产品推送上实现了千人千面的营销高度。同时，抖音支持从视频广告点击跳转至广告主设置的落地页，可以实现网店引流目标。优点：用户数量庞大，易于打造爆款产品，是品牌曝光的较好选择。缺点：成本偏高，对素材要求极高，人群意向程度低，行业限制较多。建议投放游戏、App、电商等行业广告。

3. 百度信息流

百度信息流可在百度贴吧、百度首页、百度手机浏览器、百度 App 等百度平台的资讯流中穿插展现。优点：有搜索基础，关键词定向，能定向贴吧。缺点：操作复杂，且流量和成本不固定。大部分行业都适合在该平台投放。

4. 腾讯信息流

腾讯占据社交行业龙头的位置，凭借 QQ 和微信拥有庞大的流量，基本覆盖全网用户。优点：社交应用领先，覆盖面广，用户黏性强，适合品牌宣传。缺点：朋友圈广告素材审核严格，价格高，竞争激烈。建议投放轻工业或生活类产品广告。

5. 微博

微博"粉丝通"是基于用户属性和社交关系将企业广告精准地传递给粉丝和潜在粉丝的营销产品。投放的广告可以被点赞、收藏、评论、转发等，可实现广告的二次传播。优点：注册及活跃用户数量庞大，广告具有博文、应用、账户、视频、图文、九宫格多种形式，使用灵活，通过移动社交实现传播。缺点：成本偏高，流量不可控。建议投放生活类产品（如食品、服装）、区域类产品或服务（如摄影）、游戏、App 等，广告内容体现特色，提高互动率。

6. 知乎

知乎是真实的网络问答社区，用户群体倾向于年轻化、白领、高收入、高学历，集中在一、二线城市，拥有较高的消费能力。优点：流量质量好，购买能力强。缺点：用户较为理性，对广告素材要求较高。建议投放房产家居、游戏、金融、教育培训、电商、网络服务、旅游等相关行业广告。

综上所述，各信息流广告投放渠道特点不同，网店需要选择适合自己的信息流渠道。

商法同行　目前信息流推广平台众多，例如微博、小红书、抖音、快手等，进行网店推广过程中，要善于理性分析，站在消费者角度考虑用户获取信息的习惯和喜好。

（二）产品分析

深入分析商品可以帮助网店更好地理解商品定位，提炼商品卖点和应用场景，可以从以下两方面进行分析。

1. 自身商品分析

明确商品定位，理解商品属性和特点、商品功能、应用场景等。

2. 竞品分析

了解竞品基本情况，以及竞品投放情况。竞品分析的主要维度有行业及市场、商业模式、商品策略和商品架构四个维度(表 7-5)。

表 7-5 竞品分析的主要维度

分析维度	分析要点
行业及市场	行业发展现状、市场分布及地位、营收情况
商业模式	运营策略、盈利模式、布局策略、发展策略
商品策略	商品定位及目标、目标用户及特性、核心功能及特征
商品架构	信息架构、功能范围、交换体验

竞品投放基本情况包括投放渠道、消耗量级、考核目标、优化效果、能否得到 KPI 等。

(三) 人群分析

根据企业的战略目标、考虑用户属性和消费习惯进行人群分类和需求分析。

1. 人群分类

通常可先根据职业将人群分类，再针对每一类人群进行分析。以招商加盟为例，可以根据职业将人群分为“老板副业、行业小夫妻、上班族、创业大学生、辣妈、退伍军人”六类，然后分别针对每类人群进行详细分析。

2. 需求分析

明确了人群分类后，下一步便是针对每类人群进行需求分析。

以创业大学生为例，他们最大的需求就是“解决就业问题和解决收入来源”。在制定营销目标时，就需要立足于帮助他们解决就业与收入问题。

以上班族为例，他们可能收入不高，如果消费大于收入，在需求上可能更倾向于“让生活更好”，在制定营销目标时，就需要立足于帮助他们提高收入。

后续的投放定向、受众定向、创意撰写、落地页设计等，都需要根据目标人群的需求去制定。因此，只有前期做好人群分析，后期才能取得良好的推广效果。

二、信息流推广投放策略

网店制定的信息流推广投放策略是贯穿整个投放周期的综合性的投放方案，包含各个维度的具体措施。制定策略时要遵循“3C”理论，即 customer(核心用户)、cost(投放成本)、core(核心主题)。

微课：
信息流推广投放策略

(一) 核心用户

广告精准投放能够降低成本，提高转化率，要想做到精准投放，首先要找到核心用户。锁定核心用户可以采用以下方法：网店以较低的价格，将信息流广告不定向投放给所有用户，结束后通过报表分析找到产生点击的核心用户群，再反复对比几次的投放数据，从而找到投放的核心用户。

商法同行 善于抓住主要矛盾，利用数据理性分析、反复对比，找到投放策略的核心用户。

（二）投放成本

信息流广告主要有原生信息流、开屏广告、文章详情页三种形式，广告投放计费方式主要有 CPC(cost per click，按点击付费)、CPM(cost per mille，按千次展示付费)、CPT(cost per time，按时长付费)三种。

如果网店关注的是广告的效果，即希望浏览落地页、下载、购买、填表等用户行为，可以选择按点击付费(CPC)，网店就只为被点击过广告的用户付费，对未被点击过的网店广告则无须付费，可以帮助网店节省广告成本。

如果网店要品牌宣传、进行活动推广，就可以选择按曝光量收费(CPM)，这样可以让网店的品牌获得充足的曝光量。当网店广告预算较为充足时，可以选择特定的目标群体进行重复投放，能够带来更好的品牌影响力效果。与电视广告相比，CPM 计费价格是比较便宜的，网店可以在后台了解广告的曝光及曝光成本等数据，及时做出进行调整。如果有十分充足的预算，可以以固定价格去买断一段时间内的广告位，就可以选择按时长收费(CPT)，如各类 App 的开屏广告。

下面以今日头条为例，分析广告投放的成本。

1. 原生信息流

(1) 固定位的原生信息流(图 7-2)。按时长收费(CPT)，在今日头条推荐首页信息流固定第 4 位展示，4 轮刷，固定在前 4 刷出现(表 7-6)。

图 7-2　固定位的原生信息流广告的投放位置

表 7-6　固定位的原生信息流广告的费用

广告名称		位置	购买方式	轮刷/备注	CPM 单价/元
固定位信息流广告 CPT	小图	推荐位置第 4 位	CPT	4-1	120
				4-2	120
				4-3	120
				4-4	120
	大图/组图			4-1	160
				4-2	160
				4-3	160
				4-4	160
	视+（视频信息流）			4-1	160
				4-2	160
				4-3	160
				4-4	160

(2) 非固定位的原生信息流(图 7-3)。固定位补充广告，按照曝光量收费(CPM)，投放更灵活。在推荐首页第 4 位展示，保量投放(表 7-7)。

图 7-3　非固定位的原生信息流广告的投放位置

表 7-7　非固定位的原生信息流广告的费用

广告名称		位置	购买方式	轮刷/备注	CPM 单价/元
非固定位信息流保量广告 GD	小图	推荐位置第 4 位	CPM	CPT 广告没有投满时，GD 广告在前 10 刷随机出现；CPT 广告投满时，只出现第 5、6、7、8、9、10 刷	120
	大图/组图				160
	视＋（视频信息流）				160

2. 开屏广告

开屏广告适合有充足预算、需要做品牌曝光的企业投放(图 7-4)。今日头条用户数量非常庞大，主要覆盖一、二线城市，并且多为年轻有活力的用户，因此对于目标客户也是年轻人的企业来说，开屏广告可以帮助企业提升品牌影响力。

图 7-4　开屏广告的投放位置及形式

今日头条 App 启动时九轮播随机展示(其中一轮为区域轮播)，未关闭后台进程时，展示间隔为两小时，关闭后再打开可再次进行随机展示。开屏广告单次广告展现收益远大于其他形式，对用户体验影响最小。按时长收费(CPT)，每一轮播展示 8000 次曝光量，溢出不收费(表 7-8)。

表 7-8　开屏广告的费用

广告名称		位置	购买方式	轮刷/备注	CPM 单价/元
头条开屏	静态 3 秒（不可点击）	App 启动时	CPT	1/8	160
				全量	160
	静态 3 秒（可点击）			1/8	200
				全量	200
	动态 4 秒（不可点击）			1/8	200
				全量	200
	动态 4 秒（可点击）			1/8	240
				全量	240
	视频开屏 5 秒（可点击）			1/8	240
				全量	240

3. 文章详情页

竞价售卖，按实际 CPM 购买量核算（2000 次＜可购买量＜20000 次），也可按 CPC 购买（图 7-5、表 7-9）。

(a) 小图　(b) 大图　(c) 组图　(d) 视频

图 7-5　文章详情页的投放位置

表 7-9　文章详情页的费用

广告名称		位　置	购买方式	轮刷/备注	竞价 CPM/CPC 单价/元
详情页广告	图文	文章详情页中，“相关阅读”上方，顶部按钮下方	CPM/CPC	随机展现	竞价售卖
	大图			随机展现	

（三）核心主题

网店需要设计几套主题风格，将其投放给相同的用户，试用同样的出价，查看线上的效果。点击率较高的主题可初步判定为用户较感兴趣的主题素材。通过多次测试，可以便捷地找到核心人群喜爱的素材。

网店需要综合考虑品牌、产品、活动、渠道、活动形式、客群等因素，针对不同的人群、不同的活动、不同的渠道设计不同的素材。

1. 可以加入地域通配符

网店可以根据每个浏览用户的地域，有针对性地在描述文案添加地域信息，能有效地提升推广效果。

2. 可以反复提炼素材和文案

在图片设计以及文案构思的过程中，文案应言简意赅，突出重点，图片要避免过于花哨，这样的素材往往更有吸引力。

3. 可以使用多图样式创意

图片的创意效果要优于文字，而受尺寸限制，单图能够呈现的内容有限。所以，无论是 PC 端还是移动端，多图样式的信息流广告都能够呈现更多的内容，也可排接出一个大图的效果。经测试，移动端多图样式的点击率要高出单图 80%以上。

课堂讨论：网店制定信息流推广投放策略时应考虑哪三方面内容？

三、信息流推广资源位策略

网店在报名参加平台活动时,往往为了争夺资源位而投入大量资金,资源位到底是什么?真的需要花大力气去争夺吗?下面就来揭开资源位的神秘面纱。

1. 资源位的概念

资源位就是平台给商家曝光产品和店铺的地方,就是大家看到的各种 banner(横幅),当然这些都需要开通付费才能展示,因为这些位置很抢手,能够得到极大的曝光率,有的用户看到了会点击,如果卖家的宝贝不错,就会有人下单购买。

2. 资源位的职能和定位

用户的行为数据,指导了资源位的运营策略和职能定位;资源位的转化数据,展现了用户的浏览偏好。现在就从用户的视角出发,了解用户购买路径,还原平台导购路径,根据资源位在导购路径中出现的先后顺序确定资源位的优先级,进而分析资源位的职能和定位,设计交互样式。

(1) 了解用户购买路径。以用户在京东买书为例,其购买路径如图 7-6 所示。

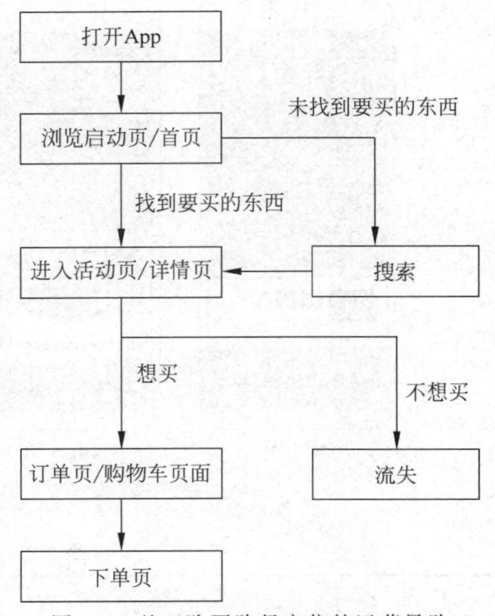

图 7-6 基于购买路径定位的运营导购

用户拿出手机,打开京东 App,浏览启动页和首页,通过搜索引擎查找自己要买的商品,找到中意商品后进入购物车或订单页面,进而下单;如果用户并未找到想买的商品,则形成了用户流失。

(2) 还原网店导购路径。基于用户的购买路径来分析平台的导购路径(图 7-7)。

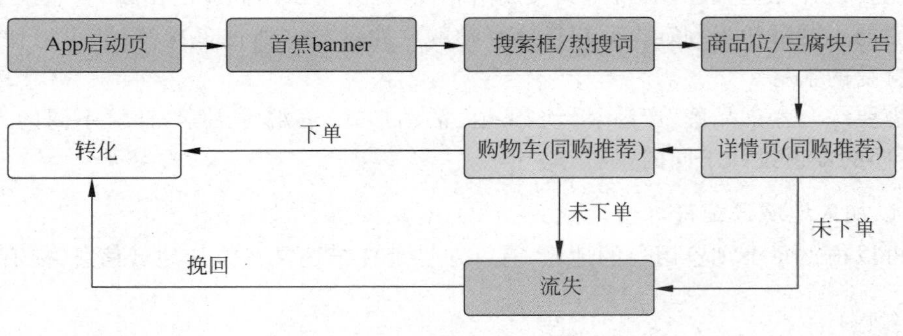

图 7-7 基于运营角度的运营导购

客户点击京东 App 时,会先看到启动页广告,之后看到首页焦点图,再看到搜索框中的搜索词推荐,点击搜索后,会在商品位看到豆腐块广告,用户点击进入链接后会看到详情页的同购推荐,如果用户未下单,则意味着客户流失;如果用户将商品加入购物车,看到购物车同购推荐,但未付款,同样代表着流失;只有下单用户才形成了转化。当然,网店还可以借助各种手段将已经流失掉的用户挽回,进行下单转化。

(3) 确定资源位的优先级。基于平台导购路径,对资源位定义优先级。

P0:App 启动页、首焦、搜索框。获取最佳曝光和核心资源,积累用户的精准数据。

P1：商品位/豆腐块广告。补足曝光，网罗用户需求。

P2：详情页/购物车的同购推荐等。细微分布于用户导购路径的节点上，刺激下单转化。

(4) 分析职能和定位、设计交互样式。基于资源位的优先级，分析职能和定位，设计交互样式。

App 启动页：P0 资源位，展示时间短(2～5 秒)，而且一般只有一帧，适合投放全场大促。

首焦 banner：P0 资源位，多帧轮播机制，适合最有吸引力的活动。

搜索框：P0 资源位，搜索是用户的自发行为，搜索数据可以最直观地反映用户偏好。

热搜词：短小精悍地概括核心利益点，当用户没找到想买的商品或没有明确购物需求时，推荐作用明显。

商品位/豆腐块广告：P1 资源位，交互形式多样。例如，单商品、多商品聚合、豆腐块广告、文字链、福利社等。P1 的职能是承载 P0 的补足功能，当用户未在 P0 资源位转化时，P1 的内容会对用户进一步引导。可以基于 P0 资源位的数据调整运营策略，丰富对用户的推荐维度。

动画：基础价和溢价如何组合使用

详情页/购物车：P2 资源位，用户必然经过 P0 和 P1 的引导，来到 P2 资源位，此时用户需求已经很明确了。P2 的职能是推动用户转化，避免用户流失，产生同购引导。

四、信息流推广创意策略

创意的本质就是用意想不到的方式解决问题，创意越强，作用就越大。消费者最关注那些能直观感受到的东西，如商品、服务，或一次营销事件，是否能为他们解决问题。信息流推广时创意策略要考虑多方面的问题。

(一) 创意来自卖点

撰写信息流文案时，应该先让自己信服，这就要求推广创意人员对商品或服务的卖点进行深度剖析。以某移民服务品牌“美宝之家”为例分析其核心卖点，该品牌是专注于为 0～6 岁的宝宝及其家庭提供正在需要的和可能需要的关于教育、移民、亲子、娱乐等方面的综合服务商。其核心卖点为价格优惠、诚实入境、经验丰富、亲子餐厅、明星代言、高端月子中心等。

(二) 基础创意的撰写

1. 巧用关键词撰写创意

可以使创意更能契合目标消费者的搜索需求，能有效激发目标消费者的关注和兴趣。贴近目标消费者生活习惯的原生创意，其潜意识里是不会排斥的，这就为目标消费者的有效转化奠定了基础，增加了创意的展现量和点击量，提升了目标消费群体的购买概率。

2. 创意尽可能包含价格和促销信息

商品价格和促销信息更容易吸引消费者的关注，尤其是以数字形式出现的优惠幅度、折扣额等，例如，“双节 6 折优惠”“国庆报名 3 重惊喜”等。如果消费者看到价格后仍然点击，说明他们对价格水平比较满意，很有可能购买；如果他们觉得价格不合适，就不会点击。

3. 创意撰写时使用富有号召性的词

号召性词很容易抓住网民的注意力，并激发他们采取行动，包括“申请”“注册”“报名”“咨询”“拨打”等带有行动色彩的动词，“立即”“马上”“现在”等营造紧迫感的时间副词。

4. 尝试用不同句式撰写创意

陈述句——平淡无奇；感叹句——语气强烈、富有感召力；疑问句——引起网民的好奇。不同的句式带来的效果不同，网店需要根据推广实际情况对句式进行灵活调整。例如，抗蓝光眼霜的信息流广告创意中“熬夜刷屏不怕黑眼圈，让肌肤在对的时间做对的事”“蓝光伤害无处不在，你是过度刷屏的‘蓝光族’吗？”就是对句式的灵活运用。

（三）优秀创意的撰写

优秀创意撰写思路可以总结为

优秀创意＝产品卖点＋创意技巧方法

创意技巧方法主要包括以下三种。

1. “价格优势＋品牌保障”组合

以童装品牌巴拉巴拉为例，其主张“童年不同样”的品牌理念，为孩子们提供既时尚又实用的儿童服饰产品，适用于不同的场合和活动，让孩子们享受美好自在的童年，给消费者强烈的视觉冲击力，瞬间激起消费者购买欲望。

2. “高端服务＋动态词包”组合

动态创意词包为动态创意的一种形式（图 7-8），以今日头条为例，用户在使用头条时看到信息流广告，系统会根据用户身上的标签自动匹配动态创意词包中相关性最高的关键词替换到用户看到的创意当中，提高创意的相关性，提升创意点击率。

3. “主营业务＋制造悬念”组合

例如，“想知道手表的养护方法吗？快来点这里”的悬念，吸引目标人群进行点击。

（四）创意的表现形式

不同信息流渠道除风格、调性等不同，其信息流广告展现样式也不同。因此，创意的设计也要符合该渠道、该类样式的特点。

1. “文字＋小图”展现样式

一般建议图片中尽量减少或不显示文字内容；图片清晰可辨认，且在有限的尺寸内尽可能突出重点（图 7-9）。

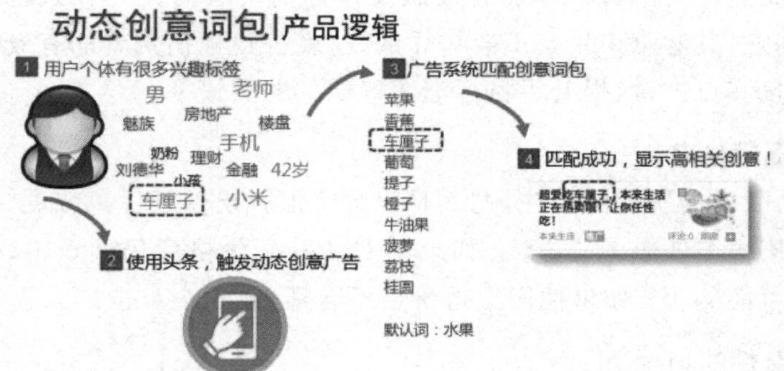

图 7-8　动态创意词包功能与原理

图 7-9　文字＋小图

2. “文字＋大图”展现样式

建议尽量采用高清真实图片，让广告看起来有质感和可信度；同时可适当加入文字内容，如行动召唤类文案（倒计时、抢先购）、利益诱惑类文案（免费送、买二送一）等（图 7-10）。

3. “文字＋多图”展现样式

建议分别展示不同产品（如电商类推广）或不同场景（如游戏类推广）的图片，以增加卖点和吸引点。同时所有图片之间布局要协调，颜色搭配需合理，整体完整性要强（图 7-11）。

图 7-10　文字＋大图

图 7-11　文字＋多图

4. “文字＋视频”展现样式

文字不宜过长且突出重点；视频画面要有趣且有吸引力，让用户有点击观看的冲动（图 7-12）。

图 7-12　文字＋视频

商法同行　创意过程中可运用现代设计思维和设计手法将品牌文化核心进行创意转化，使品牌具备商品价值和文化载体两种属性，带来很高的审美价值、实用价值与可观的经济效益。

（五）落地页创意

落地页也称着陆页，是指访问者在其他地方看到发出的某个具有明确主题的特定营销活动，点击后被链接到网站上的第一个页面。落地页是用户接触企业和产品的第一步，将起到承接流量、转化用户的重要作用，也是营销过程的终端环节。落地页的设计、创意关系到产品的定位，企业的品牌形象、营销的整体规划等一系列问题，一定要综合考虑，从全局出发为企业和产品提供高效的流量窗口，助力用户数增长，提高转化率。

截取图片元素使用是否侵权

网民使用网络上的图片早已司空见惯，而网搜图大部分都是没有标注版权所属的，如果随便找一些图片，但并不是原封不动地使用，只是选取上面的一些素材，如在一幅画上取一匹马，在一张图上截一枝花，保留原来图片的表现意义和思想精髓，这样算是图片侵权吗？能否用于商业用途？

根据《中华人民共和国著作权法》（以下简称《著作权法》）的相关规定，未经著作权人许可，复制、发行、表演、放映、广播、汇编、通过信息网络向公众传播其作品的，构成对著作权的侵犯。如有证据证明公司拥有所述照片或文字作品的著作权，可以向侵权人发出警告函，要求其在相关网站上删除属于侵权图片及内容，也可以诉诸法律，要求侵权人赔偿损失。

《著作权法》第四十六条规定，任何人未经权利人的许可，不得使用。更不得歪曲、篡改、剽窃。也不得为了谋取个人名利，在该图片上标署自己的姓名。否则，应当根据情况，承担停止侵害、消除影响、赔礼道歉、赔偿损失等民事责任。

我国著作权法规定，报社、期刊社对投稿作品作文字性修改、删节，无须征得作者的同意。但是应注意的是，报社、期刊社只能对作品进行文字性的修改、删节，而不能改变作品的基本形式和内容。一般情况下，他人未经授权而擅自修改作品，是侵犯作者修改权的行为。

著作权中的保护作品完整权还规定，未经著作权人许可，不得对作品进行实质性修改，更不得故意改变或用作伪的手段改动原作品，需要保护作品的不受歪曲、篡改。综上所述可以看出，只要是未经过图片原作者的授权，一般情况下对图片进行截取、修改都属于侵权行为，既然属于侵权行为，那么必定是不允许用于商业用途的。

资料来源：https://www.gov.cn/guoqing/2021-10/29/content_5647633.htm?eqid=90f411940002cf200000000664642755.

任务三　信息流推广账户搭建

小红书营销案例，看品牌如何种草年轻人
——Color key 在国货美妆界做敢于冒险的色彩专家

面对不同的消费群体，美妆品牌如何获得他们的青睐？在小红书里，就有一个国潮彩妆先锋品牌给出了自己的答案。它用个性百变的产品回应着潮流女孩们的诉求，用更多元的色彩，

更百变的质地,打破了传统固体口红的旧有格局,并在与小红书灵感营销的深度共创里,一步步完成从新锐国货品牌到知名国货品牌的蜕变,成立半年跻身电商国货美妆 TOP 5,长期霸榜唇釉品牌 TOP 1。它,就是 Color key 珂拉琪。

1. 做国货彩妆的色彩专家,用创新产品逆势突围

打开小红书在搜索框里打下"Color key 珂拉琪",一个美妆画师的调色盘映入眼帘:低饱和度的水蜜桃色是女生的春夏必备,柔雾感的丝绒唇泥将秋冬氛围感拉满,果冻般的镜面唇釉让人秒变白月光女主,各类联名限定款有着让人一眼心动。成立 3 年,Color key 珂拉琪就打造出了属于自己的一个小小调色盘世界,在竞争激烈的美妆赛道中快速找准了自己的定位,多彩、多变也成为许多彩妆爱好者讨论起 Color key 的核心关键词。这一切的背后,都离不开品牌对市场的精准定位和对产品创新的执着。

2. 在红海赛道抓住机会,和小红书共赴一场值得一试的冒险

新颖的空气唇釉产品为 Color key 珂拉琪吸引了第一批粉丝,而拓展新品类和新用户是品牌面临的第二个关卡。尤其是在新品迭代速度飞快的美妆行业,Color key 珂拉琪如何才能持续吸引消费者的关注?

"在做产品研发的时候,我们团队也会经常刷小红书,会发现小红书平台的用户往往会反馈一些很好的迭代建议,也会很真实的表达自己的需求,比如希望显色度和滋润度兼顾、能有更好看的包装等,可以说小红书是一个可以看见未来、洞见趋势的平台,在这里我们能够获得源源不断的创意灵感。"在这样的契机下,Color key 珂拉琪和小红书开展了一次真正意义上从 0 到 1 的合作,共创了从用户洞察到产品研发、再到产品推广的完整链路。

在产品推广上,小红书灵感营销则通过洞察当下都市人想要暂时从快节奏生活中抽离的心态,和品牌一起提炼出"出逃"的概念,结合小红书营销话题"今日份妆容打卡",以话题 #打卡在逃公主妆#发起全网有奖互动,联动小红书博主共创趋势妆容,以趋势带产品,实现产品在唇釉赛道的深度种草,如图 7-13 所示。

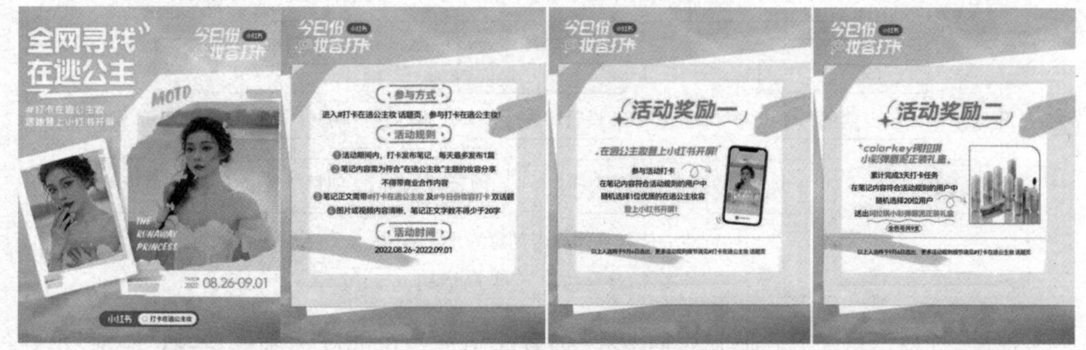

图 7-13　Color key 信息流广告

资料来源:https://finance.ifeng.com/c/8KklobxANMq.

案例分析:信息流广告结合互动话题在小红书投放后,收获了超过 1238 万的浏览量,信息流广告带来了表现优异的展现量。对于国货彩妆的先锋品牌 Color key 珂拉琪而言,在小红书的探险就像一场充满惊喜的旅程。借数据之眼发现产品新机,听用户之声击中潮流节拍,用共创之举掀起品牌热度,寻找到了品牌长效增长的秘籍。

价值领航

（1）信息流推广账户的搭建，要分类清晰、富有逻辑，体现了细致严谨、科学理性的工匠精神。

（2）信息流推广账户的搭建，要因地制宜，在明确品牌、卖家、买家等各方的实际需求下，有效地搭建推广账户。

（3）创意文案要根据用户痛点撰写，体现了对症下药、抓住和集中力量解决主要矛盾的重要性。

（4）信息流创意广告的布局应从视觉营销的角度开展，帮助用户建立对品牌、商品的第一印象。

（5）信息流创意广告在配色过程中，可考虑使用中华传统色彩，发扬和传承中华优秀传统文化。

一、信息流账户搭建

许多学生在初入职场，刚刚接触信息流推广的时候，不知道怎么搭建账户，担心万一投不好了，客户丢了，让客户、领导觉得自己专业能力不够。下面就把困惑一个个捋清楚，那么信息流账户就会很轻松地搭建出来了。

（一）基础结构的创建

信息流账户结构一般分为四个层级（图 7-14）：账户—推广计划—推广组（推广单元）—创意。

动画：
信息流推广应用案例

在推广计划级别，从信息流媒体选择、产品、目标受众角度设置推广目的，设置预算方式、预算金额。

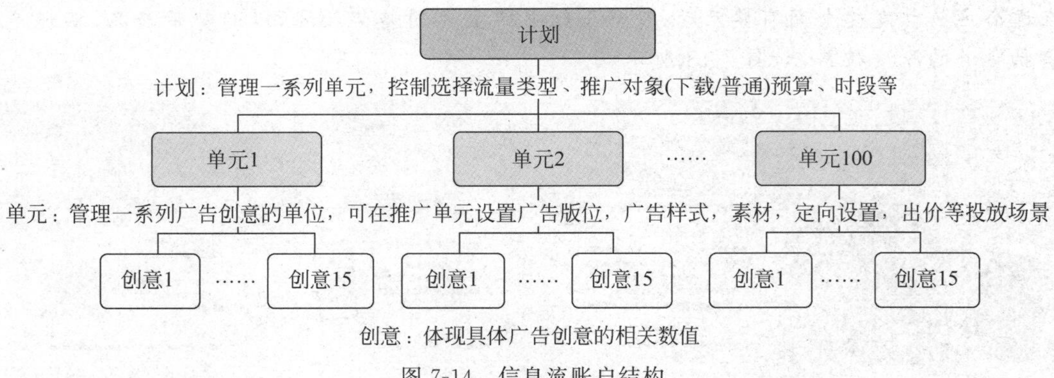

图 7-14 信息流账户结构

在推广组（推广单元）级别，从定向方式、创意配图形式角度设置地域、兴趣、性别、年龄等广告受众的属性，设置广告预算和出价。

在创意级别，从细分卖点角度向平台用户展现推广内容，包括文字标题、图片或者视频素材，这些都是影响转化率的关键因素。

（二）推广计划的搭建

推广计划可以按照产品类别、推广目的、定向人群、创意素材、活动等思路搭建。

1. 按照产品类别进行搭建

企业会在同一时期推广不同类别的产品。例如，某服装厂要推广高级定制时装和普通类服装，显然产品对应的潜在用户差异很大，因此按照产品类别划分推广计划更合理，即最少一类产品建立一个推广计划，更能做到精准营销。再如整形医院，可以创建双眼皮、隆鼻、V 脸三个计划(图 7-15)。

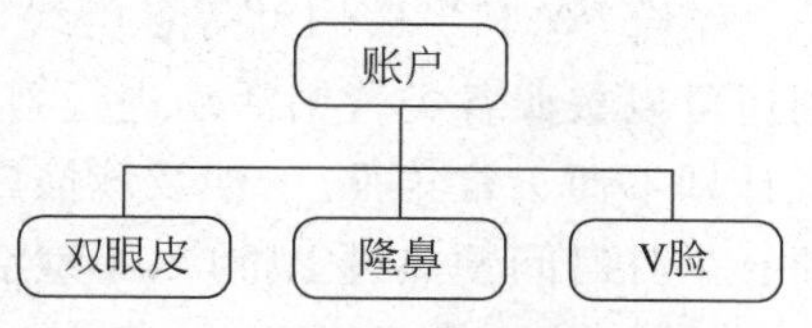

图 7-15　按照产品类别进行搭建账户

2. 按照推广目的进行搭建

以今日头条为例，推广目的可以分为以下四类。

(1) 落地页：点击广告进入某落地页。如果企业的营销诉求是表单提交、在线咨询、电话拨打或在线成交量等，那么可以选择落地页为推广目的。

(2) App 应用：点击广告进入应用商店的下载地址。一般针对有应用下载需求的广告主，以此提升 App 应用的下载量、安装量、激活量等数据指标。

(3) 头条文章：点击广告进入某头条文章。此推广目的一般适合头条号文章作者或有软文推广需求的广告主，可投放已在头条号创建的文章，也可投放新创建的文章。

(4) 门店推广：点击广告进入门店推广页面。一般针对当地服务类企业，用来提升实体店铺企业销售量等数据指标。

在实际推广运营中，落地页和 App 应用是企业需求量最高，也是最常用的广告组层级设置推广目的。因此，当企业有多种推广目的的营销需求时，可采用按照推广目的划分搭建思路。

例如，某招商加盟咖啡店和奶茶店两种项目，获取转化信息的手段有落地页填写表单和 App 应用注册，具体可以搭建如下推广计划：加盟咖啡店落地页、加盟咖啡店 App、加盟奶茶店落地页、加盟奶茶店 App(图 7-16)。

3. 按照定向人群进行搭建

常规企业一般会做目标人群和兴趣人群的定位，预期在短时间内可获取推广效果(图 7-17)。

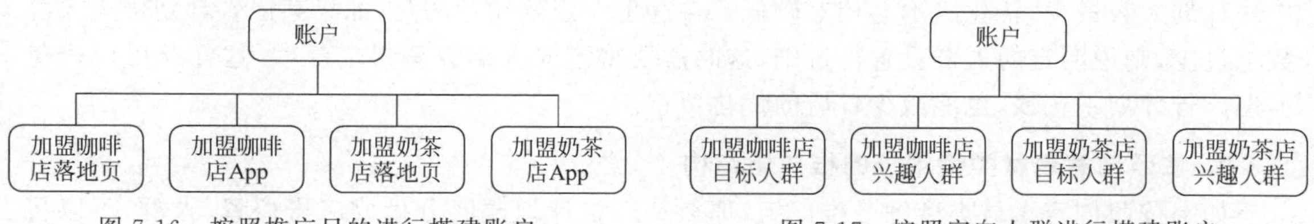

图 7-16　按照推广目的进行搭建账户

图 7-17　按照定向人群进行搭建账户

4. 按照创意素材进行搭建

不同尺寸的图片素材将展现不同的推广效果，图片素材主要包括大图、组图和小图(图 7-18)。

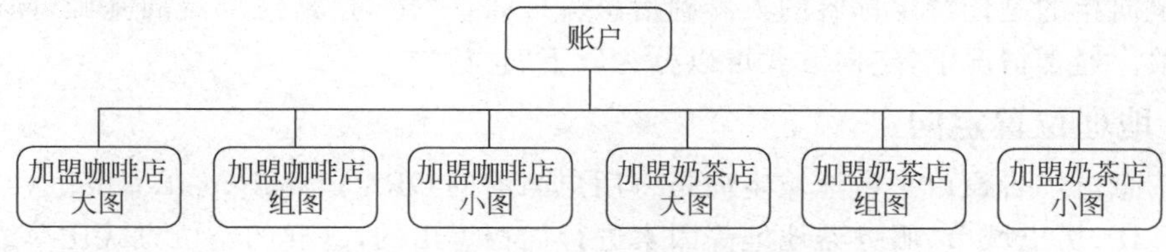

图 7-18　按照创意素材进行搭建账户

5. 按照活动进行搭建

结合“双 11”“6·18”等各类线上营销活动，企业将设计活动的广告语和配图，因此推广计划还可以按照各类营销活动进行划分。同时需要注意，由于各类营销活动具有时效性，此类推广计划不便于常年推广，涉及该推广计划一定要设置投放时间。一般情况下，大型活动需要提前一个月时间预热线上推广，小型活动提前半个月预热线上推广（图 7-19）。

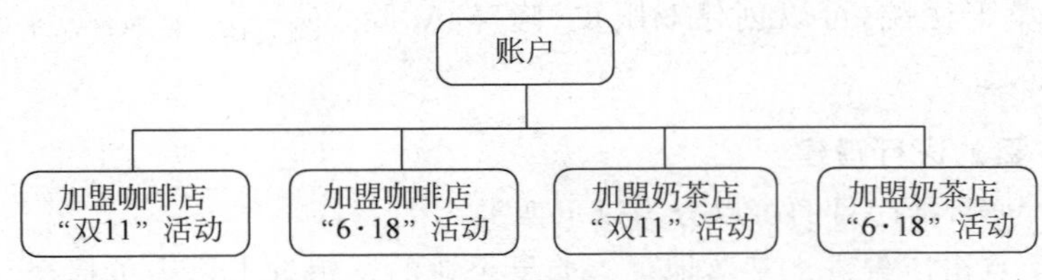

图 7-19 按照活动进行搭建账户

（三）推广组搭建思路

推广组搭建目的是使不同属性的人群看不同类型的广告内容，如果预算充足或前期用户画像定位不清晰，那么建议人群定向设置得宽泛一些，后期通过数据对比再逐渐精细人群。建议一个推广组层级只放置一种尺寸的创意素材，即使不同广告位对素材要求较高，也尽可能分不同广告位进行投放。

1. 按照推广目的细分的推广组结构

多重推广目的会造成推广计划数量非常多，如果想在推广计划层级控制预算，则不建议再按照不同资源位进行计划细分，仅从覆盖不同人群和创意样式进行细分即可。

以加盟咖啡店和奶茶店为原型，以今日头条为例，按照不同产品不同推广目的进行推广组细分，结合产品细分为四类：兴趣人群、关键词、App 行为和定向人群（再营销人群）。鉴于控制转化成本，选择 OCPM 出价，选择大图的广告素材。

2. 按照定向人群细分的推广组结构

定向方式的具体设置决定了对应人群的属性，按照定向人群细分推广组之后，目标人群的广告计划人数量少，转化成本会相对较低。在这里一定要注意的是，如果某广告计划覆盖人群数量过少，则说明定向人群设置得过细，这时需要将定向人群设置得广泛些，这样既可以避免前期广告计划不花钱，也能减少日后的优化负担。

3. 按照创意素材类型细分的推广组结构

如果按照创意素材类型细分推广组，那么其广告计划要区分投放广告位置、人群，可以将同质化的广告位置进行合并，如抖音短视频、西瓜视频和火山小视频，从而有效降低运营难度。

二、信息流人群定向设置

人群定向指的是让特定标签的人看到信息流广告。“定向”是信息流的基础，同时也与转化密切相关。通常情况下，定向方式可以分为以下四类。

（一）地理位置定向

目前信息流广告投放平台地域定向是将用户当前的 GPS（global positioning system，全球定位系统）、IP、历史城市、服务器地址等因素进行加权得出的，这样的定位方式比单纯的 IP 定位更加准确。

设置地域时一般分为四类，即不限、按省市、按区县和按商圈。其中，按区县支持在三级地域行政区投放，使投放更加精细化，适合推广产品有极大地域限制的企业。例如，某小镇上的火锅店，去此火锅店的客户多是小镇上的人。按商圈是指把全国大部分一、二线城市按照商圈进行划分，这种方式非常适合本地服务类企业，因为这类企业的潜在用户对商家地域有强烈需求。例如，消费者想吃哈根达斯冰激凌，不会跑到 20 千米外的地区购买，往往会在 5 千米范围内搜索哈根达斯门店。

通过设置地理位置定向，能投放出千人千面的创意，可大大提升效率，推荐电商、金融、游戏、社交、教育、商务服务、生活服务等行业客户使用。

（二）人口属性定向

在前期没有较多的数据时，便可根据目标受众的人口属性，像性别、年龄等进行人口属性定向。

1. 性别定向

性别定向指的是通过用户的使用行为及阅读文章的属性判断用户的性别，在平台的设置中主要包括不限、男、女这三类。在具体操作中，一般不对性别进行限制，除非产品的消费者完全偏向某一类性别人群。

2. 年龄定向

年龄定向指的是通过用户的使用行为及阅读文章的属性判断出用户的年龄，按照年龄段属性进行划分。

例如，少儿英语培训机构、商务英语培训机构和高中出国留学培训机构在年龄定向时差异较大（表 7-10）。

表 7-10　英语培训年龄设置举例

人群属性	少儿英语培训机构	商务英语培训机构	高中出国留学培训机构
消费者	3～12 岁儿童的父母	有英语工作需求的成年人	16～18 岁青少年的父母
影响决策者	3～12 岁儿童的父母	有英语工作需求的成年人	16～18 岁青少年的父母
产品使用者	3～12 岁儿童	有英语工作需求的成年人	16～18 岁青少年
年龄选择	24～30 岁、31～40 岁、41～49 岁	18～23 岁、24～30 岁、31～40 岁	18～23 岁、31～40 岁、41～49 岁

少儿英语培训机构在年龄定向时选择 24～49 岁的用户，商务英语培训机构选择 18～40 岁的用户，高中出国留学培训机构选择 18～49 岁的用户。

（三）兴趣定向

兴趣定向指的是通过用户的兴趣爱好进行定向，所以它较为针对意向人群。可通过不同定向方式相互进行组合，来确保流量的精准，通常情况下有以下三种方式进行组合。

1. 单一兴趣投放

如字面意思，根据兴趣分类，筛选较为符合自身产品的兴趣进行投放。此类方式较为适合属性单一的产品，如美术培训、竞价培训等。

2. 基础+兴趣投放

在兴趣爱好的定向基础上，根据产品受众人群的属性进行分类，将流量小化，使其更精准化。

3. 兴趣+行为定向

在仰仗大数据对用户行为精准分类的基础上，通过兴趣爱好去进一步划分人群，将失误降到最低。

（四）行为定向

行为定向分为新用户定向、App行为定向。

1. 新用户定向

新用户定向是根据新用户安装投放平台App后首次打开应用的时间进行定向。例如，设置为一个月以内、一个月到三个月和三个月以上等。对于大部分行业来说，该定向一般也不做筛选。

2. App行为定向

App行为定向是根据用户群体的特征去分析这些用户会使用哪些类型的App，是在App分类里进行筛选，从而圈定群体。这里App行为也涉及逆向思维，即根据推广的产品，反向思考安装过哪类App的人群是最有机会的潜在客户。

例如，A网站利用今日头条行为定向做信息流推广，A网站认为自己的客户会对旅游、教育类App感兴趣，并在账户内设置了App行为定向，那么今日头条就会帮助A网站找到手机内安装过这些类别App的用户。在他们使用今日头条看新闻时，有机会看到A网站的广告。

课堂讨论：通过信息流推广获取到意向人群，采用哪种定向方式最适合呢？

三、信息流创意制作

创意是潜在用户所能够看到的由文字、图片、视频等内容组成的广告素材。创意是账户结构中最小的单位。进行创意制作需要掌握信息流广告基本结构、素材使用方法、文案创意等内容。

微课：信息流创意制作

（一）信息流广告基本结构

一条信息流广告由标题、图片/视频、来源三部分组成。标题就是信息流广告中文案的内容；来源则显示谁在做推广；图片素材分为纯图片、小图、大图和组图三种样式，视频素材分为横版和整版两种尺寸。每个平台对图片、视频及标题的要求有所区别，在进行信息流推广前要详细阅读，按要求制作信息流广告。

（二）素材使用方法

创意图片与标题一道呈现在顾客面前，所以图片的质量会影响转化。纯图片类素材的营销效果大图优于组图、组图优于小图，而视频类素材的营销效果呈直线上升态势。

创意图片通常有以下五类要素。

1. 背景

在外层图的设计中主要包括文案和产品，而背景往往起到烘托、渲染、对比的作用，实景拍摄高清图经常会用来做背景。

2. Slogan

一张外层素材的质量高低，很大程度取决于设计师有没有对主题进行字体设计。信息流外层素材的字体设计包括图形设计、文字排版、色彩搭配、字体的气质四类。

3. Logo

信息流外层图的 Logo 不用单独设计，而是将广告主提供的 Logo，使用合适的大小，放在合理的位置，从而不显得突兀。

4. 点缀物

在外层素材图的设计中，点缀物使得用户看到的画面更加饱满，心生愉悦或被刺激到，从而产生点击欲望。

5. 商品

商品图片显示创意的主要内容，核心点在于重点突出。

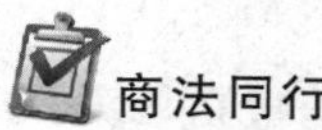
商法同行

(1) 使用合法来源的素材，在使用图片、音频、视频等素材时，确保其来源合法并遵循版权规定。优先选择免费版权的素材网站，例如 Pexels、Unsplash 等，或者购买正版授权素材，以确保您拥有合法使用权。

(2) 选择素材时优先选择自主创作内容，确保内容的原创性。如果使用他人创作的素材，一定要获得其明确的授权或使用许可，最好是书面形式或电子邮件确认，以备不时之需。

(3) 如果需要引用他人的文章、观点或资料，务必遵循引用规范。标明出处、作者、原文链接，并遵循合理使用原则，不超过合理引用范围，避免构成侵权行为。

（三）文案创意

基于信息流广告的特殊性，用户停留时间极短，文案需要有极强吸引力，在创意文案的制作过程中，五大创意法经常被用到。

1. FBA 创意生产法

Feature 意为商品或服务的卖点；Benefit 意为能让用户得到的利益；Advantage 意为商品或服务的竞争优势。

进行文案创作时，信息流运营者往往专注 Feature 和 Advantage，而忽略了 Benefit。而实际上，用户更关注自己能够得到的利益。

下面来对比两则文案。

文案 1：××专注公司注册 15 年，流程简单、一步到位。

文案 2：××专注公司注册 15 年，让你足不出户完成全流程。

很显然文案 2 优于文案 1。

2. 关键词联想

寻找该商品或服务的不同方向和特点，随机组合创建思路。例如，为少儿在线教育撰写文案，按照 A—注意力、B—价格、C—效果三个方面，对儿童、线上和课程三个类别进行设计，见表 7-11。

表 7-11　关键词联想

方向/特点	儿　童	线　上	课　程
A	A1	A2	A3
B	B1	B2	B3
C	C1	C2	C3

其中,B1 组合创意:少儿补习班太贵,你知道有个途径能省一半吗?

C2 组合创意:孩子才听了 2 周的线上辅导课,这次考试突飞猛进。

3. 5W1H 法

5W1H,就是 What、Where、Why、When、Who、How。

例如,工业风扇是通风、降温设备,在车间、仓库等大空间内使用。下面两则是关于工业风扇的优秀的信息流广告文案。

文案 1:几百平方米的大厂房,用几台降温风扇足够,老板们来看看。

文案 2:市面上五种工业风扇对比,哪个通风降温效果更好?

4. 快速文案灵感法

时光旅行法是指将自己置身于 10 年前、20 年前,或者 10 年后、20 年后,重新思考文案的撰写。

例如,未来 10 年,你会后悔没开一家这样的鸡排店。

瞬间移动法是指假设信息流运营者身处不同国家、地区、空间,要对文案内容进行创意设计。

例如,当地人都抢不到的内购房源,超低价赠绿卡。

属性变化法是指假设信息流运营者站在另一个性别、年龄、种族、智力、国籍的角度,进行创意文案设计。

例如,这三款皮鞋,随便一双送男朋友都合适。

角色扮演法是指假设信息流运营者站在父母、老师、经理、搭档、好朋友、对手等角度考虑问题,这种商品或服务有什么用?你希望这种商品或服务有什么功能?

例如,妈妈们千万别学我,这几样东西宝宝根本用不着。

间隙填补法是指假设用户现在所处的位置是 A,设定终点为 B。A 与 B 之间存在的差距有哪些?这种商品或服务如何帮用户填补这中间的差距?

例如,缺几万元不用到处借,凭身份证就能申请。

5. 应用心理分析法

结合用户的追求心理、规避心理、恐惧心理、失去心理开展文案的撰写。表 7-12 是以加盟××零食店开展为例,介绍如何具体应用心理分析法。

表 7-12 应用心理分析法

序号	应用心理分析法	举 例
A	利用追求心理	加盟××零食店,快速实现财务自由
B	利用规避心理	加盟××零食店,不用再拿死工资过日子
C	利用恐惧心理	错过这个加盟开店的机会,明年创业会更难
D	利用失去心理	免加盟费开零食店,今年只有这一次机会

四、信息流落地页制作

当信息流运营者有了良好的创意后,还需要一个高质量的落地页将创意呈现,落地页的角色与销售员类似。用户进入落地页之后,这个"销售员"就开始向客户介绍商品的特色、卖点等。当用户看到自己关心的内容,就会被吸引,然后进一步完成购买,实现落地页的转化。一个好的落地页应当做到布局与配色得当、页面逻辑策划合理、页面设计简洁。

1. 页面布局与配色

页面布局也就是排版方式，包括图片的大小、位置、排列，文字的行距、边距和间距等。由于中国网民的浏览习惯是“从左至右、从上至下”，所以图文类组合元素尽量选择左图右文、上图下文形式，文字和图片之间要留有间距。另外，信息流的落地页主要呈现在移动端，为了让用户专注于内容，建议一屏设置一个主题。推荐使用 1136×640 像素这个尺寸作为单屏设计原型图，因为目前 90%以上的手机屏幕的长宽比例都是 16∶9。

页面合理配色可以有效帮助用户建立对品牌、商品或落地页的第一印象，能影响用户视觉感受和咨询购买决策，企业还可以使用复合颜色来增加页面层次的变化，但需要注意以下三个问题。

(1) 确定主色调：以一种颜色为主色调，以其他颜色为点缀，避免视觉效果混乱。

(2) 突出重点：文字颜色与背景色要有反差，如底色深时文字应浅，这样才能让深色的背景衬托出浅色的内容，反之亦然。

(3) 避免单调：不要只使用一种颜色，可以通过调整亮度、饱和度、白平衡、复合色使页面层次更丰富。

2. 页面逻辑策划

信息流广告必须站在用户的立场设计落地页的逻辑结构，激发用户的需求。信息流用户大部分是弱需求客户，创意将其引流到落地页，不协调的配色、杂乱无章的排版、不美观的人物形象会增加阅读压力，增加用户关闭页面的可能性。落地页逻辑策划通常有以下四种方法。

(1) 展示产品使用场景。例如，某彩妆品牌的落地页内容就是“约会妆”的化妆视频，通过视频结果来认证产品的高质量，同时弱化了硬广的功利性。

(2) 利用优惠活动激发用户占便宜的心理。例如，某健身机构落地页内容是免费体验课程，这样的设计容易激发目标用户报名体验的欲望。

(3) “打击”用户，让其产生不购买就有所损失的心理。例如，某学历机构落地页首屏的内容为“面试碰壁，仅仅是学历问题，一年制本科学历报名倒计时”。

(4) 在用户购物流程中设计促单内容。在首屏上设置一个易懂、好操作的转化组件，目前比较常见的形式是表单填写或在线咨询按钮。接下来，如果用户看完首屏还没有离开，那么就要戳用户的“痛点”。例如，某少儿英语机构的用户会担心孩子不敢张口，那么企业解惑的过程就是告知用户为外教授课、小班教学，全程口语对话授课，既锻炼了孩子的胆量，又提高了孩子的开口能力等。如果在戳“痛点”环节，用户依然没有离开，那么就需要介绍产品的其他卖点或产品详情，即使用方法、周期等，但内容应该简化，以点带面。在整个流程中，应当适当设计转化入口，但不宜过于频繁，落地页不建议制作过长，常规在六屏以内为好，在落地页的最后还可以添加一些风险评估报告、竞品对比、使用授权等内容，以打消用户顾虑。按照企业常规做法，一款产品至少会设计两版落地页以方便对比。

3. 页面设计简洁

在制作落地页时往往希望将所有内容展示给潜在客户，但信息流广告的营销场景并不是用户主动搜索的，这样做很容易让用户失去耐心，所以落地页要浓缩精华。

(1) 拒绝大段落文字，可以采用模块化、概括总结性语言。

(2) 图文配合，常见的是在背景图上直接搭配文字或采用素材分栏结构。

（3）集中用户注意力，建议一屏设置一个主题，这样能吸引用户对内容本身的关注。

（4）页面内应减少用户动作，不要设置过于复杂的导航栏，要在单页面上实现产品转化，表单内容设计建议在三项以内，其核心项是获取有效联系方式。对于在线咨询转化的用户，不要频繁弹出邀请对话窗口，可以设计成吸底样式。

任务四　信息流推广账户优化

小红书营销案例，看品牌如何种草年轻人
——奥普浴霸唤醒年轻人浴室里的小幸福

人们对于浴室空间赋予更多意义的背后，是对浴室的需求升级——从基础洗漱功能，到视觉上的享受，还要能够为人们提供精神能量。

面对场景重构和需求变化，传统家居品牌如何讲好新故事，吸引重品质、看颜值、有个性的年轻人？如今，仅靠输出产品的技术亮点已难以打动用户，传统卫浴行业领军者奥普选择另辟蹊径，用笔记内容让高颜值且能带来舒适体验的奥普热能环浴霸快速走进消费者视野。

1. 上新阶段打造优质内容，引爆产品吸引关注

产品上新阶段是品牌与用户建立第一印象的最佳时机，针对这个阶段，奥普采用强干货内容和高颜值图片两大策略，从用户视角出发，迅速吸引年轻人的关注。首先，用“一个地方暖”进行对比，凸现奥普热能环浴霸不直吹、处处暖的产品价值。其次，奥普还采用高颜值的产品图吸引用户的关注，明亮整洁的浴室，氛围感满满的装修风格，在无形中突出了热能环浴霸的产品特性，视觉的冲击和感觉的描述，进一步增加了用户对浴霸高颜值、功能强的立体化认知。

2. 促销阶段布局两大场景，反复触达强化心智

与快消品的用户消费决策不同，浴霸是价格敏感度较高的耐消产品，因此大促是用户购买转化的重要节点。此外，浴霸目标人群的决策行为通常为理性决策，用户天然地会通过反复研究和搜索后再进行决策，因此在大促期间，需同时关注两大站内场景——发现页种草和搜索页转化。

在发现页的布局上，奥普结合小红书站内搜索数据，对卖点进行梳理，提前筛选和预埋关键词，并通过信息流投放，让种子笔记同时赛跑，随后筛选出点击率、互动率高的爆文笔记，对优质笔记进行加投，在信息流中反复触达潜在用户。

在搜索页的布局上，奥普对品牌词、产品词、品类词、兴趣词等进行关键词布局，同时注重内容与关键词的匹配度，从而实现搜索页重点关键词的卡位，深化用户心智，形成从发现到搜索再到转化的种草闭环。

资料来源：https://www.163.com/dy/article/HAK9I2520553BCZ5.html.

案例分析：在与小红书合作期间，奥普热能环浴霸强势走红，单品曝光量突破1500万，爆文率突破40%，内容和口碑的积累更是促进了销量增长，单品年销近2亿元，荣登行业高端浴霸销量第一。当年轻化沟通成为行业的必修课，奥普凭借产品的走红，向人们传达出品牌年轻化的方法——从用户中来到用户中去，以产品实力服人，以情绪价值动人。从奥普浴霸的成功之路不难看出，精准的数据洞察能为品牌营销策略赋能，优质的内容、高颜值的创意图能让好产品走向更多用户，让好品牌走向新的未来。

价值领航

（1）账户推广的目的是减少每层营销漏斗的流失率，注重推广中的薄弱环节，体现了短板决定极限的经营之道。

（2）党的二十大报告提出，努力培养造就更多大师、战略科学家、一流科技领军人才和创新团队、青年科技人才、卓越工程师、大国工匠、高技能人才。这就要求大家把精益求精的精神和不断创新的理念贯彻到网店推广的各个环节。

一、账户优化

一个完整的信息流广告包括：友好的广告入口标题＋配图；叫卖合一的落地页；操作便利的互动设计。这三项内容的质量会直接影响整体信息流广告的效果。因此，在账户问题分析、搭建账户以及物料制作上线环节完成后，优化反馈显得尤为重要。

微课：信息流账户优化

（一）账户优化评价指标

可以通过展现量、点击量和转化量三大指标进行信息流数据分析。

1. 展现量

相对于搜索的展现量，信息流的展现量更为重要，一般情况下信息流的展现量越多越好。

影响展现量的因素有以下两个。

（1）外部因素。媒体广告数量增加，使得竞争加剧。同时，CPM、CPT、GD 广告订单的增加，造成信息流广告的资源池被挤压。另外，媒体在不同时期对不同行业的流量分配，也是一大影响因素。

（2）内部因素。内部因素主要是 ECPM，ECPM 值越高，排名越靠前，展现量越大。其公式为 ECPM＝CPC 出价×预估 CTR。在冷启动阶段，预估 CTR 积累不足时建议溢价投放，以获取更多展现机会。

2. 点击量

点击量可以有效获取目标用户关注情况，借此进一步分析目标顾客的需求。

展现量一定时，创意的质量和排名直接影响用户的点击率。

影响创意质量的因素包括创意吸引力、创意和产品相关性、创意图片质量、创意与受众人群匹配程度、创意表现形式（大图 CTR＞小图 CTR）。同时，随着推广时间的延续，创意的点击率会逐步下降，所以创意要时常更新，一般热门行业 3～7 天就需要换一批创意。

3. 转化量

转化量有助于激发消费者购买欲望，释放其核心需求。一般来说，转化量越高，企业获益越大。

当信息推广一段时间后，就可以获取不同渠道推广带来的订单总额数据，并通过投资回报率（ROI）和单均额两大指标判断企业推广是否盈利。一般来说，投资回报率达到 400％以上企业才会盈利；对单均额来说越高越好。

投资回报率的公式为

$$\text{ROI}=\frac{\text{订单额}}{\text{广告费}}\times 100\%$$

单均额是指一次转化所带来的营业额，其公式为

$$单均额=\frac{订单额}{转化量}$$

通常情况下，如果转化量不佳，应当从以下四个方面查找原因。

(1) 在 App 推广阶段，落地页首屏不但要设置转化元素，还要考虑位置、形式和交互性。

(2) 在设置账户时，选择 Wi-Fi 网络环境，避免因 App 安装包过大而浪费点击量。iOS 和安卓下载版本、地址都不同，所以平台设置不能选择“不限”。如果个别产品只适用于移动用户，那么设置时要过滤掉其他运营商，否则会影响下载、激活等转化量。

(3) 在 App 变现环节，创意优惠是否在 App 首屏提示、产品支付流程是否顺畅，直接会影响成单量。而产品和推广覆盖人群的匹配度、产品优势领先程度则会在所有营销阶段影响转化量。

(4) 当转化量发生变化后，也会对 CPA 产生影响。CPC 费用增加，会造成总消费增加，即使转化量没有变化，CPA 也必然提升。而 CVR 数值降低，也会拉高 CPA。

(二) 信息流推广的优化路径

(1) 完善市场调查研究，加强对推广的精准投放，增强推广的传播效果。

(2) 引导受众对信息流推广信息的参与互动，增强信息流推广的传播影响力。

(三) 账户转化的方式优化

账户转化优化包含应用下载页优化、落地页优化和转化工具优化三个层面。

1. 应用下载页优化

Logo、简介要清晰醒目，建议使用与平台最为接近的色调；对于优惠活动等，要突出核心卖点和优势；选用高清、富有特色的应用截图及真实使用场录截图；过滤掉已经安装过的用户，注意避免非 Wi-Fi 环境的投放。

2. 落地页优化

按照首屏原则精简信息，突出卖点；表单噱头位置适当，逻辑通顺，有理有据；落地页整体长度建议不超过三屏，拒绝冗余信息；落地页承上启下，在文案和色调上外层与创意保持呼应。

3. 转化工具优化

设置 1～2 个转化目标最佳，将其放置于首屏或固定悬浮。

二、人群定向与出价优化

如果想要充分发挥人群定向和出价策略的效果优势，需要不断优化，只有不断地关注并优化人群定向与出价，才能达到想要的效果，那么人群定向和出价该如何优化呢？

1. 人群定向优化

新账户投放前期，人群定向“宜宽不宜窄”，关键词定向“宜大词，忌长尾”。但往往一些新账户会陷入定向过窄的误区，究其原因一方面是定向过于精准、小众，导致覆盖人群过少；另一方面是多重定向重叠，如同时采用关键词、兴趣两种定向，导致定向过窄。建议新账户在投放时考虑以下三方面内容。

(1) 根据目标受众优化。对品牌忠诚人群可以采用关键词定向，以公司或者品牌的名称

作为关键词。对于还没有明确的目标品牌和青睐产品，但确实对该行业产品有需求的行业目标人群可以采用关键词定向，但要选行业通用词；如选择兴趣定向，需要找准兴趣关注点。对于潜在人群建议采用地理位置定向或相关兴趣定向。

（2）根据后台的受众分析功能，结合广告主产品的用户属性（如地域、性别、年龄分布等），提升效果转化。在投放设置中，定向人群设置得越宽泛，广告位置选择得越多，所获得的展现量就越高；日预算设置得越高，媒体会判断需求越大，从而给予更多流量，所以对一些定向精细的计划或智能出价计划可以不限定预算，另外，增加推广时段也能增加展现量。在搭建账户结构时，避免将消费能力差异较大的定向方式放入同计划中，同推广计划下至少要有三条创意。

（3）根据效果数据优化。除必选定向外，全量投放，通过"受众分析"报告，查看用户属性分布分析数据报表，去除高转化地域，年龄段、兴趣分类，可有效降低转化成本。例如，通过腾讯社交广告的"报表分析"→"人群分析"，可以查看基于地理位置的效果数据。了解用户所处的地理位置、年龄、性别分布，以及推广计划在不同年龄段或性别中的受欢迎程度。

2. 出价优化

在实际推广中，出价不合理的情况时有出现，主要体现在四方面：①人群定向出价低于行业均值；②新计划冷启动时，出价没有竞争力；③品牌售卖旺季出价和平时一样；④大图、小图、组图出价一样，iOS出价和安卓一样。上述情况均会导致展现量低。

出价与广告展现密切相关，出价优化有以下两大技巧。

（1）新计划高出价。初始给高价，观察广告展现量、点击量等数据，再做出价格调整。例如，推荐出价范围是0.48～1.50元，可设置在1.0元以上。

（2）持续密切关注数据。若广告展现量少，低于3000次，可提高出价；若已有一定的展现量（在3000～5000次或以上），但点击率较低，可及时更新优化广告素材；如果数据走势呈现上扬或稳定趋势，点击率也较为理想，那么可以保持当前的广告不变或尝试逐步降价；如果展现量低于正常水平，可以再提价重新观察，提价后数据如果还没有起色，那建议放弃调价，转为更新广告素材或新建计划。

课堂讨论：出价优化的两大技巧分别是什么？

3. 推广预算优化

制定推广预算时经常出现两方面问题：①创建过多的创意和计划分散预算，导致广告计划的展现量较低；②整体预算低，未集中安排好预算。选择平均投放模式会影响投放速度，展现量在全时段均较低。需要根据流量需求调整投放策略，调整思路主要有以下四个。

动画：经费不足，推广预算更不能马虎

（1）可以根据转化量目标和历史投放效果反推预算。

$$\text{点击量}=\frac{\text{转化目标(T)}}{\text{转化率(CVR)}}\quad \text{展示量}=\frac{\text{点击量}}{\text{点击率(CTR)}}\quad \text{预算}=\frac{\text{展示量}}{1000\times \text{受众(CPM)}}$$

如果转化目标（T）是一天20个，转化率（CVR）是5%。那么，20个转化目标需要20÷5%＝400（个）点击量。点击率（CTR）是2%，所以400个点击量需要20000个展示量。如果定向的受众（CPM）浮动在12～20元，那么要达到20个转化量的目标，就需要设置20÷5%÷2%÷1000×20＝400（元）的预算。

（2）根据流量需求调整投放策略。例如，某产品在一天的某个时间段转化效果更好，其他时段差异较大，那就可以增加一天中这个时段的预算。

(3) 注意广告组预算和计划预算的限额。保证账户余额充足,确保计划不会因预算用尽和账户消耗完毕而停止展现。

(4) 对新计划建议设置较高预算,保证能有一个初始的投放量级,积累到一定量级再及时调整。

4. 推广时间段优化

投放时段选择过窄,如每天仅投放几个小时会导致展现量低,在优质时段出价无竞争力而导致展现量低。

充分结合以前的投放数据,根据产品受众人群在推广平台上的活跃时间来设定投放时段,例如,信息流平台主要针对用户的碎片化时间推出娱乐信息,上下班高峰期、午休时间属于平台流量的高峰期。

考虑到预加载的功能,也为了保证更好地抢占上下班高峰期的流量,建议将抢量时间段提前1～2个小时,即8:00和16:00提前提高出价,抢占流量。

三、创意优化

在信息流广告中,创意直面用户,是转化的第一路径和流量入口,所以创意文案和图片本身需要符合商品的用户画像和标签,并进行持续优化、动态调整,实现"吸引用户→点击广告→进入落地页→最终转化"的推广目标。创意优化可以从创意切入点、创意文案、创意素材、创意视觉、广告尺寸五个方面入手。

1. 创意切入点优化

用梯子理论把产品能带来的利益、能完成的任务和用户价值观进行完整分析,确定广告要对谁说、说什么、达到什么样的转化目标,进而寻找点击率不高的原因,对症下药。

以教育行业信息流创意为例,不同的受众群体,对于教育产品的关注点会不同。例如,语言培训类消费群体,主要集中在大学生、白领,其中女性居多。他们学习的目的是出于兴趣或能力的提升。这部分人群对美女帅哥的图片不感兴趣,而课程优惠的力度以及课程的内容是他们最在乎的。

对学历教育群体来说,以考研、专接本、在职学历提升为主,他们希望能够考上理想学校,对分数十分看重,所以创意应该以上线率、录取率等内容为切入点。

留学群体大多数是一、二线城市条件好的学生或职场人群。他们对于留学的地点、机构以及课程非常感兴趣。这条广告能不能解答他们在留学准备期间的疑问是关键。

而对于高中及之前的K12教育来说,上课的是学生,但广告受众是他们的父母,家长会关注课程本身的价值及优惠力度,见表7-13。

表7-13 教育行业受众优化因素分析

类别	主要受众	学习目的	价格	人性	价值	设计
语言培训	"90后"女性居多	兴趣	★★★★	★	★★★	★★
学历	本科生/毕业生	学术	★	★★★★	★★★	★★
职教	"90后"学生为主,渗透部分"80后"	职业规划	★★	★★★★	★★★	★
留学	一线城市"90后"大学生/初入职场人群/部分"80后"职场人群	"90后"留学潮;"80后"镀金	★	★★★	★★★★	★★
K12	家长("70""80""90"后)	兴趣+学术	★★★	★	★★★★	★★

2. 创意文案优化

创意文案要根据用户痛点、平台特性去撰写，例如，前面讲到的学历教育群体，文案可以围绕着升学率展开。创意文案如果在微博平台发布，则要更有趣、更有特点；如果在门户网站发布，则要更专业、严肃。

关于文案内容，在优化时要根据需求，分析场景，定卖点，促成交。

关于创意主题，要考虑人物、场景和学习元素。

还是以学历提升教育信息流广告为例，在人物方面，信息流创意中可以单独安排学生模特出境，形象要青春活泼、热情洋溢；也可以安排教师模特和学生模特一起出境，营造课堂场景，如图 7-20 所示。

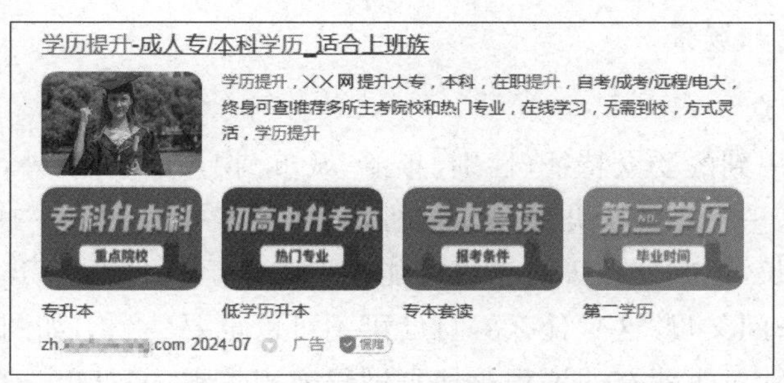

图 7-20　创意主题人物优化

在场景方面，信息流创意中可以选用大学校园、教学楼、课堂等场景，使受众置身于知识的海洋，产生情感共鸣，如图 7-21 所示。

在学习元素方面，常用到黑板、书本等，能使用户沉浸在学习氛围中，如图 7-22 所示。

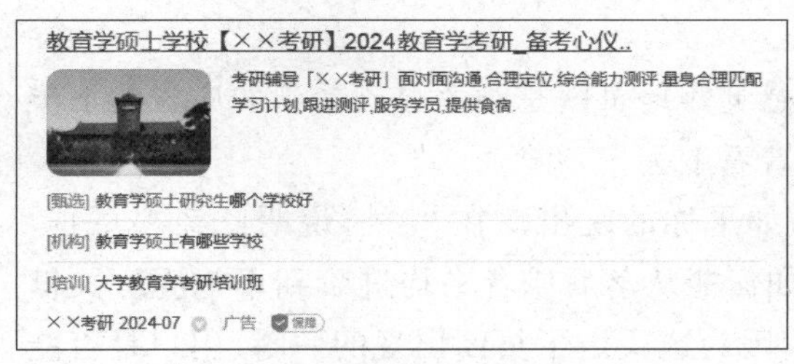

图 7-21　创意场景优化

图 7-22　创意主题学习元素优化

3. 创意素材优化

(1) 优化素材质量。明确推广目标，做到有的放矢；避免重复，相似广告素材投放 1～2 个即可；文案清晰，建议使用“主题＋辅助说明”形式，使用标准字体，同颜色字体数量不超过两种。

(2) 优化素材点击率。注意素材更新频率，腾讯平台建议 3～7 天更新一次广告素材；确保规格多样，建议将可用规格均提交上线；提升素材吸引力，按照提炼卖点、了解消费心理、投放优质素材、测试数据、提炼总结、不断分析积累经验的步骤持续优化。

4. 创意视觉优化

主次分明，挑选最有价值的唯一卖点，用简洁的设计方式呈现；字体简洁，文字不超过图片 1/3 空间，留有空白区；浅色优先，营造反差效果，让产品更突显；设计突出，画面清晰，颜色控制在三种以内；整体协调，色调风格统一，背景用纯色、平面和微质感图片。

5. 广告尺寸优化

不同投放平台均提供了不同的广告尺寸供选择，这些尺寸对应了不同的展现量和点击花费，如果推广目标是用较少预算，在短时间获得高展现量，提升品牌认知度，那么可以选择日均展现量高，同时点击单价低的图片广告位进行投放。

课堂讨论：如何为留学教育机构进行百度信息流推广创意优化？

四、落地页优化

落地页优化需要解决的问题其实就是抓手问题，要想尽办法，让用户觉得这个比刚才的广告更吸引他，和他相关性更大。常用的落地页优化抓手有受众、归属和场景。

动画：场景化的文案内容更引人入胜

1. 明确自己的受众

除要关注经常会用到的受众特征（性别、年龄、城市、收入水平）以外，还应该关注购买流程里的不同角色。例如，一家在线少儿英语培训机构，平均客单价 1000～1500 元，以往会认为点击广告的会是孩子家长，但其实孩子自己也可能在玩家长手机时点击，当孩子被广告的内容所吸引时，他们会跑过来问父母“这是什么？自己可不可以也要一个”，如图 7-23 所示。

图中幼教品牌把针对小朋友的课程落地页做得充满童趣，并打出一行文案：“妈妈给我买了超级大礼包！”优化后的落地页在一个月内转化率提升了 3%。其实，这个落地页，只是发现了他们实际有两类受众：有购买决策权的人（孩子家长）、没有购买权但深度影响决策的人（孩子自己）。所以，一定要先捋清楚，你的受众是谁？能分为几类？如何巧妙兼顾每一类的特点？或者给不同的受众匹配不同的版本。

2. 落地页与创意均归属于广告

落地页一定是广告的一部分，要让用户看完，感觉落地页就是刚才自己看到的广告的下半场，且是和自己兴趣点高度相关的，不自觉就会接着看下去。

一般来说，落地页跳出率的均值在 50%左右，如果你的跳出率在 30%，说明已经很卓越，而低于 80%，那就意味着亟须优化（图 7-24）。那如何能从落后或者平均进阶到卓越呢？关键点其实很简单，就是“你的首屏标题表达了什么”。因为这决定了页面出现的一瞬，用户是否能看到和广告创意相呼应的信息。为了做到这一点，可以从以下四个角度书写主标题。

图 7-23　明确受众型落地页

如何从落后到卓越？

跳出率	80%	50%	30%
水平	落后	平均	卓越
占比（正态分布）	5%	90%	5%

图 7-24　落地页跳出率

(1) 利益型。利益型即产品能帮助用户解决什么痛点，这个痛点是要和广告创意一致的，千万不能跑题。例如，图 7-25 是共享空间 WeWork 的信息流广告：“还在为办公室成本焦虑？”，点进去的落地页标题很巧妙，它并没有自夸，说自己便宜大减价的原因是 WeWork 知道自己的目标群体是一帮在寻找高品质办公环境、同时还能不那么贵的创业者。因此将落地页主标题列为“给未来更多空间”，一语双关，物理和精神上的双重空间，这句 Slogan 是在给用户传递一种精神利益，而这正是大部分创业者所需要的——信心、憧憬和希望。

图 7-25　利益型落地页

(2) 命令型。命令是直接给消费者一个购买的理由，减少他思考的成本。例如，图 7-26 是一个 K12 的广告，落地页的副标题“把落下的功课补回来”，语气和班主任一样，让家长无力反抗。中小学生的家长最怕孩子功课被耽误，这里的“落下”其实就是购买的理由。

(3) 促销型。例如，图 7-27 为北京某家装品牌的落地页，为了突出大让利，做成了征集令的形式。对很多家装公司来说，这些服务也是免费的，不过这张落地页在表达上增加了北京、即将装修、200 名业主这样的限制条件，显得很符合常理，可以激发用户占便宜的心理。

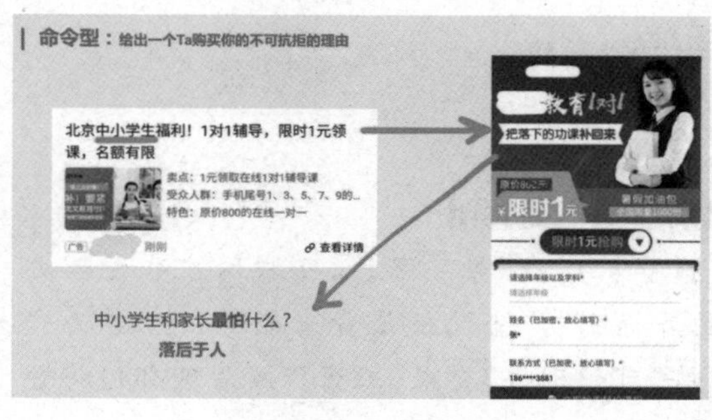

图 7-26　命令型落地页

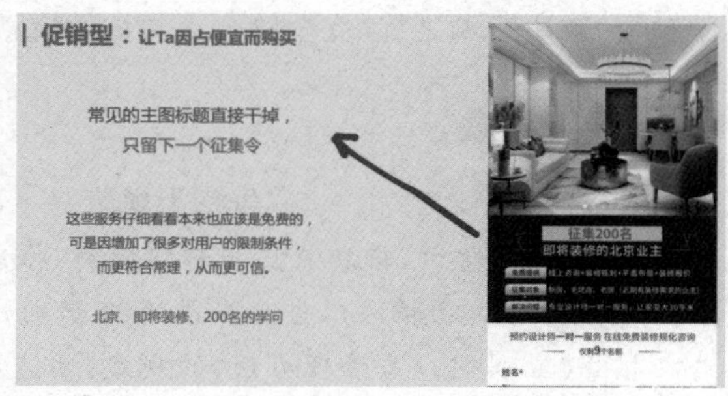

图 7-27　促销型落地页

(4) 疑问型。让用户产生“为什么”的灵魂拷问，吸引消费者有兴趣继续了解产品，如图 7-28、图 7-29 所示。

3. 适应投放的渠道场景

场景即媒介渠道，需要考虑消费者在看落地页时处在什么状态。例如，在使用抖音时，大部分是上下班路上、窝在家里沙发上或床上等，心态比较放松，处在一种无脑模式中，此时不应出现难以理解的广告。再来看一个留学中介在不同媒体投放的两个风格迥异的落地页，如图 7-30 所示。

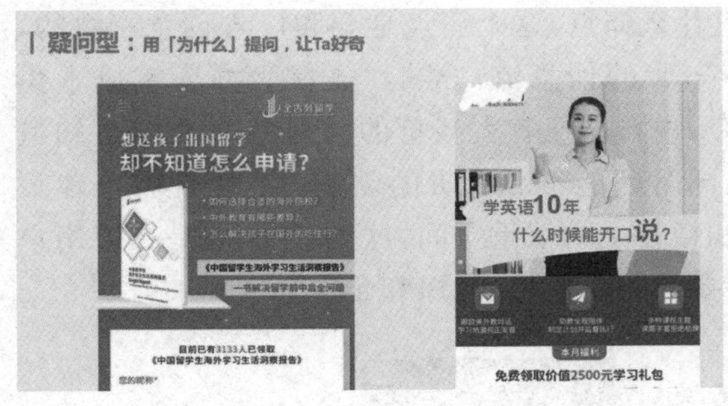

图 7-28　疑问型落地页（申请出国）

图 7-29　疑问型落地页（瘦身和修牙）

图 7-30　百度 SEM 广告和今日头条信息流广告

左边是百度 SEM 中广告，因为承接的是“留学”这一搜索词，所以主动找过来的用户，大概率是想获取更多信息的，给个留学解析大全和留学报告，帮着用户收集了信息，显得很贴心。右边是今日头条信息流广告，因为受众群体是挤在地铁里或无聊打发时间的人群，大部分是稍有留学念头的年轻家长或职场青年，世界名校、阶梯给了这些人一个美好的愿景，且先在国内学预科，解决后顾之忧，完全符合了匆忙的信息流场景。

广告行为规范——可识别性与一键关闭

如图 7-31 所示，信息流广告中均标有“推广”“推荐”“广告”等字眼。《互联网广告管理办法》第九条规定，互联网广告应当具有可识别性，显著标明“广告”，使消费者能够辨明其为广告。根据《互联网广告管理办法》的规定，因违反广告“可识别性”要求，工商行政管理部门将责令改正，并对广告发布者处十万元以下的罚款。结合该等规定，可识别性的责任主体应为广告发布者。

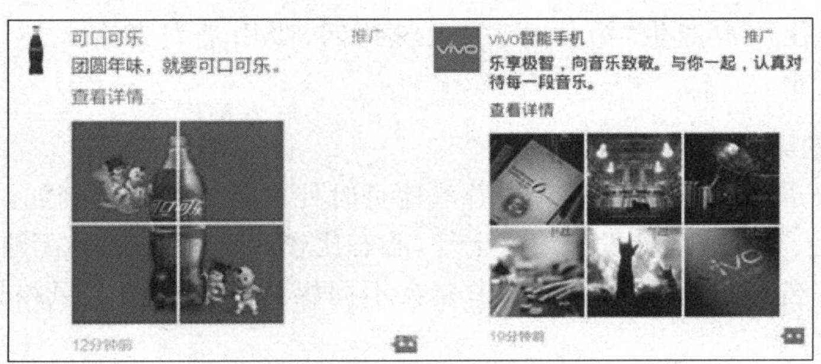

图 7-31　信息流广告

《互联网广告管理办法》第十条进一步规定，利用互联网发布、发送广告，不得影响用户正常使用网络。在互联网页面以弹出等形式发布的广告，应当显著标明关闭标志，确保一键关闭。根据《互联网广告管理办法》的规定，因违反"一键关闭"规定，工商行政管理部门将责令改正，并对广告主处五千元以上三万元以下的罚款。结合这些规定，一键关闭的责任主体为广告主。

资料来源：https://www.gov.cn/govweb/gongbao/2023/issue_10506/202306/content_6885261.html.

法制新思想

《人民日报》指出，有经营者利用模糊形态借机发布违法广告，例如，以养生文章形态发布声称具保健功能或药效的普通食品广告，耽误用户及时就医。这样界限不清的信息流广告就可能成为危害用户生命健康的"泥石流"。早在《人民日报》报道之前，1月13日，央视新闻频道报道了《北京："免考拿本科"背后的套路》的报道，揭开了今日头条"免考拿本科"违法广告背后的内幕，平台方放宽了广告审核标准，纵容骗子机构发布虚假广告，导致用户权益受到侵害。

不法者钻空子发布虚假新闻和虚假广告，除央视曝光的假学历广告外，新闻客户端上的虚假医疗广告、信用卡诈骗广告、涉赌App推广广告等多种形式的违法广告也被网友们疯狂吐槽，不仅严重影响使用体验，财产安全也受到了威胁。

资料来源：https://baijiahao.baidu.com/s?id=1590442890825365364&wfr=spider&for=pc.

前沿在线

广告行为规范——互联网企业的角色及主要法定义务，《互联网广告管理办法》中规定互联网广告发布者指为广告主或者广告经营者推送或者展示互联网广告，并能够核对广告内容、决定广告发布的自然人、法人或者其他组织；信息流广告要做到精准投放，需按照用户偏好进行投放。在这个过程中，互联网平台如核对广告内容，则其扮演着互联网广告发布者的角色。

(1) 作为互联网广告发布者，《互联网广告管理办法》要求其履行如下主要法定义务。

① 与广告主、广告经营者依法签订书面合同。

② 按照国家有关规定建立、健全互联网广告业务的承接登记、审核、档案管理制度；审核查验并登记广告主的名称、地址和有效联系方式等主体身份信息，建立登记档案并定期核实更新。

③ 查验有关证明文件，核对广告内容，对内容不符或者证明文件不全的广告，不得设计、制作、代理、发布。

④ 配备熟悉广告法规的广告审查人员；有条件的还应当设立专门机构，负责互联网广告的审查。

互联网广告发布者违反上述规定，未按照国家有关规定建立、健全广告业务管理制度的，或者未对广告内容进行核对的，由工商行政管理部门责令改正，可以处五万元以下的罚款。

(2) 作为互联网信息服务提供者，对其明知或者应知利用其信息服务发布违法广告的，应当予以制止。

互联网信息服务提供者违反前述规定，明知或者应知广告活动违法不予制止的，由工商行政管理部门没收违法所得，违法所得五万元以上的，并处违法所得一倍以上三倍以下的罚款；违法所得不足五万元的，并处一万元以上五万元以下的罚款；情节严重的，由有关部门依法停止相关业务。

资料来源：https://www.gov.cn/govweb/gongbao/2023/issue_10506/202306/content_6885261.html.

项目小结

本项目首先介绍了信息流推广的概念及信息流推广的竞价机制。然后，在信息流推广策略制定中，详细介绍了投放策略、受众定向策略、资源位策略和信息流推广创意策略。再次，讲解了如何搭建信息流推广账户，如何完成人群定向设置，如何进行创意制作和信息流落地页制作。最后，为保证信息流推广的成功开展，需进一步对账户、人群定向与出价、创意、落地页进行优化。

知识巩固与提升

一、单项选择题

1. 以下关于出价，说法正确的是(　　)。
   A. 出价是决定广告曝光机会的唯一因素
   B. 提高出价是提升曝光量的唯一方法
   C. 出价是指广告主为点击所支付的唯一价格
   D. 广告质量得分相同的情况下，出价越高，曝光机会越多
2. 实际投放中，曝光量偏低，以下(　　)方式无法提高曝光量。
   A. 提高出价　　B. 减少一级定向标签
   C. 优化创意素材　　D. 增加一级定向标签
3. 以下情况中，会造成广告展现量高，但是点击量小的是(　　)。
   A. 出价偏低
   B. 创意有特色、形态新颖
   C. 定向不够精准，广告投放了对产品没有需求的人群
   D. 账户结构搭建不够科学
4. 以下说法正确的是(　　)。
   A. 新建广告时应该设定较低的出价，避免上线后消费太多
   B. 新建广告时应该设定较高的出价，以便在上线之初积累较好的数据表现，提升广告质量得分
   C. 广告投放一周后，即使曝光量、点击率表现都很好，广告创意也必须更新一次
   D. 广告的质量得分可以在账户内查询

二、多项选择题

1. 在信息流广告投放过程中，某条广告创意播放 8 小时，曝光量 300 次，点击量 6 次，点击率 2%，转化量 0 次，请问如果需要对这条广告进行优化，首先从(　　)方面入手。
   A. 页面加载速度　　B. 投放时段　　C. 定向　　D. 转化窗口
2. 信息流广告，以下(　　)计费方式按照转化率参与竞价曝光。
   A. CPC　　B. OCPM　　C. CPA　　D. OCPC
3. 今日头条信息流广告逻辑“一交二并”，以下定向中覆盖量级最高的是(　　)。
   A. 地域：福建；年龄：25～50 岁；兴趣分类：家装建材；兴趣关键词：红木家具

B. 地域：福建；年龄：25～50 岁；兴趣关键词：家装建材、红木家具

C. 地域：福建；年龄：25～50 岁；兴趣关键词：红木家具

D. 地域：福建；年龄：25～50 岁；兴趣分类：家装建材

4. 信息流广告展现量高、点击量高、页面访问量低，需要着重排查的问题包括(　　)。

A. 广告定向设置是否过窄

B. 创意内容与目标用户群体不相关

C. 页面打开速度过慢

D. 页面设计不符合用户体验

5. 以下关于视频信息流广告的特点，说法正确的是(　　)。

A. 可展示的信息较多，表现力更强

B. 绘声绘色，能够向用户展现沉浸式体验内容

C. 游戏类、功能性产品推荐使用

D. 转化效果好，推荐优先使用

6. 希望提升效果广告素材点击率，可以从(　　)方法入手。

A. 场景化展示，提升用户代入感

B. 大面积突出品牌 Logo，强化品牌输出

C. 展现福利诱惑，刺激用户需求

D. 使用授权的明星/代言人

三、简答题

1. 信息流推广的概念是什么？
2. 信息流广告与 SEM 有什么区别？
3. 信息推广的创意策略包含哪些？
4. 简述 FBA 创意生产法。

四、案例分析题

湖北某药店发布虚假信息流广告

湖北某药店在企业公众号发布阿胶广告，编造相关功效，被罚 20 万元。经查明，当事人在“洪湖现代大药房”微信公众号发布的推文广告内容使用“如果阿胶糕中加入了莲子，其具有抗癌、降血压的作用……”等无法验证的引用语，欺骗、误导消费者。

详细内容见下文：

“……如果阿胶糕中加入了莲子，其具有抗癌、降血压的作用，而加入的莲子心，具有去火的作用，中和上火，同时配合莲子还起到降血压的作用。阿胶糕中加入蔓越莓具有调节内分泌、抗衰老的作用，加入葡萄干能够强心、补虚，加入胡百合和枸杞可以起到滋阴养肺，清热利尿，清肝明目的作用。所以夏季吃阿胶糕，配方很重要。这样比例熬制出的黄连阿胶糕具有补肾、安神、泻火的作用。能滋阴润燥，益气补虚，增强体质，提高人体免疫力，对于贫血患者、产妇、亚健康及体力脑力过劳者、老年人和慢性病人中体质虚弱者完全适用。”

问题：

(1) 在该案例中，湖北某药店违反哪些法律条例？

(2) 未来保健品企业发布信息流广告应如何调整，避免此类事件的发生？

项目实训

实现信息流推广广告的海量曝光

一、实训目标

在掌握信息流推广的知识基础上，通过具体应用加深对信息流推广账户搭建、优化，以及信息流推广策略的认识和理解，进而提升实战技能。

二、实训要求

小于是某电商部门手机产品的今日头条推广负责人。在“双 11”活动来临之际，部门决定借助信息流投放平台，推广“双 11”促销活动，同时实施应用下载、文章推广、落地页推广和门店推广等信息流推广活动，实现“双 11”促销活动的海量曝光，为“双 11”活动预热。推广预算金额为 10 万元。

(1) 根据商品与推广目标，设置人群定向和出价。

(2) 完成对商品消费人群定向策略的制定与实施。

(3) 能够分析推广数据，提出账户优化方案。

三、实训分析

本任务的目的是实现信息流推广广告的海量曝光，获取最大的展现量和点击率。若经费预算有限，为了实现高效推广目标，在制定人群定向时，应该紧紧围绕核心用户展开，只对潜在用户进行投放。若用户获取活动详情信息的路径较长，可适当降低预算，主推落地页推广和文章推广。若活动对用户最大的吸引力是价格，制作创意时，应以价格为卖点。

四、实训步骤

(1) 根据任务背景和产品信息，通过分析人口属性和兴趣点，拆解目标人群，拓展人群标签，完成本任务人群画像的综合分析和出价。

(2) 结合任务人群画像分析，完成广告创意的制作。

(3) 借助今日头条后端数据平台，完成数码产品信息流推广策略的制定。

(4) 借助今日头条后端数据平台，对信息流推广账户进行优化。

项目八

与时俱进，策略布局的全新高地——新媒体营销

与传统媒体相比，新媒体的最明显特点就是“新”。那么，新媒体是什么？这很难有个准确的定义，应该与时代结合来界定哪些是新媒体，哪些是传统媒体。例如，当广播出现的时候，报纸成为传统媒体，而当时的新媒体就是广播。当互联网出现的时候，广播、电视成为传统媒体，而此时的新媒体就是互联网。随着互联网经济的快速发展，新媒体营销深入各行各业，并逐步成为企业营销的新方式。新媒体营销是指企业或个人利用新媒体平台的功能、特性，精心策划具有高度传播性的内容和线上活动，通过向用户广泛、精准地推送消息，以提高品牌知名度和用户参与度，打造或提升品牌形象，进行产品营销和品牌运营。

知识目标

- 了解新媒体和新媒体营销。
- 了解新媒体营销思维。
- 理解直播平台营销内涵和要素。
- 理解私域流量营销和网红营销的区别和联系。
- 知晓微信营销模式。
- 知晓维护管理粉丝的方式。

能力目标

- 能够正确界定媒体平台。
- 能够掌握微信个人号和微信公众号的营销方法。
- 能够掌握“直播＋活动”的运营设计各个阶段注意事项。
- 能够掌握直播平台营销的方法，并举例说明。

素养目标

- 培养诚实守信、敢于创新的精神。
- 善于抓住新经济时代的机遇，培养勇立潮头的宝贵品质。
- 培养团队精神，互帮互助。
- 加强遵纪守法的意识。

思维导图

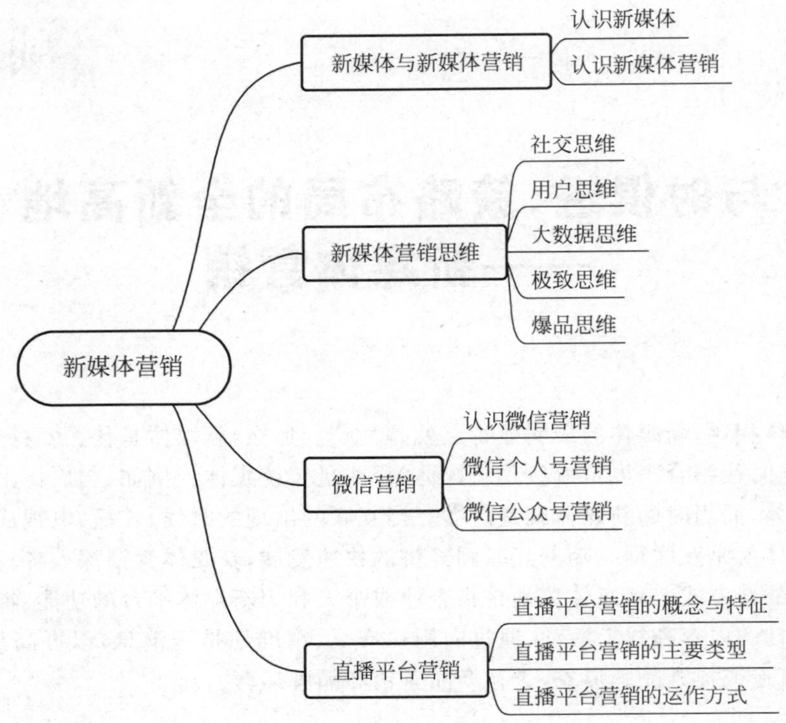

任务一　新媒体与新媒体营销

案例引入

黄金珠宝品牌新媒体营销百花齐放

2022年1月，区域品牌赵都金店举办了为期9天的黄金文化节，通过图文、视频形式将产品、品牌、城市、生活融会贯通，与消费者真正达到情感共鸣。9张海报取景邯郸9个地标性建筑，联合赵都金店9款黄金首饰，这是城市营销；公众号发布老客户票据，回顾邯郸人和黄金有关的故事，这是情感营销；用邯郸方言讲述三代邯郸人的黄金记忆，感知黄金不同的文化意义和选购意义，这是文化营销。这场将黄金文化、城市历史与百姓生活串联起来的品牌营销活动，不但激发了消费者的兴趣，还增加了消费者自愿为其传播的欲望，在2022年年初为行业区域品牌做了一个很好的示范。5月，各大珠宝品牌开启了一场百花齐放的"520"营销热潮。

周大生珠宝的"520"营销则充分利用了品牌代言人任嘉伦的明星效应，通过多种渠道覆盖消费者，在抖音实现近3亿次曝光，微博实现近5000万的阅读次数，线上引流配套"520"期间线下丰富的优惠活动，实现了线上线下的销售双赢。

11月，为全力迎战"双11"全民消费盛会的到来，多家珠宝品牌从加大蓄水、会员营销方面盘活存量市场，跨界营销以小博大精准捕捉消费者心智，引导消费者关注，运用真正的、核心的节日优惠吸引消费者，形成销售转化。

中国黄金根据不同平台设定了不同的营销侧重点，将天猫平台作为店铺直播"双11"活动的重点，与品牌其他淘宝店开展联合营销，突出各店铺作特色、加强重点产品宣传力度，做到流量入品集中，流量转化多样；在京东平台和抖音、快手等直播平台，则把店铺流量获取作为"双11"活动的重点工作，侧重于消费者的转化和留存。

资料来源：https://mp.weixin.qq.com/s?__biz=MzIyMTAyNjU1NQ==&mid=2728475917&idx=1&sn=5ad58106bd0ca57d9a9eb79b46d177fa&chksm=b0969c9987e1158fb16cf0ab73289bb0a0f2dcdc96941073a581cfbbc26f2d907ff41f107cbf&scene=27.

案例分析：通过以上黄金珠宝品牌的新媒体营销实践，可以发现，新媒体凭借其强大的信息交互能力，能够弥补传统营销方式的不足，通过更加科学有效的方式，将珠宝品牌的审美价值、文化价值和品牌价值准确地传递给不同渠道和场景的消费者，激发消费者与品牌之间的共鸣，从而提高黄金珠宝品牌的客户忠诚度。黄金珠宝品牌的营销方式因为借助新媒体进行了更好的整合，紧跟时代发展的步伐，立足于满足各类消费者，通过更加精准的定位，增强消费者与品牌的有效互动，提升消费者的参与度。

价值领航

(1) 营销人员的基本职业道德：任何营销不得触碰法律红线，遵纪守法是每个公民应尽义务。

(2) 中国大力实施网络强国战略，新媒体时代下人民生活的便利，激励学生通过认真学习新媒体营销更好地去建设社会主义现代化国家。

一、认识新媒体

（一）新媒体的概念和内涵

新媒体是一个相对的概念，与媒介技术不断出新紧密相关。回顾新媒体的发展过程，就可以知晓新媒体是伴随着媒体的产生和发展而不断变化的。例如，广播相对于报纸、杂志是新媒体，电视相对于广播是新媒体，而网络相对于电视是新媒体。

广义的新媒体包括两大类：一是基于技术进步而产生的媒体形态，尤其是基于无线通信技术和网络技术出现的媒体形态，如数字电视、IPTV(交互式网络电视)、手机终端等；二是随着人们生活方式的转变，以前已经存在，现在才被应用于信息传播的载体，例如楼宇电视、车载电视等。狭义的新媒体仅指第一类，即基于技术进步而产生的媒体形态。

新媒体的本质在于人人既可以是生产者，也可以是传播者。报纸、电视、杂志、广播等传统媒体，编辑、主播、制片人等是内容的生产者，普通大众充当的角色只能是消费者。而在今天的新媒体时代，每个人都可以通过抖音、微博、微信、今日头条、知乎等各类新媒体平台发出自己的声音，这就是生产者。

课堂讨论：举例你知道的新媒体。

（二）新媒体的特征

进入互联网时代后，新的"新媒体"层出不穷，关于新媒体的特征的理论研究也一直在深化。总结归纳，新媒体具有以下特征。

1. 海量性

新媒体的出现不仅扩大了信息的传播主体，而且带来了海量的传播信息。每个人都可以使用各种各样的社交网络平台分享内容，而且信息的表现形式丰富多样，新媒体的信息内容能够集文字、图片、音频、视频、动画等多种表现形式于一体，带给用户非常震撼的视听享受。但是新媒体的海量信息内容没有得到有效的整合，而是零碎地堆砌在一起，信息呈现碎片化的特点。

2. 交互性

在新媒体中，信息是双向传播的，人人拥有话语权，人人都是自媒体。相比于传统媒体"传播者单向发布信息、受众被动接收信息"的状态，新媒体使每个人既是信息的接收者，又可以成为信息的传播者。例如，用户不仅可以在抖音平台上关注各种新闻消息、社会热点，也可以直接对新闻消息发表自己的观点，还可以通过发布短视频分享自己的感悟。

3. 精准性

传统媒体对广泛的受众群体进行单向的"同质化传播"，传播节目内容试图覆盖所有受众，因而受众的个人需求并未得到有效满足。而在新媒体时代，不同的新媒体能够为不同的受众提供多样化的内容，为受众进行"异质化传播"，而且受众可以根据自己的兴趣爱好自主选择内容和服务，从而提高了信息传播的精准性和有效性，有利于满足受众的个性化需求。

4. 及时性

以网络技术、数字技术和移动通信技术为依托，新媒体拥有传统媒体无法比拟的信息传播速度，它既可以使受众实时接收信息，还可以让受众对信息作出及时反馈。例如，抖音、微博、微信等新兴的移动社交应用可以将用户分享的信息内容第一时间发布出去，让信息直达受众。

二、认识新媒体营销

新媒体营销的主要模式呈现出百花齐放的特征，每一种模式都有诸多代表性的平台。对于企业而言，要想充分借助新媒体营销的优势，助推企业营销推广更上一层楼，首要前提是了解每种新媒体营销模式的特点。

微课：认识新媒体营销

（一）新媒体营销的内涵

新媒体营销是指利用新媒体平台如门户网站、搜索引擎、微博、微信、博客、播客、论坛、手机 App 等，基于特定产品的概念诉求与问题分析，对消费者进行针对性心理引导的一种营销模式，也可理解为企业通过新媒体平台和渠道所开展的营销活动，是企业在信息化、数字化、网络化环境下开展的一种营销活动。新媒体营销属于营销战略的一种，是企业不可忽视的一种网络营销活动方式，也是一种基于现代营销理论，利用新技术的新型营销方式，能够最大限度上满足企业及顾客的需求，从而实现利益的最大化。

（二）新媒体营销的新"4C"法则

新媒体营销的新"4C"法则是指在适合的场景（context）下，针对特定的社群（community），通过有传播力的内容（content）或话题，利用社群的网络结构进行人与人的连接（connection），快速实现信息的扩散与传播，以获得有效的商业传播及价值。

1. 场景

在当下的新媒体传播环境中，利用好场景进行营销，可以让营销的内容更快、更高效地传播给目标客户群体。对于新媒体营销者而言，今天的新媒体营销不再是简单地将消费者集中在一起，更重要的是如何在较短的时间内将批量消费者的需求集中起来，搭建便于营销的场

景。简而言之，在什么样的场景下，消费者及消费者的需求会更集中，群体的情绪及状态更便于营销。即当所有人都关注的时候，这个场景就是最好的营销时机。例如，迪士尼获得商业价值的方式是通过将动画片及电影中的场景再现，为目标消费者提供优质童话场景体验，从而提升消费者买单的动力，把场景变成源源不断的收入。总之，营销者需要通过时刻保持与社会行业场景的同步，抓住稍纵即逝的机会，使信息吸收更有效，以达到完美对接消费者的需求的目标。

2. 社群

社群就是一群人的连接，在连接人的过程中，通过有温度的内容、有价值的产品、有意义的活动及统一的价值观、共同的社群目标、全体群成员的共同利益，基于各种亚文化和互利机制、合作模式等手段，进一步让一群志同道合的人深度聚合和连接的社群组织。因此，营销内容的传播，借助场景的力量可以在社群中迅速扩散，传播效率非常高，传播的效果也很好。

换句话说，就是新媒体营销者需要密切关注社群中目标用户的行为习惯和所处状态，以便更好地结合其熟悉合适的社群场景开展营销活动。

此外，值得新媒体营销者注意的是新媒体传播环境下，营销内容需要的是精准传播，尽量少骚扰不相关的群体。

3. 内容

新媒体营销实施过程中，营销者需要更加关注内容在传播中的魅力，因为枯燥的内容，即使花高额的费用进行推广，也很难达到预期的效果。简而言之，企业要做的是为用户提供价值，留住消费者注意力的不是广告，而是有价值的内容。

传统营销更多的是通过影响用户思考、视觉、听觉硬性地传递产品信息，即硬广告。而当下的消费者，已经不再习惯性接收硬性的宣传，而是更容易被对其有价值的内容所吸引，故在新媒体环境下，营销者更需要思考如何策划和设计有价值的内容，从分享、协同给予客户答案的角度来向消费者传递营销信息，最终实现产品销售的目标。

企业创建内容的核心目的是将浏览者变成购买者，让购买者成为回头客或者狂热的追随者及倡导者。

4. 连接

连接的目的就是提高传播的效率。营销者通过对各社群节点的拿捏，可以让信息渗透到目标客户，直达核心。也就是说，只要找到整个社群网点中的传播节点，信息就可以沿着多个路径，从一个小圈子流入另一个小圈子，在特定人群中微定向和扩散性地传播开来，从而形成高效的传播途径。相对于传统的广播式营销宣传来说，能有效减少对其他非核心目标用户的骚扰。

此外，人与人连接在实际中的应用需要注意如何找到目标客户群的中心节点、如何利用圈子和圈子之间的连接，抓住连接者引爆流行以及微观层面的连接，口碑传播的机制和动力等方面的问题。总之，探寻营销的传播轨迹，就是绘制目标客户群的连接之旅。

（三）新媒体营销的模式

新媒体营销在传统营销模式的基础上，得益于互联网以及各类手机 App 的帮助，衍生出了许多新型的模式。常用的新媒体营销模式包括以下十种：直播营销、短视频营销、微信营销、微博营销、病毒营销、软文营销、事件营销、饥饿营销、二维码营销、游戏营销。

链接：如何打造炙手可热的新媒体营销策略

1. 直播营销

淘宝网红 2 小时销售 2000 万元、“口红哥”15 分钟直播卖掉 15000 支口红、“明星奶爸”直播 1 小时奶粉销量达到 150 万元……直播营销越来越火，不少商家跃跃欲试，大品牌请网红、大咖，一场直播收益数千万元。目前来看，直播营销一旦取得了成功，就相当于新媒体营销成功了一半。

案例：翼支付作为中国电信旗下的数字生活服务平台，拥有便捷的支付功能、多元的使用场景、品类丰富的电商商城，为用户提供综合性民生服务。2022 年翼支付与广西、贵州、山西等多地政府及电信各省分公司、产业合作方成立乡村振兴合作联盟；此外邀请多家央国企、优秀民企及线上平台联合启动翼支付数字新消费节，如中粮、华润、中国旅游集团等，正好为翼支付提供民生所需的基础消费场景。20～45 岁互联网用户是翼支付核心目标用户，如何借势短视频直播风口，将优质农特产品及央企商品更便捷提供给更广泛的用户，激活 App 多元使用场景是翼支付目前面临主要的转型问题。于是翼支付制定了 2022 年全年度直播项目，以直播为营销出口，构建以民生需求为核心、以品质保证为基础的数字生活新消费平台，彰显其作为国企的责任担当。

资料来源：https://www.qinzhiqiang.com/archives/44662.html.

在此之中，翼支付洞察到三点直播营销机会。

(1) 翼支付助力乡村振兴，具备 29 省多渠道原生态农特产品来源优势，丰富了直播货品。

(2) 响应国家促内循环振消费，联合 20 多家央企(中免、中粮、华润、中旅等)深度合作，引入央企优质商品 1.5 万款，为直播提供了多元的品类。

(3) 中国电信集团大力扶持直播业务，以直播带动平台业务发展，与众多中央企业、地方国企、零售企业等开启翼支付全新数字新消费节。

此次电商直播营销项目中，翼支付打开了低价导流新路径，用直播撬动了企业新场景与业务新空间。作为国企典型代表企业，翼支付敏锐洞悉到消费者的消费需求转变，丰富了餐饮、购物、出行等多种生活消费场景，以多端直播联动模式，融合自身优势资源，打造出涵盖美食、美妆、旅游、大健康等多个民生领域的新消费板块。图 8-1 所示为翼支付助力电商直播营销活动。

图 8-1 翼支付助力电商直播营销活动

2. 短视频营销

随着快手、抖音等短视频 App 的迅速崛起，短视频营销已经成为新媒体营销中的一匹黑马，用户和商家通过在视频里植入产品内容进行营销。部分“粉丝”量、点赞量高的用户还可以在视频下方插入商品链接，消费者可以直接点击跳转到购物网站进行购买，十分便捷。

案例：《超 Nice 大会》坚持在主流价值观中寻找创新方向，核心目标是用年轻人特有的认知、情感、语态进行创作，以接地气的现实主义创作形态，分享青年人应有的积极态度。节目以温暖、正直、向上为底色，在循序渐进的脱口秀表演中，将积极的价值观传递给青年一代。理解身边人的"小毛病"，接受他们，理解他们，才能让人们拥有更和谐的人际关系。通过对自己和他人"小毛病"的剖析和吐槽，让我们与自己和解，与他人和解，与社会和解。

案例：单场 GMV 破千万，良品铺子三招玩转"快手真新日"。

良品铺子对快手投入的加码，始于品牌业务扩张期快速抢占新渠道、拓客的迫切需求。快手用户的高增长、高黏性和其对大众市场的覆盖让它成为品牌布局电商的首选。除了自身店铺运营，随着快手电商自身布局的不断完善，包括快手宠粉节、快手 116 心意购物节在内的官方 IP 陆续推出，也为品牌提供了更为强大的资源倾斜和玩法辅助，如图 8-2 所示。

资料来源：https://roll.sohu.com/a/622540666_121124360.

图 8-2　《超 Nice 大会》和良品铺子短视频营销

3. 微信营销

微信营销从最初的公众号软文，到微店，再到现在的微信小程序，无一不体现出了微信营销的强大。把内容做得有创意，微信营销就会有生命力。例如，星巴克巧妙运用微信营销，通过搜索星巴克微信公众号或扫描二维码，用户可以发送表情图片来表达此时的心情，星巴克微信公众号则根据不同的表情图片选择《自然醒》专辑中的相关音乐给予回应。这种用表情说话的营销方式正是星巴克的卖点所在。

案例：利用微信平台开展互动游戏。

微信作为全球最大的社交平台之一，具有庞大的用户基础和强大的功能。通过微信平台，企业可以轻松创建各种互动游戏，并将其与展会相结合。例如，推出抽奖游戏、答题游戏或 AR 互动游戏，观众可以通过扫描展位上的二维码或搜索公众号参与游戏，与品牌进行互动。通过微信的实时消息功能，企业可以及时发送游戏结果、奖品领取方式等信息，增加观众参与度和互动体验，如图 8-3 所示。

图 8-3　微信平台互动游戏时尚打卡

4. 微博营销

微博营销是指个人或商家通过在自己的微博上宣传的方式来进行营销的手段。依托于微博较开放的平台特性，许多企业和微商都会在微博上进行营销，再结合热搜、话题等手段，使得自己的产品能被更多消费者搜索查询到。众所周知，小米手机最早的一炮而红，有赖于雷军和黎万强的微博营销方式。从发博数量来看，2019 年第一季度雷军的发博量达到了 644 篇，甚至都快赶上其过去一整年的发博量了。

案例：作为世界杯的官方赞助商，在世界杯期间麦当劳在微博活跃度可是持续升高，熬夜看球、激情抽奖，都是麦当劳官微的操作，一度冲上热搜，擅长营销的麦当劳并未在世界杯结束后就沉寂下去，而是发挥自己的营销鬼才，与网友互怼，在微博嗨翻了天，图 8-4 所示为麦当劳官方微博内容。

图 8-4 麦当劳官方微博

据微博官方数据统计，截至发文，由麦当劳官微创建的微博话题 #深夜开麦# 阅读次数已达 2.8 亿，讨论次数更是高达 2.6 万。

在人们的刻板印象里，官方微博都是严肃死板的，而@麦当劳的微博小编一反常态，打破大众对官博的固有印象，成功塑造了接地气的人设，并创造了可持续的话题，不断为品牌注入新鲜血液，目前来看，可以说是一个成功的微博营销案例，有不少值得学习的地方。

资料来源：https://zhuanlan.zhihu.com/p/598314995.

5. 病毒营销

病毒营销其实也是口碑营销的一种，主要是针对未来的消费者做产品推广营销，是一种自发式的裂变营销。2018 年年底，支付宝发布微博表示，抽奖即可获得全球免单大礼包，提供的礼品不仅丰盛，含金量还相当高。正是被支付宝所提供的大礼包所吸引，一时间众多网友纷纷转发抽奖微博，据统计该微博一不小心就破了两项新纪录：不到 6 小时转发量破百万，周累计转发破 300 万，成为企业营销史上最快达成百万级转发量以及迄今为止总转发量最高的病毒营销案例。

案例：毫无意外，今年的“秋一杯”又火了。

短短几天，全网被奶茶包围，很多茶饮店老板忙断了腿，微博热搜、朋友圈刷屏、外卖平台挤爆……近年来，许多当代年轻人会在立秋这日用赠送奶茶、转账红包的形式，向自己在意或者关心的人表达爱意，偶尔还会在朋友圈撒一波狗粮。于是，秋天与奶茶的故事日渐流行起来，立秋也成为各大奶茶品牌节气营销的必争之日。为了抢先成为消费者手中秋天的第一杯

奶茶，各大奶茶品牌已经卷疯了。

从病毒营销的角度来看，秋天的第一杯奶茶是怎么爆火的？图 8-5 所示为秋天的第一杯奶茶。

图 8-5　秋天的第一杯奶茶

（1）情感共鸣。秋天的第一杯奶茶爆火，很大程度上是因为它触动了人们内心深处的情感需求。在秋天这个特殊的季节里，人们对于温暖、关爱和陪伴有着强烈的渴望。而一杯奶茶，恰好可以满足这些需求。因此，当秋天的第一杯奶茶出现时，它立刻引起了人们的共鸣和关注。

（2）社交效应。在现代社会，人们的生活方式越来越依赖于社交媒体。他们通过分享、评论和转发来表达自己的观点和情感。秋天第一杯奶茶爆火，正是利用了这种社交效应。当一个人开始喝秋天的第一杯奶茶时，作为一种情感的表达，往往会将内容发布在自己的社交平台，从而影响更多的社交好友，引导其加入到这个潮流中来。

（3）创意元素。秋天的第一杯奶茶爆火，还因为它具有独特的创意元素。从病毒营销来说，传播往往是通过社交平台来完成的，而社交平台的主力往往是年轻人，而奶茶更符合年轻人的需求。

（4）精准定位。成功的病毒营销往往需要对目标受众进行精准定位。在这个案例中，秋天的第一杯奶茶成功地抓住了年轻人的需求和喜好。他们喜欢新鲜事物，追求个性和品位，同时也注重情感交流和社交互动。

因此，秋天的第一杯奶茶出现时，他们立刻被吸引过来，成了营销传播的主力。从病毒营销的角度来看，“秋天的第一杯奶茶”爆火是一场成功的营销战役。它凭借着情感共鸣、社交效应、创意元素和精准定位等优势，成功吸引了大量用户的关注和参与。

6. 软文营销

软文营销这个概念是相对于硬性广告而言的，指的是通过撰写一些不太强硬的广告文案来进行营销。通常这类文章的前半部分是一些热点或者大众感兴趣的内容，标题也会出现具体的产品品牌和内容，但是文章最后会很流畅、巧妙地转到相关的广告内容。通常大众不会对此类广告有较强的抵触心理，反而还会因为触击内心的文案而增加购买欲望。

案例：德芙巧克力软文《青春不终场，我们的故事未完待续》。

德芙巧克力的软文《青春不终场，我们的故事未完待续》，就很好地针对年轻人的情感世界，写出了非常动人的情感故事。文章作者讲述了自己在大学与一个男生从相知相恋再到相伴相惜的心路历程。文章真挚动人，语言文艺优美，通过煽情、富有感染力的故事引起很多年轻人的共鸣，而文章中德芙的植入与作者的情感成长融合得非常自然，“不变的是德芙巧克力”，非常符合故事的场景，同时也淋漓尽致地突显出了德芙巧克力的定位和品牌内涵，丝丝入口，细腻和谐，让很多人不仅对德芙巧克力有了很好的印象，同时也潜移默化地传达了德芙的品牌价值。

除了有意思的内容外，软文还可以注重情感上的更多共鸣，借助大众普遍都有的亲情、友情、爱情等情感，创造出有感染力的内容，让观众产生更多的共鸣，在情感上建立产品与内容、观众之间的联系。

资料来源：https://zhuanlan.zhihu.com/p/554301831.

7. 事件营销

事件营销也是当下非常流行的新媒体营销方式，能够迅速地提升产品的品牌知名度。抖音就是通过事件营销迅速地占据网络份额。新媒体营销和事件营销完美的结合有着比较大的优势，受众面非常广，对于营销成本的节省也有着非常显著的作用。

案例：李宁，一次赚足眼球的事件营销。

2021 年 3 月 24 日，H&M 抵制新疆棉事件一出，立即有网友发现“李宁一直有把采用新疆棉写在标签上”。李宁售卖的纯棉 T 恤上放有一个黑色标牌，上面标明：“该面料采用新疆优质长绒棉，配合独特织法工艺，赋予面料优异性能。”有媒体就此询问电商平台李宁旗舰店客服，得到了店员肯定的答复。

李宁公司紧接着在 3 月 25 日表示，尚未加入“良好棉花发展协会(BCI)”。声明还指出，新疆是李宁供应链系统中重要的原材料生产地区之一。当日，#李宁把新疆棉写在标签上#的微博话题迅速登顶热搜首位，短短两天内，话题阅读次数逼近 5 亿，吸引超过 5 万次的话题讨论，李宁的媒体热度在没有反应过来的国土品牌中一骑绝尘。

3 月 26 日，“李宁官宣肖战”的公告又一次引爆微博热搜，一天之内阅读量超过 10 亿，话题讨论人次突破 100 万。官宣当天，肖战同款产品上线李宁天猫店，不出意外的被瞬间秒光，其中包括 99 元的袜子和 999 元的跑鞋。李宁在口碑热度未减之时又出乎意料的官宣代言人，再一次吸引了大众的眼球，激发了大众热烈的讨论。

口碑叠加代言人效应，使李宁股价连续拉升。3 月 25 日、26 日，李宁两天内股价连续上涨 10.74%和 2.90%，市值暴涨 150 多亿港元，一举突破 1280 亿港元。

李宁的成功提供了三大启示：一是让社媒用户参与到关于现在发生的对话中。互联网用户都有一种在事件发生时自发参与的愿望，这有助于用户以更有价值、更有意义的方式为品牌社区作出贡献。二是巧用外部事件。对外部事件的及时回应为营销传播注入了新的燃料，为人们通过迅速分享一条信息与他人建立联系的愿望提供了更多动力。三是信任并授权营销团队。为了让营销团队能够在外部事件发生时做出反应，企业需要赋予营销团队一定的自由度，让他们能够密切关注趋势和实时自发的事件，从而能够针对这些事件迅速发布机智的信息。

资料来源：https://www.toutiao.com/article/6946887196909552131/?app=news_article_lite×tamp=1719411973&use_new_style=1&req_id=20240626222613A0DE9D6948BA6853FA73&group_id=6946887196909552131&share_token=93078cff-5cf6-42a2-8118-d998cbed81b9&source=m_redirect.

8. 饥饿营销

饥饿营销是指商品或服务提供者有意降低生产量，制造紧俏“错觉”，进而达到保持较高毛利率和品牌增加值的目的。例如，小米手机从上市之初就一直在使用饥饿营销方式，很多年轻人对小米手机的饥饿营销深恶痛绝，但又经不住小米手机高性价比的诱惑，在口诛笔伐的同时，又情不自禁地参与抢购，这便是饥饿营销的魅力。

案例：口碑外卖的限时抢购。口碑外卖是中国的一家外卖平台，在过去的一些促销活动中成功运用了饥饿营销策略。他们通过推出限时抢购的活动，在特定时间段内提供大幅度折扣的美食，以吸引用户抢购。这种限时抢购活动制造了紧迫感和饥饿感，刺激用户尽快下单购买，从而提高了销售量和用户参与度。图 8-6 所示为口碑外卖的限时抢购。

图 8-6 口碑外卖的限时抢购

9. 二维码营销

二维码营销是指通过对二维码图案的传播，引导消费者扫描二维码，推广相关的产品资讯、服务，刺激消费者进行购买的营销方式。扫描二维码后，常见的营销互动类型有视频、订阅信息、促销活动等。

例如，星火英语作为英语教辅图书，音频附件必不可少，其通过将每段音频的二维码放在对应题目或单词本的页面上，读者扫码即可获取相对应的音频，直接播放即可做题，省去了传统光盘需要拷贝到计算机或手机的烦琐过程，有效改善了读者体验，获得学生用户好评，如图 8-7 所示。

图 8-7　二维码营销

案例：“饿了么”整合了线下餐饮品牌和线上网络资源，用户可以很方便地通过手机、计算机搜索周边餐厅，在线订餐、享受美食。与此同时，它也向用户传达了一种健康、年轻化的饮食习惯和生活方式。除了为用户创造价值，同时率先提出 C2C 网上订餐的概念，为线下餐厅提供一体化运营的解决方案。

最开始时，用户只要需要扫描“饿了么”的二维码，就会进入下载手机客户端的页面。下载后，用户就可以根据自己的地理位置来订外卖。这样，不论用户多忙，只要一个电话、一条微信，就可以坐等美食上门了，从而引领了整个餐饮外卖行业。

企业想要获得大量的客户，除产品过硬、服务完善外，还要做到宣传到位。而在当今这个移动互联网世界中，要想做好宣传，就少不了二维码营销。

10. 游戏营销

游戏营销是指通过将产品营销内容完全融入游戏情节，使游戏玩家在娱乐中不自觉地记住品牌形象，最终达到品牌宣传效果。游戏营销属于隐性营销的一种形式。与传统营销方式相比较，隐性营销更加注重“功夫在诗外，润物细无声”的效果。将企业品牌嵌入电子游戏中，使消费者在游戏、娱乐中和品牌不停地互动，游戏里的广告就会经常被游戏玩家“主动地”看很多次，从而促使消费者和品牌联系更为紧密。

案例：《羊了个羊》这款游戏上手非常简单，第一关基本不需要动脑就能迅速过关，但到了第二关，方块的数量、种类和复杂程度飞速上升，让很多网友吐槽“第一关上幼儿园，第二关去考研”。《羊了个羊》也为玩家提供了一次看广告“复活”的机会和三次帮助，通过分享转发小程序链接和看广告的方式助力通关，很多玩家连续失败几十次、几百次，甚至心甘情愿地去看广告获得“复活”机会，但仍然难以通关，如图 8-8 所示。

图 8-8　游戏营销

除此之外，玩家进入游戏后按照省份组成团队，通关成功之后会为所在省份“加 1 羊”，排名每日刷新，基于地理位置的排行也引发了各个玩家的胜负欲和集体荣誉感。游戏火热之后，很多知名博主、大 V 纷纷晒出自己的成绩，也有人迅速查找和产出攻略，有网友号称“一天玩了 1000 多次”，关于《羊了个羊》的表情包、段子等二次创作也成为热潮。

课堂讨论：开展网络病毒营销前该注意什么？

任务二　新媒体营销思维

“小红书”社交思维

小红书以“标记我的生活”为理念，通过深耕 UGC（用户创造内容）购物分享社区平台，让用户分享自己的喜欢并说出自己想说的话，让用户能和同样喜欢或向往某一商品的另一用户建立关系，建立消费类口碑库，解决用户分享与“种草”需求，实现笔记浏览、购买商品到分享心得的一个良性循环。在小红书上培养用户习惯，无异于在一定高质量的粉丝基础上开辟自己的“净土”，再配合线下事件营销、线上活动营销，就能低投入高收入地获得一部分核心忠实粉丝的认可和美誉。

资料来源：https://www.92hi.com/yunying/show_4517.html.

案例分析：在互联网时代，企业要想实现新媒体营销的价值最大化，首先必须具备新媒体营销思维。新媒体营销的常用思维主要包括社交思维、用户思维、大数据思维、极致思维及爆品思维。

价值领航

（1）一步到位、一劳永逸的传统思想已经不再适合互联网时代，需要持之以恒的努力。

（2）不积跬步，无以至千里。

（3）焦虑不安并不能帮助企业解决问题，只有回归理性，快速启动新策略，才能掌握主动性。

（4）同学们需要不断提升个人的能力和思想素养，学习新媒体领域的最新技术和动态，学习先进思想，不轻易跟风，做到知行合一。

一、社交思维

随着社交媒体、社交平台的大量产生，越来越多的网民成为这些媒体和平台的忠实用户。基于这些粉丝的忠诚度，有些企业就开始做社交性的营销，将这些媒体或平台当作为产品宣传、品牌树立及提供服务的媒介。例如，微信已经成为微商销售产品的工具；抖音、快手等视频平台，也被很多企业和商家用于营销和推广。

微课：社交思维

在互联网发展异常迅速的大形势下，社交性媒体逐渐从一个单纯的交流平台向具有综合作用的站点发展，其内容提供也由商家直接雇佣向用户自愿提供为主转变，信息流动也由单向传播向双向互动转变。这就要求企业或商家在营销时具有社交思维。社交思维主要体现在以下几个方面。

1. 做好关系链

做好关系链是社交思维最关键也是最基础的要素。关系链即人和组织之间的社会关系。而社会能够称之为社会的关键，则是人与人、人与组织、组织与组织之间的关系链。在社交属性日益增强的互联网中，关系链自然是社交性媒体最重要的组成部分。只有很好地利用了用户的社交关系链，才能发挥新媒体营销的优势。

2. 增大传播动力

利用用户之间既有的关系链，在关系链的某一个点注入信息，通过关系网迅速传播是社交思维的基本手段。但是要实现营销信息在社交关系链中的快速传播，则需要具备一个核心前提，即具有传播动力的内容。对于新媒体营销来说，最困难和最重要的就是增强营销内容的传播动力。

3. 实现多样化的传播

营销内容有了传播动力后，只需要依靠自己的优势资源将内容的“石块”投入用户关系链组成的“池塘”中，便可以迅速传播出去。而营销传播的方式可以是多样化的，这要依据企业自身的优势和能够利用的资源而定。

有了具备传播动力的内容，依托既有的社交关系链进行传播，加上社交关系链附加的高信任度，内容传递带来的营销效果就会越来越好。

二、用户思维

营销的核心就是体现用户需求，以满足用户需求为终极目标。用户需求永远是营销工作的导向，是企业开发、研制一款产品、一项服务的基础。这给广大企业运营者、营销策划者提供了一个思路，无论做什么产品，提供什么服务，都必须坚持用户至上的原则，坚持以用户思维去考虑问题、分析问题。

那么，如何利用好用户思维呢？一般来说，在具体运用用户思维的过程中，可以从以下几点入手。

1. 研究用户消费心理

从心理学角度来说，人们最容易关注到的是跟自身利益直接相关的那部分信息，如免费、省钱、吃亏、赔本等类似的关键词。因此，能为用户提供直接利益的传播，才是消费者眼中的“好传播”。

目前，用户思维最为典型的案例是现在非常流行的“抢红包”活动。自微信红包推出以后，“抢红包”更是成为各广告主“贺岁档”争抢的主战场，通过贴合用户消费心理的营销活动，使企业获得了大量关注与转发，可谓赚足了用户的注意力。

2. 分析用户需求

一步到位、一劳永逸的传统思想已经不再适合互联网时代，只有用户才知道自己需要什么，只有用户的体验才能使产品更具有生命力。产品的每一个版本，越早一天面对用户就意味着离正确的结果更近一步，因为可以早一天得到反馈、早一天做出正确的决定，以便对产品进行迭代和改进。

快速更新的用户需求，使研发速度赶不上需求变化的速度。而互联网产品与服务开发将敏捷发展到了极致，“快速迭代”成为互联网技术的核心竞争力。

3. 引导用户参与

用户只有在被引导后才能真正参与到企业营销中来，创造出良性的传播效应，这是由网络的交互性、互惠性决定的。用户是营销网络中的一个个节点，主要任务就是让每个节点参与进来，使信息在用户之间相互交换、传递。

“以用户为中心”的用户思维，不仅体现在销售环节上，还体现在其他很多方面，如市场定位、品牌规划、产品研发、生产销售、售后服务、组织设计等各个环节。因此，营销者需要在营销的各个环节都做到让消费者满意，让客户有完美体验。

三、大数据思维

动画：5G 新媒体获客引领大数据营销时代

新媒体以其形式丰富、互动性强、渠道广泛、覆盖率高、精准到达、性价比高、推广方便等特点，在各行各业中占据越来越重要的位置，从而积累了大量用户和用户行为数据，这成为做用户分析的大数据基础。对于现在的新媒体运营来说，大数据几乎无处不在。例如，文字调性是否符合粉丝的口味，哪种类型的文章更受用户喜欢，用户喜欢在什么时间、什么场景下打开文章等。只有重视数据，善于用数据进行分析，才能创作出受欢迎的新媒体产品或内容。

数据分析根据时间段的不同，可以分为事前分析和事后分析。

1. 事前分析

事前分析是指在开展新媒体运营之前，企业或个人需要根据以往的大数据，分析市场的容量、竞争状况，用户的属性、偏好、行为、需求情况，平台的用户情况、功能特点等数据，为进入新媒体平台，精准定位目标人群，规避竞争风险，搭建运营矩阵奠定基础。

2. 事后分析

事后分析是指在新媒体平台运营一定周期后，需要根据平台后台提供的实际产生的数据进行总结分析，为下一次运营做准备。同时，事后分析的目的也是探索一种为目标受众和用户提供个性化服务的方法。

大数据不仅是时代发展的产物，更是一个全新的思维理念，即基于大数据资产的商业经营模式。大数据思维的运用，能够帮助客户分析趋势、分析市场、分析用户，提高核心竞争力。

四、极致思维

互联网经济时代的竞争，与其说是产品之间的竞争，不如说是消费者认知上的竞争。消费者对品牌和产品的认知，或者说品牌、产品在消费者心目中“是什么”更加重要。做大品牌，做好产品，最核心的是改变消费者的观念，提高消费者的认知水平。而要做到这一点，必须从改变和提高产品做起，互联网时代的产品不是拼数量，而需要提升质量内涵，做精做细。

企业如果想要将一款产品或一项服务做到极致，在消费者心目中树立良好的形象，必须要抓住消费者的需求，以迎合消费者心理，真正解决消费者遇到的问题。

消费者的需求通常分为三种：①刚性需求，也称客户痛点；②附加值需求，即客户痒点；③超出需求预期的那一部分需求，也叫兴奋点。

极致思维就是激发消费者的兴奋点，让消费者不是因为有基本需求才购买，不是因为迫切需要才购买，而是因为对产品或服务倾注了情感而情不自禁地去消费。因此，用一句话总结极

致思维，就是把产品、服务和用户体验做到极致，超越用户预期。

五、爆品思维

爆品思维指的是打造让消费者尖叫到爆的极致产品。爆品代表着专注某一类用户，代表着以用户思维为导向的设计、研发、生产与销售，代表着真的找到了用户的痛点。进行爆品生产、制作、营销必须满足以下几个条件才有可能实施。

1. 拥有核心资源

资源是打造爆品模式的一个主要条件，资源包括两方面：一是“我是谁”；二是“我拥有什么”。具体来说，资源包括生产者、经营者的兴趣、技能和个性，知识、经验、人际关系，以及其他有形和无形的资源或资产。

技能是第二大资源，它也包括两方面：能力与技术。能力是指与生俱来的天赋，即做同样的事情比别人感到更轻松；与此相反，技术是指后天习得的能力，指通过大量实践和学习熟能生巧的能力。

2. 定位关键业务

关键业务就是指为客户实施的基本体力或脑力活动。定位关键业务即明确要做什么。这取决于核心资源。也就是说，“我是谁”必然影响着“我要做什么”。

3. 明确客户群体

明确客户群体，即要明白“我能帮助谁”。私人定制领域内的客户群体比较特殊，一般指的是那些愿意付费享受某种利益的群体，也包括那些免费享受利益但必须通过其他人付费补贴的群体。

课堂讨论：传统思维与用户思维有什么区别？

任务三　微信营销

案例引入

海底捞 O2O 实现更轻松的美食消费体验

海底捞目前对微信公众号的应用算是比较深入且比较有新意的，它既结合了企业自身的情况，又将微信玩出了新意。玩微信，就该结合实际情况，把营销、服务、体验做好，并不断地分析和优化，尽量把用户体验和便捷性、趣味性做到极致。海底捞在微信公众平台的搭建与运营上主要分了三大块进行，分别是“看”“吃”“玩”。“看”，是指呈现最新资讯和菜品，让顾客在手机上就能查看海底捞的最新推荐菜式与常规菜品；“吃”，是指通过微信公众号来在线订餐，在线预订排队、在线订外卖；“玩”，是通过微信把用户体验做得更好，实现更方便快捷、更有趣的 O2O 方式。

资料来源：https://m.hishop.com.cn/products/ymf/gh/show_23085.html.

案例分析：海底捞开通微信支付，线上线下并行，大大增加了效率，同时让顾客的支付更便捷、更开心。

价值领航

(1) 2020 年美国《财富》杂志公布了 100 个“现代最伟大的设计”排行榜，其中，微信入选“现代最伟大的设计”全球排名最高的社交软件。通过学习，增强学生的民族自豪感。

(2) 微信公众平台上假货泛滥、高仿横行的现象屡禁不止。在网络平台上要做到诚信经营，尊重他人的知识产权，为营造和谐有序的市场经营环境作出自己的贡献。

(3) 注册企业公众号，必须绑定企业法人信息或取得企业授权，要有遵纪守法的意识。公众号账号的名称和定位要健康文明，主动践行社会主义核心价值观。

一、认识微信营销

从微信用户的角度看，微信是可以通过手机、平板电脑、网页等跨通信运营商，采用跨操作系统平台的方式，快速发送免费(需消耗少量网络流量)的语音短信、视频、图片和文字的即时通信服务工具。同时，微信用户可通过使用“朋友圈”“公众平台”“语音记事本”等基于位置的社交服务插件实现资源的分享，还可以通过“红包”“转账”等微信支付功能快速完成支付、提现等资金交易流程。

从企业的角度看，微信是企业可以利用组建微信群、分享朋友圈、查找附近的人、二维码扫一扫、微信小程序等多样化的互动分享沟通功能，开展创意活动的营销推广、产品的销售、粉丝群体的构建和维护等活动，实现强化客户关系管理、吸引用户参与体验的新媒体营销平台。对企业来说，微信在本质上是企业目标消费人群的聚集地。

课堂讨论：假如你要约朋友周末看电影，你会如何使用微信邀约、影评？谈一谈微信给你的生活带来的政变。

1. 微信营销的概念

微信营销是网络经济时代企业对营销模式的创新，是伴随着微信的火热产生的一种网络营销方式，是社会化媒体营销中运用非常广泛的手段之一。微信营销是一个系统的营销过程，具体是指利用微信提供的所有模块和功能，将员工和客户的个人号、订阅号及企业公众服务号进行合理优化组合，建立有效的微信矩阵，从而形成一套精准的营销体系。

2. 微信营销的价值

(1) 输出个人品牌。美国管理学者汤姆·彼得斯提出，21 世纪的工作生存法则是建立个人品牌。不只是企业、产品需要建立品牌，个人也需要在职场、生活中建立个人品牌。个人品牌的建立是一个长期的过程，人们希望塑造的个人形象可以被周围大众广泛接受并长期认同，而以微信为代表的社交软件的出现，让个人可以成为自媒体，人们能够在社交软件上展示自己的鲜明个性和情感特征，在符合大众的消费心理或审美需求下，成为可转化为商业价值的资源。

(2) 刺激产品销售。刺激产品销售是微信营销最基本的价值。不论是基于熟人经济的微商，还是基于个人品牌效应的微店，“人”都成了新的商业入口。通过个人微信的朋友圈发布产品信息，用微信聊天为买家提供咨询沟通服务，用微信支付功能完成付款。“社交电商”就这样实现了。

(3) 维护客户关系。微信是人与人之间便捷沟通的一种渠道。如果由于业务关系添加了很多客户的微信好友，通过聊天联系或朋友圈互动，就有了与客户加深情感连接、让客户进一步了解你的机会。

3. 微信营销的模式

(1) 微信公众号模式。不管是企业还是个人，都可以开通微信公众号，通过微信公众号推送文章并提供服务。有的企业的微信公众号积累了几千万粉丝，可以直接针对自己的粉丝进行精准的信息推送，大大提高了企业的客户管理和运营水平。

(2) 微信群营销模式。当前，很多企业都会按照一定的属性为客户组建微信群，然后在群里发送H5活动海报链接等相关信息，开展定期或不定期的营销推广活动，同时回答客户的咨询和疑问，处理售后相关事宜，增强客户的体验感和满意度。

(3) 微信朋友圈营销模式。在微信朋友圈经常会看到朋友分享的内容，所以有的人就通过加好友然后在朋友圈发软文做推广。目前微信好友数量的上限是5000人，假如你拥有5000个好友，就相当于拥有了一个活跃度很高的微信账户。通过在朋友圈发信息，然后转入微信聊天模式，进入微店成交，已经成为很多电商运营的重点模式。

4. 微店营销模式

很多企业或商家也会在微店上开店，把自己的产品和服务放在微店上，通过微信支付完成交易，所以通过微信构建各种消费服务的企业也非常多。

5. 微信广告模式

微信针对中小企业主推出了广点通业务，也就是企业开通账户后，可以在微信公众号的文章底部插入用户的产品广告链接。有实力的企业还可以尝试投放朋友圈广告、微信群广告等。总之，个人微信营销主要包括个人微信号营销、微信群营销、朋友圈营销、微店营销等模式，企业微信营销主要包括服务号营销、订阅号营销等微信公众号营销模式。微信公众号的营销技巧将在自媒体平台营销模块中详细介绍，在此不再赘述。

二、微信个人号营销

(一) 微信个人号的装修

微信个人号好比是自己的一张网络名片，别人可以通过对微信个人号的号码、头像、签名和背景图片来判断你是一个怎样的人，进而提升进一步接触你的可能性，所以微信个人号的装修很必要。个人号装修由微信号码、微信头像、个人签名、背景图片四个细节组成。

1. 微信号码

在注册微信的时候，会有设置“个人微信号码”选项，目前只能设置以字母开头的号码或者字母和数字组合的号码。从运营的角度来说，大部分人都将微信号码设置为以字母加QQ号码或者字母加手机号码的模式，这样可以更方便地从微信平台向其他平台转化，实现沟通的多样化。还可以将微信号码设置为名字的拼音或以姓名及产品拼音的简称。

2. 微信头像

微信头像以个人真实头像为最佳，给微信好友以可信任的印象。头像比较明亮或色彩较暗会给人比较高调或阴暗的感觉，都容易造成别人的反感，建议以适中的色度为主，不要太有个性。当然，有些行业需要比较高调的显示，可以选用稍微夸张的头像。尽量不要以微信标志、风景图片、二维码图片、商品图片或其他类图片作为头像。

3. 个人签名

个人签名是个人微信号的名片，一句有深度的介绍可以俘获无数好友的心。个人签名可以是励志、淡薄、优雅的，也可以是个人介绍，但尽量不要直接写商品广告。微信是以社交为基础进行运营的，淡化商业性是其中的一门功课。

4. 背景图片

背景图片在微信的展示中是比较重要的一个部分，以养眼的图片为主。尽量不要让背景图片广告化。建议营销者以个人照片或美丽的风景作为背景。

（二）如何添加更多的微信好友

1. 多社交平台引流

添加好友可以在所有活跃的社交平台，如微博、QQ、知乎及头条文章等留下自己的微信号，只要乐于互动、善于分享，会有更多的人想认识，通过搜索微信号添加为好友。

2. 通过社群添加微信好友

微信群是一个很好的加好友的入口。不过应该注意，平时应该在群里保持活跃，展示自己，让群里的成员有印象、有好感，这样添加群里的成员为好友就会容易通过，甚至可以吸引群成员主动加为好友。同时，通过微信群添加好友会相对精确，因为大多数群员都因共同的兴趣、关系、特征而聚集到一起，如健身群、妈妈群等。那么怎么找到有价值的微信群呢？

（1）线下活动。举办线下活动，为了活动方便而建一个群，或者在活动时利用面对面建群功能建群，通过微信群可以很方便地拉人进群，借此还可以加入更多相关内容的群。

（2）自建社群。自建社群是指通过自己建立微信群，将相关专业的朋友拉在一起，吸引别人主动加入。

3. 软文推广添加好友

写原创文章或引用好文章，如分享自己的故事、分享自己的生活、分享知识等，在这些文章中巧妙地嵌入自己的微信号或微信的二维码，然后发布到微信公众号、博客、论坛及贴吧中，这种方法是最高效的，而且添加的好友最精确、黏性最高。同时这些文章还可以被百度检索，这样很容易被搜索相关关键词的用户看到。

4. 线下引流添加好友

如果有机会参加一些同行聚会、行业交流会、线下论坛等线下活动，参加的时候和参加者多多交流，建立关系，添加好友。这种方式加入的好友黏性也较高。

如果本身就有实体店铺，那么一定要想办法让来店消费的客户留下自己的微信。如果没有实体店铺，可以和实体店铺合作留下自己的微信号，通过一些小活动（如添加微信号领取小礼品等）来获得更多的好友。

（三）微信朋友圈的营销特点

微信朋友圈已经成为微营销的一种代表方式，微信十几亿多的用户表明了这种营销方式是确实有效的。企业利用公众号与用户进行互动，而一些商家则大部分在微信朋友圈进行微信营销。微信朋友圈的营销特点如下。

1. 营销成本低，能够获得的盈利高

微信作为一款社交软件，其自身就是免费的，各种功能也是免费的，所以这就相当于零成本，当然，这是在忽略了网络成本与时间成本的前提下。

2. 面向受众精准度高

微信朋友圈面向受众的精准度较高。例如，女性比较青睐服装、护肤品的微信号，这些微

信号日常会发布很多服装及护肤品的信息供这些用户去浏览。简单来说，就是加这个微信号是因为有需求，想从微信号中获取自己感兴趣的消息，所以微信受众的精准度就高。

3. 贴近生活气息

微信朋友圈营销中，商家不仅会发布产品，而且会发布一些个人信息动态，这也就模糊了商业与个人生活之间的界限，因此现在很多商家都会贴近生活展示最真实的自己，先从人出发，取得信任后再谈产品。

（四）如何在朋友圈发内容

1. 满足用户需求，用户才会关注

微课：
如何在朋友圈发内容

微信朋友圈内容的发布要紧紧抓住用户的需求和痛点，才能吸引他们的目光，所以，在发朋友圈之前，要先了解用户的需求，并尽量满足他们的需求。

（1）站在用户的角度考虑问题。在策划朋友圈内容时，要将用户诉求和你所销售的产品类型和服务特点结合到一起，这样创作出来的内容才能抓住用户的需求，让他们喜欢看、喜欢读，从而吸引更多的人购买。

（2）用原创内容感染。朋友圈内容看似丰富多彩，其实细细考量就会发现，很多朋友圈的内容都是从公众号转发而来的，这些内容往往令用户兴趣索然，而原创内容却能吸引用户关注。在朋友圈发布原创内容的时候要有目的性，把内容和产品相结合，因为朋友圈里都是朋友，所以晒生活点滴的时候，不用太刻意，要不露声色。

（3）故事让内容更有吸引力。自古以来，故事就受到人们的欢迎，在朋友圈也不例外，发布在朋友圈里的内容如果有故事，也会提升用户的阅读兴趣。想让自己发布在朋友圈的内容获得较高的关注，可以利用用户对故事的兴趣引发其对朋友圈内容的关注，在宣传产品的时候，最好讲一个动人或知识性强的故事。

（4）让图片“替”你说话。相对于阅读文字，用户的潜意识里更喜欢看图片，因为相对于文字，图片的色彩更丰富、更直观，更容易带给用户赏心悦目的美好体验。从这个角度说，图片也可以和文字一样，作为向用户传递某些意思的载体。在发布图片时，要注意图文契合，要用图片满足用户的某种需求，用漂亮的图片吸引人的注意力。

（5）朋友圈搭乘时事热点。时事热点作为大众普遍关注的话题，在朋友圈中也会成为大家评论的焦点，所以要想提升朋友圈的黏性，拉近自己和用户的距离，不妨将自己朋友圈的内容和时事热点“捆绑销售”，用时事热点带动话题的人气。

2. 明确写作目的

明确发布朋友圈的目的，是为了品牌传播，还是为了提高商品的销售，还是进行推广活动。目的不同，写作方法和思路也不同。如果是为了品牌传播，则整体的内容创作需要思考如何让内容符合品牌风格、引起用户的共鸣；如果是为了销售，那么内容创作要思考如何挖掘用户痛点，使其产生信任，并且能够立即付诸购买行动；如果进行推广活动，就要思考如何让人觉得这个活动有吸引力，很值得参与，而且参与的门槛不高。

3. 建立内容素材库

朋友圈发布的内容分类一般分为两种：一种是针对热点话题的借势发挥；另一种是结合自己的定位做的每日更新。

即使是每天发布更新的内容，也要进行内容设计。要做好朋友圈的内容营销，就要留心观察身边的各种事件、网上的热点事件、阅读各种资料和图片，收集起来，既是自己的知识储备，又可以在需要的时候找到。建立自己的内容素材库分为以下三步。

(1) 选择优秀的信息源。在平时的观察和阅读中，阅读到的有用信息建议统一存放，可以使用存放类 App，如印象笔记、有道云笔记等。有些小的灵感可以记录在备忘录里。

(2) 对收藏夹进行整理。经过一段时间的收集，要对收藏夹进行整理，如可以进行合并整理，并加上标签，以便以后搜索新媒体营销相关内容。

(3) 对收藏进行应用并不断更新。需要使用素材的时候，可以按照分类找到相关的材料，也可以直接搜索。

课堂讨论：你喜欢看哪种类型的朋友圈？当某位好友连续发布多条广告时，你是什么感受？你会怎么处理？为什么？

三、微信公众号营销

（一）微信公众号营销的价值

1. 提供有忠诚度与活跃度的用户

微信从来没有公众账号订阅数排行榜，背后的原因是用户数量不重要，用户质量才重要。对企业而言，真正的忠诚度与活跃度才有价值。企业其实没有那么多的信息可以推送，为了发内容而推送一些没有太大价值的信息效果会适得其反。另外，据微信数据显示，公众号发送内容越频繁，失去用户越快，因为用户已经被过度骚扰了。

2. 为用户提供有价值的信息

企业必须为用户提供价值，才能让用户持续关注，微信公众号不在于大小，而在价值，所以企业微信公众账号必须提供服务，而服务就是即刻响应。哪怕用户一个月甚至是半年才用一次，只要在用户用的时候，提供的东西有价值，他就会产生依赖。

3. 用户的管理

从某个角度来讲，公众号是一个天生的客户关系管理系统。每个订阅的用户，背后都会自动形成一个数据库，微信公众平台提供了分组、用户资料查看等功能，供账号运营者自己管理。

4. 多向交流的工具

这里强调“多向”，是因为很多用户错误地认为微信只是双向交流的工具。然而微信会自动为每个用户生成二维码，只需要把它附在签名档、微博、短信，或者打印出来贴在餐馆、酒吧和公司的墙上，任何人拿手机轻轻一扫，就可以在微信上迅速找到、关注，微信让虚拟与现实之间的界限变得越发模糊。利用二维码可以交朋友、购物、下载音乐和应用、参与活动，而这就是多向的体现。

5. 类短信平台

如果想在智能手机、平板电脑的客户端使用，就需要微信公众平台账号链接一个微信个人账号，微信个人账号通过公众平台助手进行信息发送。通过微信公众平台账号发送信息的特点是群发。所以，微信公众平台更像是一个短信平台，而微信就是一对一的短信，只是在内容上，微信要比短信丰富得多。例如，微信认证的公众人物对着手机说一段话，就可以将其推送到成千上万关注他的粉丝的微信上。当然，粉丝可以回复，只不过回复信息是传送到 PC 端的公众平台，只有该公众人物登录 PC 端网页的时候，才能看到各种回复信息。尽管如此，这也比微博更进一步拉近了公众人物和大众之间的距离。

（二）微信公众号营销的原则

1. 注重用户价值

为用户提供价值是一切营销的基础，在微信公众号营销中体现得更为明显，因为每一位用户都有可能是你的朋友或其他认识的人。如果用户觉得你所提供的内容都是与他们息息相关的，就会主动点赞甚至转发，从而扩大内容的阅读量。

2. 内容简单

无论在哪一个平台上阅读，大多数用户体现的都是一种碎片化阅读，对于一篇长篇大论的文章，他们可能就取其中的一小段进行阅读，对于一些看起来写得并不是很好的文章，他们反而会去阅读甚至转载。所以在手机阅读模式下，要尽量将内容简单化，为用户提供更关键的信息。每一次都推送一条跟微博一样简单的内容。因为信息量小，不会影响用户的生活，又能让他们学到新的知识，所以这样的公众账号会比较受欢迎。

3. 注重灵活

微信公众号的内容不只是一些企业的信息或营销手段，它所涉及的内容可能是一些时尚、旅游、饮食等方面的文章，内容相对灵活，这与上一条原则相结合，更能满足用户的阅读需求。

4. 注重可信度

内容的可信度是微信营销的基础，如果只有标题对用户的诱惑力很大，但是内容却空洞而缺乏可信度，用户持续关注的可能性就变小了。

（三）微信公众号营销的策略

网上的“增加粉丝秘籍”只是一些简单的小经验和技巧，往往缺少对用户的深入分析，并没有掌握一般规律，不能够发挥长期的指导作用。要想获得更多的用户，可以从以下三个方面进行考虑。

动画：企业微信公众号运营快速入门技巧

1. 关注用户所关注的内容

用户为什么关注、用户为什么信任、用户关注微信公众号的价值是什么、用户关注微信公众号的主要渠道是什么……这些问题都是需要考虑的。根据调查发现，许多用户关注微信公众号都是出于娱乐、学习、兴趣等原因，而他们之所以关注，大多是因为朋友的介绍及公众号本身的知名度等，他们关注该公众号是为了获取更多感兴趣的信息。

2. 吸引用户的资源

根据资料显示，可以吸引用户的资源主要分为以下几种：微信公众号的内容、微信公众号的功能、关联公众号互推、微信平台的推广、社会关系网络、企业官方网络、合作伙伴的公众号资源、其他社交网络、第三方网络平台、搜索引擎推广、媒体与自媒体软文、扫码赠送。微信公众号吸引用户是一个长期的过程，内容要包含推广意识，推广需要有内容支持，两者相互促进。

3. 进行有效的沟通

运营者要注重与用户的沟通，就像商品有售后服务一样，微信公众号的营销也应该注重与用户的互动、交流、沟通，如问候语与提示的设置及关键字的回复等。除此之外，微信公众号的运营中除一对一的咨询交流之外，还应该设置一些线上的活动，如有奖游戏和其他优惠活动。

课堂讨论：你的微信关注了哪些公众号？它们属于什么类型的公众号？你多久看一次你关注的公众号？

任务四　直播平台营销

鸿星尔克直播间观众引领野性消费

河南水灾，鸿星尔克捐款5000万元，网友在看到这么大数额的捐款后，纷纷留言表示"你们捐款那么多，感觉你们都要倒闭了""你们自己都不赚多少钱，还捐款这么多，害怕你们倒闭"。观众们被自己的国家品牌这种行为感动到，纷纷表示要消费一下，支持鸿星尔克，也因此，大批量消费者涌入直播间，甚至主播劝说大家理性消费，网友偏叛逆，要野性消费。

资料来源：https://baijiahao.baidu.com/s?id=1720449467250815633&wfr=spider&for=pc.

案例分析：网友是被濒临破产还捐巨款给灾区的企业深刻的感动到，并且希望这样有责任感的民族企业能屹立不倒，帮助企业长久发展尽自己的一份力量。还有一种原因就是鸿星尔克品牌商品本身就物美价廉，也属于客单价较低的刚需产品。

近年来，随着互联网技术的发展和人民日益增长的文化娱乐需求，在线直播逐渐成为人们生活中不可缺少的调味剂，中国在线直播行业用户规模一直保持稳步增长。在"互联网＋"的时代环境，企业的营销模式不断发生变化，网络视频直播具有吸引更年轻的用户、更立体的视觉感官、更快的实时互动和更鲜明的话题性等优势，正逐渐成为企业品牌推广、带动销售的新切入点。

价值领航

(1) 敢为人先，誓争一流。在直播平台营销策略上不采取具有创新性的改革，将很难继续发展，最终会被市场所抛弃。

(2) 中国电商直播的影响力覆盖全球，新经济的发展模式和经验已为其他国家提供借鉴。通过本任务的学习，感受中国科技事业的蓬勃发展，激发爱国热情，增强民族自豪感。

一、直播平台营销的概念与特征

（一）直播平台营销的概念

直播的概念起源于20世纪90年代，当时主要是用于在线游戏和娱乐。随着互联网技术的不断发展和智能手机的普及，直播逐渐成为一种全新的信息传播和娱乐消费形式。我国的网络直播发展历程主要分为秀场时代、泛娱乐直播时代以及现在的垂直领域直播时代。直播营销成为一种大势，不管是明星还是素人都选择进行直播。直播是指从事件的开端到结尾都进行实时播放的播出方式，直播营销以直播平台为载体，以获得品牌的提升或是销量的增长为目的。直播的核心价值就在于聚集注意力的能力。

"直播营销"最早只是单纯的"直播"。从最早的央视新闻、春节联欢晚会等广播电视直播逐渐发展成为"YY""六房间"等聊天室聊天直播类的秀场直播，再到"斗鱼""花椒"等游戏、移动、社交直播等。渐渐地，直播开始从一个聚集"网红"的平台发展成为创新营销平台。一时之间，"直播＋营销"成为各大品牌营销模式的新标配。

网络视频直播是指利用互联网和流媒体技术进行直播，因视频融合了图像、声音、文字等多种元素，通过真实生动的实时传播和强烈的现场感，能达到使远程客户端用户印象深刻、记

忆持久的传播效果，逐渐成为互联网的主流表达方式。由于互联网直播平台营销具备直观、表现形式佳、内容丰富、实时互动性强、不受地域限制、受众群体广泛等特点，商家能借此增强广告宣传的效果，受到了众多商家的青睐。直播结束后，观众能够依照自身的喜好进行部分直播内容的重播观看，既有效延长了直播的时间与空间，又发挥出了直播的最大价值。网络直播营销正逐渐成为商家在网络营销工作中的重点内容。

网络直播通常有两种方式：一种是将传统媒体平台的现场直播上传到网络中供用户观看，相当于网络电视；另一种是在现场架设独立的信号采集设备（音频＋视频）导入导播端（导播设备或平台），再通过网络上传至服务器，发布至网站供用户观看。新媒体营销中的直播平台营销通常是指后一种直播方式。

直播平台营销是企业以视频、音频直播为手段，以广播、电视、互联网为媒介，在现场随着事件的发生与发展进程同时制作和播出节目，最终达到品牌提升或是产品销售的目的。未来直播营销会成为每个企业品牌提升或某种产品营销推广的标配。

直播平台营销是以网络视频直播的形式实现提升品牌形象、增加商品销量或直接获得经济收益目的一种网络营销方式，主要包含场景、人物、商品和创意四个要素。

1. 场景

场景是指营造直播的气氛，让用户或观众身临其境。

2. 人物

人物是指直播中的人或物，通常是指直播中的主播或嘉宾，其主要工作是展示内容，与用户或观众进行互动。

3. 商品

商品要与直播中的道具或互动有关，以软植入的方式达到销售的目的，例如美食直播中介绍的某款食品等。另外，在以淘宝网为代表的电商购物平台中有直接销售商品的网络直播，通过介绍商品的使用方式等向用户或观众推销商品。

4. 创意

创意是提升直播效果、吸引用户或观众观看的方式，例如，明星访谈、互动提问等形式就比简单的表演直播更加吸引用户和观众。

（二）直播平台营销的特点和优势

微课：直播平台营销的特点和优势

直播平台营销的核心价值在于它聚集注意力的能力，其特点和优势使其成为企业品牌提升或产品营销推广的标配。直播作为一种新兴的娱乐风潮，本身就具有很大的粉丝量。直播能够快速地抓住消费者的注意力，占领消费者流量，极大限度地满足消费者群体的猎奇心理。直播平台营销之所以受到越来越多企业的青睐，主要是因为其具有以下几个特点。

1. 互动性

直播营销和之前的电视广告不同，直播营销注重与消费者的互动，即消费者可以在直播的时候提出自己的问题，让商家做出详细回答。

2. 直接性和真实性

在直播营销过程中，一个直播主若想让自己的商品卖出去，就需将商品完全展现给消费者。让消费者可以清晰地了解商品的款式、形状、功能、颜色等基本信息，从而决定购买与否。

这样一来，直播营销给消费者带来了很大的便利，消费者就能从被动接受转变为主动出击，对商家的产品及服务进行主动的挑选及提出意见，让消费者真正能拥有自己想要的产品，也让商家的投入更有效益。

3. 强娱乐属性

直播的历史可以追溯到早期六房间和YY直播间，受早期直播平台氛围的影响，结合视频直播自身特点，视频直播的内容及形式更多偏向于娱乐化。直播营销使消费者产生一种参与感。现如今提倡粉丝文化，直播作为一个可以和消费者面对面的平台，在直播营销的过程中，拉近与消费者之间的距离，让消费者自身充满参与感，增强消费者对于企业品牌的黏性。同时，直播营销运用群众的从众心理，让用户参与到品牌的整个建设过程之中，增加消费者对品牌后期的一种认同感。

4. 平台众多，特色分明

在众多直播平台中，各个直播之间存在定位和内容上的差异，直播分类包括综合类、游戏类、秀场类、电商类、会议类等，企业通过直播做新媒体营销时，可以根据自己的产品属性选择合适的平台。

5. 直播是即时事件

由于直播完全与事件的发生、发展进程同步，因此可以第一时间反映现场状态。无论是晚会节目的最新投票、体育比赛的最新比分，还是新闻事件的最新进展等，都可以直接呈现。

6. 直播常用媒介

收听或观看直播通常无须专门购买昂贵的设备，使用电视机、计算机、手机等常用设备即可了解事件的最新进展。也正是由于这一特点，受众之间的相互推荐变得更加方便，更有利于直播的传播。

7. 直播内容直达受众

与录播节目相比，直播节目不会做过多的剪辑与后期加工，所有现场情况直接传达给观众或网民。因此，直播节目的制作方或主办方需要花费更多的精力去策划直播流程并筹备软硬件，否则一旦出现失误，将直接呈现在受众面前，从而影响制作方或主办方的品牌形象。

课堂讨论：学生会计划在网上进行一场图书义卖直播活动，所有义卖收入都将捐给希望小学。作为直播主持人，你认为采用什么样的开场形式比较适合本次直播。

商法同行 党的二十大报告指出："全面加强国家安全教育，提高各级领导干部统筹发展和安全能力，增强全民国家安全意识和素养，筑牢国家安全人民防线。"保护好个人隐私和数据安全，自觉防范和识别各类境外虚假信息，树立起维护国家安全的正确价值观。

二、直播平台营销的主要类型

1. 私域流量营销

所谓私域流量，是指私人拥有的可以随时反复免费利用的流量，通常指沉淀在公众号微信群、个人微信号、B站等自媒体的好友或粉丝等用户，包括商家的直播间都属于私域流量渠道。运营私域流量的主要作用是帮助主播或者商家维护用户的关系，增加与粉丝的亲密度。私

链接：传统实体直播营销的基本方法和模式

域流量具有营销成本低、增强主播与观众之间的联系、维护并留存用户的优势。由于目前营销过程中流量投放费用占比能够达到销售额的10%,甚至20%,因而私域流量营销能够大幅度降低流量投放成本,同时培养忠实用户,收割粉丝经济带来的红利。

2. "网红"营销

现如今,电商直播市场中呈现经典的二八分布,即头部主播拥有平台上绝大部分的资源和收益。头部主播发展呈明显的明星化、网红化,这样的头部主播的粉丝会像明星粉丝一样,将观看直播变成追星行为,而购物行为演变成为主播的打榜支持行为。根据淘宝直播数据服务平台"销售盒子助手"公布的淘宝直播带货日榜,在2020年10月20日当天,排在榜单前两名的著名头部主播的销售额分别达到了35.21亿元和32.04亿元。尤其是网络红人、直播达人等意见领袖的商品测评与推荐,其专业程度更容易赢得消费者的信任,在直播中处于中心领导位置,且受到大批粉丝追捧的主播所引发的网红效应愈发明显,其影响力与号召力显著提升。通过红人主播带动粉丝经济,大大提高了电商直播营销的效率。

3. 低价营销

价格优势一直是电商直播中一大优势,也是吸引消费者购买的主要原因。主播或运营团队与商家进行合作,在直播过程中通过打折或有买即赠等方式,降低商品单价,特别是在购物促销节假日时,电商直播的热度将达到高峰,增加用户对电商直播的关注度,通过这样的价格促销方式来提升成交率。低价营销正是利用了人们损失厌恶的心理,在面对商品打折时,主播会不断强调原价与折后价之间的价格差,这样的价格差会影响人们对事物的感知与判断,不买似乎意味着损失,这样的心理会促使观众不断购买。这样的价格刺激使得消费者在心理上有一种满足感和愉悦感。

4. 直播类互动营销

电商直播不仅是一种销售模式,它的特点也使得其成为一个巨大的、开放的社交空间。直播中,主播可以与观众进行深度互动,建立主播与用户之间的情感联系。由于用户的评论能够实时滚动出现在屏幕中,其他观众都可以看到,用户的参与能够营造热闹的气氛,带动更多观众的参与,有效刺激用户的购买欲望,使消费者在购物时产积极的情感影响。这一点在相关研究中也得到了印证,高度的互动性通过激励消费者正向的情感态度,从而对购买意愿具有显著性影响。

5. 活动营销

在直播开始之前,商家会发起预热宣传活动,积攒人气,如在社交媒体上发布直播信息,并通过"转、赞、评"的方式进行随机抽奖,从而达到扩散传播的目的。在直播过程中,可以通过举行公益活动的形式,从通过网络直播筹募资金到具体的资金下发,或是主播深入贫困山区传递爱心等,使得用户对于平台的信赖度和好感度更高,建立良好的商家形象。

商法同行 通过学习直播营销平台规则,养成遵纪守法的良好素养,积极维护社会主义市场经济的健康运行。

三、直播平台营销的运作方式

直播平台营销彻底改变了信息传递效率。在"无直播不活动"的今天,衍生出了"直播+"的行业形态,所涉及的领域十分广泛。概括来说,企业在"直播+"的营销过程中主要有以下几种形式。

1. 直播＋内容营销

此种模式以品牌推广和产品宣传为目的，在直播中亲身试用产品或参与体验，因此可分为产品体验、新品发布及户外旅游三大类别。

直播新品发布向来不新鲜，不论是乔布斯时代的苹果产品发布，还是罗永浩的锤子手机发布，都让众多粉丝守候在屏幕前。而直播平台上的发布大不相同，地点不再局限于会场，互动方式也更多样和有趣。

直播＋内容营销中的一个经典案例是为了宣传投入了400亿元成本的“万达南昌文化旅游城”。熊猫TV直播团队携手《鲁豫有约》，展现“亚洲首富王健林的一天”。虽然在直播过程中设备出现了一些问题，但是高峰期也吸引了近30万人同时在线收看。

2. 直播＋互动营销

直播不仅可以带给用户更直接、更接近的使用体验，甚至可以做到零距离互动。“直播＋互动营销”指直播中用户在参与互动的环节中加入营销，观众的主动参与起到信息的双向交流传播作用，使用户对企业品牌和产品信息形成深刻印象。

这种模式的展现形式丰富多彩，例如，熊猫直播平台现开发出赞助抽奖、冠名口令红包、互动投票及魔力贴等多种广告信息交互展现形式，在直播的某款综艺节目中，观众在规定的时间内输入总赞助商携程旅行的Slogan“订酒店上携程”，便可领取口令红包。也有企业尝试线上与线下配合，招募粉丝亲身参与直播，满足大众猎奇心理的同时，加深用户对企业的认识。

“直播＋互动营销”模式可以借助互动环节刺激用户积极参与，从而吸引用户的注意力，使企业品牌或产品信息真正有效地触及用户。未来，随着技术与内容的创新，会出现更多更新鲜的展现形式与互动活动。

3. 直播＋电商

“直播＋电商”模式是营销活动中最为明显的一种直播营销形式，最好的例子就是淘宝。最新版本的淘宝页面特别设置了“视频直播”栏目。普普通通的淘宝主可以在淘宝上进行视频直播，对消费者展示自家商品的过人之处，抓住消费者的注意力，让消费者能够进入这个直播间。消费者进入直播间之后，可以发现直播视频下方附带主播正在直播的商品，点击“加入购物车”按钮即可购买感兴趣的商品。同时，在直播营销过程中，主播会让消费者把直播的页面分享给朋友，从而给消费者更多的优惠。这样一传十、十传百，自然带入许多消费者，增加了流量的同时，也大大提高了商品能够销售出去的可能性。它以直播为媒介，对品牌或产品进行全方位的介绍或试用，最终实现产品的销售增长。由于电商平台具有较高的用户集中度和购买目的性，所以这种营销模式多以电商平台为主。这种营销模式能让用户对于所售卖的产品有更加直观、全方位的了解，提升用户的购物体验，便于用户边看边买。所以这种模式的直播活动能带来极高的转化率，尤其是由明星和意见领袖作为主播带来的消费引导，更能达到显著的营销效果。

4. 直播＋明星(网红)

在第69届戛纳国际电影节中，欧莱雅的“零时差追戛纳”系列直播间记录下了包括巩俐、李宇春、井柏然等知名艺人在戛纳现场的台前幕后，创下311万总观看人数、1639亿总点赞数、72万总评论数的各项数据纪录。艺人们在专访中对欧莱雅产品的推荐，带来的直接市场效应就是直播4小时之后，被称为“李宇春同款”的701冰晶粉色唇膏在欧莱雅天猫旗舰店售馨。此外,还有吴尊推荐的惠氏启赋奶粉,1 小时直播达成 120 万元的交易量;柳岩与聚划算合作,打包推荐面膜、吊坠等七种女性必需品导致销量大涨等。

5. 直播+日常

日常包括主播分享自己日常生活的点滴和日常工作两种情况。例如,企业将明星拍摄宣传广告的日常工作进行直播,将会吸引大量粉丝关注,获得较大的流量。例如,某明星自从去了伯克利读书后,把自己的生活拍成 Vlog 放在网上。看了 Vlog 后,大家都被该明星穿搭、护肤等所吸引。除丰富多彩的日常生活外,该明星的私服、美妆受到了极大关注。她所推荐的衣服、鞋子、美妆产品经常销售一空。

6. 直播+广告植入

直播中的广告植入既摆脱了插入广告的生硬感,同时又能获得粉丝好感。在直播场景下,通过原生内容插入的形式,自然而然地进行产品或品牌的推荐。例如,很多主播通过直播与粉丝分享化妆秘籍,植入各种护肤商品的宣传广告并导入购买链接,获得购买转化。为了配合联想美国 Tech World 科技大会,推介联想一系列新产品,展示联想的非凡创新,联想 CEO(首席执行官)杨元庆在映客独播进行了 5 小时的跨国直播。在这场直播过程中,进行了抽奖、展示等一系列的互动活动,吸引了超过 200 万人在线收看,“最潮杨元庆,我美我联想”的话题刷爆微信平台。同时,“直播+广告营销”的这种直播营销成功地以新的形式,为联想新产品做广告,新颖的方式赢得粉丝的口碑。

7. 直播+活动

“世界图书日”,罗辑思维创始人罗振宇在优酷进行了一场读书会直播。优酷联合天猫、淘宝对线上读书进行全球直播。此次读书会的视频直播和视频回放都是付费模式,5 个小时的全程直播使罗辑思维的商品在天猫旗舰店的购买量大幅提升。

课堂讨论:直播营销为什么能吸引人?

商法同行 《互联网广告管理办法》于 2023 年 5 月 1 日起施行。新发布的办法进一步细化互联网广告相关经营主体责任,明确行为规范,强化监管措施,对维护互联网广告市场秩序,助力数字经济规范健康持续发展具有重要意义。

资料来源:https://www.gov.cn/govweb/gongbao/2023/issue_10506/202306/content_6885261.html.

视野拓展

国家互联网信息办公室、公安部、商务部、文化和旅游部、国家税务总局、国家市场监督管理总局、国家广播电视总局等七部门联合发布《网络直播营销管理办法(试行)》(以下简称《办法》),自 2021 年 5 月 25 日起施行。国家互联网信息办公室有关负责人表示,《办法》旨在规范网络市场秩序,维护人民群众合法权益,促进新业态健康有序发展,营造清朗网络空间。

《办法》要求,直播营销平台应当建立健全账号及直播营销功能注册注销、信息安全管理、营销行为规范、未成年人保护、消费者权益保护、个人信息保护、网络和数据安全管理等机制、措施。同时,《办法》还对直播营销平台相关安全评估、备案许可、技术保障、平台规则、身份认证和动态核验、高风险和违法违规行为识别处置、新技术和跳转服务风险防范、构成商业广告的付费导流服务等做出详细规定。

《办法》将从事直播营销活动的直播发布者细分为直播间运营者和直播营销人员,明确年龄限制和行为红线，对直播间运营者和直播营销人员相关广告活动、线上线下直播场所、商品服务信息核验、虚拟形象使用、与直播营销人员服务机构开展商业合作等方面提出具体要求。

《办法》强调，直播营销平台应当积极协助消费者维护合法权益，提供必要的证据等支持。直播间运营者、直播营销人员应当依法依规履行消费者权益保护责任和义务，不得故意拖延或者无正当理由拒绝消费者提出的合法合理要求。

《办法》提出，国家七部门建立健全线索移交、信息共享、会商研判、教育培训等工作机制，依据各自职责做好网络直播营销相关监督管理工作。各地各部门要加强监督检查，加强对行业协会商会的指导，查处违法违规行为，对严重违反法律、法规的直播营销市场主体依法开展联合惩戒。

资料来源：http://www.cac.gov.cn/2021-04/22/c_1620670982794847.htm.

法制新思想

企业在新媒体广告中大多会使用图片以增加读者的视觉冲击感，如直播截图、名人影视作品截图等。目前大量司法裁判认定，在宣传页面中使用他人图片不属于合理使用，构成著作权侵权。

例如，在"广州某贸易公司、某电视文化投资有限公司侵害作品信息网络传播权纠纷案"中，法院就认定被告作为商品销售者，在其网店页面展示被诉侵权图片的目的不在于展示图片本身，而在于利用这些图片介绍自身所销售产品，达到宣传效果，增加交易机会，这与通常情形下对作品的传播行为在目的上存在区别，因此构成对原告信息网络传播权的侵犯。

有鉴于此，企业在广告中使用图片的主要目的是宣传自身的商品或服务，以增加交易机会、提升商品或服务销量，通常难以满足《中华人民共和国著作权法》关于合理使用的规定。如企业在使用图片前未获得权利人许可，存在被认定为著作权侵权的风险。

资料来源：https://www.wjngh.cn/jofacolumn/info.aspx?itemid=3114.

前沿在线

新媒体蓝皮书发布了中国新媒体发展十大未来展望。

(1) 智慧城市建设打通基层治理链条。从数字城市走向智慧城市，后者不仅推动服务型政府的形成，更从民生、公共安全、工商活动等多个角度打通基层治理的各个环节，构建社会综合治理的便捷路径。

(2) 数字经济成为经济结构转型的主要方面。针对特定群体的新业态成为数字经济发展的行业风口，如适应老年人群体的"银发经济"、对应年轻人的"Z世代经济"等。

(3) 新媒体内容生产更加垂直细分。技术为内容表现形式持续赋权，增强内容观感，提升内容的传播力、影响力。

(4) 区域一体化建设助力全媒体传播体系格局。目前，我国在建立健全县级融媒体中心的基础上，狠抓地市级融媒体中心建设，增强全媒体传播体系中的"腰部力量"，形成具有规模效应和品牌效应的地区品牌。

(5) 媒体融合规范化程度更高。我国媒体融合发展已从"野蛮生长"转变为规范化、标准化运营。传媒产业在转型升级发展的同时，也不断细化内容，构建体系化、科学化的媒体融合范式。

(6) 主流意识形态与网络舆论空间治理加强。数字化进程加速网络空间意见流动，滋生如网络暴力、网络谣言等互联网乱象，同时各级别媒体融合进展存在差距，舆论引导能力仍有待提升。

(7) 全媒体传播人才培养成果显著。我国人才结构不断调整优化，应加强“专业＋技术”双重人才培养，提升新媒体人的舆论感知力和内容创造力，增强融媒体中心的综合实力。

(8) 文化产品更具中国文化特色。我国不断增强文化产品的创作活力，实现内容创新、形式创新和管理机制创新“三位一体”，利用数字化技术赋能优质文化走出去。

(9) 融媒体产业边界持续拓宽形成发展范式。我国融媒体产业合作规模持续扩大，不断与多元领域形成群体合力，增加经济效益，增强内容水准，拓宽业务范围。

(10) 国际网络安全问题亟待关注。我国提出构建“网络空间命运共同体”，呼吁世界各国在数据安全、信息保护、跨境流动等领域坦诚交流，共同构建开放包容的国际网络环境。

资料来源：https://finance.sina.com.cn/jjxw/2023-07-26/doc-imzczafq0185155.shtml.

项目小结

本项目首先介绍了新媒体和新媒体营销，对新媒体营销思维初步探知。然后，详细介绍了微信营销和直播平台营销。介绍了直播平台营销优势、直播平台营销类型、直播平台营销策略和方法等内容。

知识巩固与提升

一、单项选择题

1. 以下选项中不属于新媒体终端的是(　　)。

A. 广播　　B. 数字电视　　C. 手机　　D. 计算机

2. 如果想简单地发送信息，做宣传推广服务，达到宣传效果，应选择(　　)。

A. 订阅号　　B. 服务号　　C. 企业微信　　D. 朋友圈

3. 下列选项中不属于经典的新媒体四大模块的是(　　)。

A. 用户运营　　B. 产品运营　　C. 内容运营　　D. 社群运营

4. 直播按照表现形式，可以分为文字直播、图文直播、语音直播、视频直播四种形式，其中(　　)直播是最主要的形式。

A. 文字　　B. 图文　　C. 语音　　D. 视频

二、多项选择题

1. 内容运营中“内容”有两层含义，分别是(　　)。

A. 内容形式　　B. 内容渠道　　C. 内容策划　　D. 内容归纳

2. 产品运营指的是从(　　)三个层面连接用户和产品，并塑造产品价值和商业价值。

A. 内容建设　　B. 用户维护　　C. 产品促销　　D. 活动策划

3. 短视频脚本主要有三种类型，分别是(　　)。

A. 创意脚本　　B. 提纲脚本　　C. 分镜头脚本　　D. 文学脚本

4. 微信公众号的类型主要有(　　)。

A. 订阅号　　B. 服务号　　C. 小程序　　D. 朋友圈

三、简答题

1. 什么是新媒体？它有哪些特征？
2. 如何为新媒体分类？其发展趋势如何？

3. 简述新媒体营销的定义。

4. 简述新媒体营销的策略。

5. 新媒体人应该具备哪些思维?

6. 如何设置微信个人号?

四、案例分析题

某当事人在某自营购物平台上直播销售包括食品在内的多种产品。其中在销售的两款植物饮料产品页面中有涉及清热解毒、消肿止痛等内容。同时发现,在自营购物平台积分商城活动规则中有“兑换的产品,非质量问题,不支持退换货”和“最终解释权归活动方所有”的内容。

问题:

(1) 在该案例中,当事人行为是否违法?

(2) 应如何避免此类行为的发生?

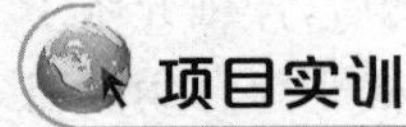

项目实训

微信营销

一、实训目标

组建新媒体营销团队,以微信为平台,选取一家周边企业,利用本项目所学微信营销知识,设计微信营销方案并开展微信营销项目的训练。

二、实训要求

(1) 分组开展实训。

(2) 进行组内人员分工。

三、实训分析

四人一组,以小组为单位,根据该企业目标人群的需求,对每个团队成员的个人微信进行重新定位和装修,并至少添加30位新粉丝,然后通过朋友圈、微信群、公众号与粉丝开展营销互动与交流,将结果在班级进行展示和汇报。

四、实训步骤

(1) 目标人群定位准确。

(2) 个人微信装修得体,符合目标人群偏好。

(3) 微信营销策划方案真实可行,思路清晰,文字表达准确。

(4) 微信营销活动效果良好。

(5) 制作微信营销PPT,并运用于小组的新媒体营销运营项目。

(6) 成果在班级进行展示和汇报。

项目九

以心相交,行稳致远的长久之道——客户服务与物流管理

客户服务是线下实体店中一项重要的考核标准,一些实体店甚至以良好的客户服务而闻名,如海底捞以贴心、无微不至的服务获得了众多客户的赞誉。做好客户服务与物流管理同样是网店日常运营中非常重要的一部分。由于客户与网店没有直接的接触,客户服务与物流管理便是客户考核网店的两项重要指标。客户服务关系着客户与网店联系的紧密程度,物流管理影响着客户对网店的好感度,具体体现为网店 DSR 中的两项重要评分:卖家服务和物流服务。因此,商家要了解和掌握客户服务与物流管理的相关知识,提升客户服务与物流管理的水平和能力。

知识目标

- 了解客户服务的流程和方法。
- 了解会员体系相关知识。
- 了解商品包装材料的选择方法。
- 了解物流发货、仓储与配送知识。

能力目标

- 能够使用合理话术应对客户沟通。
- 能够为网店创建和管理会员体系。
- 能够为商品挑选恰当的包装。
- 能够做好物流发货、发货后管理工作。

素养目标

- 增强尊重客户、理解客户、客户至上的服务意识。
- 培养良好的心理素质和自控能力。
- 培养敏锐洞察力和协调能力。
- 树立时间观念,做到守时守信。

思维导图

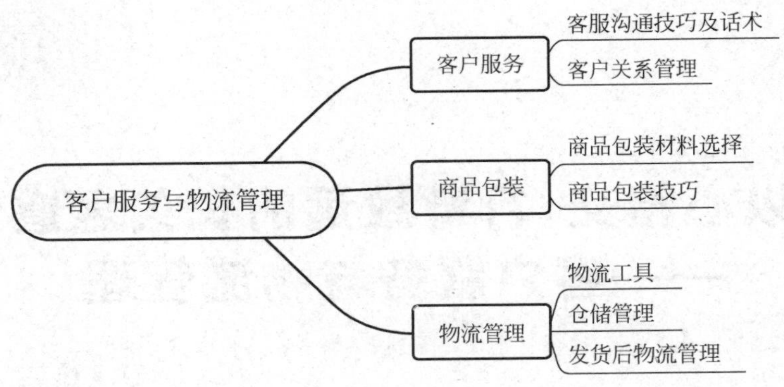

任务一 客户服务

案例引入

网店客服并非只是打字那么简单

张欣从事服装行业已经五年了，但受网络购物的冲击，实体店铺生意一落千丈，她不得不另作打算。经过多方面的了解和分析，张欣决定在淘宝网开设一家专门销售女装的网店。刚开始，网店没有名气，生意并不好，于是她在淘宝网上做了一些推广，并采用了“线上＋线下”的销售模式。经过近一年的努力，张欣的淘宝网店终于有了销量。随着网店生意越做越好，店内的分工也越来越细，一个人要同时兼顾选货、配送、财务等工作难免会力不从心，于是张欣打算招聘一名网店客服。张欣心想，网店客服这个工作的要求不高，只要会打字，能够帮助顾客解答一些疑问就行。很快，张欣就通过网络招聘平台招聘了一名网店客服小茜。

张欣简单地给小茜介绍了网店的经营状况和一些注意事项，就让小茜上岗工作了。在小茜工作的一周时间里，网店的销量虽有所上升，但退款率也在增长，这究竟是怎么回事呢？

一天，小茜收到顾客B发来的消息，顾客B想在店里挑选一件衬衫送给朋友，让小茜为她推荐几款合适的衬衫，小茜收到消息后立刻回复，并与顾客B达成了一致意见，很快这单交易就促成了，顾客B也完成了付款。但两天后，顾客B联系小茜并要求退款，待张欣仔细查看订单详情和阿里旺旺的聊天记录后，立即给顾客B道歉并同意退款。原来小茜没有仔细核对订单，竟然把另一个订单的备注信息填到了顾客B的订单上，导致两个订单都发错了货，并给网店造成了一定的经济损失。

案例分析：张欣作为店铺经营者对网店客户岗位的重要性认识不足，对于该岗位的工作职责和工作能力需求不够明晰，所以其随意招聘了一位客服小茜，也并没有对小茜进行培训便安排小茜上岗工作。小茜应对客户的咨询响应速度较快，这是值得肯定的，但因为她缺乏专业知识和经验，导致两个订单发货失误。可见，网店客服并非只是打字那么简单，需要掌握一定的专业知识。

价值领航

(1) 增强尊重客户、理解客户、客户至上的服务意识。

(2) 培养良好的心理素质和自控能力。

一、客服沟通技巧及话术

很多人觉得客服工作非常简单,但其实成为一名好的客服要难得多。把握客户心态、规避雷区、促成订单,并为之后客户的二次购买做准备,这些都需要一定的经验和沟通技巧。

(一) 售前客服沟通技巧及话术

1. 进店欢迎

当客户来咨询时,客服可先问候一句"您好,欢迎光临",诚心致意,让客户有一种亲切的感觉。客服不能只回一个字"在",让客户感觉被冷落;也不能客户问一句,客服答一句,否则有可能导致跑单。客服可以运用幽默的话语和阿里旺旺的动态表情来营造愉快的交谈气氛,让客户感到客服的热情和亲切,增加对网店的好感,提高交易成功的可能性。在客户咨询时,客服应第一时间回复,因为客户买东西都会货比三家,其可能会同时与几家网店的客服联系,这时候谁第一时间回复,谁就占了先机。具体话术示例如下。

您好,我是客服××,很高兴为您服务。有什么可以为您效劳的?(笑脸表情)

您好,我是×号客服,很高兴为您服务。您刚才说的商品有货,现在店里满××元享××元的优惠。(笑脸表情)

您好,欢迎光临××旗舰店,客服小希竭诚为您服务。(笑脸表情)

2. 日常接待

客服一定要认真倾听客户所说的每一句话,摸清客户的心理;适当使用一些专业性用语、权威性数字,解答客户对商品的疑问,如果客户不知道购买哪件商品时,可以帮助客户选择适合的商品。这要求客服深入了解店内的商品,捕捉客户需求,让客户感受到客服的诚意。具体话术示例如下。

客户:你家这个商品是正品吗?

客服:亲,××天猫旗舰店是品牌直销哦,旗舰店需要公司营业执照、注册商标、商务登记、质检报告等手续才能入驻。您放心,本店不仅有正品保障,而且优惠多多哦。(害羞表情)

客户:这个价格好像有点贵了。

客服:亲,价格上的区别主要取决于产品的样式、工艺、款式新旧。您看上的这款商品是我们店新上的款式,采用了新工艺,相比价格便宜的款式更方便清洗,不易磨损,比旧款性价比更高哦。

课堂讨论:售前、售中和售后三个环节怎么界定?

3. 商品推荐

根据收集到的客户信息,推荐给客户合适的商品,让客户感到暖心。用心为客户挑选产品,体现自己的专业性,不要让客户觉得客服是为了卖商品而推荐的。精准地推荐产品更容易促成交易,减少售后问题,提高回购率。

(1) 当客户还不知道自己需要购买哪款商品时,客服要有目的性地向客户推荐。具体话术示例如下。

客户：这几款眼影看上去都不错，有什么区别吗？

客服：亲，您的眼光真好，这几款眼影都是本店热销商品，您可以根据您的肤色来选择。如果您的肤色偏白，建议使用A款，能衬托您的肤色；如果您的肤色偏深一些，可以使用B款，会显得您精神一点。

如果客户询问的商品刚好没货了，不要直接回复"没有货了"，可以这样回答："真是不好意思，这款卖完了，有刚到的其他新款，给您看一下吧。"

(2) 即使没有新款，也应让客户看看店里其他产品。具体话术示例如下。

客户：这双高跟鞋还有36码的吗？

客服：您好，36码备货比较少，我刚查了一下库存，不好意思，这款已经没有36码了。您可以看一下与这款同款的高跟鞋，它有36码，两款只有一些设计细节不同，款式和材质都是一样的呢。(害羞表情)

4. 商品议价

在规范、公平、明码标价的情况下，适当优惠或赠送小礼品以满足个别客户追求更加优惠的心理。如果客户认为商品较贵，这个时候客服可以顺着客户的意思，承认产品的确较贵，但是要委婉地告诉客户要全方位比较，一分钱一分货，还要看商品的材质、工艺、包装、售后等。如果表达的内容很多，不要一次性打很多字，因为客户等久了，可能就没有耐心了，可以每次发一行文字，这样就不会让客户等太久了。具体话术示例如下。

亲，我最大的折扣权限是××元以上再优惠××元，要不我给您优惠××元吧，谢谢您的理解。

这个价格让我很为难，我请示下店长，看能不能给您申请一个赠品。

您说的情况我需要请示下我们店长，请您稍等。

(二) 售中客服沟通技巧及话术

1. 订单核实

客户拍下商品后，客服应该及时与客户核实地址、电话等个人信息是否准确，特别关注个性化留言，做好备忘录，有效避免错发、漏发等情况，尽可能避免售后不必要的纠纷。

(1) 如果客户是新手，在支付过程中可能会遇到一些问题，无法及时支付。这时候客服需要主动联系客户，以关心的口吻了解客户遇到的问题，指导客户完成付款。如果客户下单后迟迟没有付款，客服话术示例如下。

亲，您好，是支付上遇到问题了吗？如果有不清楚的地方，可以告诉我，或许我可以帮到您。(调皮表情)

(2) 如果客户享受额外运费优惠，客服在跟客户达成一致后，需要等客户拍下商品，然后修改价格，客户再进行支付。具体的话术示例如下。

亲，您拍下后跟我说一下，先不要进入支付页面，我修改运费后您再支付哦。(可爱表情)

2. 离店送别

无论成交与否，客服都要表现得大方热情。这样客户回购的概率会很高。当完成交易时，客服不仅要发送相应的欢送用语，还要引导客户给出好评。客服在沟通过程中应避免使用否定词，如不能、不可以、没有等。

(1) 如果未达成交易，欢送话术示例如下。

亲，非常感谢您的光临，很遗憾这次没能满足您的购买需要，希望您可以收藏本店，本店不

定期会有新品上市和促销活动哦。再次感谢您的光临！（笑脸表情）

（2）如果已达成交易，欢送话术示例如下。

谢谢您对本店的支持，希望您对我们的服务满意，欢迎您下次惠顾。亲可以收藏我们网店，本店不定期会有新品上市和促销活动哦。（笑脸表情）

感谢您的惠顾，期待您再次光临。如果您收到货后感到满意，请给我们全5星好评，我们珍惜您对我们的每一次评价。如果您对商品或服务不满意，请随时联系我们，我们会服务到您满意为止！（笑脸表情）

亲，感谢您的惠顾，您对客服梦梦的服务是否满意呢？如果满意，请给我们满分好评哦，本店期待您再次光临，谢谢！（笑脸表情）

（三）售后客服沟通技巧及话术

售后服务周到，新客户才会回购，网店生意才能源源不断。同时，售后服务是网店与客户二次沟通的机会，网店不注重售后服务，往往很难有回头客，甚至还会得到差评。下面介绍售后客服容易遇到的问题和相应的处理话术。

1. 物流问题

客户下单后一般非常关心到货时间，当客户催促快递、咨询物流进程时，售后客服应当及时跟踪快递信息。如果物流异常，售后客服应当及时查明原因，并和客户解释清楚，获取客户的理解。售后客服在客户咨询物流进程时可能会面临以下情况。

（1）如果订单显示未发货并且商品有现货，而且客户付款还未超过两天，售后客服可直接告知客户发货时间，说明会尽快发货，并让客户耐心等候。具体话术示例如下。

亲，我们承诺按照付款先后顺序在两天内发货，商品会尽快发出的，麻烦您耐心等候哦！

（2）如果订单为急单，客户要求当天发货，售后客服须在当天物流公司停止收件前跟进此订单是否成功发货。若客户情绪很大，可备注送道歉礼品。具体话术示例如下。

亲，真是非常抱歉，由于我们的失误耽误了您收货，我一定帮您安排今天发货哦！

（3）若商品没有库存，到货时间不确定，售后客服要如实相告，建议客户换款。若客户不同意换款，可推荐同类产品或用道歉礼品补偿。具体话术示例如下。

亲，真是非常抱歉，您订购的商品现在没货了，当时库存调整不及时，未及时通知您。您看一下是换成其他商品还是给您全额退款呢？

（4）若物流显示已经扫描或者已经发货，则直接复制发货单上的发货时间以及物流单号并将其发给客户。具体话术示例如下。

您好，我给您查一下，稍等。您购买的商品已经到达××（附截图），大概还需要×天才会送达，麻烦您到时注意查收。谢谢。

2. 退换货问题

当客户要求退换货时，售后客服应及时响应，了解客户退换货的原因，尽快帮客户解决问题。高效的退换货服务能展示网店的专业性，有助于让客户成为忠实粉丝。

（1）转接售后客服的话术示例如下。

亲，麻烦您稍等一下，我帮您转接售后客服，稍后售后客服会主动联系您并为您解决问题！

亲，非常抱歉，售后客服工作日的工作时间是9:00—22:30(周末工作时间是9:00—17:30)，方便明天在这个时间段联系您吗？

亲，真是对不起！我是否可以帮您转接专业的售后客服，让他替您解决问题呢？

(2) 若客户要求退款,售后客服了解退款原因后,应立即查询订单物流状态。若在订单未发货的情况下客户要求退款,售后客服确认订单已经被标记为"取消订单",客户已经申请退款,则可以直接通知当班客服进行退款;如已发货,则与客户积极沟通并引导客户拒签快递和安排退款。具体话术示例如下。

亲,我已经将您的退款申请提交给我们的财务了,财务会马上为您处理,麻烦您半小时后查收!

亲,是这样的,我们现在快递已经发出去了,您能告诉我主要是什么原因让您想退款吗?

亲,退款是可以的,不过快递到的时候麻烦您一定要拒签哦,我们收到退回来的快递后,就会跟财务申请给您退款。

(3) 若客户收到错发的货,售后客服要立即查询客户订单,查看客户拍下的商品的尺寸、型号。确认发错货时多跟客户道歉,请求客户谅解,具体话术示例如下。

亲,能不能麻烦您拍个照片让我看一下发给您的是什么货或者什么码?

亲,这个确实是我们发货人员的过失,麻烦您将货物寄回(退货地址),我们收到货的时候会在当天或者隔天马上给您重新发货。至于快递费,麻烦您先垫付,然后我们这边在收到货以后会以支付宝转账的形式将快递费转给您,您看行吗?

(4) 若客户收到货后发现产品有质量问题,具体话术示例如下。

亲,麻烦您提供反映商品质量问题的照片,让我们核实一下。

(确实存在质量问题)亲,非常抱歉给您带来不便,商品的来回运费将由我们承担。我们重新给您邮寄一份新的商品吧。(提供退货地址、收件人、电话给客户)您垫付的运费我们会在收到货后一至两天的时间内以支付宝转账的形式退回。

3. 退款问题

(1) 若在订单未发货的情况下客户要求退款,售后客服确认订单已经被标记为"取消订单",客户已经申请退款,则可以直接通知当班退款客服。具体话术示例如下。

亲,我已经将您的退款申请提交给我们的财务了,财务会马上为您处理!

亲,很抱歉,财务下班了,但是我会将您的退款信息告知财务,财务明天会尽快为您处理!

(2) 若在订单已发货的情况下客户申请退款,售后客服确认退款状态正确以后,交由退款客服处理。具体话术示例如下。

亲,麻烦您稍等一下,我帮您转接退款客服,稍后退款客服会主动联系您并为您解决问题哦!

在处理售后退款时,首先进入退款待处理页面,然后选择"按即将超时排序进行退款处理",拒绝不能退款的申请(拒绝的理由一定要充分),然后对需退款的订单进行处理。

商法同行 《消费者权益保护法》第二十五条规定:经营者采用网络、电视、电话、邮购等方式销售商品,消费者有权自收到商品之日起七日内退货,且无须说明理由,但下列商品除外:

(一) 消费者定作的;

(二) 鲜活易腐的;

(三) 在线下载或者消费者拆封的音像制品、计算机软件等数字化商品;

(四) 交付的报纸、期刊。

除前款所列商品外,其他根据商品性质并经消费者在购买时确认不宜退货的商品,不适用

无理由退货。

消费者退货的商品应当完好。经营者应当自收到退回商品之日起七日内返还消费者支付的商品价款。退回商品的运费由消费者承担；经营者和消费者另有约定的，按照约定。

“七天无理由退货”期限自消费者签收商品的次日开始起算。

资料来源：http://www.npc.gov.cn/zgrdw/npc/lfzt/xfzqybhfxza/2014-01/02/content_1872488.htm.

二、客户关系管理

在实际工作过程中，客服人员对客户的服务往往是一对多的关系，甚至会出现一个客服人员同时服务十几个客户的情况。尤其是一些规模比较大的店铺，客户的咨询量很大，客服人员的工作强度非常强。

在如此高强度的工作状态下，按类别为客户提供针对性服务，尤其是对老客户做好维护，可以让客服工作起到事半功倍的效果。

（一）客户分类

微课：客户分类

为了有效地落实为客户提供个性化服务的策略，卖家在客户服务环节可以对客户进行分类，需要着重关注四类客户，即首次询单的客户、复购率较高的老客户、设有标签的客户、高频率应答的客户，以降低他们的流失率。

1. 首次询单的客户

通常来说，第一次到店铺询单的客户对客服回应速度的期望是最高的，所以对于第一次询单的客户，客服人员应该确保客户能够得到最快速的响应。

很多卖家会通过设置自动应答来实现对客户首次接入的及时响应，虽然自动应答能够保证客户可以得到快速的应答，但对于刚开始接触网购的客户来说，如果首次咨询得到回应的速度很快，客户可能会认为客服人员是一心一意地在为自己一个人服务。一旦客服人员随后响应的速度有所减慢，可能会让客户形成心理落差，反而降低客户的购物体验。而老客户通常一眼就能识别回复是不是自动回复，那么自动回复对老客户也就不会产生多大的意义。因此，首次询单的自动回复的内容最好设置得保守些，避免因为客服人员后续无法及时对客户做出响应而让其产生不快。

例如，卖家可以将首次询单回复的内容设置为“您好，欢迎光临××旗舰店，您可以先看一下我们店铺的自助购物指南哦(后附自助购物指南链接)”，这样引导首次接入的客户先查看自助购物指南，可以帮助他们解决一部分问题，随后客服人员及时跟进，再详细地为客户解答自助购物指南中无法解决的问题。

课堂讨论：为什么要对客户进行分类，四类客户有什么区别？

2. 复购率较高的老客户

对卖家来说，老客户成交的概率是比较大的，客服人员应该对店铺老客户的询单给予更多的关注。但是，老客户的询单，尤其是对店铺会员特权认识比较深刻的老客户的询单，在很多时候也会给客服人员带来风险，一旦处理不好，很容易导致老客户流失。

一般来说，老客户对店铺购物体验的期望高于一般客户。如果老客户的期望没有被事先发现并得到满足，他就很容易感到失望，进而降低购买欲。例如，某个店铺的VIP客户对店铺的服务抱有很高的期望，在购买某件商品时向客服人员提出希望能够享受折扣的要求。面对这种情况，一旦客服人员处理不当，在回复时生硬地拒绝客户的要求，就很容易激怒客户，进而导致客户流失。

当客户认为自己享受某种服务是理所当然而客服人员却不能为其提供这种服务时，就很难形成超出自身期望的购物体验。当遇到这种情况时，客服人员可以转变方式，从另一个角度为客户创造优越感，如赠送客户一个小礼品、为客户提供包邮服务等。

3. 设有标签的客户

标签客户是指设有特殊标识的客户，如设有成交意向强烈、犹豫观望需二次跟进、下单未付款等标识，以便客服人员后续进行有针对性的跟进。客服人员应该树立“凡是标签客户，必有原因”的观念，不忽视任何一个标签客户，这样才能在客户服务过程中降低遗漏有价值客户的概率。

4. 高频率应答的客户

在客服人员应答后，客户能在五秒之内甚至立即做出应答，通常表明当前他正在专心地与客服人员进行沟通。该客户在心理上就会将客服人员沟通的状态与自己进行对比，如果客服人员也能快速回复，他就会认为客服人员在专职为自己一个人提供咨询服务。因此，客户对客服人员的响应速度有很高的期望，需要客服人员更加注重响应速度。

（二）客户维护

老客户是指已经熟悉和使用过卖家的商品或服务，并在不同程度上对品牌、商品或者店铺产生了一定的信心，有连续购买欲望和行为的买家。卖家要想开好网店，就要把握每一个数据，花最少的成本获取最大的回报，而做好客户维护就是留住更多老客户的一个好方法。

通常来说，网店客户的购物历史各不相同，有的客户对店铺中的某件商品感兴趣，并进行过相关咨询；有的客户在店铺内购买过某件商品；还有的客户经常在店铺内购物，是店铺的老客户。不管属于哪种客户，卖家都应该用心收集他们的资料，为开展客户维护做准备。收集资料通常有两种方法。

(1) 利用Excel表格创建客户档案。卖家可以把所有分散的客户信息都整理到Excel表格中进行集中的管理与维护，需要整理的信息主要包括客户的姓名、性别、电话、地址、来源、购买时间、购买商品等，见表9-1。

表9-1 网店客户信息登记表

姓名	性别	电话	地址	来源	购买时间	购买商品

卖家对老客户的备注应该更加完善，可以从以下方面进行完善：姓名、性别、民族、大概年龄、邮箱、地址、电话号码、购买商品的规格(如服装的尺码)、消费金额、工作状况、家庭状况、性格、个人消费习惯、日常娱乐爱好、生活习惯、喜欢的服务方式、对促销信息的接受情况等。

在刚与客户建立关系时，卖家可以根据订单收件信息向客户确认姓名、电话号码和通信地址，并在有可能进行的深入沟通中捕捉其他信息(如生日、爱好)。

(2) 用微信标签功能创建客户档案。很多卖家会在包裹中放进微信二维码，并设置一些返现的小活动，让客户扫描二维码添加好友。也有的卖家会利用发送与商品相关的资料让客

户添加好友。卖家通过这些方式，可以将客户添加到自己的微信社交圈中，利用微信标签功能建立客户档案。

微信的标签功能（图 9-1）相当于一个小的会员分类系统，可以让卖家将微信好友整理成有条理的基础信息库。例如，卖家将客户每月消费达到几次以上作为一个标签，或者根据客户的主要需求、是否为特殊体质等作为标签区分（图 9-2）。

图 9-1　微信标签功能区

图 9-2　新建标签

（三）购物过程中的客户关怀

一个完整的网购过程一般包括订单催付、发货提醒、包裹签收等环节。在客户购物的不同阶段，卖家可以设置不同的客户关怀，让客户感受到卖家服务的贴心和诚意。由于资金或人员规模的限制，一部分卖家可能没有太多的时间和精力提供未付款提醒、发货提醒、到达提醒等服务，但建议卖家关注咨询、下单却未付款的客户，因为这类客户将直接影响订单的成交率。此外，签收提醒也需要卖家尽量做到，因为这将直接影响客户的留评率。卖家要做到的客户关怀如表 9-2 所示。

链接：武汉市民网购玩具，收获暖心书信

表 9-2　卖家要做到的客户关怀

提醒类型	处理原则	范　例
未付款提醒	一方面是为了尽快促成交易的实现，另一方面也是对客户的一种贴心提醒。需要注意的是，卖家在做未付款提醒时，不要表现出催促买家付款的意思	感谢您在本店下单，如果您在下午 18:00 之前付款，我们今天就能帮您把货发出去
付款关怀	在客户付款后，卖家要在第一时间给予适当的反应，一方面可以使客户放心，另一方面也可以展现店铺良好的服务态度和专业的服务水准，让客户对店铺的商品和服务更有信心	亲爱的××（收件人姓名），感谢您购买我们的商品！我们会尽快为您安排发货，让您尽早拿到商品

续表

提醒类型	处理原则	范例
发货提醒	卖家在发货后向客户做出发货提醒,这样一方面便于客户查看物流相关情况,另一方面可以给客户留下一个好印象。另外,在做发货提醒时,卖家还可以通过良好的态度引导客户给商品留下好评	亲爱的××(收件人姓名),您在本店购买的商品已发货,您可以随时根据订单号(备注订单号)查看物流信息
到达提醒	当商品到达客户所在的城市时,卖家及时提醒客户关注商品的到达状况,能给客户留下贴心的印象,便于店铺拉拢回头客	亲爱的××(收件人姓名),您的商品已经到达您所在城市,即将安排派送,请您注意查收哦
签收提醒	客户签收商品后,卖家可以向客户发送签收提醒,这样做不仅能表示对客户的关心,更重要的是能对客户产生一定的引导作用,让他们在对店铺和商品形成一个良好印象的前提下,做出有利于店铺的评价	亲爱的××(收件人姓名),商品已送到,请注意签收哦!如果满意,别忘了给五分好评哦
评价感谢关怀	对给出好评且评价内容质量较好的客户,卖家要及时表示感谢,这样做一方面可以让客户认为此次购物体验是非常愉快和值得的,另一方面还可以进一步宣传店铺,让客户印象深刻,增加其再次购物的可能性	感谢您的评价,您的评价是我们的动力,希望您能向您的朋友推荐本店。当然,我们更期待您再次光临小店哦
客户回访	在完成交易后,如果店铺中有新品上架,或者店铺中有新的优惠活动,卖家可以通知客户,邀请其来店浏览。有时甚至不需要任何理由,卖家也可以像老朋友一样提醒客户经常回店来看看。这样的宣传方式容易让人们产生淡淡的温情,有时这种简单的温暖就足以让人留恋	您已经很长时间没来本店看看了,现在购物赠送精美小礼品哦,欢迎您再次光临

商法同行 赠品属于经营者以其他方式表明商品或者服务质量状况的产品,与销售的商品一样应当具备合格的品质,根据《消费者权益保护法》第二条、第二十三条之规定,经营者不得以赠送为由提供不合格或者假冒赠品。商家提供的赠品如有质量问题,消费者同样可以要求退换或者赔偿。

资料来源:http://www.npc.gov.cn/zgrdw/npc/lfzt/xfzqybhfxza/2014-01/02/content_1872488.htm.

任务二 商品包装

冷酸灵牙膏:国潮“好看外表”与“有趣的灵魂”

国潮,一股刮遍世界的中国风,越来越受到大家的关注,越来越多的品牌加入了国潮风的设计,其实,比国潮“好看外表”更吸引人的,是它背后“有趣的灵魂”,中国传统文化和现代潮流的碰撞,带给人一种视觉和文化之美的深度享受。

让大众熟悉的白蓝配色的冷酸灵牙膏,最近也搭上了国潮的这班车。冷酸灵携手中国国家博物馆出了一款国风牙膏,开启了品牌的国潮营销之旅。冷酸灵焕然一新,携全新国潮风包装出现在大众视野。

这次的国潮营销,冷酸灵也围绕着消费者熟悉的广告语“冷热酸甜,想吃就吃”,以“新国潮,新国宝”为主题,分别出了冷、热、酸、甜四种口味的包装(图 9-3),并以不同的颜色进行区分。

图 9-3　冷酸灵牙膏

除此之外，为了让品牌营销主题更加明确和立体，冷酸灵和中国国家博物馆还出了一组代表中国历史文化和国潮风范的主题海报，既迎合了中国国家博物馆的历史文化轨迹和文化魅力，也彰显了冷酸灵文化源远流长、传统精粹和当代文化融合的品牌气质。

除打造全新文化内涵的新品外，冷酸灵也打造了一所牙膏博物馆。具有年代感的时光隧道、复古游戏互动体验区以及蕴含品牌广告语的冷热酸甜美食区，是品牌进行针对年轻群体的一次大胆的营销尝试和跨界合作。具有娱乐属性的牙膏博物馆，在满足消费者吃、玩、乐的同时，在轻松愉悦的氛围中给人带来全新的感受，也间接让品牌与用户之间形成了互动。

资料来源：https://www.163.com/dy/article/EPABURID0511DQRH.html.

案例分析：好看好玩具有文化内涵的体验馆，增加了品牌与消费者之间的互动。利用消费者熟悉的冷、热、酸、甜四种口味，全新的包装和跨界营销，让冷酸灵产品有了全新的生命力。这次冷酸灵采用文化、国潮、消费者生活圈、品牌体验馆等多层次的跨界，是品牌营销的全新突破，也是品牌由传统向年轻化进行的一次转型尝试。

价值领航　培养规则意识，坚持客户至上的人文精神。

一、商品包装材料选择

卖家为商品提供的包装直接决定了买家看到商品后产生的第一感受。细节决定成败，用心的包装更容易赢得买家的好评。包装最主要的作用是保护商品在运输过程中的安全，卖家要懂得选择最适合所售商品的包装材料，并打包牢固，这样才能降低商品在运输过程中被损坏的概率，尽量保证商品送达买家手中时是完好无损的。

动画：
商品包装材料选择

（一）内包装

内包装是直接接触商品的那层包装。一般情况下，商品出厂时会自带一层包装，卖家在不损坏商品的前提下，可以直接使用商品的自带包装。如果商品没有自带包装，卖家可以使用自封袋、热收缩膜等作为商品的内包装。

1. 自封袋

自封袋作为内包装，其最主要的作用就是防潮、防水，还能有效地避免物品的散落，如图 9-4 所示。自封袋适合包装小件的、容易散落的商品，如邮票、明信片、化妆品小样、小饰品、小件零食等。

2. 热收缩膜

热收缩膜就是遇热就缩短的薄膜，如图 9-5 所示。卖家可以选择用热收缩膜包裹自产食物或小玩具。

课堂讨论：自封袋和热收缩膜分别适用于什么商品？

图 9-4 自封袋

图 9-5 热收缩膜

(二)中层包装

中层包装是指在外包装和内包装之间,用来填充两者之间的空隙,主要起防震、防水、防潮、防腐蚀等作用的填充物。中层包装多为具有一定形状的物品,主要有以下四种。

1. 气泡膜

气泡膜具有很好的防震、抗摔作用,非常适合包装比较脆弱的商品,能够有效降低商品在物流搬运过程中发生损坏的概率,如图 9-6 所示。

2. 珍珠棉

卖家使用珍珠棉包装玻璃制品、手机、数码相机等商品,可以起到预防刮花和防潮的作用,也可以在一定程度上达到减震的效果。珍珠棉有薄有厚,薄的可以用来包裹商品,厚的可以分割使用,也可以制作成模具,具有塑料泡沫的效果,如图 9-7 所示。

图 9-6 气泡膜

图 9-7 珍珠棉

3. 塑料泡沫

塑料泡沫一般是一些成型的模具,主要用于固定商品。塑料泡沫适合包装一些大件的或者比较脆弱的、怕碰怕摔的商品,例如,家电类商品的中层包装就会使用塑料泡沫,如图 9-8 所示。

4. 废报纸

用废报纸充当填充物是一种很实用的办法,能够达到很好的防震、防潮的效果。在成本方面,废报纸具有上述几种材料都无法比拟的优势。但报纸只适合包装中小型商品,不适合包装大件商品,如图 9-9 所示。

图 9-8　塑料泡沫

图 9-9　废报纸

（三）外层包装

外层包装就是买家在收到包裹后第一眼看到的包装，如包装袋、纸箱、纸类等。

1. 包装袋

包装袋一般有布袋、编织袋及邮政复合气泡袋三种，其对比见表 9-3。

表 9-3　各类包装袋对比

包装袋类型	优　点	缺　点	适用的商品
布袋	韧性好、美观	不防水，所以还需要给商品加内包装，成本相对略高	适合包装不怕压的商品，如书、衣服、抱枕等
编织袋	与布袋、邮政复合气泡袋相比，成本较低	不防水，容易磨损	适合包装柔软的商品，如衣服、被子等
邮政复合气泡袋	美观、大方，具有较强的防震功能	与布袋、编织袋相比，成本较高	适合包装容易损坏的商品，如电子配件、手机壳等

2. 纸箱

纸箱是常见的一种包装方式，能让商品的包装看起来更显档次，也能降低商品被损坏的概率，如图 9-10 所示。对新手卖家来说，怎样获得大量的纸箱是一大难题。其实纸箱的获取方式有很多，实体店中的很多商品本身就是用纸箱包装的，而在商品售出之后，很多纸箱就变成废弃物了，它们就可以被用作商品的外包装。卖家也可以用极低的价格回收这些需要处理的纸箱。

3. 纸类

有些卖家销售的是印刷品，那么可以使用牛皮纸或者牛皮信封作为商品的外层包装。牛皮纸比牛皮信封更厚，是书类包装的首选，如图 9-11 所示。

图 9-10　纸箱

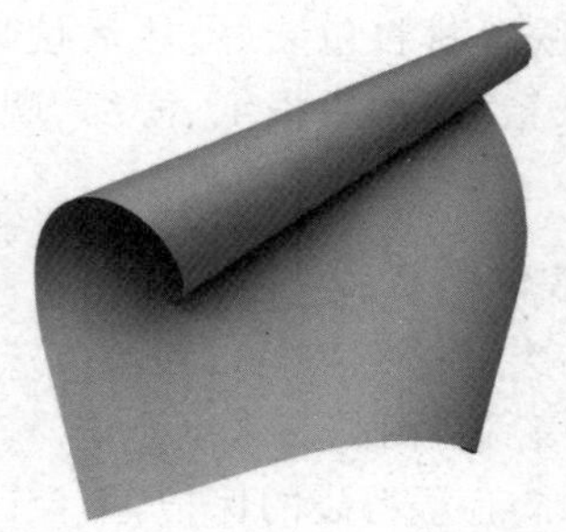
图 9-11　牛皮纸

二、商品包装技巧

为了保证商品的完整性，减少因物流包装而产生的纠纷和损失，卖家在进行商品包装时需要考虑商品的特性，针对不同的商品采取不同的包装方式。

链接：
常见商品的包装技巧

1．易变形、易碎商品

最常见的易变形、易碎商品有化妆品、玻璃制品、陶瓷制品等。针对这类商品，卖家可以选择使用报纸、泡沫塑料或者泡沫网等作为内包装，因为这些包装材料重量轻且能起到一定的防震作用。另外，在将易变形、易碎商品放置包装箱后，卖家可以在商品的周围用泡沫网、泡沫块等填充物充分填充，以缓冲商品在包装箱内的晃动。包装完成后，卖家最好在最外面的包装上贴上"易碎"标签，提醒快递人员轻拿轻放。

2．首饰类商品

一般来说，首饰类商品需要附送首饰袋或首饰盒。如果是比较贵重的首饰，商品内包装可以使用专门的首饰盒，商品的中层包装可以选择使用3层的12号纸箱。为了避免运输过程中的不确定因素对商品造成不良影响，如其他液体类商品泄漏导致自己的商品被影响或被浸泡，卖家可以使用宽胶带将商品的外包装封好，在中层包装和外层包装之间要用泡沫等物品进行填充，以减轻撞击对商品造成的影响。

3．皮包、衣服、帽子类商品

如果是皮包类商品，卖家可以先用牛皮纸、白纸等将商品单独包好，防止商品被污损，然后再用一层塑料袋包装商品，用来防潮，最后将商品放在纸盒中。如果是衣服、帽子类商品，卖家要先用防水塑料袋将商品装好，再将商品放入纸盒或者袋子中。

4．食品类商品

食品类商品的包装要做到干净、抗挤压。无论是用来装食物的袋子，还是外层包装使用的纸箱，都要保证干净。如果将食品装在一个脏兮兮的纸箱中，不仅会影响买家的食欲，还会让买家对食品的卫生安全问题产生怀疑。

此外，食品的分量要足，最好在货物中附一张清单，注明食品的品名和购买数量。清单一式两份，给买家一份，自己留一份。

5．电子类商品

如果是比较贵重的精密电子商品，如手表、手机、相机等，卖家可以先将商品用防静电袋、气泡膜等材料包装好，然后使用瓦楞纸将商品边角或容易磨损的地方保护起来。将商品装入纸箱后，再用报纸、海绵、塑料泡沫等材料将纸箱空隙填满，以减轻商品在纸箱内的晃动。

6．液体类商品

液体类商品有独特的包装方法：先将商品用棉花裹好，然后用胶带缠好，再在外层包一层塑料袋，最后将商品装入纸盒中。这样在运输中即使有液体漏出来，泄漏的液体也会被棉花吸收；同时又有塑料袋的保护，不会让液体流到纸盒外面污染其他包裹。

课堂讨论：回顾自己的网购经历，谈一谈自己收到的各类产品包装是否和上述要求一致？

商法同行　根据《中华人民共和国民法典》第六百零四条规定，标的物毁损、灭失的风险，在标的物交付之前由出卖人承担，交付之后由买受人承担，但是法律另有规定或者当事人另有约定的除外。

网购商品破损的，买家可以要求卖家承担赔偿责任。如果协商未果，可以申请电商平台介入，或拨打12315投诉举报电话，通过合法的途径维护自身的权益。

资料来源：https://www.gov.cn/xinwen/2020-06/01/content_5516649.htm.

任务三　物流管理

案例引入

菜鸟网络：物流信息化的领跑者

菜鸟网络科技有限公司成立于2013年5月28日，是由阿里巴巴集团、中国银泰投资有限公司联合复星集团、富春控股集团、顺丰速运、三通一达（申通、圆通、中通、韵达快递）、宅急送、汇通，以及相关金融机构共同组成的“中国智能物流骨干网”（简称CSN）。

菜鸟正在实施“一横两纵”战略。“一横”，是指做数字化基础设施建设，把物流数字化、在线化、智能化；“两纵”，一是指为新零售供应链提供解决方案，二是指进行全球化发展。

在数字化方面，菜鸟推动电子面单成为整个物流行业的数字化基础。通过对电子面单信息的收集与录入，物流企业可以形成信息化的控制流程，这使全国整体物流速度得到提高，当日达服务将不再局限于中心城市。同时，菜鸟通过智能算法分配订单路由，实现了快递公司包裹与网点的精准匹配，准确率在98%以上，分拣效率提高50%以上。此外，菜鸟还力图在无人驾驶、自动仓储、自动配送、物流机器人等人工智能的前沿领域，不断推动传统物流行业的智能化升级。

据了解，在菜鸟网络分拨机器人圆通转运中心的2000平方米的场地内，高峰期时，350台机器人昼夜作业，每天可分拣超50万个包裹。此外，菜鸟还利用物联网、云计算等技术，收集淘宝上的用户数据，并对数据进行分析，了解客户的喜好以及特定货物的流向等，并将这些信息共享给电子商务企业、物流公司、仓储公司、第三方物流服务商和供应商等，这样就可以提前将货物放在离目标客户最近的仓库，进而缩短物流半径，实现快速分拣送货，这使在全国任意地区实现“24小时达”有了可能。

菜鸟的智能物流骨干网把仓储、干线、末端、车辆、人员、包裹、门店等全物流要素连接起来，通过叠加人工智能和算法，不断提高这张网络的智能化水平，最终提高商家物流效率，并提升消费者物流体验。通过搭建智能物流骨干网，菜鸟拥有了高效、协同、可视化、数据化的物流供应链，为整个电商业和物流业带来了巨大的变革。

未来，中国每天的快递量将会达到10亿件，尽管数量庞大，但未来智慧物流将实现国内24小时必达、国际72小时必达。

资料来源：https://www.163.com/dy/article/EVCQ6H3P0514BOS2.html.

案例分析：党的二十大报告提出，要建设现代化产业体系，坚持把发展经济的着力点放在实体经济上，加快建设交通强国。建设交通强国，离不开智慧物流标准化工作的全面支撑，需要通过标准化支撑物联网、云计算等新一代信息技术与传统物流运输配送服务的深度融合。

菜鸟网络通过搭建智能物流骨干网，汇集商家、物流公司以及来自第三方的数据资源，实现了物流过程的数字化、在线化、智能化。同时，菜鸟利用人工智能、云计算等技术，实现了物流信息的高速流转，优化了生产资料、货物等的物流过程，大大提高了物流效率。可见，科学有效地实施物流信息管理对于电子商务物流的未来发展具有重要意义。

价值领航

（1）培养敏锐洞察力和协调能力。

（2）树立时间观念，做到守时守信。

一、物流工具

商品要经物流到达客户手中，商家应选择成本低、效率高的物流。此外，合理地包装商品不仅可以降低商品运输过程中的损坏概率，而且可以提高客户对服务的满意度。发货的数量与销售的数量成正比，因此，商家需要在保证销量的同时提升物流的服务质量。

（一）服务商设置

电商平台集合了各种物流类型的快递公司，且各个快递公司的特点、速度与价格均有所差别，商家应了解主流的服务商，并根据自身情况选择服务商。

1. 主流服务商

（1）中国邮政。中国邮政为商家提供了快递包裹服务，选择中国邮政的商家一般可以自己打包商品。针对商品的情况，商家也可选择一些保障服务，如保价、回执等。中国邮政成立的时间较早，其寄送的范围很广，针对一些其他快递没有提供物流服务的区域，商家可以选择中国邮政。

微课：
主流快递服务商盘点

（2）圆通速递。圆通速递在全国各地的网点比较齐备，并且价格相对低廉，江浙沪地区的网点较多，价格也较便宜。但是，圆通速递的汽运件相对较慢，管理不统一。就发货速度而言，发往江浙沪地区速度很快；而东北、西北地区的网点较少，通常只涵盖市级城市，很多县级城市可能没有网点，因此发往东北、西北地区的速度较慢。

（3）天天快递。天天快递的客户群体遍及纺织服装、医药化工等多个领域。其送货速度与地区和网点分布关系密切，发往省内城市 2～3 天送达，跨省一般 4 天左右送达。天天快递的收费合理，适合运输中小型物品。

（4）宅急送。宅急送的商品服务有急速达、捷惠达、普运达等，3～4 天送达。宅急送服务全面，网点较多，但不支持文件快递，保价费用较低，收费较为合理，运输小件商品时不建议商家选择宅急送。

（5）EMS。EMS 负责邮政特快专递服务，是我国境内由中国邮政提供的快递服务，同时提供国际邮件快递服务。EMS 运营规范、快递网点多，运送范围遍布全球，具有速度较快、运送安全、支持送货上门、可跟踪物流信息等特点，广泛用于进出口商品运输。EMS 的缺点是费用偏高，国内起重 500 克及以内价格为 20 元，续重 500 克，分区域价格加收 4～17 元。

（6）韵达快递。韵达快递是比较具有特色的快递品牌，其网点分布均匀、规模适中，服务质量尚可，跨省 4～5 天送达，同城当天或隔天送达，价格相对便宜。

（7）顺丰速运。在快递品牌中，顺丰速运以快速和相对优质的服务闻名。顺丰速运由总

部统一管理，所以各地的服务水准都保持基本统一，是业内公认的服务好、态度好、监督机制好快递速度快的快递公司。顺丰速运可以为商家提供货到付款、预约配送、到货承诺等服务，缺点是网点没有其他快递公司多，且快递费用稍高。

(8) 百世快递。百世快递的特点在于所有的快递系统都是自主开发的。百世快递发展迅猛，根据距离不同其收费有所不同，如果商品发往一些偏远地区，收费稍高。百世快递的缺点是网点略少。百世快递到货时间由距离决定，一般来说，快则2～3天，慢则6～7天。

(9) 申通快递。申通快递的网点覆盖区域广泛，申通快递是一家以经营快递为主的国内合资(民营)公司。申通快递速度适中，跨省一般4天左右送达。申通快递收费会根据各地承包商有所不同，价格适中，适合运输中小型物品、非急件。

(10) 中通快递。中通快递是一家集快递、物流、电子商务业务于一体的国内物流快递公司，提供"门到门"服务和当天件、次晨达、次日达等不同时限的服务，曾荣获"中国快递行业十大影响力品牌"和"中国快递行业客户满意安全放心十佳品牌"等称号，其服务态度优良。中通快递的价格适中(如果商品发往偏远地区，价格更高些)，速度也适中。

(11) 京东快递。京东快递是京东自营的物流体系，以快速、安全、可靠著称。京东快递主要分为标准快递、特快快递、京尊达等服务，满足不同消费者的需求。

(12) 极兔快递。极兔速递的快递网络已覆盖中国、印度尼西亚、越南、马来西亚、泰国、菲律宾、柬埔寨等12个国家，服务全球逾20亿人口。极兔快递的特点是速度快、价格便宜、服务好。它采用了一种新型的物流模式，即"同城急送"，可以在几个小时内将包裹送达目的地。

课堂讨论：你体验过上述哪些快递公司的服务？对比讨论它们的优劣势。

2. 选择靠谱的服务商

了解物流的种类后，商家需要选择一家靠谱的服务商，便于长期合作。一家靠谱的服务商可以让商家商品的安全性、送货时间得到保障，并且在很大程度上决定了网店在客户中的口碑。商家可以根据下面的建议选择服务商。

链接：
小卖家如何降低快递成本

(1) 尽量选择分公司拓展方式的快递公司。一般来说，分公司拓展方式的快递公司的管理经营方式比较规范，商品安全保障性高，如北京的宅急送及广东的顺丰速运等。而通过加盟的方式成立的快递公司由于加盟条件宽松、自身经营管理不善，很容易产生一些管理不好、信誉较差的站点，甚至出现寄件人的商品不安全的问题。

(2) 尽量使用本地经过正规注册的规模较大的快递公司。一般而言，本地的公司为了树立在本地的良好形象，会很快地解决索赔的案件。同时，商家比较容易对公司进行实地考察，并且本地快递公司取件的效率也比较高。

(3) 尽量选择网点多的快递公司。在电商平台上购物的客户遍布各地，如果商品无法送达就比较麻烦，因此选择网点多的快递公司很有必要。为了保证发货速度快、价格实惠，商家也可选择与多家快递公司合作。

(4) 尽量选择使用靠谱交通工具取件的快递公司。快递公司的业务员取件主要通过三种交通工具，即电瓶车、三轮车和货车。商家可选择使用货车取件的公司，因为此类公司实力较强。若网店出货量较小，快递人员用电瓶车取件也较常见。流行的取件工具为电动三轮车。

(5) 尽量选择快递单上条形码清晰的快递公司。选择快递单上条形码清晰的快递公司可以避免条形码难以扫描，或扫描出来的数字不符合实际等情况。这样也可避免商品因为对不上号而丢失、重码(即两套单甚至几套单的条形码是同一个码)造成商品发错地方或者弄丢等情况。

(6) 尽量选择赔偿金额或倍数高且保价率低的快递公司。虽然丢件或商品损坏的情况比较少,但是一些利润薄的商家一旦丢件,就会导致利润降低。因此,商家应尽量选择赔偿金额或倍数高且保价率低的快递公司。保价率低的快递公司一般信誉较好。

3. 开通服务商

商家选定物流服务商后,需要在平台后台操作选择该服务商。以千牛卖家工作台为例,在"我是卖家"栏下单击"淘宝电子面单",在打开的页面中单击"我的服务商"选项卡,单击"开通新的服务商"按钮,即可开通服务商,如图 9-12 所示。

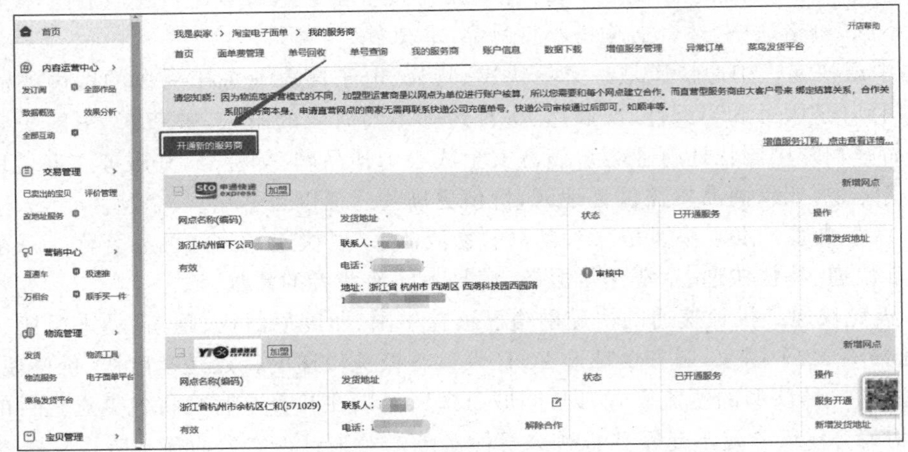

图 9-12 开通服务商

(二) 运费模板设置

网店客户来自不同的地区,而不同地区的快递服务费用通常也不一样,因此商家需要对运费模板进行设置,从而区分不同地区客户的运费。以千牛卖家工作台为例,卖家可以在"物流管理"栏下单击"物流工具"按钮,在打开的页面中选择"运费模板设置"选项卡,在"新增运费模板"面板中设置运费模板,如图 9-13 所示。

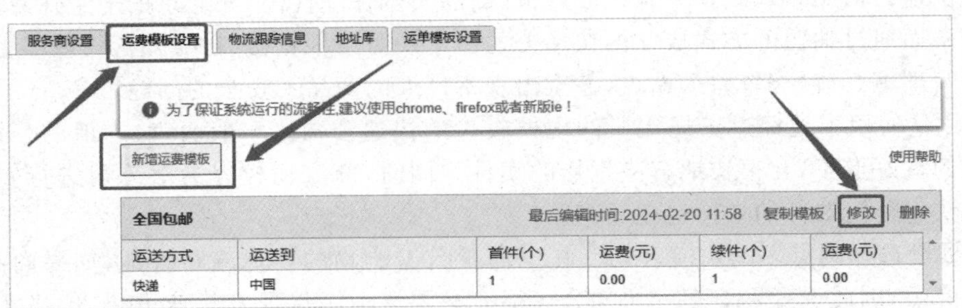

图 9-13 设置运费模板

(三) 物流跟踪信息和地址库

在跟踪物流信息时,商家可以在后台通过输入订单编号查询物流信息。当需要发货或客户申请退货时,商家需要提供地址,此时,商家可以在地址库中找到地址,并复制地址发送给客户。以千牛卖家工作台为例,在物流工具设置页面,分别选择"物流跟踪信息"→"地址库"选项卡,在打开的面板中查询物流和查找地址,如图 9-14 所示。

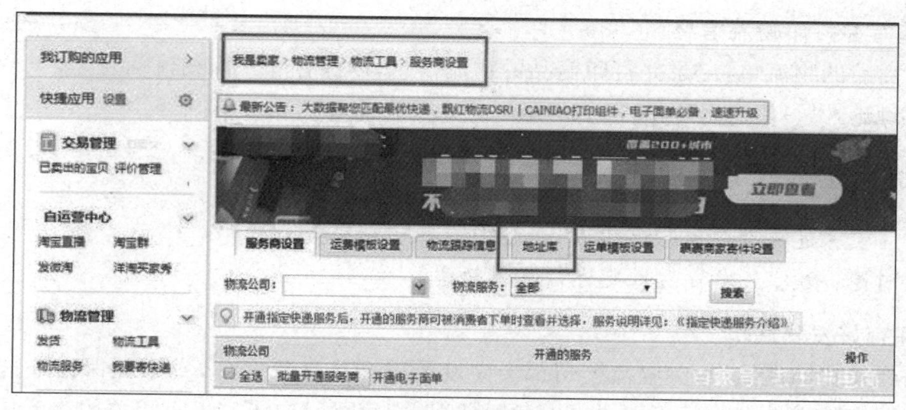

图 9-14　物流跟踪信息和地址库

二、仓储管理

仓储管理即对仓库和仓库中储存的商品所进行的管理。仓储管理是物流管理中非常重要的组成部分,客服应该对仓储管理有基本的了解。

(一) 商品入库

商品入库是网店日常运营的一部分,一般包括商品检查、货号编写和入库登记三个步骤,下面分别进行介绍。

1. 商品检查

商品检查是指对入库的商品进行检查,客服一般需检查商品名称、等级、规格、数量、单价、合价、有效期等信息。通过商品检查,客服可以掌握入库商品的基本信息,筛选出不合格的商品。

2. 货号编写

当商品种类和数量较多时,客服一般可以采取编写货号的方式对商品进行区分。在编写货号时,结合商品属性,采用"名称+编号"或"名称缩写+编号"的形式进行编码。

3. 入库登记

入库登记是指客服按照商品的不同属性、材质、颜色、型号、规格、功能等,分别将其放置到不同的货架中,同时编写入库登记表格,记录商品入库信息。

(二) 商品出库

商品出库是指仓库根据商品出库凭证,按所列商品编号、名称、规格、型号、数量等,准确、及时、保质保量地将商品发给客户的一系列工作。对于客服而言,商品出库主要包括提取商品并选择快递公司、联系快递员取货、填写并打印物流信息等步骤。

1. 提取商品并选择快递公司

当收到出库通知时,客服首先需要核对出库商品的信息,并根据商品信息提取对应的商品,填写商品出库表,登记商品出库信息,选择快递公司。

2. 联系快递员取货

根据商品所在地区联系快递公司在该区域的快递网点,联系快递员取货。

3. 填写并打印物流信息

填写商品的物流单，记录并打印商品的物流信息，以保存和跟踪物流信息。

课堂讨论：“一件代发”模式网店需要进行上述仓储管理操作吗？

三、发货后物流管理

发货后卖家还需要注意很多事项，否则很容易功亏一篑。

课堂讨论：为什么发货后也要进行物流管理？

1. 保存好发货底单

对已经发货的商品，相关物流公司都会向发货方开具发货底单，卖家要保存好这张凭证。如果遇到买家狡辩没有收到货而要求退款的情况，卖家可以向买家出示相关的物流凭证，证明自己已经发货。在运输过程中，如果商品因为物流公司的失误出现丢失或者损坏的情况，卖家也可以凭借相关的物流凭证向物流公司索赔。

2. 发货后及时告知买家物流信息

卖家不仅要做到快速发货，还应该做到发货后的快速告知。因此，卖家在完成发货工作后，要及时告知买家，满足买家付款后对卖家发货动作的期待。告知的内容一般包括发货时间、快递公司、物流单号等，买家凭借这些信息可以随时查询自己包裹的配送状态。

3. 做好物流跟踪

发货后的物流跟踪是很重要的，卖家最好每天查看物流情况。例如，发出的快递到哪了、是否被签收等。如果包裹在预计的时间内没有被签收，卖家要及时和买家取得联系，提醒买家及时签收，或者询问买家是否出现了什么问题，如买家写错地址、收件人搬家等，并积极帮助买家解决问题，避免买家因为未及时收到货而产生不满。

卖家处理这些问题时应该主动一些，如果等到买家前来质问“我的包裹怎么还没到时”再去解释，就很容易发生争执，给买家造成不良的购物体验，进而对自己的店铺造成消极影响。

4. 主动询问签收情况

现在经常会出现包裹被代签或者草签的现象，卖家通常也不会在意这种情况，认为只要包裹已经签收了就行。但是，包裹显示已经被签收而买家没有收到货的情况时有发生，买家如果一直找不到货物，很可能会向卖家追究责任。

在这种情况下，即使不是卖家的责任，但当买家无法找到其他解决方法时，卖家也只能重新发货。因此，在看到物流跟踪显示包裹已经被签收之后，卖家应当主动询问买家是否已经收到货，以示关心。

商法同行 《中华人民共和国民法典》第五百一十二条规定，通过互联网等信息网络订立的电子合同的标的为交付商品并采用快递物流方式交付的，收货人的签收时间为交付时间。电子合同的标的为提供服务的，生成的电子凭证或者实物凭证中载明的时间为提供服务时间；前述凭证没有载明时间或者载明时间与实际提供服务时间不一致的，以实际提供服务的时间为准。

电子合同的标的物为采用在线传输方式交付的，合同标的物进入对方当事人指定的特定系统且能够检索识别的时间为交付时间。

电子合同当事人对交付商品或者提供服务的方式、时间另有约定的，按照其约定。

资料来源：https://www.gov.cn/xinwen/2020-06/01/content_5516649.htm.

法制新思想

快递退款？无故收到快递？小心诈骗！

莫名收到不是自己买的商品，要求货到付款，打开却是一堆垃圾；接到“客服”电话称快递有问题，需要退款……千万别因一时大意而让自己蒙受损失，快递类诈骗迷惑性很强！

前几天，勒女士接到一个陌生电话，对方称之前买的快递丢了可以申请理赔，自己就按照对方提供的链接，下载了一款“佳讯通云会议”的软件，并在其指导下转账一次。起初，勒女士还不以为然，直到对方一直要求继续转账，她才知道受骗了，连忙报警。

而孙先生则是接到一个陌生电话，对方自称是支付宝平台客服，说之前在拼多多买的快递丢了，可以三倍理赔，之后对方让自己下载一个“开会宝会议”的App，但试了很多次没有成功，对方又称提供银行卡可以直接理赔至孙先生的账户。“客服”一步步下套，先说要将微信、支付宝里的钱转至某银行卡内，不然会被冻结，又说要转至对方的银行卡内……被绕晕了的孙先生，自然是被骗了。

针对快递类诈骗，需要注意以下事项。

(1) 不贪小便宜，快递公司一般不会主动提出赔偿。

(2) 收到自称快递公司、快递员的电话或信息后，要第一时间拨打全国统一客服热线、登入快递公司官网或在购物平台查询自己的快递信息进行求证。

(3) 未确认准确的物流信息前，千万不要同意添加微信好友的申请，也不要拨打或点击不明身份的人发来的电话或网址。

资料来源：https://mp.weixin.qq.com/s?__biz=MjM5MzE3MDM0Mg==&mid=2652246249&idx=5&sn=48f7cc0c79d7f221dc33d7df41a07e57&chksm=bd79a6208a0e2f36492c0b6ed37b1316f7cc0be20477624cc611b96c955d35462eb610b2aa47&scene=27.

前沿在线

电商客服托管是近几年新兴起的一个服务行业，是因为电商行业不断发展壮大而产生的，其优缺点如下。

1. 优点

首先是降低人工成本。专业客服公司通过发挥资源优势、规模优势、技术优势来提高其所提供的产品(服务)质量。专业托管公司由于业务相对单一而且专注，使得其专业化优势得到充分彰显。例如，可以科学规范地制订详细的客服排班计划，达到预想的转化效果。当今电子商务市场对在线客服的需求越来越高，客服需在专业上下功夫，这必将大大加强店铺的专业成本，选择托管是降低专业成本的优势之一。

其次是提升服务质量。互联网的发展以及当今经济水平的提高，网购逐渐被大众消费者所接受，各行各业都纷纷转入线上渠道，市场的大好局势使电商服务市场迎来了意义上的春天。然而，市场上的客服招聘徘徊在杂、乱、无序的状态中，选择托管可以以优质服务、更多附加值改变服务商形象使其客服服务质量平台化、标准化，带领整个行业往高端、高品质方向发展。

最后是促进店铺转化。随着淘宝不断壮大，人们对于淘宝客服的服务要求也不断苛刻，对于店铺客服而言，最重要的是促进店铺转化率。促进转化，建立在深挖顾客需求的前提下，客服要有洞察买家心理、换位思考的能力。一般店铺客服很难经过专业的培训，在转化的方面微乎其微，客服服务公司拥有多年客服培训经验，店铺客服管理经验，全方位地帮助企业提升销售转化率，解决电商精细化运营问题。

2. 缺点

首先是服务水平难以控制。客服服务行业属新兴行业，相对可借鉴的经验很少，人才的紧缺导致了服务商的服务质量无法跟上客户的需求。大部分商家都在找客服服务商，但由于种种原因，商家难以找到真正专业靠谱的服务商，服务水平难以控制。

其次是难以体现企业形象。托管公司与企业毕竟是两家人，企业的文化、服务的理念与托管公司的理念往往有较大的差距，托管公司培训的客服与企业自营客服在店铺交接的过程中，容易带来运作混乱与责任不清，给顾客造成形象不佳的企业印象。

最后是托管导致管理协调难度加大。在合作过程中，企业对专业性客服服务公司不能约束过紧，影响客服积极性的发挥，但也不能放任自流，影响公司客服服务的质量。企业在与客服托管公司合作的过程中，应把托管公司纳入自身的整个管理体系，只有相互理解、相互沟通，才能共同创造收益。

虽然客服托管确实有些不足，但在这个互联网时代，电商客服托管也已经不是一个很新的概念了，商家通过引入优质的客服服务，直接提升客服关键数据和打通强化客服反馈机制。因此现在在电商行业中，客服托管已经成为行业中的一种新趋势，并且在被越来越多的商家所接受。

资料来源：https://t.cj.sina.com.cn/articles/view/5897950232/15f8b9418001014nk5.

项目小结

本项目首先介绍了客服沟通技巧及话术、客户关系管理两部分内容，然后从商品包装材料选择、商品包装技巧两个层面详细介绍了商品包装相关知识。最后，为保证商品顺利到达客户手中，网店需优化物流工具，完善仓储管理。

知识巩固与提升

一、单项选择题

1. 当客户进店时，可以用以下话术应对的是(　　)。

A. 亲，您好，是支付上遇到问题了吗？如果有不清楚的地方，可以告诉我，或许我可以帮到您

B. 谢谢您对本店的支持，希望您对我们的服务满意，欢迎您下次惠顾。亲可以收藏我们网店，本店不定期会有新品上市和促销活动哦

C. 您说的情况我需要请示下我们店长，请您稍等

D. 您好，欢迎光临××旗舰店，客服小希竭诚为您服务

2. 如果客户认为商品较贵，客服应该(　　)。

A. 向客户解释商品并不贵，希望客户尽快下单抢购

B. 该客户并不是目标客户，不必太过于纠结

C. 可以顺着客户的意思，承认产品的确较贵，但是要委婉地告诉客户要全方位比较，

一分钱一分货，还要看商品的材质、工艺、包装、售后等

D. 与其他店铺同类商品做对比，说明该商品价格合理

3. “亲，真是非常抱歉，由于我们的失误耽误了您收货，我一定帮您安排今天发货哦”，这句话术适合应对客户咨询的是(　　)。

A. 物流问题　　B. 退换货问题　　C. 退款问题　　D. 价格问题

4. (　　)对客服回应速度的期望是最高的，对这类客户，客服人员应该确保客户能够得到最快速的响应。

A. 首次询单的客户　　B. 复购率高的老客户
C. 设有标签的客户　　D. 高频率应答的客户

5. (　　)客户关怀类型将直接影响客户的留评率。

A. 付款关怀　　B. 签收提醒　　C. 评价感谢关怀　　D. 客户回访

6. 图书适合用(　　)外层包装。

A. 布袋　　B. 塑料泡沫　　C. 纸箱　　D. 牛皮纸

7. (　　)是直接接触商品的那层包装。

A. 内包装　　B. 中层包装　　C. 外层包装　　D. 防震包装

8. 寄送引流款商品适合选用(　　)快递公司。

A. EMS　　B. 京东快递　　C. 顺丰速运　　D. 极兔快递

二、多项选择题

1. 为了有效地落实为客户提供个性化服务的策略，卖家在客户服务环节可以对客户进行分类，需要着重关注(　　)客户。

A. 首次询单的客户　　B. 复购率高的老客户
C. 设有标签的客户　　D. 高频率应答的客户
E. VIP 客户

2. 针对(　　)类商品，卖家可以选择使用报纸、泡沫塑料或者泡沫网等作为内包装，因为这些包装材料重量轻且能起到一定的防震作用。

A. 化妆品　　B. 玻璃制品　　C. 陶瓷制品　　D. 首饰

3. 针对(　　)类商品，卖家可以先用牛皮纸、白纸等将商品单独包好，防止商品被污损，然后再用一层塑料袋包装商品，用来防潮，最后将商品放在纸盒中。

A. 电子产品　　B. 皮包　　C. 衣服　　D. 帽子

4. 商品入库是网店日常运营的一部分，一般包括(　　)。

A. 商品检查　　B. 货品编号　　C. 入库登记　　D. 出库登记

5. 发货后卖家还需要注意很多事项，包括(　　)。

A. 保存好发货底单　　B. 发货后及时告知买家物流信息
C. 做好物流跟踪　　D. 主动询问签收情况

三、简答题

1. 网店客户如何向客户推荐商品？
2. 对于复购率高的老客户，应该如何提供针对性服务？
3. 建立客户档案有哪些方法？
4. 在客户购物过程中应给予哪些关怀？

四、案例分析题

小客服，大作为

王伟开设了一家淘宝网店，由于资金紧缺，所有的工作都自己处理。在与客户交流的过程中，常常会出现各种各样的问题，甚至因为沟通问题，客户大发雷霆。而且，王伟疏于维护客户关系，认为只需要保持正常的交易关系，不用采取过多措施。结果，网店流失了很多客户。

在运营一段时间之后，王伟觉得不能继续这样下去，于是，他开始系统地学习客户服务的相关知识，掌握了沟通的话术、中差评的处理方法及客户关系维护的方法，慢慢地，网店的数据越来越好，网店与客户的关系也越来越融洽。

问题：

(1) 分析客户沟通话术的重要性？

(2)分析除案例中的效果外，维护与客户之间的关系还能带来哪些效果？

项目实训

对买家提供客户服务

一、实训目标

掌握售前、售中、售后服务的方法，能够为买家提供客户咨询服务。

二、实训要求

(1) 分组开展实训。

(2) 进行组内人员分工。

(3) 全面模拟客服与买家的沟通过程。

三、实训分析

五人一组，以小组为单位，模拟为买家提供客户服务的场景。

四、实训步骤

(1) 每组建立一个微信群。

(2) 由一人扮演店铺的客服人员，其他人扮演买家(学生可以轮流扮演客服人员和买家)，模拟演练店铺客服人员与买家沟通的场景。

(3) 在沟通过程中，买家可以向客服人员提出各种问题，客服人员要及时、有效地为买家解决。

(4) 进行小组自评和互评。

(5) 撰写个人心得和体会。

(6) 教师根据学生心得和体会进行评价与指导。

项目十

洞察先机，营销决策的关键依据——网店数据分析

在网店运营中，数据分析扮演着不可忽视的角色。数据化运营是电子商务的大势所趋。网店数据既反映了店铺的运营状况，也暗示了店铺未来的运营方向。成功的卖家不仅要对数据有足够的敏感度，还要对店铺各项数据进行科学的分析。卖家要根据数据分析结果，及时发现网店运营过程中存在的问题和商机，并快速作出正确的决策。

知识目标

- 了解网店的数据构成。
- 掌握网点数据分析的指标。
- 掌握网点数据分析的流程。
- 了解生意参谋各模块的作用。

能力目标

- 掌握网店数据分析方法。
- 掌握生意参谋工具的使用方法。
- 能够使用生意参谋分析网店数据。
- 能够根据数据分析结果做出经营决策。

素养目标

- 认识规律、把握规律，合理利用规律。
- 强调数据的真实性、客观性，不编造数据，树立科学、严谨的工作作风。
- 在收集、分析数据资料的过程中，培养团队协作精神。
- 从认识到实践，正确发挥人的主观能动性。

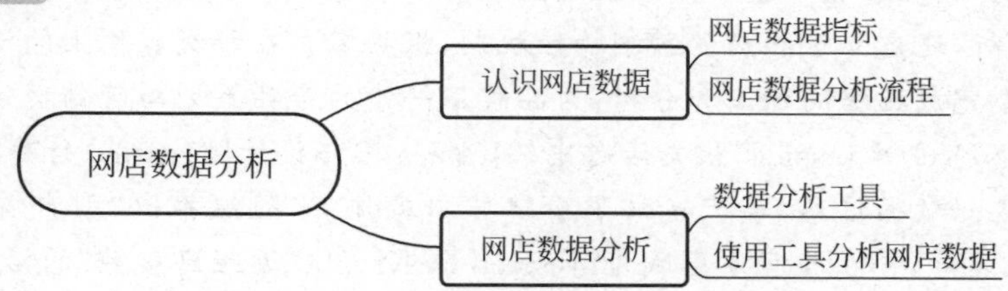

任务一　认识网店数据

时趣大数据助力李宁精准跨界明星营销

李宁与韩国少女时代郑秀妍 Jessica 的跨界合作，让“LI-NING X Jessica”系列一经推出就备受追捧。在李宁首度宣布与 Jessica 合作当日，李宁官微创下自身官微互动记录，#型自西卡#也成为热门话题榜冠军。参与互动的 30%以上的网友都明确表示具有购买欲望，之后“LI-NING X Jessica”跨界合作产品在李宁官方商城正式开始预售，瞬间就吸引了数以万计的客户蜂拥而至。

利用明星效应进行营销并不陌生，但所用明星对产品目标消费者影响力的大小，企业主常常难以把控。所有的成功都不是一次单纯的偶然，李宁与 Jessica 跨界合推新产品系列的成功是大数据下的产物，是基于社交媒体的数据收集、处理的一次精准营销。

那么，时趣是怎样通过大数据分析帮助李宁选定合作明星 Jessica，又是如何利用数据进行后续精准营销的呢？

首先，基于大数据的人群洞察——找到品牌与消费者的最优连接者。

作为中国最大的运动品牌之一，李宁需要清晰地把控自己新品系列的调性和受众，李宁把“90 后”、女性这些未来消费主力军，作为他们主要的产品战略方向。基于这个战略，李宁联手合作伙伴大数据专家时趣，在社交媒体上进行了全方位的人群洞察，以帮助李宁在年轻人群、女性群体身上找到自己新品系列的基础调性：清新、运动、时尚、阳光。如何把新品信息精准抵达目标消费者，还需要一个“连接”，而李宁通过时趣基于社交媒体的卓越的大数据分析能力，找到了这个具有与李宁新产品系列属相相似的“连接”——韩国顶级女团少女时代成员郑秀妍 Jessica。

其次，匹配明星信息——确保信息精准抵达。

时趣数据中心通过采集、清洗、存储、计算并整合新浪微博海量微博内容数据及相关客户数据、关系数据等，积累了庞大数量的活跃客户数据、关系数据、微博数据、标签数据，并保持每日新增客户数据及微博数据。利用足够多的客户数据，才能分析出客户的喜好与购买习惯，及时并且全面地了解客户的需求与想法，做到“比客户更了解客户自己”。因此，在纵向上，时趣基于数据对当红艺人社交网络影响力进行了详细的分析与总体评价；在横向上，时趣从性别、年龄、地域、兴趣标签、语义情感等几个维度上把 Jessica 粉丝的集中倾向属性和李宁新产品系列的调性进行了综合匹配，确保其推送信息可以精准抵达目标消费者，并且这个抵达过程速度极快，范围很广，单位抵达成本小得惊人。

最后，建立预测响应机制——优化后续营销活动设计。

当然，要做到“精准营销”，就必须准确地预计客户需求。因此，时趣不仅对大量历史数据进行了挖掘与分析，还建立了相应的预测响应机制，根据客户在社交媒体上的活动建立数据收集模型，通过模型完成数据的加工和分析，为品牌下一步的产品策划与营销提供更加有意义的数据参考。“LI-NING X Jessica”相关话题中，“Jessica 参与设计”“Jessica 行程”等相关内容被多次提及，根据这一数据信息，李宁建立了李宁首尔工作室，随继推出“型自首尔”系列，邀请 Jessica 亲自参与设计，并在其官方商城为“Jessica & Krystal 近距离接触”的活动造势，使新产品售卖热度继续升温。活动效果如图 10-1 所示。

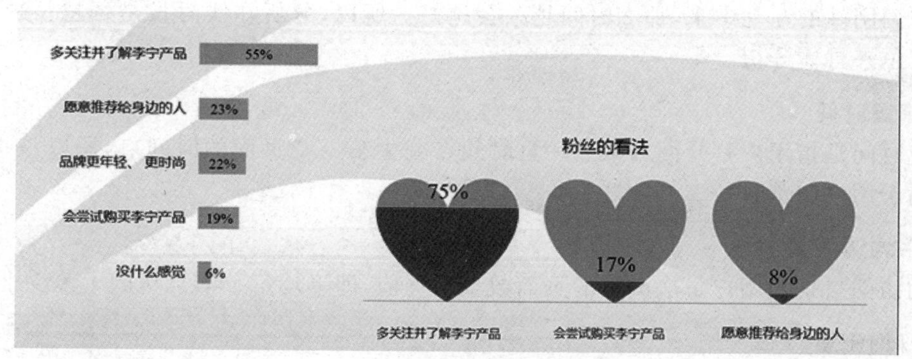

图 10-1　LI-NING X 与 Jessica 合作效果

资料来源：https://www.digitaling.com/articles/12367.html.

案例分析：时趣通过大数据战略打破行业边界的能力，通过对庞大、复杂的客户数据进行挖掘、追踪、分析，对不同客户群体进行聚合，获得更为完整的客户或客户群体的模型。从而打造个性化、精准化、智能化的产品营销解决方案，最终以个性化营销和主动营销打破传统无差异的、被动的品牌服务营销方式。

价值领航

（1）强调数据的真实性和客观性，不编造数据，树立科学严谨的工作作风。

（2）在收集、分析数据资料的过程中，培养团队协作精神。

一、网店数据指标

网店数据分析是指通过观察、调查、统计等手段，以数据形式把网店运营的各方面情况反映出来，使运营者更加清楚店铺的运营情况，以便调整运营策略。

商家要想做好数据分析，一定要能看懂各种指标，通过分析指标数据来弥补运营方面的不足，并且不断地优化店铺，顺利地运营店铺。网店数据分析的指标主要有以下几类。

（一）流量数据

1. 浏览量

浏览量即 PV，指用户访问页面的总数，用户每访问一个网页就算一个访问量，同一页面刷新一次也算一个访问。

2. 访客数

访客数即 UV，一台计算机为一个独立的访问人数。一般以天为单位来统计 24 小时内的 UV 总数，一天之内重复访问只算一次。现在一些平台支持自选时间段（一小时、一天、一周）为去重标准。访客又分为新访客和回访客。

3. 当前在线人数

当前在线人数是指 15 分钟内在线的 UV 数。

4. 平均在线时长

平均在线时长是指平均每个 UV 访问网页停留的时间长度。如果网站是为了帮助客户尽快完成他们的任务，例如购买、答疑解惑等，那么在线时长应当是越短越好；如果希望客户一同参与到网站的互动中来，那么时间越久会越好。所以，分析在线时长是否越长越好，要根据产品定位来具体分析。

5. 停留时间

停留时间是指用户打开网站最后一页时间点减去第一个页面的时间点，所以该指标不能完全等同于用户浏览时长。

6. 平均访问量

平均访问量是指用户每次浏览的页面数量平均值，即平均每个 UV 访问了多少个 PV。

7. 日均流量

有时会用到日均 UV 和日均 PV 的概念，即平均每天的流量。

8. 跳出率

跳出率是指只访问了一个页面就离开的访问次数除以该页面所有访问次数，分为首页跳出率、关键页面跳出率、具体产品页跳出率等。这些指标用来反映页面内容受欢迎的程度，跳出率越大，页面内容一般越需要调整。

（二）转化指标

1. 转化率

转化率是指进行了相关动作的访问量占总访问量的比率。转化率是电商运营的核心指标，也是用来判断营销效果的指标。

2. 注册转化率

注册转化率即注册用户数除以新访客总数，当目标是积累会员总数时，这个指标就很重要。

3. 客服转化率

客服转化率是指咨询客服人员的用户数除以总访问数。

4. 收藏转化率

收藏转化率即将产品添加收藏或者关注的用户数除以该产品的总访问数。每逢“双 11”等大型促销前，用户都会大量收藏产品到自己账户以便促销时购买。

5. 添加转化率

添加转化率即将产品添加到购物车的用户数除以该产品的总访问数，这个指标主要针对具体产品。

6. 成交转化率

成交转化率即成交用户数除以总访问数，一般提到的转化率就是成交转化率。成交转化率还可以细分为全网转化率、类目转化率、品牌转化率、单品转化率、渠道转化率、事件转化率等。

7. 渠道转化率

渠道转化率是指从某渠道来的成交用户数除以该渠道来的总用户数，这个指标用来判断渠道质量。

8. 事件转化率

事件转化率是指因某事件带来的成交用户数除以该事件带来的总用户数，有些事件可以

跟踪到人。例如，营销中的关键字投放、其他网站的广告投放等。

（三）会员指标

1. 注册会员数

注册会员数是指曾经注册过的会员总数，其没有太大意义，所以可以用有效会员数概念，即在一年内有消费记录的会员数。

2. 活跃会员数

活跃会员数是指在一定时间内有消费或者登录行为的会员数，时间周期和产品购买频率有关，快消品一般会在周期上定义短些。

3. 活跃会员比率

活跃会员比率即活跃会员占会员总数的比重。

4. 会员复购率

会员复购率是指在一段时间内产生二次及以上购买行为的会员数占总会员数的比率。

5. 平均购买次数

平均购买次数是指某时期内每个会员平均购买的次数，订单总数除以购买用户数，最小值为1。

6. 会员回购率

会员回购率是指上一期活跃会员在下一期有购买行为的会员比率，回购率和流失率是相对概念。

7. 会员留存率

会员留存率是指某时间节点的会员在某特定时间周期内登录或消费过的会员比率。

8. 会员流失率

会员流失率是指一段时间内没有消费的会员占会员总数的比率。

（四）财务指标

1. 新客成本

为了争取到新客户的点击、注册或购买，平均每个新客户消耗掉的营销费用就是新客成本。

2. 单人成本

单人成本即营销成本（营销费用与配合成本的总和）除以访客数（UV），这个指标不去区分访客是否是新访客，是否注册，是否购买，不考虑具体的转化情况。

3. 单笔订单成本

单笔订单成本是指营销成本除以获取的订单数，不区分订单来源，以成交结果为导向。

4. 费销比

费销比即费用比例，营销成本除以订单金额，其倒数就是ROI，即投入一元钱能带来的订单金额。

课堂讨论：上述指标中哪些是核心指标？

二、网店数据分析流程

网店数据分析的常见流程包括收集数据、量化分析、提出方案和优化改进。

（一）收集数据

在进行网店数据分析之前，卖家首先要收集和获取数据，应尽量获得完整、真实、准确的数据。网店数据的获取途径主要有以下几种。

1. 自己店铺的数据

自己店铺过往的销售记录、交易转化数据、广告推广效果等是最真实、最有价值的，应该定期整理。

2. 平台提供的数据

卖家可以充分利用平台提供的数据分析工具了解店铺运营状况，如通过淘宝平台提供的生意参谋工具查看商品访客数、商品浏览量、商品平均停留时长、商品详情页跳出率等。图 10-2 所示为利用淘宝平台提供的生意参谋工具获取数据。

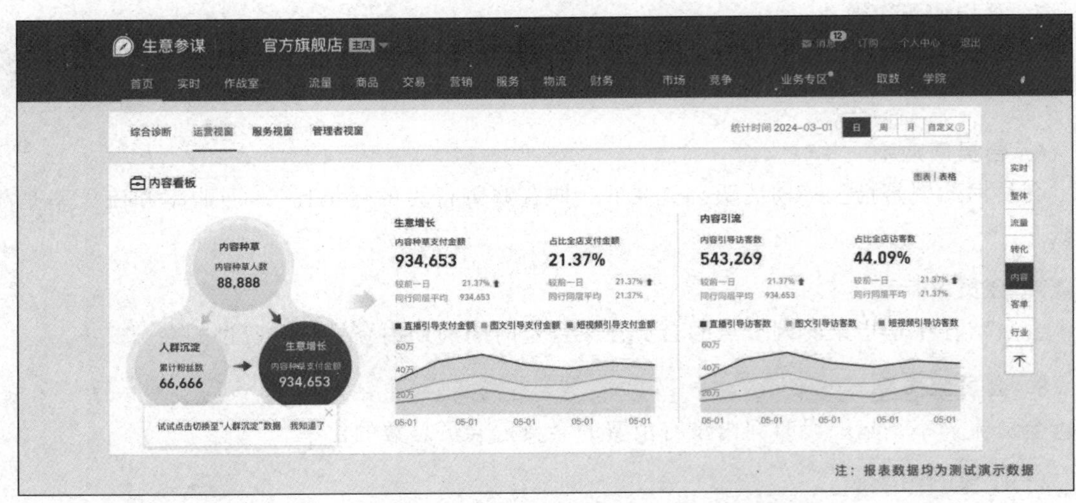

图 10-2　利用淘宝平台提供的生意参谋工具获取数据

3. 第三方数据分析工具

有的平台提供给卖家的数据不足以满足卖家对数据分析的需求，此时卖家可以利用第三方数据分析工具收集更多数据。有些第三方数据分析工具是专门服务于网店卖家的，通常可用于收集店铺整体数据、行业数据、竞品数据。图 10-3 所示为阿里巴巴商家服务市场提供的第三方数据分析工具。

（二）量化分析

数据量化分析不只是对数据的简单统计和描述，而是在数据中发现问题的本质，然后针对确定的主题进行归纳和总结。常用的数据量化分析方法有以下几种。

1. 对比法

对比法是最基本的分析方法，在开展分析时使用对比法可以快速发现问题。对比法分为横向和纵向两个方向。

图 10-3　阿里巴巴商家服务市场提供的第三方数据分析工具

横向对比是指跨维度的对比，例如，在分析企业销售业绩的时候，将不同行业的企业销售业绩一起进行对比，这样可以知道某家企业在整个市场的地位。如中国的 500 强企业排行榜单，就是将不同行业的企业产值进行对比。

纵向对比是指在同一个维度的对比，例如，基于行业维度，钢铁行业的企业排行榜单；基于时间维度，将今天的销售业绩和昨天、上个星期同一天进行对比，可以知道今天的销售业绩的情况。

2. 拆分法

拆分法是最常用的分析方法之一，在许多领域应用非常广泛，杜邦分析法就是拆分法的经典应用。拆分法是将某个问题拆解成若干个子问题，通过研究该若干子问题来解决问题。例如，在研究销售业绩下降问题时，可以将销售业绩问题拆分成转化率、客单价和访客数三个子问题，通过分析这三个子问题来解决销售业绩问题。

杜邦分析法

定义：杜邦分析方法是将各种财务指标综合在一起来评价公司财务管理效果，对公司净资产收益率进行评估，主要由三个指标组成。

销售净利率：用于说明公司是否盈利。

总资产周转率：用于说明公司资产使用效率。

权益乘数：用于说明公司债务负担风险情况。

净资产收益率＝销售净利率×总资产周转率×权益乘数

案例说明：自己出 100 万元，借款 100 万元，第一个月销售额是 20 万元，净利润是 2 万元。

销售净利率：公司业务是否盈利？

销售净利润＝净利润÷销售额

销售净利润＝2÷20＝10％

总资产周转率：公司资产运营效率如何？

总资产周转率＝销售额÷总资产

总资产周转率＝20÷200＝10％

权益乘数（也叫杠杆率）：公司债务负担有没有风险？

权益乘数＝总资产÷净资产

权益乘数＝200÷100＝2

净资产收益率（2％）＝销售净利率（10％）×总资产周转率（10％）×权益乘数（2％）

图10-4所示为杜邦分析法金字塔示意图。

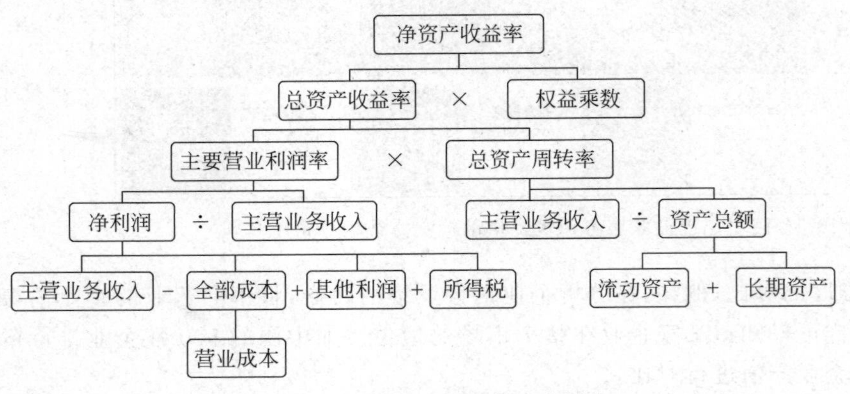

图 10-4 杜邦分析法金字塔示意图

链接：杜邦分析法

在实际分析中，杜邦分析方法采用金字塔形结构，把各个指标一层层分解。

资料来源：https://wiki.mbalib.com/wiki/%E6%9D%9C%E9%82%A6%E5%88%86%E6%9E%90%E6%B3%95.

课堂讨论：你听说过漏斗分析法吗？查阅相关资料简述这种方法的使用过程。

3. 排序法

排序法是基于某一个度量值的大小，将观测值递增或递减的排列，每一次排列只能基于某一个度量值。排序法是从对比法中衍生的一种常用方法，百度搜索风云榜、淘宝排行榜等业内知名榜单就是重度采用排序法的产品，通过排序后的榜单，让用户快速获取目标价值信息。

4. 交叉法

交叉法是对比法和拆分法的结合，是将有一定关联的两个或以上的维度和度量值排列在统计表内进行对比分析，在小于或等于三维的情况下可以灵活使用图表进行展示。当维度大于三维时选用统计表展示，此时也称多维分析法。例如，在研究市场定价时，经常将产品特征和定价作为维度，销售额作为度量值进行分析。

5. 降维法

降维法是在数据集字段过多时，分析干扰因素太多，通过找到并分析核心指标可以提高分析精度，或者通过主成分分析、因子分析等统计学方法将高维转变成低维。例如，在分析店铺数据时，根据业务问题的核心提取主要的2～4个核心指标，进行分析。

6. 增维法

增维法是在数据集的字段过少或信息量不足时，为了便于业务人员分析，通过计算衍生出更加直观的指标。例如，在分析关键词时，将搜索人气除以商品数量得到一个新的指标，定义为关键词的竞争指数。

7. 指标法

指标法是分析的基本方法之一，通过汇总值、平均值、标准差等一系列的统计指标研究分析数据。指标法更适用于多维的数据。

8. 图形法

图形法是分析的基本方法之一，通过柱形图、折线图、散点图等一系列的统计图形直观地研究分析数据。图形法适用于低维的数据。

（三）提出方案

对网店数据进行量化分析后，卖家应将数据量化分析的结果进行汇总、诊断，并提出最终解决方案，具体步骤如下。

1. 评估描述

对评估情况进行客观描述，用数据支持自己的观点。

2. 编制统计图表

运用柱状图和条形图对基本情况进行更清晰地描述，运用散点图和折线图表现数据间的因果关系。

3. 提出观点

根据数据分析，提出自己的观点，预判网店的发展趋势，制定具体的改进措施。

4. 制作演示文档

基于以上三点进行总结归纳，列出条目，制作一份详细的演示文稿，进行演示和讲解。

（四）优化改进

随着改进措施的实施，要及时了解运营数据的变化，不断优化和改进，标本兼治，使同类问题不再出现；持续地监控和反馈，通过对比数据，发现仍需要改进的地方，或者筛选出最优方案。

微课：
新品期数据化运营

数据分析是一项长期的工作，同时也是一个循序渐进的过程，需要网店运营人员实时监测网店运营情况，及时发现问题、分析问题并解决问题，只有这样，才能使网店健康、持续地发展。

商法同行　党的二十大报告中明确要强化数据安全保障体系建设。《个人信息保护法》第二十八条第二款规定了针对个人敏感信息处理的条件，即特定经营者对于带有身份标识的个人敏感信息的处理应在完全征得个人同意的情况下进行，未经消费者明确同意的情况下不得利用。

资料来源：https://www.gov.cn/xinwen/2021-08/20/content_5632486.htm?eqid=a00cdb55000c99df0000000364621e0c.

任务二 网店数据分析

云南白药牙膏：利用大数据提升品牌形象

云南白药牙膏天猫官方旗舰店为了提高品牌知名度，与阿里巴巴开展了大数据技术、明星效应和跨境宣传的开放式营销。对许多新开业的网店而言，短期的品牌曝光和销售冲动可能是共同目标。与之不同的是，云南白药致力于通过网络营销开拓品牌从而沉淀长期市场优势，与阿里合作的重点主要是品牌形象的创造和传播，以获得长期品牌效应。

为此，云南白药以品牌特色和产品优势为基础，主要利用阿里的生态平台和大数据技术对淘宝用户进行收集和分析，包括用户搜索、浏览、点击、购买、分享等。深入了解用户的购买行为模式，了解淘宝用户的使用习惯和偏好，并根据用户使用产品的主要特点和产品优势，积极创建云南白药粉丝群。仅用时半年时间，云南白药牙膏天猫官方旗舰店便积累了大量的粉丝群体。

资料来源：https://www.sohu.com/a/402441165_120190698.

案例分析：党的二十大报告提出加快建设网络强国、数字中国。加快推进大数据建设和利用是当务之急。正如案例中所描述，数据对云南白药牙膏提高品牌知名度、提升产品销量起到了至关重要的作用，帮助企业更好地了解市场需求、优化运营、提高效率、降低成本和增强竞争力。

价值领航

(1) 认识规律、把握规律，合理利用规律。

(2) 从认识到实践，正确发挥人的主观能动性。

一、数据分析工具

数据化运营中，必不可少的就是数据收集和数据分析工具的应用，以下主要介绍生意参谋工具。

链接：拼多多数据分析工具多多数聚

课堂讨论：除生意参谋工具外，你还见到过哪些数据分析工具？

生意参谋是阿里巴巴集团官方打造的首个商家统一数据产品平台，面向全体商家提供一站式、个性化、可定制的商务决策依据，集成了海量数据及网店运营思路。生意参谋不仅可以为商家提供流量、商品、交易等网店经营全链路的数据披露、分析、诊断、解读、优化、预测等功能，还可以指导商家进行数据化运营。

（一）生意参谋数据分析逻辑

1. 按时间维度分析

按时间维度分析是生意参谋中最基础的数据分析方法，可以帮助商家了解店铺在不同时间段内的经营状况。常用的时间维度包括日、周、月、季度和年。商家可以通过对店铺在不同时间段内的销售额、订单数、访客数等数据进行比较，找出经营状况的变化趋势和规律。

2. 按商品维度分析

按商品维度分析可以帮助商家了解店铺中不同商品的销售情况。商家可以通过生意参谋中的商品分析功能，了解每个商品的销售额、销售量、转化率等信息。通过对商品销售情况的分析，商家可以调整产品库存、促销策略等经营决策，提高经营效益。

3. 按来源维度分析

按来源维度分析可以帮助商家了解店铺的流量来源情况。商家可以通过生意参谋中的来源分析功能，了解不同来源的访客数、转化率、客单价等信息。通过对流量来源的分析，商家可以调整流量获取渠道、改进用户体验等经营决策，提高店铺的流量转化率。

4. 按地域维度分析

按地域维度分析可以帮助商家了解店铺不同地区的经营情况。商家可以通过生意参谋中的地域分析功能，了解不同地区的销售额、订单数、访客数等信息。通过对地域数据的分析，商家可以调整销售策略、推广策略等经营决策，提高店铺的经营效益。

5. 按用户维度分析

按用户维度分析可以帮助商家了解店铺不同用户的购买行为。商家可以通过生意参谋中的用户分析功能，了解不同用户的购买次数、购买金额、购买间隔等信息。通过对用户数据的分析，商家可以制定个性化的促销策略、提高用户满意度等经营决策，提高店铺的经营效益。

（二）生意参谋功能模块

1. 首页总览

登录“生意参谋”后，默认显示首页，全面展示网店经营全链路的各项核心数据，包括网店的实时概况数据、销售数据、支付转化率数据、访客数据、流量数据、推广数据、退款数据等，如图 10-5 所示。

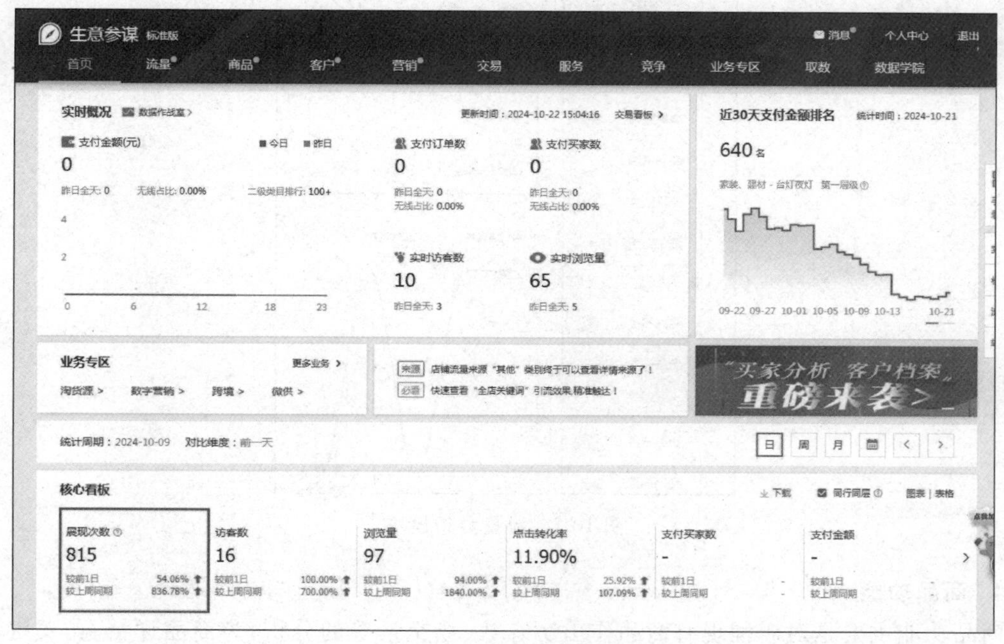

图 10-5　生意参谋首页

2. 实时直播

在“实时直播”板块，主要展示店铺的实时概况、实时来源、实时榜单、实时访客等数据，如图 10-6 所示。

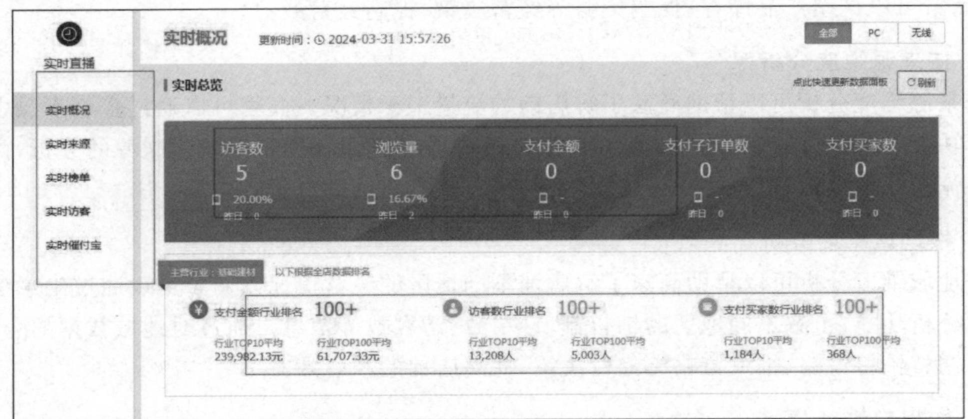

图 10-6　实时直播模块

3. 流量功能

流量功能主要检测店铺各个流量的来源和去向，并做出相关分析，如图 10-7 所示。

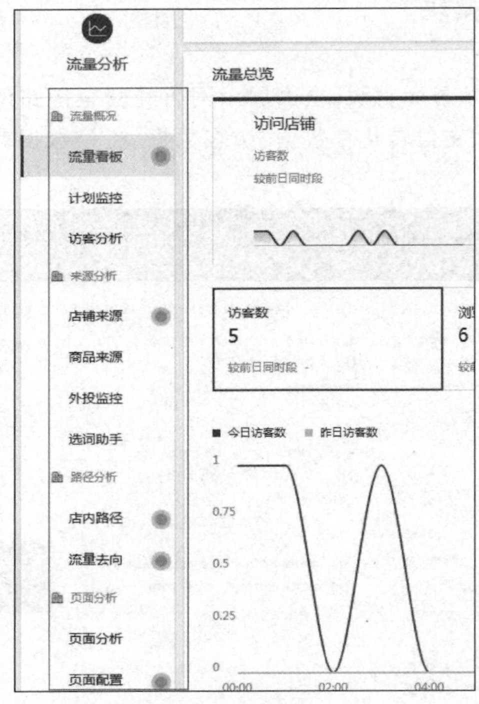

图 10-7　流量分析模块

4. 商品功能

商品功能主要是对店铺现有商品作出访客数、成交量等的分析，为商品详情页、关键词的优化提供依据，如图 10-8 所示。

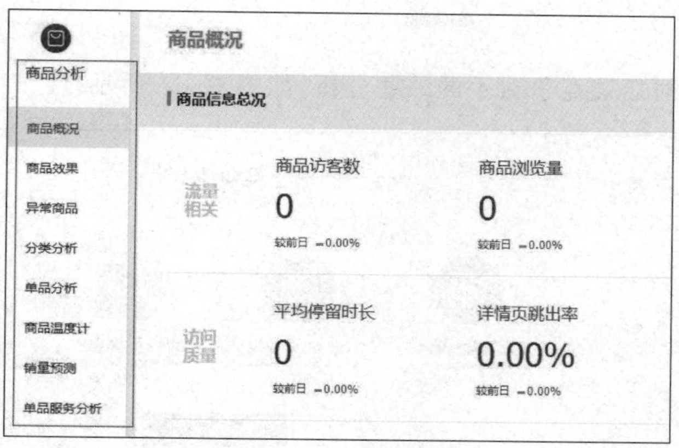

图 10-8　商品分析模块

5. 交易功能

交易功能展示店铺的交易信息、单品的交易信息以及和同行的一些对比信息,如图 10-9 所示。

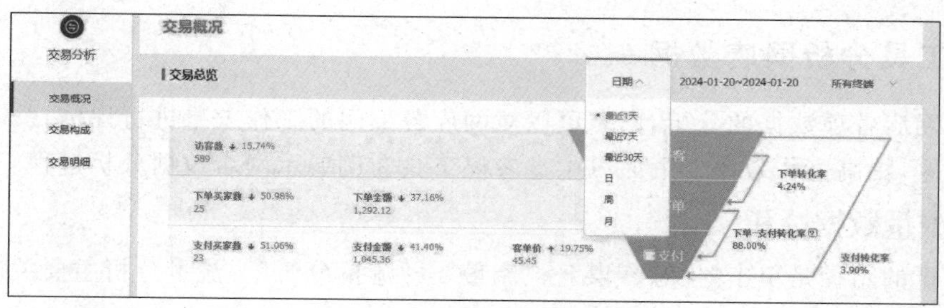

图 10-9　交易分析模块

6. 市场功能

市场功能展示行业走势、搜索词及人群画像等信息,如图 10-10 所示。

图 10-10　市场行情模块

7. 竞争功能

竞争功能主要是对店铺竞争对手的一些分析，如图 10-11 所示。

图 10-11　竞争情报模块

二、使用工具分析网店数据

通过对网店各项数据的分析，商家可以对网店各部门的工作效果进行评估，及时找出运营中存在的问题，提高工作效率。下面以生意参谋工具为例展示网店数据分析过程。

（一）流量数据分析

流量分析的路径是单击“生意参谋”→“流量”→“流量分析”。流量分析主要关注流量概况和流量地图两个模块。

1. 流量概况

通过流量概况模块，商家可以直观了解整体店铺流量的情况、各项数据的走势，进而和行业大盘及同层级均值去比较发现问题所在。还可以选择和同行进行对比，直观地发现和同行之间的差距。可以用来对比的数据包括访客数、浏览量、跳失率、人均浏览量、平均停留时间等，如图 10-12 所示。

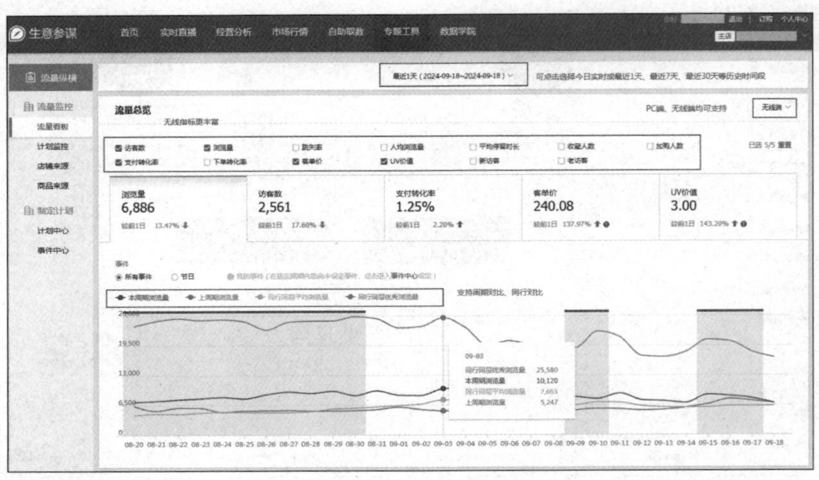

图 10-12　流量总览

2. 流量地图

流量来源数据可以在流量地图模块里查看,日期可以选择最近一天、一周、三十天的,也可以选择任意一天或者一个月。指标可以选择访客数、下单买家、下单转化率三个指标。商家可以从自己的流量来源排行里知晓自己的流量构成,进而分析免费流量和付费流量占比,如图10-13所示。

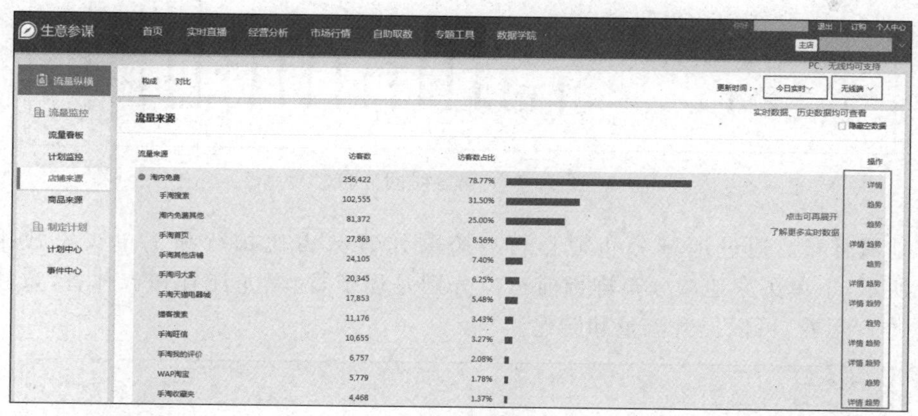

图10-13　流量来源构成

对于一家健康的店铺来说,免费流量应高于付费流量。如果付费流量比行业均值低,就可以去加大直通车或者钻展的推广。如果免费流量少于行业均值,判断淘宝搜索、天猫搜索等流量来源是否比较低,然后进行SEO优化,如图10-14所示。

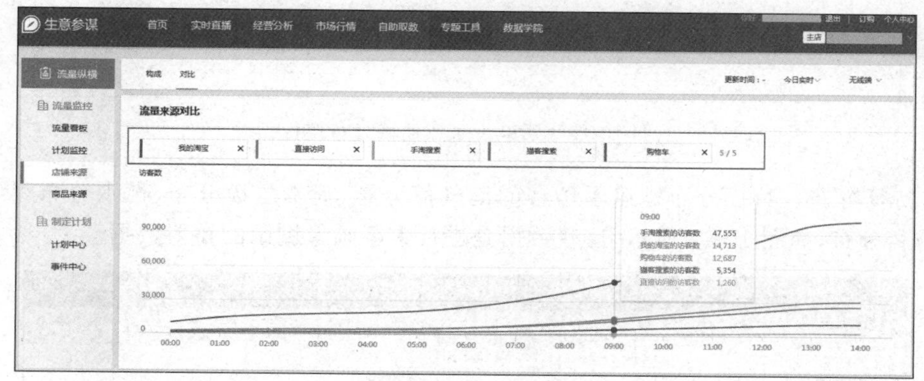

图10-14　流量来源对比

(二)访客数据分析

访客分析的路径是单击“生意参谋”→“流量”→“流量分析”→“访客分析”。访客分析主要关注访客分布和访客对比两个模块。

1. 访客分布

访客分布包括时间分布、地域分布、特征分布和行为分布。

(1)时间分布。通过时间分布栏目,商家可以找准访客高峰时段,如图10-15所示。高峰时段可以作为商家上新依据,还可以根据这个数据合理安排客服时间以及客服人数,也可以在直通车的时间布局上进行优化。

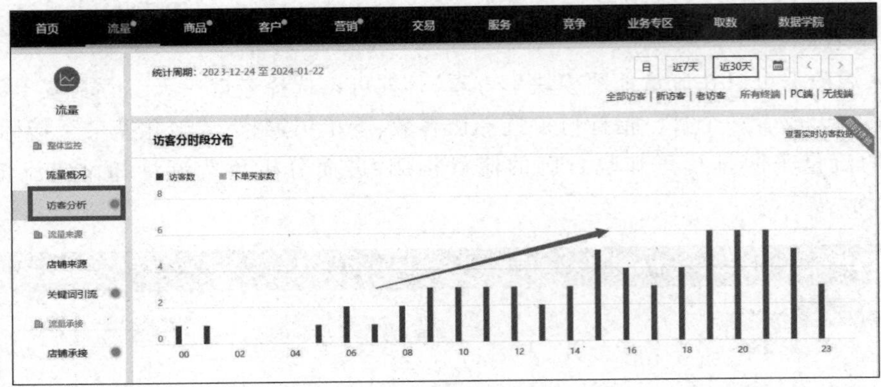

图 10-15　访客时间分布

（2）地域分布。通过地域分布栏目可以查看访客数占比排行和下单买家数排行。如图 10-16 所示，下单买家地域分布排行前三位分别是辽宁省、黑龙江省和吉林省，重视对这些地区重点推广运营，可以提升流量和转化。

地域分布　　所有终端　　下载

访客数占比排行　下单买家数排行

地域	下单买家数	下单转化率
辽宁省	56	2.68%
黑龙江	54	3.10%
吉林省	42	2.87%
浙江省	40	3.71%
山东省	38	2.79%
江苏省	37	3.50%
广东省	35	3.44%
北京市	29	2.35%
河北省	28	2.84%
湖北省	26	3.86%

图 10-16　下单买家数地域分布排行

（3）特征分布。特征分布描述了访客的淘气值分布、消费层级分布、性别分布、年龄分布和新老访客分布，如图 10-17 所示，这些数据是进行人群画像刻画的重要数据。

实时　作战室　流量　商品　交易　服务　物流　营销　财务　市场　竞争　业务专区　取数　学院

特征分布　　日期　2024-06-08~2024-06-08　　所有终端

淘气值分布

淘气值	访客数	占比	下单转化率
601-800	4,920	29.29%	2.13%
501-600	4,148	24.70%	1.57%
401-500	2,727	16.24%	1.39%
801-1000	1,930	11.49%	2.90%
400及以下	1,816	10.81%	0.61%
1000+	1,255	7.47%	3.82%

消费层级

消费层级(元)	访客数	占比	下单转化率
65.0-110.0	5,299	31.55%	2.77%
0-35.0	4,653	27.70%	1.01%
35.0-65.0	3,344	19.91%	1.14%
110.0-220....	3,036	18.08%	2.31%
220.0-410....	387	2.30%	4.13%
410.0以上	77	0.46%	3.90%

性别

性别	访客数	占比	下单转化率
男	2,670	15.90%	1.80%
女	12,276	73.09%	2.13%
未知	1,850	11.02%	0.65%

店铺新老访客

访客类型	访客数	占比	下单转化率
新访客	14,937	88.93%	1.36%
老访客	1,859	11.07%	6.35%

图 10-17　访客特征分布

(4) 行为分布。行为分布描述了访客的来源关键词和浏览量分布，如图 10-18 所示。可以很清晰地看到入店关键词分布及相应关键词的转化率，也可以看到单品访问量的排行。这对调整标题和商品推广有重要指导意义。

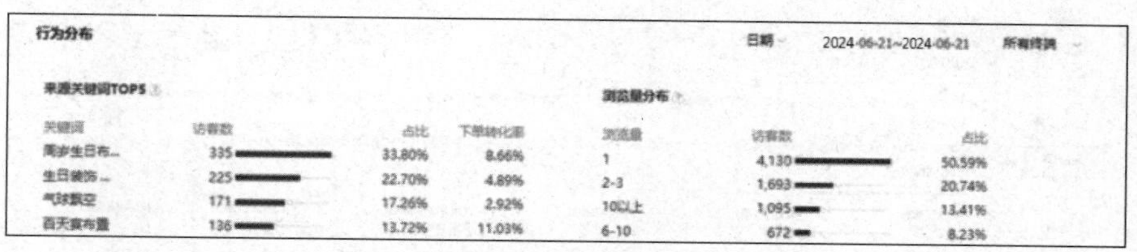

图 10-18　访客行为分布

2. 访客对比

商家可以在访客对比中看到客户的消费层级、性别比例和年龄分布，如图 10-19 所示。这些数据可以帮助商家全面掌握买家数据，从而进行客户关系管理。

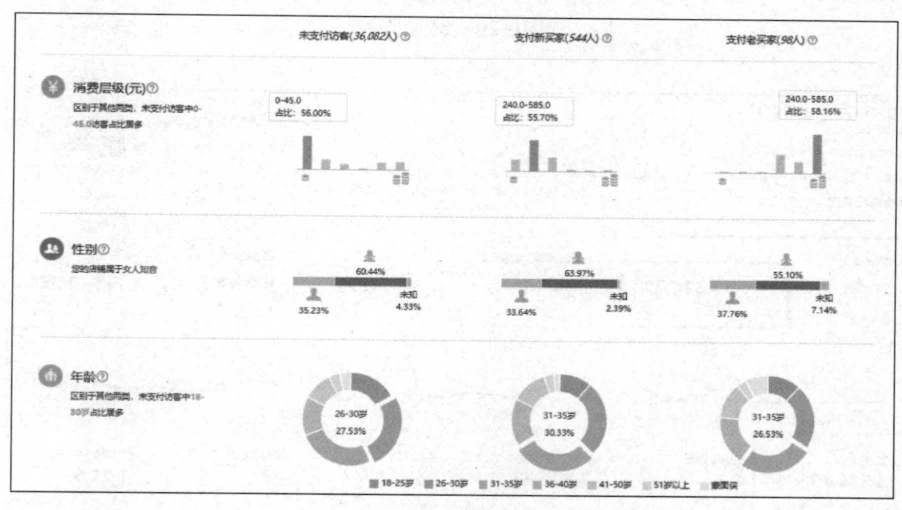

图 10-19　访客对比

（三）商品数据分析

商品分析的路径是单击“生意参谋”→“品类”。商品分析主要关注宏观监控和商品 360 两个模块。

1. 宏观监控

通过宏观监控模块能看到网店整体商品数据和流量情况，如图 10-20 所示。

宏观监控主要包括以下两个功能。

(1) 商品效率监控。商品效率监控主要是监控店铺商品的几个核心指标：商品动销、商品收藏加购、商品访问等。主要监控的时间段为日、周、月、7 天、30 天和自定义。如图 10-21 所示，选择月份可以看出当月销售金额及它的波动情况。

在商品动销超链接里可以看到与金额相关的一些数据，如动销商品数、成功退款金额、支付件数、支付买家数、支付转化率、客单价等；在商品收藏加购超链接里，除展示件数之外，还展示收藏加购的人数、访问加购率等，在商品访问超链接里展示商品的访问数、详情页的浏览

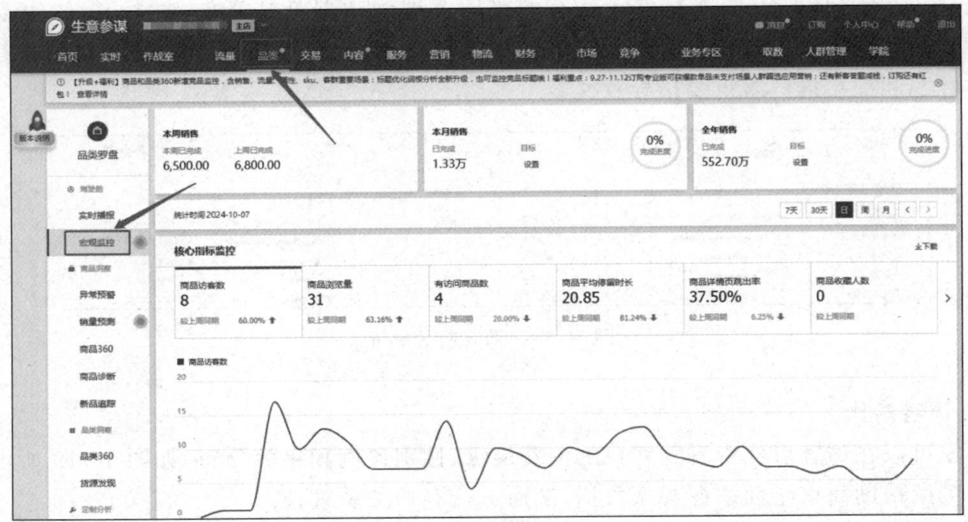

图 10-20 宏观监控

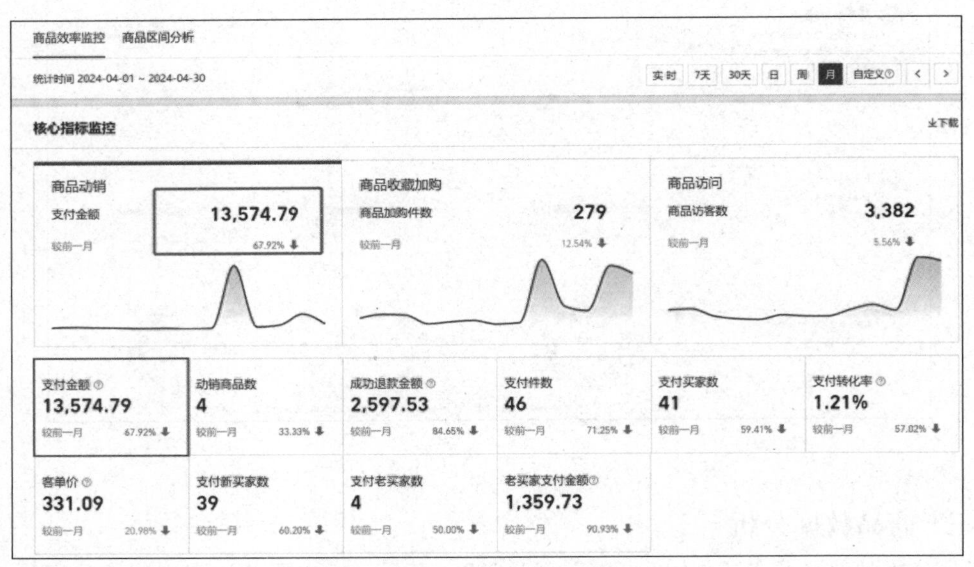

图 10-21 商品效率监控

量、停留时长以及商品详情页跳出率等数据。

(2) 商品区间分析。区间分析主要从三个维度来分析:按照价格带分析、按照支付件数分析和按照支付金额分析。区间分析主要是通过三个维度来分析商品的购买力和消费者的人群消费力,通过分析商品的消费者定位来推算出商家消费者人群定位,通过推广达到流量更佳精准的目的,通过支付件数可以分析出商家商品的客件数以及在营销活动上设定的优惠政策和大促相关营销数据的预算。

2. 商品 360

商品 360 主要是对单个产品进行诊断分析,包括单品诊断、销售分析、流量来源、标题优化及客群洞察等相关内容。

单品诊断展示了该商品七天之内访客规模、单品营收、客户单价等内容，如图 10-22 所示。

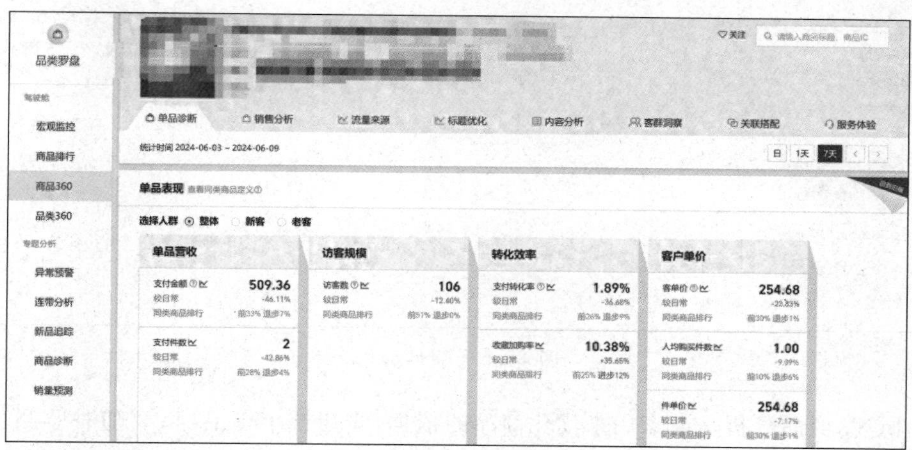

图 10-22　单品诊断

销售分析展示指定时间之内商品的核心状况，如商品加购人数、商品加购件数、商品详情页跳出率等，如图 10-23 所示。

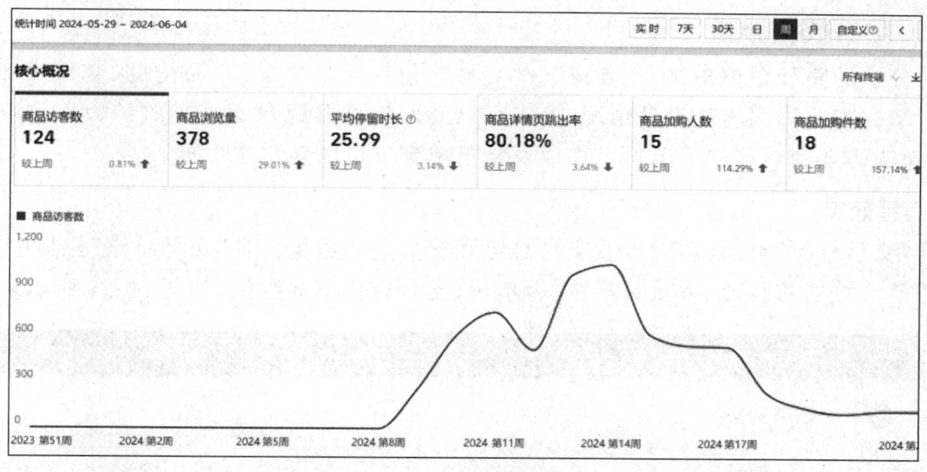

图 10-23　核心概况

在超链接里还可以看到 SKU 销售的详情，如哪些 SKU 加购较多、付款金额较多，如图 10-24 所示。

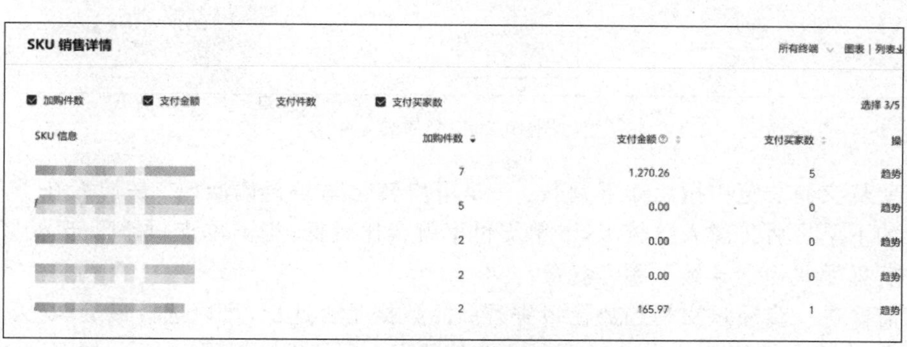

SKU 销售详情

所有终端　图表 | 列表

加购件数　支付金额　支付件数　支付买家数　选择 3/5

SKU 信息	加购件数	支付金额	支付买家数	操
	7	1,270.26	5	趋势
	5	0.00	0	趋势
	2	0.00	0	趋势
	2	0.00	0	趋势
	2	165.97	1	趋势

图 10-24　SKU 销售详情图

还可以在颜色分类上进行查看,得知哪个颜色销售情况好,如图 10-25 所示。

属性分析　　所有终端

⊙ 颜色分类

颜色	支付金额	支付金额占比	支付件数	支付买家数	支付买家数占比
	1,270.26	88.44%	5	5	83.33%
	165.97	11.56%	1	1	16.67%
	0.00	0.00%	0	0	0.00%
	0.00	0.00%	0	0	0.00%
	0.00	0.00%	0	0	0.00%

图 10-25　属性分析

综上所述,商品分析是商家用来优化商品的依据,当店铺上新品时,要随时监测这款商品的展现情况、点击情况、访客数,如果展现与点击量小,商家可以通过直通车关键词进行推广,提升点击率,以获取更好地展现。在商品发布 24 小时之内,力促其交易量,可以提高权重,为这款商品后续的销售奠定基础。如果新品发布至 15 天内展现量低、点击率低、访客少,则需要对这款产品进行诊断。

(四) 交易数据分析

交易分析的路径是单击"生意参谋"→"交易",包括交易概况、交易构成、交易明细三个模块。为了掌握和监控网店的交易情况,商家可以使用生意参谋对交易相关的数据进行漏斗式分析,获知从访客到下单的下单转化率以及从下单到支付的转化率数据。

1. 交易概况

打开"交易概况"页面,可以查看交易总览和交易趋势数据。在"交易总览"栏目中,商家可以了解任意天数的访客数、下单买家数、客单价、支付转化率等数据,如图 10-26 所示。

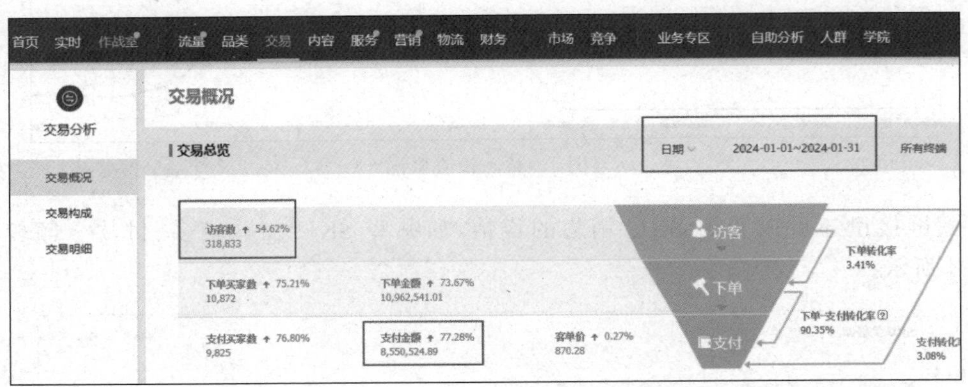

图 10-26　交易总览

商家要从交易总览中做出如下判断:一是下单转化率是否偏低;二是访客在下单之后是否犹豫。如下单之后犹豫人数较多,下单支付率就会比较低,当下单支付率低于 60%时,商家需要重点反思哪些因素导致了顾客犹豫。

商家需要进一步通过交易趋势栏目查看商品数据是否达标,可以选择最近 30 天与同行均值进行对比,查看店铺的下单金额、支付转化率等数据在同行中处于哪一水平,如图 10-27 所示。

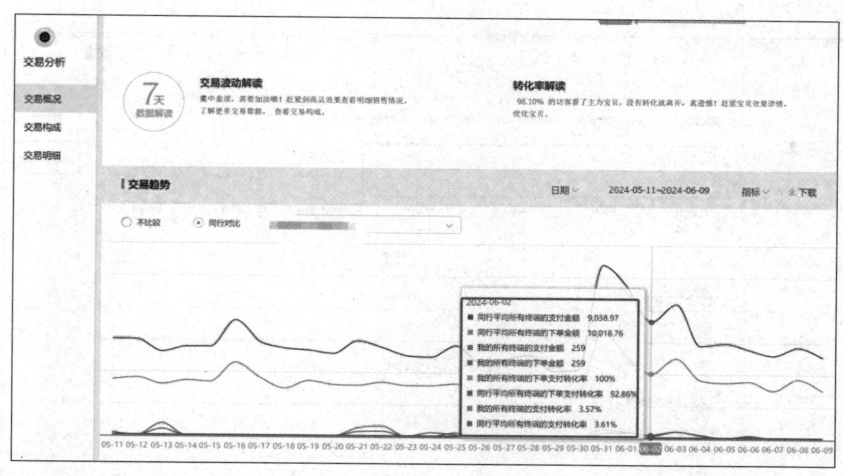

图 10-27　交易趋势

2. 交易构成

打开“交易构成”页面，可以查看交易构成数据。生意参谋主要从资金回流构成、终端构成和类目构成、品牌构成和价格带构成等方面对交易构成数据进行分析，从而帮助商家了解终端、类目、品牌等方面的交易数据。

3. 交易明细

交易明细有助于商家全面掌握网店财务数据，了解网店财务健康指数和资金流动情况。打开“交易明细”页面，可以查看不同日期的订单情况。商家可以根据需要点击“配置”超链接，对商品成本、运费成本等进行配置。点击“详情”超链接可以查看网店的财务状况，包括网店的营业利润、资产负债、资金流动等。

（五）竞争数据分析

交易分析的路径是单击“生意参谋”→“竞争”，重点关注竞争店铺和竞争商品两个模块。

1. 竞争店铺

在竞争店铺中可以重点关注监控店铺和竞店分析两个模块。

（1）监控店铺。这个模块可以监控最近 30 天、最近 7 天以及当天的数据，在添加店铺之后，便可以监控店铺的人气指数，包括搜索、收藏、加购、交易客群等指数数据，商家可以筛选竞争店铺进行添加，每次可添加 5 个，作为一组竞争店铺进行分析，如图 10-28 所示。

（2）竞店分析。在竞店分析页面，商家可以看到销售额、流量、客群等方面做出的详细分析，如图 10-29 所示。

课堂讨论：竞店分析模块中的流量和流量分析模块中的流量有什么区别？

值得一提的是流量分析模块，商家可以在这里看到最近 30 天竞争店铺的搜索流量来源与自己店铺搜索流量来源的对比情况，还可以看到两者关于手淘推荐流量的对比情况，从此可以找到商家与竞争对手的差距，如图 10-30 所示。

2. 竞争商品

在竞争商品中可以自行添加产品，如图 10-31 所示。单击“竞争配置”按钮跳转到相应的页面进行商品的查询，一般情况下商家直接复制竞品的链接进行查询就可以直接添加，最多可以添加 10 个竞争商品。

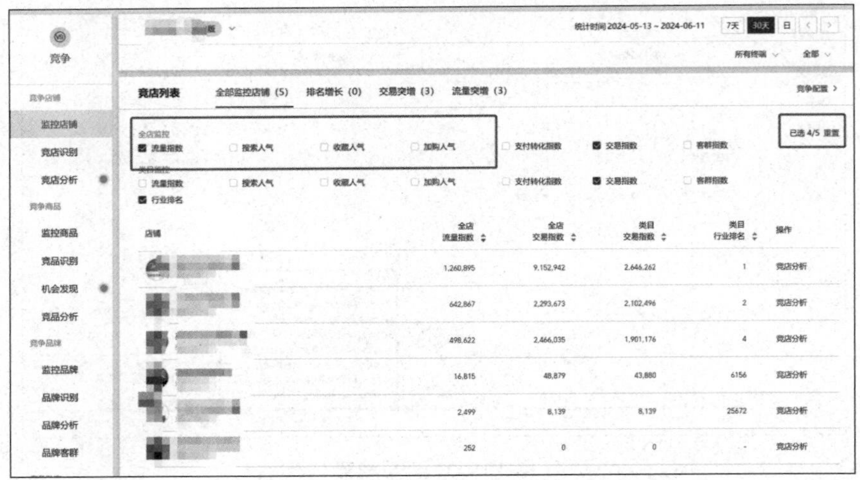

图 10-28　监控店铺

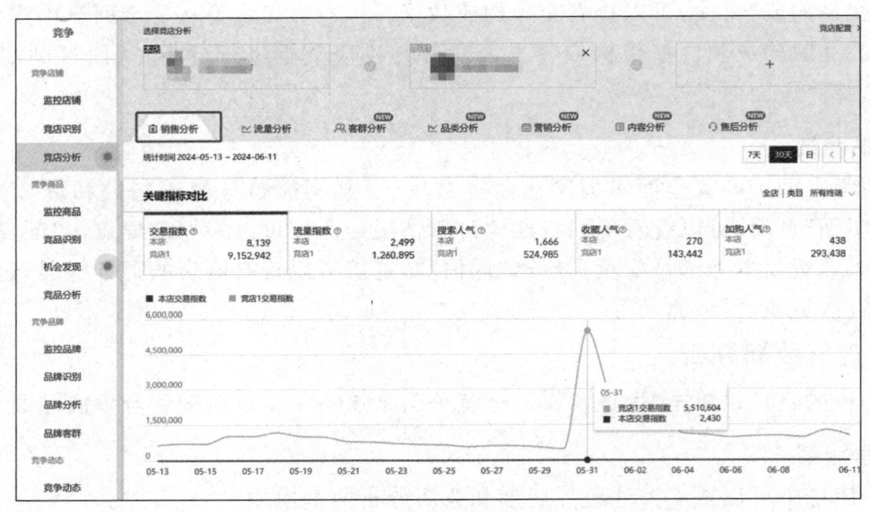

图 10-29　竞店分析

在竞品分析页面，商家可以从多个关键指标就本店产品和竞品进行对比分析，包括流量指数、交易指数、搜索人气、收藏人气及加购人气等数据，如图 10-32 所示。还可以从入店来源上分析竞争店铺的关键词交易指数，如图 10-33 所示。

从图 10-33 可以看出，此店铺购物车成交和手淘搜索成交占比最大，得知该商品是一个高收藏、高加购的产品，同时手淘搜索的权重很高。商家可以进一步查看竞品的详情页，分析其高收藏、高加购的原因。

微课：
商品成长期数据化运营

商法同行 《消费者权益保护法》规定：电商平台需要根据法律、合同等方式明确告知用户数据收集的情况，并且未经用户同意，不得将用户数据用于商业目的或者披露给第三方，否则将面临相应的法律责任。

资料来源：http://www.npc.gov.cn/zgrdw/npc/lfzt/xfzqybhfxza/2014-01/02/content_1872488.htm.

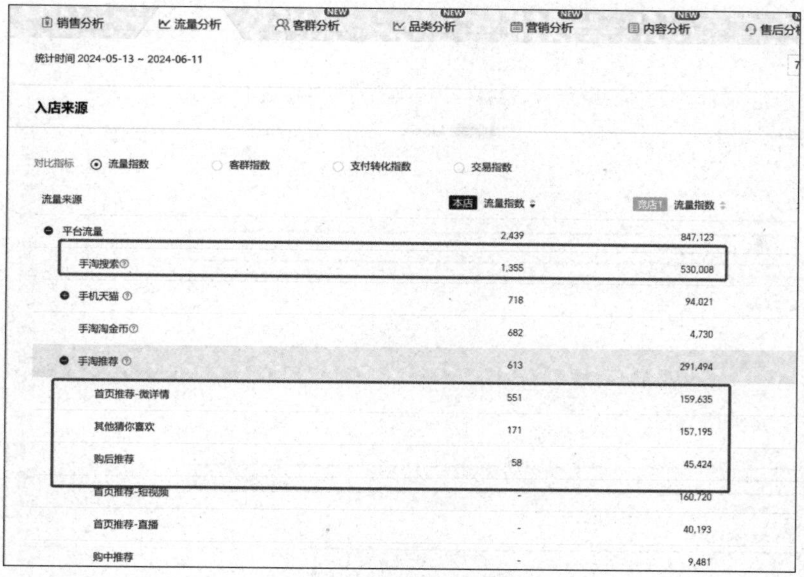

销售分析　流量分析　客群分析　品类分析　营销分析　内容分析　售后分析

统计时间 2024-05-13 ~ 2024-06-11

入店来源

对比指标　⊙ 流量指数　○ 客群指数　○ 支付转化指数　○ 交易指数

流量来源	本店 流量指数	竞店1 流量指数
平台流量	2,439	847,123
手淘搜索	1,355	530,008
手机天猫	718	94,021
手淘淘金币	682	4,730
手淘推荐	613	291,494
首页推荐-微详情	551	159,635
其他猜你喜欢	171	157,195
购后推荐	58	45,424
首页推荐-短视频	-	160,720
首页推荐-直播	-	40,193
购中推荐	-	9,481

图 10-30　流量分析

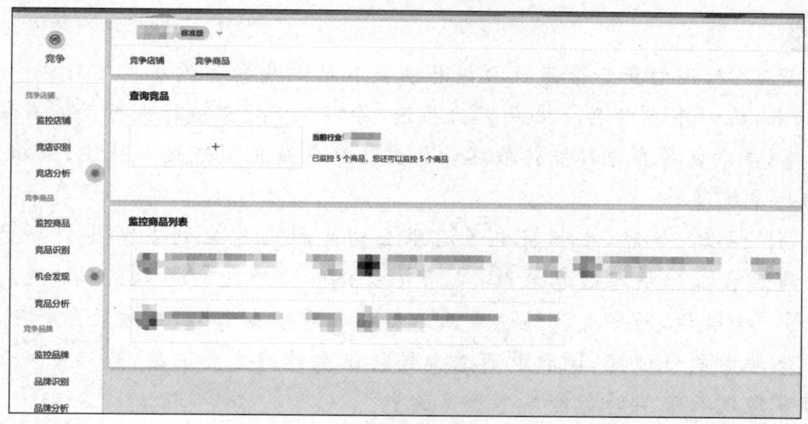

图 10-31　竞争商品

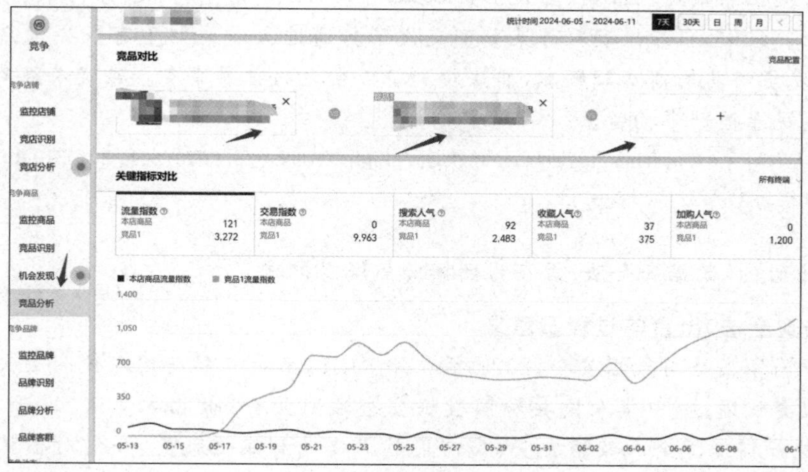

图 10-32　关键指标对比

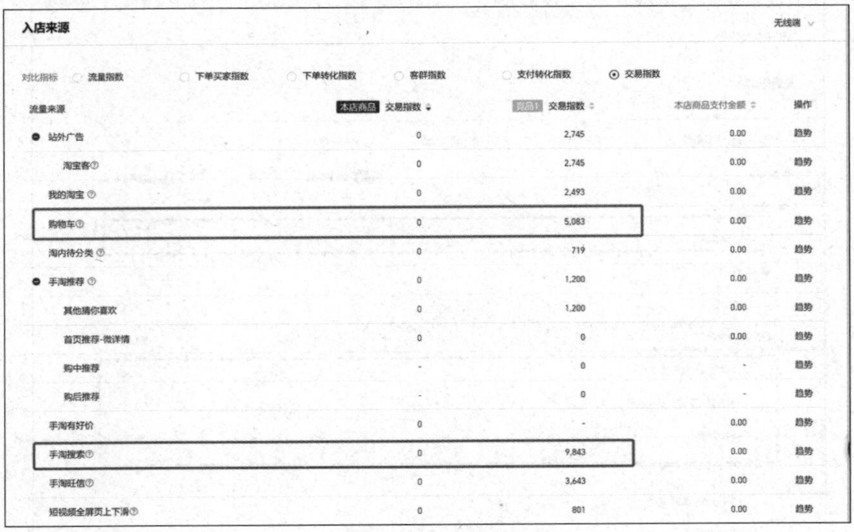

入店来源　　无线端

对比指标　流量指数　下单买家指数　下单转化指数　客群指数　支付转化指数　交易指数

流量来源	本店商品 交易指数	竞品1 交易指数	本店商品支付金额	操作
站外广告	0	2,745	0.00	趋势
淘宝客	0	2,745	0.00	趋势
我的淘宝	0	2,493	0.00	趋势
购物车	0	5,083	0.00	趋势
淘内待分类	0	719	0.00	趋势
手淘推荐	0	1,200	0.00	趋势
其他猜你喜欢	0	1,200	0.00	趋势
首页推荐-微详情	0	0	0.00	趋势
购中推荐	-	0	-	趋势
购后推荐	-	0	-	趋势
手淘有好价	0	-	0.00	趋势
手淘搜索	0	9,843	0.00	趋势
手淘旺信	0	3,643	0.00	趋势
短视频全屏页上下滑	0	801	0.00	趋势

图 10-33　入店来源

法制新思想

近年来，“黑客”入侵电商后台篡改数据非法获利被刑拘的案例屡见不鲜。

2020 年以来，梅州市丰顺县公安局大力推进“净网 2020”专项打击行动。在梅州市公安局网警部门支持下，丰顺网警在深圳抓获破坏计算机信息系统犯罪嫌疑人陈某，成功侦破“5·12”破坏计算机信息系统案件。

2020 年 5 月 12 日 15 时，丰顺某电子有限公司老板冯先生到丰顺县公安局网警大队报称：其公司电商后台数据被人恶意篡改，从而导致公司增加发货达 1483 单，造成经济损失人民币 142360 元。接报后，网警大队迅速成立专案组开展侦查工作，经细致分析研判，并利用业务平台全面收集涉案电子证据，调取电商店铺销售记录作为主要证据，最终依托智慧新警务手段成功锁定涉案嫌疑人陈某的身份信息和落脚点。

6 月 10 日 6 时许，办案民警奔赴深圳市宝安区石岩镇罗租旧村，在一出租屋内抓获破坏计算机信息系统犯罪嫌疑人陈某(男，26 岁，湖北省人)，现场扣押手机、银行卡、计算机主机等作案工具一批。经审，犯罪嫌疑人陈某如实交代了其通过入侵某电子有限公司系统后台增加发货订单，并发货给其电商店铺顾客，非法获利 7 万余元的犯罪事实。嫌疑人陈某因涉嫌破坏计算机信息系统罪被刑事拘留。

资料来源：https://www.fengshun.gov.cn/mzfsgaj/gkmlpt/content/2/2040/post_2040319.html#15207.

前沿在线

2021 年出台的《数据安全法》旨在为数据安全保驾护航。

1.《数据安全法》出台的过程及意义

立足保障国家安全与数据安全，2021 年 6 月 10 日，第十三届全国人民代表大会常务委员会第二十九次会议通过《中华人民共和国数据安全法》(简介《数据安全法》)，于 2021 年 9 月 1 日起施行，就如何保障个人数据安全、如何用数据提升智能化服务、如何对数据进行分级保护等多方面提供法律依据。

2.《数据安全法》的适用范围

《数据安全法》第二条明确，在中华人民共和国境内开展数据处理活动及其安全监管，适用本法。在中华人民共和国境外开展数据处理活动，损害中华人民共和国国家安全、公共利益或者公民、组织合法权益的，依法追究法律责任。

3. 对于数据分类分级保护的具体规定

《数据安全法》第二十一条明确，国家建立数据分类分级保护制度，根据数据在经济社会发展中的重要程度，以及一旦遭到篡改、破坏、泄露或者非法获取、非法利用，对国家安全、公共利益或者个人、组织合法权益造成的危害程度，对数据实行分类分级保护。

《数据安全法》在数据分类分级的基础上强化对重要数据的保护，以及对国家核心数据的特别保护要求，并明确关系国家安全、国民经济命脉、重要民生、重大公共利益等数据属于国家核心数据。

4. 向外国司法或执法机构提供我国境内数据的规定

《数据安全法》第三十六条明确，中华人民共和国主管机关根据有关法律和中华人民共和国缔结或者参加的国际条约、协定，或者按照平等互惠原则，处理外国司法或者执法机构关于提供数据的请求。非经中华人民共和国主管机关批准，境内的组织、个人不得向外国司法或者执法机构提供存储于中华人民共和国境内的数据。

5. 数据处理活动的组织、个人不履行安全保护义务的处罚

《数据安全法》第四十五条明确，开展数据处理活动的组织、个人不履行本法第二十七条、第二十九条、第三十条规定的数据安全保护义务的，由有关主管部门责令改正，给予警告，可以并处五万元以上五十万元以下罚款，对直接负责的主管人员和其他直接责任人员可以处一万元以上十万元以下罚款；拒不改正或者造成大量数据泄露等严重后果的，处五十万元以上二百万元以下罚款，并可以责令暂停相关业务、停业整顿、吊销相关业务许可证或者吊销营业执照，对直接负责的主管人员和其他直接责任人员处五万元以上二十万元以下罚款。

违反国家核心数据管理制度，危害国家主权、安全和发展利益的，由有关主管部门处二百万元以上一千万元以下罚款，并根据情况责令暂停相关业务、停业整顿、吊销相关业务许可证或者吊销营业执照；构成犯罪的，依法追究刑事责任。

资料来源：http://www.cac.gov.cn/2021-06/11/c_1624994566919140.htm.

项目小结

本项目从网店数据指标、网店数据分析流程两个层面带领大家认识了网店数据基础知识。然后介绍了生意参谋这一常用的数据分析工具的功能，并进一步展示了如何使用生意参谋对网店进行全面的数据分析。

知识巩固与提升

一、单项选择题

1. PV属于(　　)。

A. 流量数据　　B. 转化指标　　C. 会员指标　　D. 财务指标

2. (　　)指进行了相关动作的访问量占总访问量的比率。

A. 客服转化率　　B. 收藏转化率　　C. 成交转化率　　D. 转化率

3. (　　)指在一段时间内产生二次及以上购买行为的会员数占总会员数的比率。

A. 会员回购率　　B. 会员复购率　　C. 会员流失率　　D. 会员留存率

4. 杜邦分析法属于(　　)。

A. 对比法　　B. 排序法　　C. 拆分法　　D. 交叉法

5. 通过柱形图、折线图、散点图等一系列的统计图形直观地研究分析数据说明是(　　)分析方法。

A. 增维法　　B. 图形法　　C. 降维法　　D. 指标法

6. 如果网店免费流量少于行业均值,则应(　　)。

A. SEO 优化　　B. SEM 推广　　C. 信息流推广　　D. 网络推广

7. 特征分布描述了访客的淘气值分布、消费层级分布、性别分布、年龄分布和新老访客分布,这些数据是进行(　　)的重要数据。

A. 购买关键词　　B. SEO 优化　　C. 人群画像　　D. 差别定价

8. 商家可以在访客对比中看到客户的消费层级、性别比例和年龄分布,这些数据可以帮助商家全面掌握买家数据,从而进行(　　)。

A. 物流管理　　B. 会员关系管理　　C. 财务管理　　D. 人力资源管理

二、多项选择题

1. 财务指标包括(　　)。

A. 新客成本　　B. 单人成本　　C. 费销比　　D. 单笔订单成本

2. 网店数据分析的常见流程包括(　　)。

A. 收集数据　　B. 量化分析　　C. 提出方案　　D. 优化改进

3. 对比法包括(　　)。

A. 交叉对比　　B. 横向对比　　C. 纵向对比　　D. 拆分对比

4. 通过访客时间分布栏目,商家可以找准访客高峰时段,以此作为(　　)的依据。

A. 上新　　B. 安排客服时间　　C. 安排客服人数　　D. SEM 时间布局

5. 店铺监控可以监控最近(　　)天的数据。

A. 90　　B. 30　　C. 7　　D. 1

三、简答题

1. 生意参谋数据分析的逻辑有哪些?

2. 为什么要进行网店访客分析?

3. 生意参谋商品 360 模块有什么用途?

4. 怎样使用生意参谋进行竞争分析?

四、案例分析题

小客服,大作为

小丽开了一家淘宝店。在小丽看来,开淘宝店,只要做好选品、客户服务,以及开展网店活动就好了,不用过多关注数据。但直到某一天,小丽发现自己网店的销量在快速下降,而且落后于同一时间开设的其他淘宝网店。在虚心请教专业人士后,小丽明白了生意参谋的作用,也意识到了数据分析的重要性。

于是，小丽开始学习生意参谋中学院提供的课程，并试着用生意参谋分析网店数据，实时优化下滑的数据。在小丽的努力下，网店的销量有了回升，甚至呈现快速增长的趋势。

问题：

(1) 利用生意参谋分析网店运营数据有哪些优缺点？

(2) 除案例中的效果外，生意参谋对网店运营还有哪些作用？

项目实训

使用生意参谋分析网店数据

一、实训目标

掌握淘宝店铺数据分析工具生意参谋的使用，通过任务实训加深对相关知识的理解。

二、实训要求

(1) 访客分析，分析店铺访客来访的时间规律、访客的淘气值分布、消费层级、性别、店铺新老访客分布。

(2) 流量分析，分析全店的流量概况、流量地图、访客来访时段、地域等特征。

(3) 交易分析，分析店铺交易概况、交易构成，包括终端构成、类目构成、品牌构成、价格带构成。

三、实训分析

生意参谋提供全面的基础数据，非常适合中小卖家使用。在实际执行过程中，卖家需要每天对各个指标的完成情况进行数据监控及持续跟进，来确保销售额目标的完成率。同时，卖家还要对市场中的竞争对手进行跟踪与监控，以调整运营策略。

四、实训步骤

(1) 分组查看指定店铺基本信息。

(2) 使用生意参谋进行店铺数据分析，具体包括访客分析、流量分析、交易分析。

(3) 制作展示 PPT。

(4) 分组进行汇报展示，开展师生互评。

(5) 撰写个人心得和体会。

参 考 文 献

[1] 宋俊骥，杨子燕. 网店运营实务[M]. 北京：人民邮电出版社，2023.
[2] 宋卫，徐林海. 网店运营实务[M]. 北京：人民邮电出版社，2023.
[3] 赵美玲. 网络推广实务[M]. 北京：中国人民大学出版社，2019.
[4] 严珩，张华. 网店运营[M]. 北京：人民邮电出版社，2022.
[5] 赵丽英，聂森. 网店运营实务[M]. 北京：人民邮电出版社，2022.
[6] 丁文云. 网络推广实务[M]. 北京：电子工业出版社，2020.
[7] 北京鸿科经纬科技有限公司. 网店推广[M]. 北京：高等教育出版社，2019.
[8] 北京鸿科经纬科技有限公司. 网店推广实训[M]. 北京：高等教育出版社，2023.
[9] 陆锡都，赵婷. 网店开设与运营实战教程：慕课版[M]. 北京：人民邮电出版社，2022.
[10] 冯子川. 网店开设与管理实训[M]. 北京：电子工业出版社，2021.
[11] 章琤琤. 网店运营与管理：慕课版[M]. 北京：人民邮电出版社，2022.
[12] 严珩. 网店运营：流量优化 内容营销 直播运营(慕课版)[M]. 北京：人民邮电出版社，2022.
[13] 李军. 网店运营：网店运营管理与营销推广：慕课版[M]. 北京：清华大学出版社，2021.
[14] 方玲，毛利. 电商视觉营销全能一本通[M]. 北京：人民邮电出版社，2021.